원시인의 경험으로 판단하는 현대인

호모 휴리스틱쿠스

원시인의 경험으로 판단하는 현대인

초판 1쇄   2015년 09월 07일

지은이   권상국
발행인   김재홍
디자인   박상아, 이슬기, 박선경
마케팅   이연실

발행처   도서출판 지식공감
등록번호   제396-2012-000018호
주소   경기도 고양시 일산동구 견달산로225번길 112
전화   02-3141-2700
팩스   02-322-3089
홈페이지   www.bookdaum.com

가격   18,000원
ISBN   979-11-5622-109-8 03190

CIP제어번호   CIP2015022455
        이 도서의 국립중앙도서관 출판시 도서목록(CIP)은 e-CIP 홈페이지(http://www.nl.go.kr/ecip)에서 이용
        하실 수 있습니다.

Homo Heuristicus

무의식의 지배에서 벗어나길 원한다면 나만의 **프로세스**를 만들고, 적용하라!

권상국 **지음**

원시인의
경험으로
판단하는
현대인

지식공감 도서출판

호모 휴리스틱쿠스(Homo Heuristicus)는 인간의 한 유형으로 어떤 상황에 직면했을 때 최선책을 찾기보다는 그 상황에서 할 수 있는 대안을 통해 문제를 해결하려는 인간의 한 유형을 필자가 정의한 신조어이다. 인간은 대부분 이 유형에 속한다. 호모 휴리스틱쿠스는 대개 복잡한 문제를 단순한 방법으로 해결하려고 한다. 여기서 단순한 방법이라는 것은 호모 휴리스틱쿠스들이 이미 경험을 하여 알고 있는 방법을 말한다. 그러다 보니 문제가 발생하면 과거에 썼던 방법을 자꾸 현재의 문제에 그대로 사용하려 든다. 그 문제가 수없이 많은 문제 중 하나이며, 복잡하고 역동적인 시장과 경제구조로 인해 과거의 상황과 지금의 상황이 다르다는 사실을 자꾸 잊는다.

contents

contents

contents

제8장 **성과 평가하기**

인간의 유전자는 이미 많은 생각을 가지고 있다.
유전자는 경험을 통해 축적된 자기 생각을 그대로 후손에게 물려준다.
아주 긴 시간을 산 유전자는 물려받은 생각만으로도 충분하다고 여긴다.
그렇기 때문에 또 다른 생각을 하지 않으려 한다.
살기 위해 겪게 되는 경험에 의한 생각이 덧붙여질 뿐이다.
결국, 유전자의 합체인 인간은 생각한 것만 보고,
또 다른 인간이 보여주는 것만 보게 된다.

살다보면 생각 없이 사는 것은 그리 나쁘지 않다는 것을 알게 된다.
생각이 필요할 때는 이미 가진 생각을 꺼내 쓰면 된다.
똑같은 것이 없으면 유사한 생각을 꺼내면 된다.
이것은 매우 효율적인 방법으로 뇌가 있는 동물들은 다 그렇다.
그렇게 꺼내 쓴 생각도 크게 나쁘지 않다는 경험을 해왔다.
결국, 인간은 새로운 생각이 크게 필요 없기 때문에
가진 생각대로 살거나, 사는 대로 생각하게 된다.

이렇듯 새로운 생각 없이 가진 생각 내에서 판단하고, 행동한다.
그렇기 때문에 "말 안 해도 무슨 뜻인지 알지?"라는 표현을 써도
그 말을 들은 또 다른 사람은 지금까지의 경험을 통해 그 뜻을 해석한다.
수백만 년 이상을 이렇게 살다 보니 별문제가 생기지 않는다.
지금까지는 대충 맞아 왔기 때문에 앞으로도 맞으리라는 것을 안다.
정말로 생각할 필요가 없다는 생각이 든다.
생각한다는 것은 너무 에너지 소모적이기 때문에 생존을 위해 하기 싫어진다.

이렇게 생각하기 싫어하는 사람은 생각하는 사람도 좋아하지 않는다.
즉 아무것도 변하지 않기를 바라고, 변하지 않으려 한다
지금보다 나아지기를 원하면서도 아무것도 안 한다.
아무것도 안 하는 것이 사람이 하는 일이기 때문이다.
잘못된 길을 가는 사람이 아무것도 안 하면 더욱 잘못될 뿐이다.
아무것도 하지 않더라도 잘 살 수 있도록 만들어 주는 것이 프로세스다.
프로세스대로 살아가는 것은 생각하기 싫어하는 사람이 좋아하는 방법이다.

2002년 노벨 경제학상을 수상한 사람은 정통 경제학자가 아닌 심리학자 다니엘 카너먼이다. 카너먼은 아모스 트버스키와 공동으로 연구한 "휴리스틱과 바이어스(Heuristics and Biases) 연구"를 통해 심리학을 경제학에 접목한 공로를 인정받았다. 카너먼을 시초로 행동 경제학이라는 새로운 학문이 태동되고 있다. 연구 논문의 내용을 감히 한마디로 요약하면 다음과 같다. "인간은 대개 복잡한 문제를 단순한 방법으로 해결하려고 한다". 여기서 단순한 방법이라는 것은 합리적이지 못한 의사 결정을 내릴 때 근거로 삼는 간편한 수단이 되는 방법, 휴리스틱(Heuristic)을 말한다. 그리고 이 휴리스틱에 의해 많은 바이어스(편향)들이 나타나게 된다.

인간은 어떤 방법을 선택할 때 최고의 방법을 찾기보다는 현재 상황에서 할 수 있는 방법을 선택한다. 그리고 주어진 상황을 바꿀 만큼 필요성을 느끼지 못하면 그 환경, 즉 디폴트 옵션(Default option)에 쉽게 적응한다. 이러한 인간의 심리로 인하여 문제가 발생하면 과거의 모습이 현재까지 유지되고 있을 가능성이 거의 없음에도 불구하고 과거에

썼던 방법을 현재의 문제에 그대로 사용하려고 한다. 미래를 예측하는 시장분석 결과가 자꾸 틀리는 것도 이 때문이다. 이것은 지금까지의 흐름에 대한 데이터만 가지고 있을 뿐 미래의 발전방향에 대해서는 추측만이 가능하기 때문이다. 게다가 인간은 상상 속에서 존재하는 것에 대해 발생 가능성을 더 크게 지각하는 경향이 있듯이 미래 예측 속에서 빠뜨린 것에 대해 그것이 실제로 일어나지 않을 것처럼 생각하는 오류를 범할 수 있다. 인간은 오늘과 전혀 다른 내일을 상상하지 못한다.

또한, 인간은 언제나 어떤 대상의 패턴을 찾기 위해 통계를 산출하여 양적 또는 수적으로 나타내려고 노력한다. 그러나 지금의 환경과 미래의 환경이 똑같지 않다고 가정한다면 정확한 통계를 내는 것은 무의미할 수밖에 없다. 미래로 갈수록 양적으로 나타낼 수 있는 부분은 적어지고 질적 묘사가 필요한 부분이 나타나기 때문이다. 시간이 흐를수록 불확실성은 급격하게 증가하기 때문에 장기적 관찰을 하려면 질적 연구가 필요하다. 미래는 현재 기술로는 이해할 수 없는 전혀 새로운 개념이라고 생각할 수 있다. 이러한 상황에서 새로운 흐름을 현재 운영 중인 각각의 사일로 시스템(Silo system)으로 파악할 수는 없다. 사일로 시스템은 전체가 아닌 부분 최적화(Island Automation)만을 위해 구축되고 사용되는 시스템을 의미한다. 즉 그 시스템을 사용하는 단위 조직에는 좋은 점이 있으나, 조직 전체적으로는 좋은 점이 없는 시스템이다. 각 기업에 존재하는 많은 시스템은 대부분 이러한 사일로 시스템인 경우가 많다. 사일로 시스템은 말 그대로 독립적으로 활용하다 보니 각각의 정보는 가지고 있으나, 전체 현황을 나타내는 정보는 없다. 기업에 필요한 지식이 없는 근본 이유이기도 하다.

해결이 어려운 문제는 대부분 똑같은 방식 또는 알고 있는 방식으로 그 문제를 풀려고 하기 때문에 해결하지 못한 경우가 많다. 따라서 이제부터라도 미래의 불확실성에 따른 많은 문제에 유연하게 대응하기 위해 인간의 심리를 이용한 비즈니스 지향 서비스 시스템(BOSS : Business Oriented Service System) 모형을 설계할 필요가 있다. 이 모형은 기본적으로 비즈니스를 위한 서비스의 정의가 명확해야 한다. 이 서비스의 명확화를 위해 먼저 서비스 성과와 그 성과에 대한 성과창출 동인을 같이 관리할 수 있는 지표(KPI, Key Performance Index)가 필요하다. 이 지표는 디폴트 옵션을 그대로 사용하는 인간 심리와 어떤 대상에 대해 견해를 물어보면 의식적으로 알고 있는 것을 말하는 인간의 심리를 이용하여 개발하고, 이러한 것들을 전체 조직의 상황을 파악할 수 있는 측정 가능한 메트릭스(Metrics)로 표현할 수 있어야 한다.

경제학에서는 사람들이 합리적으로 결정한다는 가정 하에 "인간은 '최적의 선택'을 한다."라고 표현한다. 하지만 현실 세계에서 사람들은 결코 합리적이지 않다. 인간이 합리적이지 않은 대표적인 이유는 인간의 뇌에 있다. 인간의 뇌는 우리 조상들이 직면해왔던 문제들을 풀도록 설계되어 있다. 우리 뇌는 식량 해결이 가장 큰 문제였기 때문에 식량을 찾아 돌아다니게 하고, 그래서 성공했던 행동들을 반복하게 하는 과거 지향적인 체계를 가지고 있다. 하지만 현대 사회는 우리 조상들이 살았던 환경과는 근본적으로 다르기 때문에 지금까지 합리적이었던 방식이 더 이상 합리적일 수는 없다. 이 글을 읽는 독자 중에는 반발하는 사람이 있을 것이다. 그렇다면 다음 문제를 풀어보기 바란다.

테리 번햄이 쓴 '비열한 유전자'라는 책에 나오는 질문이다.

"당신은 의사이고 당신 환자들 중에 한 명이 HIV 테스트를 받으려고 찾아왔다. 당신은 그녀의 나이 대에 유사한 성생활을 하는 여자 중 0.1%만이 감염된다며 테스트받을 필요가 없을 것이라고 한다. 하지만 그녀는 굳이 테스트를 받으려 하고, 결과는 안타깝게도 양성이다. 만약 HIV 테스트가 95% 정확하다면, 그녀가 실제로 감염되었을 가능성은 몇 퍼센트일까?"

위 질문에 대해서 실제로 하버드 의대의 의사와 직원들에게 질문하자 대부분은 95% 확률로 환자가 감염되었을 것이라고 대답했다. 아마 여러분들도 많이 다르지 않을 것이다. 그러나 정답은 감염될 확률이 2% 미만이라는 것이다. 하지만 틀렸다고 비관할 필요는 없다. 인간은 확률에 약한 존재들이기 때문이다.

인간이 비합리적인 또 다른 이유는 스스로의 생각을 너무 과신한다는 것이다. 사람들에게 타인과 자신을 비교해보라고 하면, 대부분 자신이 평균치보다 높다고 생각한다. 아마 여러분들도 자신이 직장의 핵심인력이라고 생각하고 있을 것이다. 실제 국내 조사 결과 직장인 2명 중 1명은 스스로를 회사의 '핵심인력'으로 평가하는 것으로 나타났다. 직장인을 대상으로 설문조사를 한 결과 응답자의 53.2%가 "나는 회사 내 핵심인력"이라고 답했다. 성별로는 남성 응답자는 54.5%, 여성 응답자는 50.6%가 이같이 답했다. 직급별로는 대리 이하 응답자의 46.2%가 스스로를 핵심인력으로 평가한 데 비해 과장 이상에서는 70.5%가 이처럼 응답해 직급이 높을수록 자신의 가치를 높게 평가하는 것으로 나타났다. 이러한 자기 과신이 필요한 능력을 다 갖추었다는 착각에 빠지게 한다.

그렇다면 합리적이지 못한 인간이 '최적의 선택'을 할 수 있는 방법은 없을까?라는 생각이 들 것이다. 하지만, 인간이 합리적이지 못하지만 그래도 자신의 일에서 의미를 찾고, 자신의 아이디어나 창조물에 대해 애착을 갖고, 다른 사람을 신뢰하고, 새로운 환경에 적응하고, 다른 사람에게 동정심을 갖는 행위를 볼 때 우리는 인간이 가진 비합리성이 오히려 긍정으로 작용하는 경우가 많다는 것을 알 수 있다. 따라서 완벽하게 합리적인 사람이 되기 위해 애를 쓰는 것보다는 우리에게 도움이 되는 불완전성의 효과를 이해하고, 우리가 극복해야 할 것들이 무엇인지를 파악하고, 우리가 가진 몇몇 한계 속에서도 우리의 불완전성을 이용할 수 있도록 주위의 환경을 조성하려고 노력하는 편이 더 나은 선택이라고 할 수 있다. 이를 위해 가장 좋은 방법 가운데 하나는 올바른 측정지표를 선정하고, 데이터를 충분히 수집 및 분석하고, 측정결과를 올바르게 분석하여, '최선의 선택'을 할 수 있는 뭔가를 끄집어내는 것이다. 이러한 행위는 인간의 비합리성에 의해 변질될 가능성이 많기 때문에 뚜렷한 목적을 갖고, 명확한 목표를 정해 의도적으로 연습해야 한다. 즉 측정지표의 속성을 명확히 정의하고, 데이터 수집 및 분석 방법을 투명하게 하여, 측정지표와 관련된 이해당사자 간의 합의가 이루어져야 한다. 이를 위해서 '올바른 프로세스'가 필요하다. 이 책은 합리적이지 못한 본성을 가진 인간이 현대사회에 적합한 사고와 의사결정을 할 수 있는 자기만의 '올바른 프로세스'를 설계할 수 있도록 돕기 위하여 집필하였다.

제 1 장

인간의 생각 방식

다가오고 있는 시대를 살기 위해서는

　우리 조상이 살아온 시대부터 우리가 살고 있는 현재를 구분하는 것은 대부분 농경시대·산업시대·정보시대·지식시대(피터 드러커)로 구분하거나, 농경시대·산업시대·정보시대·개념시대(새로운 시대가 온다, 다니엘 핑크) 등으로 구분한다. 농경시대에는 씨를 뿌리고 수확을 해야 하는 육체노동의 시대였다. 모든 생활 환경이 농사하는데 맞추어져 있었다. 이 시대를 지나 약 250여 년 전에는 산업시대가 도래했었다. 아담 스미스의 국부론과 제임스 와트의 증기기관이 발명됨에 따라 공장의 일방적 생산 계획에 맞춰 움직이는 반복적인 삶을 사는 시대였다. 이 시대의 산출물들과 인식은 지금도 정보시대를 살고 있는 우리에게 많은 영향력을 끼치고 있다. 몇 십 년 전에는 약간의 변화가 생겨 정보를 수집하고 분석하여 미래를 예측하고, 그에 맞는 삶을 살려는 모습들이 나타나기 시작했으며, 지금이 바로 그 시대의 끝이라고 할 수 있다. 앞으로의 시대는 이러한 정보를 구성하는 데이터들을 바탕으로 한 '창의적인 지식'을 만드는 사람들의 시대일 것이다. 지금의 정보시대와 큰 차이점은 데이터를 소비하고 관리하는 것을 넘어서 데이터에서 의미를 찾거나, 데이터에 의미를 부여한다는 것이다. 즉 감성·경험·가치(드림 소사이어트, 롤프 얀센)를 창조하는 시대다. 이렇듯 인간은 시대를 변화시키면서 발전적인 모습으로 변화하여 왔다고 할 수 있다.

그런데 인간은 세상이 복잡하지 않던 시대, 즉 매우 단순하던 시대를 너무 오랫동안 살아왔기 때문에 요즘같이 복잡한 시대에는 맞지 않는 DNA를 갖고 있는 종이다. 인간은 아직도 감정의 뇌라고 불리는 변연계 중심에 있는 편도체에 의해 생존 본능을 유지하고 있다. 인간의 생존을 위한 본능은 세 가지로 우리 생각보다 매우 단순하다. 분노·공포·우울이 그 세 가지다. 분노는 화가 난 상태에서 공격적으로 방어하라는 신호를 감지하는 것이고, 공포는 빨리 위험에서 벗어나기 위해 몸에 준비시키라는 명령을 감지하는 것이고, 우울은 신체의 일상적 기능을 늦추라는 신호를 감지하는 것이다. 이런 본능을 기반으로 하여 온갖 어려운 문제에 성공적으로 대처할 능력을 개발해 왔다. 그러다 보니 그때그때의 상황에 맞는 임기응변적인 능력을 개발할 수밖에 없었고, 살아남은 우리의 조상들이 그때 개발된 임기응변적 기술을 계속 적용하려는 습관이 우리 뇌에 자리 잡게 되었다. 우연히 알게 된 특수한 상황에서만 들어맞는 생존 전략을 모든 상황에 적용하려 드는 이유다.

그럼에도 불구하고 "인간이 이처럼 성공적인 변화를 할 수 있었던 배경은 무엇일까?"라는 궁금증이 남는다. 이 궁금증을 풀기 위해서는 그동안 우리가 간과해왔던 인간 이전의 동물로서의 삶을 살아 온 뇌의 사고 방식을 이해할 필요가 있다. 인간이 처음부터 농경시대를 맞이한 것은 결코 아닐 것이다. 수렵생활을 거치고, 그 이전에는 동물과 같은 생활을 수백 만년 이상을 거쳤을 것이다. 즉, 농경시대에 진입하기 위한 지식을 얻기 위해 '사고 형성의 시대'를 거쳤을 것이다. 이 시대의 기간은 농경시대에서 정보시대까지를 합친 기간과 비교할 수 없을 정도로 긴 기간이다. 인간이 상상하기 힘든 긴 시간 동안 인간의 뇌는 생존을 위한 어떤 독특한 방법을 개발하였고, 그것이 지금까지 번창할 수 있는 능력을 만들었다. 그 대표적인 것이 '패턴 인식' 능력이다. 인간이 살아남기 위해 주위에 접하게 되는 모든 사물에 대해 파악한 후 그 상황에 맞는 대처 방법을 찾는다면 인간의 뇌는 엄청난 에너지가 필요할 것이고, 그 에너지를 감당할 수 있을 만큼의 음식 공급을 하기 어려워 멸종되었을 것이다. 하지만 인간의 조상들은 주변의 상황을 매우 짧은 시간에 파악할 수 있는 뇌를 개발해냈고, 그 방법이 모든 상황을 특정한 패턴으로 인식하는 것이다. 이 방법은 오늘날에도 효율적인 인간의 기본 능력 중에 하나로 자리 잡고 있다. 하지만 '핫 핸드(Hot hand)'로 알려진 것처럼 농구 선수가 연이어 슛을 성공 시키는 것처럼 보여도 실제로 조사한 결과 평균 이상의 연이은 성공은 없었다. 그럼에도 우연히 일어난 일에 의미를 부여(패턴으로 인식)하는 오류를 범하기도 한다.

인간이 정보시대의 끝을 잘 마무리하고, 피터 드러커의 지식시대나 다니엘 핑크의 개념시대를 무리 없이 살기 위해서는 '사고 형성의 시대'에 맞춰져 있는 인간의 심리상태를 이해하고, 인간이 무의식 상태에서 판단하는 습성이 있다(생각에 관한 생각, 다니엘 카너먼)는 사실을 인정해야만 한다. 무의식 상태에서 판단한다는 것은 기존의 경험이나 알고 있는 것을 바탕으로 한다는 것이다. 그것이 맞든 틀리든 간에 말이다. 따라서 창의적인 정보와 지식이 있어야 하는 시대에 어울리는 사고방식이 필요하며, 이를 위해 인간의 기본적인 심리상태의 이해와 이러한 심리상태로 인해 발생하는 편향된 사고에 대해 현명하게 대처할 필요가 있다.

생존 본능의 진화

처음 접해보거나 위협적이라고 인식되는 것을 감지하면 감정의 뇌(편도체)는 무의식 상태에서 순간 판단을 한다. 이길 가능성이 있으면 싸우고, 질 것 같다는 판단이 들면 도망가라는 반응을 일으키는 신호를 몸 전체에 보낸다(콰이어트, 수잔 케인). 또 비가 오는 우중충한 날에는 아무것도 하기 싫고, 가만히 누워있고 싶다는 신호를 보낸다. 부족한 자원과 에너지를 아끼고 보존해야만 했던 '사고형성의 시대' 때부터 있어 왔던 생존 전략이기 때문이다. 오늘날을 살아가는 현재의 우리에게도 이 생존본능은 적절하게 신호를 보내고 있는 것 같다.

대뇌 신피질의 발달로 영리해지기 시작한 인간은 이러한 생존본능을 변화시키기 시작한다. 감정의 뇌가 보낸 신호에 따라 행동했었던 인간들이 보다 높은 생존율을 위해 생존본능에 변화를 주기 시작한 것이다. 적대적인 상대를 만났을 때 감정의 뇌가 이길 수 있으니 싸우라는 신호를 온몸에 보내도, 바로 싸우지를 않고 생각을 하기 시작한 것이다. 즉 싸워서 이긴다고 해도 다칠 수 있고, 다치는 경우 생존에 많은 영향을 끼친다는 것을 안 인간의 조상들은 생존율을 높이기 위해 싸우지 않는 방법을 찾기 시작했다. 그 방법은 바로 소통을 하는 것이다. 언어 소통 능력이 높아지면서 상대방에게 패배를 인정하면 싸우지 않고도 살아남을 수 있는 방법을 터득한 것이다. 오늘날 "지는 것이 이기는 것이다."라는 말이 있는 이유도 이때부터 생긴 것이 아닐까 하는 생각이 든다. 그래서 부모가 아이들에게 "참는 게 이기는 거다."라고 가르치는 것이다.

하지만 싸움을 피할 때까지 피하다가 피할 수 없는 경우가 발생하기도 하고, 무조건 피하게 되는 경우 또 다른 문제를 일으키기도 한다. 전자의 경우 극한 상황에까지 몰리게 되면 전혀 예상치 못했던 행동이 나오는 경우가 많다. 흔히 이야기되는 우발적 행동이 벌어지게 되고, 대부분의 우발적 행동은 예기치 못한 불행한 상황을 수반하는 경우가 많다. 무조건 피하게 되는 후자의 경우는 더 위험한 결과를 불러올 수 있다. 현대의 인간이 겪는 갈등과 문제의 대부분은 나 이외의 사람에게서 비롯되는 경우가 대부분이다. 이로 인해 상대방과의 소통을 꺼리는 '소통의 부재' 현상이 발생한다. 앞서 이야기했던 생존율을 높이려는 방법이 소통이었는데, 생존을 위해 무조건 피하는 것은 소통의 부재를 불러오고, 이것은 결국 생존율을 낮추는 결과를 가져올 수 있다. 특히 조직 사회에서 소통의 부재는 공멸을 가져올 수도 있다.

게다가 인간은 태어날 때부터 자기주장이 매우 강한 동물이다. 아기들은 항상 자기가 원하는 환경이나 대우가 없으면 막무가내식(자지러지게 우는 방법)으로 자기주장을 내세운다. 즉 자기가 받는 대우의 부당함에 강력하게 대항한다. 이럴 때마다 부모는 피곤함을 느끼고, 이 상황을 제압하려 든다. 이때 부모는 부정적인 감정을 이용하면 선천적인 아기의 고집을 통제하기 쉽다는 것을 알고 아기에게 부정적인 표현을 쓰기 시작한다. 아기들에게 불안해하고 죄책감이 들도록 하는 방법은 부모의 부모로부터 배운 것이다. "우는 아이에게는 선물을 주신대요."라는 크리스마스 캐롤도 있다. 이처럼 인간은 어려서부터 소통을 제대로 할 수 없는 환경에서 자라왔다.

그럼에도 불구하고 인간이 다른 동물보다 우월한 이유는 상호의존과 관련된 세 가지 특성, 즉 언어·사회적 협동·기술적 전문성(심리학자 스티븐 핑커)을 가지고 있기 때문이다. 여기에 공감하는 능력(심리학자 대니얼 골만)을 덧붙이기도 한다. 인간은 기본적으로 타인과 조화를 이루려는 본능이 있는데, 상대방에 대한 공감·동정·이타주의 같은 것들이다. 인간은 타인들과 감정·경험·행동 등을 공유하고 모방하려는 능력을 무의식적으로 개발해왔다. 아기에게 밥을 먹이는 엄마의 얼굴 표정은 아이의 얼굴 표정을 그대로 따라 한다. 또 아픈 사람을 보면 자기도 모르게 그 아픔이 온몸으로 느껴지기도 한다. 이처럼 타인의 얼굴 표정을 따라 하거나, 상대방의 아픔을 공감하는 능력은 인간의 소통을 원활하게 하는 결정적인 요소로 작용하게 된다. 소통이라는 것은 일방의 주장이나 강요가 아니라 상대방의 입장을 헤아리고 함께 살기 위한 것이기 때문이다. 인간이 오늘날까지 생존하고 최고의 위치에 오를 수 있었던 것은 바로 소통의 수단을 만들었고, 소통을 위한 공감의 능력을 확보했기 때문이다. 이처럼 인간에게는 창의적인 사고를 할 수 있는 능력이 있다.

혁신의 본질, 창의적 사고

유럽에서는 15세기 이전까지만 해도 모방은 창조와 동일시됐었다. 기존에 있던 대상을 모방한다는 것은 기존의 것보다 더 좋게 만든다는 암묵적 의무가 부여됐었기 때문이다. 따라서 이 시대의 화가들은 자기가 만든 예술 작품에 서명하는 경우가 극히 드물었다. 예술의 부흥기를 일컫는 말인 르네상스란 단어도 재탄생을 뜻하는 프랑스어로, 기존의 예술품을 모방한다는 것은 요즘에 이야기하는 표절이라는 개념과 거리가 멀었다. 즉 기존의 것보다 더 좋은 것을 만들려고 아이디어를 빌린 것이기 때문이다. 이러한 상황은 1520년대에 들어서 변하기 시작했다. 특정 화가의 작품을 선호하게 되면서 특정 화가의 작품임을 나타내는 그 화가의 서명이 들어가기 시작했다. 이때부터 독창성의 개념이 생겨나기 시작하면서, 화가의 서명이 있다는 것은 기존의 것을 모방하지 않았다는 징표이기도 했다. 이렇듯 서명이 있는 작품의 가치가 엄청나게 오르기 시작하면서 모방한다는 것을 죄악시하게 됐고, 이 시대부터 창조는 모방의 정반대 편에 서게 된다.

하지만 이 세상에 존재하는 것은 어떤 것이든 그것이 존재하기 이전에 존재했던 것의 모방을 통해 생겨난 것이다. 심지어 눈에 보이지 않는 무형의 아이디어조차 기존에 있던 아이디어의 모방을 통해 나온 것이다. 즉, 무언가를 창조하려는 창의적 사고는 기존의 것을 보고, 배우고, 모방해야 한다. 창의적 사고는 저절로 탄생하는 것이 아니다. 흔히 이야기되는 '아이작 뉴턴의 사과'도 그냥 떨어지는 사과를 보고 있던 뉴턴이 만유인력의 법칙을 발견한 것이 아니고, 만유인력에 대한 기존의 연구 내용을 보고, 기존과 다른 방법으로 생각하고, 기존의 것들에 대해 연구하여 알고 있던 내용이 체계적으로 정리된 상황에서 떠오른 생각이다. 이처럼 창의적 사고는 기존 것들의 모방을 통해 '내 것'으로 만든 뒤 새로운 아이디어를 덧붙여서 기존에 없던 새로운 것을 만드는 작업이다. 창의적 사고를 위해 기존의 것을 모방한다는 것은 기존의 것보다 더 좋은 것을 만든다는 뜻을 내포하고 있어야 한다.

기존의 것을 완전히 새롭게 바꾸는 혁신은 창의적 사고를 기본으로 하고, 창의적 사고는 기존의 것들을 재조정해서 새로운 것을 만드는 것이다. 이렇게 하기 위해서는 기존에 있던 여러 가지 아이디어들이 필요하고, 이 아이디어들이 '내 것'이 되는 숙성과정을 거쳐 개별적인 조각들이 결합하여 자기 완결적인 아이디어로 발전해야 한다. 기발한 생각이 바로 나오는 것은 아니다. 흔히 아이디어라고 하면 불현듯 반짝 떠오르는 것이라고 생각을 많이 한다. 하지만 어떤 아이디어가 떠오르기 위해서는 그것과 관련된 정보가 우리의 뇌 속에 저장되어 있고, 그 정보 간의 관련성을 입증할 수 있는 상태에서 '아이디어'가 나온다.

인간의 뇌를 컴퓨터와 비교하는 경우가 많은데, 현격한 차이점은 인간의 뇌를 체계적으로 사용할 수 없다는 점이다. 인간의 뇌는 컴퓨터의 데이터베이스 저장소처럼 일정 규칙에 의하지 않고, 아직 밝혀지지 않은 방식으로 취득한 정보를 저장한다. 이러다 보니 조금 전에 외운 것이 생각나지 않기도 하지만, 몇십 년 전에 있었던 일이 갑자기 생각나기도 한다. 체계적으로 정보를 저장하지 못하기 때문에 저장된 정보를 활용하기도 어려운 것이다. 또 쉬운 것은 기억을 못 하고 어려운 것을 기억하기도 한다. 사람의 이름과 얼굴에 대한 정보를 비교하면 얼굴이 가진 정보가 훨씬 방대함에도 불구하고 몇십 년 만에 만난 동창의 얼굴은 알아보지만, 그 동창의 이름은 생각나지 않는 경우가 많다. 간단한 정보인 이름이 기억 안 나고, 보고 설명하기도 어려운 얼굴이 기억나는 이유는 무엇일까? 뇌의 저장소에 정보가 저장되는 방식은 감각기억에 의해 1, 2초간 저장이 되고, 단기 기억 저장소에 약 20초간 저장이 된다. 장기 기억을 위해서 뇌는 문자의 경우 좌측 뇌를, 그림의 경우우측 뇌를 사용하여 저장한다. 즉 복합적인 상태를 기억하는데 의미중심적으로 기억한다. 이러다 보니 얼굴은 기억하지만 이름은 기억나지않는 것이다. 인간의 뇌가 이미지를 기억하는 능력이 뛰어나기 때문이다. 보통 통찰력이 뛰어난 사람은 숫자를 분석하는 분석형보다, 그래프를 보고 이해를 하는 통찰형인 경우가 많다. 또 이런 통찰형 인간은사물 전체를 보고, 자신을 사물과 분리하기 위해 팔짱을 끼고, 근본적인 질문인 "왜?"로 시작하는 질문을 많이 하는 경향이 있다. 이렇듯 우뇌와 좌뇌를 모두 사용하는 전뇌적 사고를 한다는 것은 우뇌로 전체적인 이미지를 파악하고, 좌뇌로 전체를 구성하는 각각의 조각들과 이조각 간의 관련성을 파악하는 것이다. 기존의 것들을 혁신하는 데 필요한 '창의적 사고'는 전뇌적 사고를 할 때 가능하다.

인지 능력의 한계

행동 경제학의 효시라고 할 수 있는 허버트 사이먼은 제한된 상황(인지 능력의 한계)에서의 의사 결정 모델에 관한 이론으로 1978년 노벨 경제학상을 수상한 심리학자이면서 경제학자이다. 허버트 사이먼은, "인간은 인지적 한계 때문에 최적화 유용성의 극대화가 불가능하다."라고 했다. 즉, 인간은 인지 능력의 한계와 현재 처한 환경의 제약(시간·자원·지식) 등으로 인해 주어진 범위 내에서 합리적이라고 판단되는 방향으로 생각한다. 인간은 모든 가용한 정보와 여러 조건을 최대한 사용하기 위해 시간을 소비하는 것보다 완벽하지는 않지만 주어진 여건 내에서 최선책이 아닌 차선책을 찾는 것이 더 효율적이라고 여긴다. 허버트 사이먼의 이러한 주장은, 합리성에 대해 가정하는 당시 주류 경제학의 체계를 비판하는 것으로 대다수 경제학자에게 인정받지 못했지만, 2002년 또 한 명의 노벨 경제학상 수상자인 심리학자 다니엘 카너먼에 의해 행동 경제학의 형성에 지대한 영향을 미쳤다. 결국, 완벽한 의사 결정인 최선책은 단 하나뿐이고, 그 이외의 결정은 전부 다 차선책이기 때문에 인간은 항상 차선책을 가지고 살아간다고 말할 수 있다.

이처럼 인간이 최적의 의사 결정을 못 하는 이유는 여러 가지 실험으로 증명되었다. 이 중 대표적인 것들을 살펴보면 다음과 같다.

- 손실 회피 추구 : 손실로 얻는 고통의 크기는 동일한 이익을 얻는
  것보다 2배 정도 크게 인식
- 가용성 휴리스틱 : 알고 있는 것이 항상 옳은 것은 아님에도 불구
  하고, 알고 있는 것을 바탕으로 판단
- 패턴 탐색의 오류 : 실제 일어나는 많은 일은 우연에 가까울 때가
  많지만, 그 안에서 특정 패턴을 탐색
- 현상 유지 편향 : 변화보다는 지금 하고 있는 일이 계속 유지되기
  를 바라고, 또 그럴 것으로 믿는 현상
- 확인 편향 : 주어진 정보를 이미 갖고 있는 의견을 보강하는 방향
  으로 해석하려는 경향
- 앵커링 효과 : 불확실한 것에 대해 예측할 때 처음 설정된 가치에
  휘말려 충분한 조정을 하지 못함
- 계획 오류 : 어떤 프로젝트를 완수하는 데 걸리는 시간을 예측할
  때 비현실적인 최적의 상황을 가정

이 외에도 우리가 미처 생각하지도 못하는 경우는 매우 많다. 순서
를 기다리기 위해 줄을 설 경우에 자기 뒤에 서 있는 사람이 많아질수
록 줄에서 이탈할 확률이 낮아진다(줄서기의 심리학과 뒤에 있는 사람 수의
효과, 룽룽 주). 같은 액수의 돈보다 보너스로 주어지는 포인트의 가치를
더 높게 평가한다(관련성 없는 정보와 숙고된 시간의 선택적 기회, 반 오셀라).
'K'로 시작하는 단어와 'K'가 세 번째 나오는 단어의 수 중에 더 많은

단어는 'K'로 시작하는 단어라고 머릿속에서 쉽게 생각된다. 하지만 결과는 그 반대다. 다음 문제는 의사결정 전문가인 샤인 프레드릭이 만든 문제인데 빠른 시간에 풀어보기 바란다.

1. 야구방망이 한 자루와 야구공 1개의 가격을 합하면 11달러다. 야구방망이 한 자루는 야구공 1개보다 가격이 10달러 더 비싸다. 야구공 1개의 가격은 얼마인가?

2. 5분 동안 5개의 부품을 만드는 데 5대의 기계가 필요하다면 100대의 기계로 100개의 부품을 만드는 데는 몇 분이 걸릴까?

3. 호수에 커다란 연꽃잎들이 떠 있다. 이 연꽃잎들의 너비는 날마다 두 배로 늘어난다. 연꽃잎들이 호수 전체를 덮는 데 48일이 걸린다면 호수의 절반을 덮는 데는 며칠이 걸릴까?

정답 : 1번 – 50센트 / 2번 – 5분 / 3번 – 47일

이 문제의 정답을 못 맞췄다고 본인의 수학 실력을 탓할 필요는 없다. 수학 문제가 아니고, 의사결정의 문제이고, 인간은 원래 최적의 의사결정을 잘 못 한다고 바로 앞에서 예를 들면서까지 설명했다. 더욱이 인간은 자기가 원하는 것을 정확히 알지 못한 상태에서 원하는 것을 선택하고, 일정 조건이 형성된 이후에 자기가 원했던 것을 뒤늦게 깨닫기도 한다.

무의식 상태에서의 선택

일반적인 조직사회에서는 어떤 선택을 강요받았을 때 그 선택이 마음에 들던, 안 들던 선택한 이유를 설명해야 한다. 그러다 보니 본인의 생각과 다른 것을 선택한 경우에도 상황에 이끌려 그럴듯하게 선택의 이유를 설명해야 하는 경우가 생긴다. 이렇게 모든 것을 반드시 설명해야만 하는 조직원들은 본인들의 무의식적인 느낌이나, 순간적인 아이디어를 말하지 않는다. 어떤 느낌이나 순간의 생각을 설명할 때 어려움을 느끼기 때문이다. 정작 본인이 알고 있거나 느낀 것을 말하지 않고, 본인의 생각이 아니었던 것을 말하게 되는 것이다. 인간은 불완전하게 선택한 이유를 설명하라고 강요받았을 때 주위 분위기 또는 무시당하기 싫은 상태에서 대답하기 때문에, 순간적으로 전에는 결코 생각하지 않았던 내용을 그럴듯한 시나리오를 만들어서 설명하려는 특성을 가지고 있다. 인간은 천부적인 시나리오 기획자로 태어나는데, 아이들이 말하기 시작과 동시에 꾸며서 이야기하는 것을 봐도 알 수 있다. '소쉬르 읽기'를 쓴 언어학자 로이 해리스는 "다른 이에게서 얻은 언어 정보를 사용하기 위해서는 서술적 관점을 취할 수밖에 없다."라고 말한다. 이 과정에서 첨삭되어 사실이 아닌 견해를 말하게 된다. 그리고 자신이 말 한대로 행동하게 된다.

어떤 판단을 할 때 올바른 판단을 위해 모든 정보를 활용해서 확실할 때만 결정하는 경우는 드물다. 대부분 인간은 자신이 진정 원하는 것을 선택할 때 자기도 모르는 무의식의 상태(흔히 이야기하는 어떤 감에 의해)에서 결정하게 된다. 논리적이고 이성적으로 선택하는 경우는 중요하지 않거나 관심이 떨어지는 경우의 것들이 대부분이다. 이마저도 평소 주변 환경이나 자기가 주장해왔던 언행을 기준으로 한다. 그럼에도 불구하고 알고 있다고 생각하는 인간들은 본인 판단으로 약자인 상대방에게 설명을 강요하고, 약자인 상대방도 인간이기 때문에 왜 그런 결정을 했는지 정확히 설명하지 못하는 현상이 발생한다. 이럴 때 설명을 강요한 인간은 일종의 카타르시스를 느끼며 본인의 생각과 다른 선택은 틀린 선택이라고 판단한다. 하지만 이러한 일이 실제로 발생하고 나면 약자인 상대방을 무시한 대가를 치른다. 무시하기 위해서 취했던 반박 논리를 본인이 무시당하지 않기 위해서 끝까지 밀고 나가야 하기 때문이다. 이것은 올바른 선택이 아니라 상대적으로 강자인 인간의 평소 생각에 따라 선택이 결정된다는 것을 의미한다.

인간은 사소한 또는 순간적인 경험에 의해서, 그 경험을 하지 못했을 때 가지고 있던 자기의 생각이 바뀐 경험을 대부분 가지고 있을 것이다. 이렇게 매 순간의 경험 정보가 본인도 모르게 뇌 속에 축적된다. 그것은 표현하기 힘든 어떤 느낌의 정보다. 그리고 그 정보에 의해 선택 또는 결정을 한다. 또한 인간의 뇌는 정말 자신이 좋아하지만 정작 본인은 알지 못하고 생각해 본 적도 없는 어떤 분류 기준에 의해 순위를 매긴다. 이것은 너무나 빠른 속도로 진행되기 때문에 인간들은 인식하지 못한다. 무의식 상태에서의 선택은 인간의 조상 때부터 축적되어 왔고, 지금도 축적되고 있어, 인간의 비경제적 행동을 설명하는 데 많이 쓰이고, 행동경제학이라는 학문으로까지 발전했다.

그렇다면 이러한 무의식 상태에서의 선택 때문에 생기는 편향을 보완하고, 활용 가능한 정보를 정량화하여 인간의 선택에 도움을 줄 수 있는 방법은 없을까? 이 질문에 대한 대답은 "있다."이다. 첫 번째 방법으로 정량화를 들 수 있다. 기업 경영에 있어 지금까지는 막강한 CEO의 선택에 의해 기업의 방향이 정해졌으나, 최근 들어 '감에 의한 판단'이 아닌 '측정 결과에 의한 판단'을 하려는 추세다. 보통 측정결과를 받아들이는 경우는 먼저 안전하게 행동하거나 안내를 받고 싶은 경우다. 두 번째 방법으로 공식적 절차에 의해 역할과 책임이 분명하여 책임 소재를 명확히 하는 경우다. 이러한 결과로 주위에 산재해 있는 많은 데이터를 수집 및 분석하여 종합적인 상황을 파악할 수 있는 많은 측정지표가 개발되고 이를 시스템으로 구축하는 것이 확실한 트렌드가 되었다. 이를 증명하듯 선도적인 기업에서는 빅데이터를 활용하려는 움직임이 일어나고 있다. 이 글을 쓰고 있는 오늘(2013년 5월 9일) 신문 기사에도 선진회사의 이와 같은 움직임이 보도되고 있다. 2013년 5월 9일 신문에 삼성전자와 현대자동차가 빅데이터 개념을 도입하는 기업 경영에 대한 기사가 보도되었다. (이 글을 마무리하고 있는 2015년 7월 12일 현재 두 회사의 빅데이터 성공 사례는 아직 나오지 않은 듯하다.)

모든 것을 상대적으로 비교하는 인간

인간은 정확하게 정량화한 절대적 판단 기준에 의해 원하는 것을 선택하는 경우는 매우 드물다. 대부분 인간은 자기가 원하는 것을 정확하게 표현하지 못하기 때문이다. 흔히 "잘 좀 부탁한다."라는 표현을 많이 쓰는데, 여기서 '잘'은 어느 수준을 의미하는 것일까? 또 '좀'은 어느 정도를 나타낼까? 이 뜻들은 아마 "적당히 네가 알아서 해 줘. 왜냐하면, 나는 내가 원하는 것을 잘 모르니까, 나보다 전문가인 네가 판단해서 해 줘!"라는 정도일 것이다. 그러나 부탁받은 상대방도 인간이기 때문에 정확한 판단 기준은 없다. 나중에 결과를 받아보고 나서야 "내가 원했던 것은 이게 아닌데."라고 불만을 표시할 것이다. 즉 어떤 결과가 나와야 그것과 비교해서 원했던 것과 다르다는 것을 이야기한다. 그리고 다른 것을 틀렸다고 생각한다. 이처럼 비교할 수 있는 것이 있어야 그나마 원하던 것이 조금씩 실체를 드러낸다. '상식 밖의 경제학'을 쓴 댄 애리얼리도 "대부분 인간은 주변의 사물을 인식할 때 항상 다른 것과 관련짓고, 서로 비교하기 쉬운 것만 비교하려 든다."라고 말했다.

몇 가지 예를 들어보자. 부자의 기준은 무엇일까? 미국의 비평가 헨리 루이스 멘켄은 "부자란 아내의 언니 남편보다 연봉을 100달러 더 받는 사람이다."라고 이야기했다. 매우 단순한 비교이지만 인간은 이처럼 자기와 가까이 있는 사람과 비교한 후 공정성을 평가한다. 직장에서 많이 비교되는 것 중에 하나가 연봉일 것이다. 대부분 직장인은 자기보다 연봉이 적게 오른 동료와 비교하지 않고, 자기보다 많이 오른 동료와 비교한 후 불공정하다고 생각한다. 인간은 비교할 대상을 선택할 수 있는 경우에 자기에게 유리한 쪽을 선택하기 때문이다. 똑똑한 학생들만 모이는 하버드 의과대학원 재학생의 연봉 선택에 대한 실험 내용을 하나 소개한다.

- A. 동료 연봉은 25,000달러, 내 연봉은 50,000달러
- B. 동료 연봉은 250,000달러, 내 연봉은 100,000달러

위와 같은 조건일 때 학생들이 선택한 조건은 무엇이었을까? 당연히 B 안을 받아들이는 것이 유리하나 재학생들의 50%가 A 안을 선택했다. 이 같은 결과는 인간의 선택 조건은 상대적이라는 것을 나타낸다고 할 수 있다.

또 다른 선택의 경우에도 상대적인 비교를 하게 된다. 내 경우 동네에 있는 선술집에 가서 메뉴를 선택할 때 두 개의 메뉴에서 고르는 것보다, 세 개의 메뉴가 있는 것 중에서 가운데 것을 고르는 것이 마음 편하다. 두 개 중에서 선택을 할 때는 비교 기준이 명확하지 않아 선택이 어려웠으나, 메뉴가 세 개일 경우에는 어느 쪽에도 치우치지 않는 가운데 메뉴를 선택하는 것이 올바른 선택이라고 생각되기 때문이다. 동네 선술집 메뉴는 '진·선·미'로 구분되어 있어 항상 '선'을 고른다. 이

것은 유명한 딸기잼 선택 실험에서도 증명되었다. 마트 선반에 딸기잼이 몇 종류 없을 때와 20여 가지의 딸기잼이 있을 때 판매된 양을 비교해보면 딸기잼 종류가 몇 안 될 때 판매량이 많았다. 딸기잼의 종류가 몇 안 되었을 때는 다양한 종류의 딸기잼이 진열되기 바랐으나, 막상 20여 가지가 넘는 종류의 딸기잼이 진열되자 오히려 선택하지 못했기 때문이다. 이것은 다양하고 매력적인 선택의 가능성을 포기하고 하나의 선택만을 할 수밖에 없을 때 포기해야 하는 대가가 너무 크기 때문이고, 이를 감당할 준비가 안 되어 있어 딸기잼 구매를 포기한 결과다. 오랫동안 '사고 형성의 시대'를 보낸 인간의 조상들은 삶과 죽음 같은 이분법적인 단순한 선택 사이에서 쉽게 결정할 수 있었으나, 오늘날과 같은 복잡한 상황에서 인간은 다양한 종류 중에 원하는 것을 선택할 수 있는 준비가 아직 안 되어 있다고 볼 수 있다. '선택의 역설'의 저자인 심리학자 배리 슈바르츠는 "지나치게 넓은 선택권은 무력감을 야기하고, 선택권이 좁을 때보다 넓을 때 만족도가 상대적으로 더 떨어진다."라는 것을 실험을 통해 증명해냈다.

오늘날 선택이 어려운 이유는 앞서 이야기한 것처럼 첫째, 선택의 범위가 지나치게 넓어져서 다른 선택을 포기함에 따른 기회 손실 비용이 너무나 크게 느껴질 때다. 둘째, 한 번 내린 선택의 결정을 번복하기가 매우 어려운 경우 선택하기가 쉽지 않다. 셋째, 선택을 위해 참고할 만한 정보의 불확실성이 클 때와 넷째, 선택의 결과를 경험해보기 전까지는 알 수 없을 때이다. 인간은 선택하기가 쉽지 않은 경우 대부분 다른 사람들이 선택한 것을 참고하여 가장 많이 선택한 경우를 그대로 따라 한다. 아이러니하게도 원하는 것을 얻기 위한 선택은, 원하는 것들을 포기하는 선택일 때가 많다.

합리적이지 못한 인간, 호모 휴리스틱쿠스

일반적으로 평범한 소비자들은 물건을 고를 때 특별한 정보가 없다면 가장 비싼 물건이 가장 좋을 것이라고 생각하는 경향이 있다. 이렇게 빠르고 쉽게 결정하는 의사결정 방법을 휴리스틱(Heuristic) 모형이라고 한다. 대부분 소비자는 자신이 가장 중요하다고 생각하는 속성을 기준으로 제품을 선택하는데, 이를 대표성(또는 편중성) 휴리스틱이라고 부른다. 또 소비자는 구매에 따르는 의사결정을 위해 다른 사람의 의견을 듣는다. 최근에는 인터넷을 활용하여 보다 광범위하고 검증된 정보를 수집하기도 하지만, 대개 과거에 구매했던 동일 제품이나 브랜드를 구매하려는 성향이 높다고 하는데 이를 가용성 휴리스틱이라고 한다. 이는 소비자들이 뭔가를 선택할 때 여러 정보를 활용하여 꼼꼼하게 따져보기도 하지만, 결국에는 단순한 의사결정을 더 선호한다는 말이기도 하다.

휴리스틱의 한국적 의미는 직관적 의사결정 방법이라고 할 수 있다. 이 방법은 사람들이 무슨 결정이나 판단을 할 때 단순한 사고를 갖는 경향이 있다고 가정한다. 허버트 사이먼도 지적했듯이 인간의 진화 과정을 보면 가장 합리적인 방법을 찾아 진화해온 것이 아니라, 그 당시 상황에서 가장 효율적일 것이라고 판단한 방향으로 진화를 해왔다. 즉 최적의 선택이라고 검증되지 않았지만, 최적의 선택이라고 생각하는 방향으로 진화해온 것이다(클루지, 개리 마커스). 이것은 인간이 인지할 수 있는 능력에 많은 한계가 있기 때문이다. 이러한 한계가 있으면서도 경쟁적 환경에 처해있는 인간은 순간마다 접하는 수많은 정보를 적절히 파악하여 환경에 적응할 수 있어야 한다. 하지만 인간의 정보 인지력은 불확실한 환경 정보에 대하여 완벽한 처리를 할 수 없을뿐더러, 일정 시간 내에 가장 경제적이고 효율적으로 정보를 처리해야 한다는 압박감에 시달리게 된다. 그러다 보니 최소한의 노력을 들여 최대한의 효율성을 가져오는 정보처리를 하려 하는데, 이 때문에 많은 편향이 생겨 곤란한 상황을 경험하기도 한다.

나는 이러한 인간 유형을 호모 휴리스틱쿠스(Homo Heuristicus)라고 부른다. 최선의 방법을 찾을 시간도, 능력도, 환경도 주어지지 않는 상황에서 효율적으로 차선책을 찾아야만 하는 삶을 살아야 하는 인간을 총칭한다. 따라서 어떤 문제가 있을 때 그 문제를 해결할 수 있는 방법이 없거나 현실적으로 불가능할 때 혹은 문제를 해결하는 데 필요한 정보를 완전히 확보하지 못했을 때, 정립된 절차에 따라 해결 방법을 구할 수 있을 만큼 문제를 명확하게 정의하기 힘들 때 인간은 호모 휴리스틱쿠스가 되는 것이다. 당연히 여러 가지 제약 내에서 행한 결정은 완벽성과 정확성을 보여줄 수 없고 결국 최선이 아닌 차선의 결정을 할 수 밖에 없다. 즉 인간은 주어진 상황의 제약성과 자신의 인지 능력의 제한성 때문에 자신에게 현 상황에서 어느 정도 만족을 가져다줄 수 있는 형태의 결정을 해야 한다. 이 과정에서 빠른 처리 및 결정을 하다 보면 일정 부분 오류가 발생할 가능성이 존재한다. 이러한 오류를 리스크의 발생 가능성으로 부른다면, 호모 휴리스틱쿠스는 리스크를 발견해내고 관리할 수 있는 보완책을 가지고 있어야 한다.

또, 주변의 상황에만 영향을 받는 것이 아니고, 스스로에게도 영향을 받는다. 자기가 내린 선택의 결정에 영향을 받아 다음 선택을 하게된다. 대표적인 것이 물건을 구입할 때의 경우이다. 처음 어떤 선택을 할 때 그 선택을 하게 된 결정이 향후 별다른 영향을 미치지 않을 것으로 생각하는 것이 보통이다. 하지만 첫 번째 결정은 이후의 결정에 상당한 영향을 끼친다. 물건을 구매할 경우, '완벽한 가격'의 저자 엘렌 러펠 셸은 "가격 변화에 얼마나 민감한지는 예전에 지불했던 가격을 기억하고 그 가격에 구매 결정을 했던 경험을 일관되게 유지하려는 욕구에 크게 좌우된다."라고 했다. 정말 구입하고 싶은지 혹은 필요가 있는지에 좌우되는 것이 아니라는 것이다. 이처럼 오늘날과 같은 불확실성의 시대에서 현실의 상황 판단과 미래를 예측하는 일은 매우 복잡하기 때문에 보편적으로 정보가 확실하지 않다고 판단되면 사람들은 호모 휴리스틱쿠스가 된다. 이러한 상황을 IT 서비스 제공 및 사용 관점에서 본다면 이런 호모 휴리스틱쿠스들을 위해 쉽게 '보고, 판단할 수 있는(Watch & Make a decision)' IT 서비스 관련 정보를 종합하여 제공하는 것은 매우 현명한 방법이 될 것이며, 그러한 정보를 통한 결정은 최선책에 버금가는 차선책이 될 것이다. 호모 휴리스틱쿠스에게는 지금까지의 경험에 의존하여 직관적인 판단을 내리기보다는 판단의 기준을 가지고 최선책에 가까운 판단을 할 수 있도록 하는 장치가 필요하다.

호모 휴리스틱쿠스의 특징

인간이 오늘날까지 살아남고, 지구 상의 모든 동물 중에 최상의 자리를 차지하게 된 것은 도구의 사용·언어의 사용·불의 사용 등 다른 동물들과 차별화된 요인이 있었기 때문이다. 하지만 인간이 이러한 언어나 도구를 발명하기 이전의 시대에는 어땠을까? 생각할 수 있게 되면서부터 다른 동물들보다 사냥하고, 먹는 등의 단순한 행동을 반복하면서 보다 편한 방법을 배우게 됐고, 편한 방법의 필요성을 인식하고 반복함으로써 습관이 되어 무의식 상태에서도 빠른 판단을 내릴 수 있게 된 것이 살아남게 된 결정적인 요인 중에 하나가 되었을 것이다. 이렇듯 인간은 무의식 상태에서의 행동 때문에 살아남았다고 말할 수 있다. 예를 들면 '위험한 것 같은 상황'에서는 위험을 식별하기 보다, 그 상황을 피하는 것이 생존율을 높일 수 있는 방법이기 때문에 위험 요소의 확인을 위해 불필요한 위험에 빠지지 않는 것이 생존율이 높다는 것을 알게 된 것이다. 그리고 그러한 판단 및 행동은 진화 과정 동안 무수히 반복되어 생각하지 않아도 무의식 상태에서 행동하게끔 되었다.

그 결과, 인간은 어떤 현상이나 문제점에 대해 반응하는 방식이 일정한 방향으로 변화하게 되었다. 진화 과정을 통해 어떤 현상에 대해 "저게 뭘까?"라는 질문 대신에 "지금 뭘 해야 하지?"라는 질문에 먼저 반응하도록 뇌가 설계된 것이다. 이것이 의미하는 것은 어떤 현상에 대해 원인 파악이나 올바른 행동을 위한 생각보다는 경험을 통해 알고 있다고 생각하는 방식으로 바로 행동하려고 하는 특성이 생긴 것이다. 대부분의 행동이 옳지만, 간혹 이러한 행동들 때문에 큰 문제가 발생하기도 한다. 대표적인 경우가 기업의 회의 문화를 보면 알 수 있다. 기업 내에서 회의는 상사의 일방적 지시에 의해 실행되는 경우가 대부분을 차지한다. 그리고 상사가 회의를 소집했다는 것은 기업 내외적으로 문제가 발생했기 때문에 대책을 세우려고 하는 것이다. 회의 주제를 설명하고 대책을 세우려고 할 때 회의 참석자가 적극적이고 능동적으로 의견을 내는 경우는 드물다. 의견이 잘 나오지 않는다. 그 이유는 회의의 근본 목적이 무엇인지 명확히 이해하고 회의에 참석하는 참석자가 드물기 때문이다. 회의 목적을 안다고 해도 조직 내 여러 가지 역학 구조를 잘 알고 있는 참석자들은 섣불리 대책을 말하려 들지 않는다. 회의 소집자인 상사의 일방적인 이야기가 계속 이어질 뿐이다. 간혹 나오는 의견은 단편적인 대책일 경우가 대부분이고, 그나마 여태까지 침묵으로 일관해왔던 다른 참석자에 의해 그 대책의 문제점에 대해 집중적인 지적을 당한다. 즉, 어떤 대책에 대한 가능성을 찾는 것이 아니라 안 되는 이유를 찾는다. 정확한 근거도 없이 자신이 알고 있는 지식에 의해서 말이다. 이런 류의 지적은 대부분이 자신이 쉽게 상상할 수 있는 일일 경우에 더 심하게 나타난다. 호모 휴리스틱쿠스는 어떤 상황에 대해 쉽게 상상할 수 있을 때에는 그 상황이 실제로 일어날 것이라고 믿는다. 그러다 보니 어떤 대책을 세울 때는 그 대책의 장점을 찾지만, 그 반대로 어떤 대책을 거부하기 위해서는 대책의 단점만을 지적한다. 그래서 다른 사람이 낸 의견이 자기 생각과 맞지 않기 때문에 다른 사람이 낸 의견의 문제점을 그렇게 빨리, 많이 지적하는 것이다.

더욱이 호모 휴리스틱쿠스는 어떤 대책의 실행 결과에 대해 이야기할 때, 그 대책에 대해 대책 수립할 때부터 결과까지 모든 과정에 대해 다 알고 있었다는 자세를 취한다. 즉 그 결과에 대해 지금 생각하고 말하는 모든 것을 그전에도 그렇게 생각하고 말했었다고 생각하며 다른 사람들에게 그것을 증명해 보이려고 한다. 간혹 이야기의 앞뒤가 안 맞는 경우에는 내용이 첨삭되면서 합리화를 시도한다. 인간은 천부적인 이야기꾼이기 때문에 이것이 가능해진다. 이렇게 이야기를 전달할 때 경험에 의한 것을 과장하는 경향이 있는데, 이런 상태가 계속되면 자기 자신이 정말 그랬었다고 스스로 믿으면서 자신의 능력에 후한 점수를 준다. 많은 조사에도 밝혀졌듯이 대부분 운전자는 자신의 운전실력이 다른 운전자보다 좋다고 생각을 하고, 회사 내에서 자신의 역량이 평균 이상이라고 생각하는 것도 이런 이유에서다. 여기에 하나의 특징을 덧붙인다. 자신의 경험을 기반으로 한 대책에 관해서 이야기할 때 잘못될 것을 우려하여 그 대책에 대해 보완을 시도한다. 다른 사람이 자신의 대책에 대해 평가를 할 때 평가하는 기준에 영향을 끼치기 위해 "내가 잘은 모르지만", "해보지는 않았지만" 등의 표현을 사용하여 자신이 이야기하는 것이 혹시 틀릴 수 있을 경우를 대비하기도 한다.

디폴트 옵션의 활용

:

사람들은 특정 상황에서 판단을 내릴 때 대부분은 빠르고 유용하기 때문에 경험에 의거하여 결정을 한다. 이러한 경험에 의한 습관(가용성 휴리스틱)이 체계적인 편견을 만들어 낸다. 뉴욕 타임스 기자로 '습관의 힘'을 쓴 찰스 두히그는 "반복되는 경험은 두뇌의 기저핵에 자리를 잡게 되고, 기저핵에 경험이 저장되는 순간 고치기 어려운 습관이 되어 사람들은 어느덧 그 틀에 자신을 맞추어 간다."라고 했다. 기업에서 시행되는 각종 서비스에서도 예외가 아니다. 서비스 수준을 설정할 때 현재 알고 있는 경험이나 수치로 모종의 기준선을 설정(당사자 간의 협의가 아닌 고객의 일방적 강요)하여 적절하다고 생각하는 방향으로 조정한다. 이렇듯 서비스 제공자와 사용자 간의 충분한 조정이 이루어지지 않을 때 심각한 편향이 발생한다. 또 평소 업무의 각종 양상에 대해 심각하게 잘못 인식하는 경우에 불가피한 일임에도 불구하고 경험에 의해 이상 현상으로 취급하거나, 의미 없는 대책을 요구한다.

또, 관련 리스크들에 얼마나 익숙한가에 따라 각 리스크의 확률을 추정한다. 이것은 가장 발생할 가능성이 높은 위험에 대처하기 위한 것보다는 사람들의 걱정을 해소하는 쪽으로 자원을 할당할 가능성이 높다는 것을 의미한다. 즉 그 순간을 모면하려는 방편을 만들 가능성이 매우 높다. 동일한 문제가 반복 발생되는 근본적인 이유가 여기에 있다. 게다가 대부분 사람은 자신을 과대평가하여 평균 이상이라고 착각하고, 비현실적 낙관주의 때문에 리스크를 제거하지 않고 감수하려 든다. 즉 리스크는 리스크일 뿐 현실화되지 않을 것이라는 굳건한(?) 믿음을 가지고, 설령 리스크가 현실화되어도 극복할 수 있을 것이라는 막연한 자신감을 가지고 있다. 하지만 리스크가 현실화되는 순간 재앙이 뒤따른다는 것을 심각히게 고려하지 않는다. 리스크는 리스크일 때 제거해야지, 리스크가 현실화되면 그 극복 비용은 천문학적으로 증가한다. 또 손실 회피 성향 때문에 사람들이 이미 가지고 있던 무언가를 포기할 때, 동일한 것을 얻었을 때 느끼는 기쁨보다 두 배 이상의 큰 상실감을 느낀다. 이것 때문에 현재 갖고 있는 것을 고수하고자 하는 강한 욕망이 생긴다.

그렇다면 IT 서비스 수준을 설정할 때 이러한 사람들의 심리를 이용하면 어떨까? 사람들이 손실이 발생하는 것을 원치 않아 현재 가진 것을 포기하지 않으려 한다면, 커다란 이익이 있는 기회가 주어졌을 때도 현재 상황이 변화할 때의 손실을 염두에 두고 포기하게 될 것이다. 대부분 현재의 상황을 고수하려는 경향을 보이기 때문이다. 그런 경향을 보이는 이유 중에 대표적인 것이 주의력 결여 때문이다. 즉 자신한테 당장 해로운 것이 없다고 생각하거나, 잘못된 것을 발견했을지라도 그에 대한 해결책을 만들지 못할 때 기존의 주어진 환경에 적응하려는 경향이 있다. 이점을 활용하여 서비스 수준을 설정할 때 이러한 사람들의 현상 유지 편향 심리를 고려해보자는 것이다. 즉 디폴트 옵션을 매우 정교하게 설정하면 사람들은 별다른 생각 없이 주어진 환경에 크게 불만족하지 않은 한 그대로 수용할 것이다. 이것은 사실 사람들이 별다른 생각 없이 수동적으로 결정을 내리는 경향을 이용하는 것이다. 앞에서 언급한 것처럼 주어진 상황이 평소 느끼지 못한 상황이라면 다소 불편해도 문제 삼지 않고 주어진 환경에 적응하는 심리를 이용한 것이다. 대표적인 것으로 다이어트를 위해 별도의 훈련을 하거나, 음식량을 조절하는 경우가 많으나, 가장 손쉬운 방법이 작은 밥그릇을 사용하는 것이다. 사람들이 무의식중에 하는 행동 중 하나가 음식을 섭취하는 것이다. 특별히 배가 고파서 많이 먹을 생각을 하거나, 특정 식품을 의도적으로 섭취하는 경우를 제외하고는 대부분 자신 앞에 차려진 음식을 먹는다. 음식이 담긴 그릇이 크든 작든 음식을 먹는다. 이럴 때 작은 그릇을 사용하면 적게 먹을 것이고, 자연스럽게 다이어트도 될 수 있다. 즉 디폴트 옵션으로 미리 어떠한 상황을 꾸며 놓으면 별다른 저항 없이 그대로 수용하는 사람들의 심리를 이용하는 것이다. 사람들은 이러한 디폴트 옵션에 대해 뚜렷한 반대 의견이 없다면 디폴트 옵션을 디폴트 설정자의 권고로 인식하여 그대로 수용한다. 우리가 대부분 가전제품을 구매하고 사용할 때, 다소 불편함을 느낄지라도 이미 만들어져 있는 기능을 그대로 사용하는 것도 이 때문이다. 서비스 수준을 설정할 때에도 사람들을 원하는 곳으로 강제로 밀어붙이기보다는, 미리 여러 상황을 제시해 놓으면 큰 이견이 없는 한 그대로 수용할 가능성이 매우 높다. 이를 위해 다양한 서비스 수준을 보여주는 대시보드(Dashboard)를 통합하여 서비스 수준을 한눈에 파악할 수 있게 해놓는 이유도 이상 상황을 미연에 방지하기 위한 것도 있지만, 적정한 수준을 유지하기 목적이 더 크다고 할 수 있다.

호모 휴리스틱쿠스를 위해

내가 2010년 1월 20일 자 신문 칼럼을 통해 호모 휴리스틱쿠스라는 용어를 처음으로 발표한 이후 지인들로부터 호모 휴리스틱쿠스에 대한 질문이 많이 이어졌었다. 호모 휴리스틱쿠스는 인간의 한 유형으로 어떤 상황에 직면했을 때 최선책을 찾기보다는 그 상황에서 할 수 있는 대안을 통해 문제를 해결하려는 인간의 한 유형을 내가 정의한 신조어이다. 그리고 거의 모든 인간이 이 유형에 속한다. 호모 휴리스틱쿠스는 대개 복잡한 문제를 단순한 방법으로 해결하려고 한다. 여기서 단순한 방법이라는 것은 호모 휴리스틱쿠스들이 이미 경험을 하여 알고 있는 방법을 말한다. 그러다 보니 문제가 발생하면 과거에 썼던 방법을 자꾸 현재의 문제에 그대로 사용하려 든다. 그 문제가 수없이 많은 문제 중 하나이며, 복잡하고 역동적인 시장과 경제구조로 인해 과거의 상황과 지금의 상황이 다르다는 사실을 자꾸 잊는다. 또는 애써 무시하려 든다. 과거의 모습이 현재 그대로 유지되고 있을 가능성은 거의 제로에 가깝다. 시장분석 결과가 자꾸 틀리는 것도 이 때문이다. 이것은 지금까지의 흐름에 대한 데이터만 가지고 있을 뿐 미래의 발전방향에 대해서는 추측만이 가능하기 때문이다.

또 호모 휴리스틱쿠스는 언제나 어떤 대상의 통계를 산출하여 양적 또는 수적으로 나타내려고 노력한다. 그러나 미래로 갈수록 양적으로 나타낼 수 있는 부분은 적어지고 질적 묘사가 필요한 부분이 나타난다 (블랙 스완, 나심 니콜라스 탈레브). 양적 묘사는 정확한 예측일 것이란 인상을 주기 쉽다. 그러나 이것은 잘못된 결과를 이끌어낼 수 있다. 더욱이 우리는 미래의 환경이 지금과 다를 수 있다는 것을 알고 있다. 지금의 환경과 미래의 환경이 똑같지 않다고 가정한다면 정확한 통계를 내는 것은 무의미할 수밖에 없다. 따라서 장기적 관찰을 하려면 질적 연구가 필요하다. 시간이 흐를수록 불확실성은 급격하게 증가한다. 그러나 반대로 미리 정해놓을 수 있는 일들은 줄어든다. 보통 뭔가를 미리 결정해놓을 때에는 인과관계를 따져보고 일어날 수 있는 변화를 추측해본다. 그러나 미래란 여러 가지 요소들이 복잡하게 얽혀 있는 요소인 데다 변화를 만들어내는 상호관련성을 발견해내기도 어려운 대상이다. 뒤로 갈수록 뭔가를 계획해놓기가 불가능해지는 것도 이 때문이다. 시간이 흐름에 따라 변화가 나타날 수 있는 공간이 점점 커지면서 미처 발견하지 못하고 놓치는 것들이 생기는 것이다.

인간은 언제나 새로운 정보 및 지식과 대면하고 있다. 이러한 측면에서 볼 때 미래는 현재 기술로는 이해할 수 없는 전혀 새로운 개념이라고 생각할 수 있다. 현재 우리는 10년 후에 등장할 기술들을 알지 못한다. 막연히 추측만 할 뿐이다. 그것도 현재 알 수 있는 정보를 바탕으로 미래를 그린다. 여기에는 큰 문제가 도사리고 있다. 10년 전에 스마트폰을 상상하기는 쉬웠다. 휴대폰이 컴퓨터 기능을 할 수 있으면 좋겠다는 상상은 그리 어려운 것이 아니다. 그러나 스마트폰의 보급이 SNS 문화를 불러오고, 그 SNS 문화가 잘 나가던 한 대기업을 무너뜨리고, 한나라의 정치 형태를 고발하는 용도로도 사용될 수도 있다는 것까지 알 수는 없다. 상상 속의 기기들에 의해 파생되는 문화를 예측하기는 쉽지 않기 때문이다. 이러한 상황에서 새로운 흐름을 현재 운영하고 있는 각각의 측정 시스템이나 알고 있는 지식을 바탕으로 파악할 수는 없다.

그렇다면 어떤 유형을 나타내는 흐름, 즉 트렌드를 관찰하여 트렌드를 통해 미래의 모습을 예측하는 것은 어떨까? 트렌드의 형태는 더 이상 변화가 없고 안정적인 상태에 이르러서야 파악할 수 있다. 트렌드를 관찰하는 것은 트렌드를 통해 미래의 모습을 예측하기 위해서다. 결국, 트렌드 분석의 핵심은 앞으로 트렌드가 어떻게 진행될지를 예측하는 데 있다. 이때 주의해야 할 것은 호모 휴리스틱쿠스는 어떤 현상이 트렌드인지 아닌지를 입증하는 데에만 관심을 나타낸다는 것이다. 이를 방지할 수 있는 시스템 또는 프로세스가 갖추어져야 한다. 어떤 흐름 또는 대상을 객관적으로 표현하기 위해서는 먼저 측정단위와 비교요소, 전체 양과 측정 방법 등이 만들어져야 하고, 이러한 것들을 신뢰할 수 있는 측정시스템으로 표현할 수 있어야 한다. 즉 모든 관련 사항을 한 눈에 파악할 수 있는 '종합상황관리시스템'이 필요하고 이것은 필수적으로 이해당사자들 간의 합의에 의한 것이어야 한다. 피터 드러커가 말했듯이 측정할 수 없으면 관리할 수 없고, 관리할 수 없으면 개선할 수 없기 때문이다. 이 말을 조금 더 확대해서 살펴보면 올바른 경영을 위해서는 관리할 수 있어야 하고, 관리를 위해서는 조직 전체를 통제할 수 있어야 되며, 통제를 위해서는 평가할 수 있어야 하고, 평가를 위해서는 측정할 수 있어야 되며, 측정을 위해서는 기준이 있어야 한다는 이야기가 된다.

미래 예측이 안 맞는 이유

우리 대부분은 과거의 경험을 바탕으로 미래를 상상한다. 하지만 우리가 맞이하게 될 미래는 과거 기반의 생각으로는 전혀 알 수 없기 때문에 상상의 결과에는 많은 한계가 있다. 2012년 트위터에 '백 투 더 퓨처'의 주인공 마티 맥플라이가 미래로 온 날이 2012년 6월 27이라는 포스팅이 돌아다녔다. 누군가 장난을 친 것이다. 영화 속에서 그 날은 2015년이 맞다. 어찌 됐든 '백 투 더 퓨처' 2편에서는 2012년보다 3년 뒤를 묘사하고 있다. 그 영화에 등장하는 것은 당시(1985년)로써는 파격적인 것들이었다. 공중부양 스케이트보드, 몸에 알아서 맞춰지는 옷과 신발, 스마트 TV와 유사한 TV 등 그 당시 사람들이 꿈꿨었던 것들이다. 그러나 지금과 같은 스마트폰, SNS 등은 보이지 않는다. 30년 후 미래 예측의 한계를 나타내고 있다고 할 수 있다. 혹자는 영화 속의 TV를 스마트폰과 비교할 수도 있을 것이다. 하지만 지금의 스마트폰이 의미하는 것은 소셜네트워크이다. 즉 '어떤 기능'보다는 그 '기능을 통해 이루어지는 사회상'이 중요하다. 미래의 상상 속에서 꿈꾸는 제품의 기능에 대해서는 묘사할 수 있어도, 그 기능으로 인한 사회의 변화에 대해서는 묘사하기가 쉽지 않다. 그렇기 때문에 대부분의 미래 예측은 실패로 끝난다.

게다가 인간의 기본 심리 중에 점화 효과(Priming effect)라는 것이 있다. 위키피디아 백과사전에는 이것을 시간적으로 먼저 제시된 정보(Prime)가 나중에 제시된 정보(Target)의 처리에 영향을 미치는 현상을 나타내는 심리학 용어라고 정의하고 있다. 쉽게 이야기하면 점화 효과는 먼저 보았던 정보에 의해 떠올린 개념이 나중에 접한 정보를 해석할 때 강력한 영향을 끼치는 인간의 기본적인 심리 성향이다. 이를 잘 나타낸 한국 속남으로는 "사라 보고 놀란 가슴 솥뚜껑 보고 놀란다."라는 것이 있다. 이러한 점화 효과에 의한 사고 편향이 문제를 야기시킬 수 있는데, 시간적으로 먼저 접하는 점화(Prime) 정보가 불완전할 경우 다음에 오는 타깃(Target) 정보의 완전성 여부와 상관없이 심각한 영향을 끼친다는 것이다. 인간이 접하는 대부분 정보가 불완전한 정보이기 때문에 이 불완전한 정보를 바탕으로 이후 벌어질 상황을 판단하는 것은 많은 리스크를 발생시킬 수 있다. 그리고 객관적이지 않은 변수들이 특정 상황의 인지에 큰 영향을 끼친다. 특히 불완전한 정보를 기반으로 의사결정을 내리도록 압박을 받는 상황에서는 더 많은 리스크를 만들어 낼 수밖에 없는 상황이다. 우리가 접하는 거의 모든 정보가 완전한지를 판단할 수 있는 방법이 없기 때문에 더욱 심각하다. 더군다나 인간은 자신의 경험에 과도한 가치를 부여하는 경향까지 있다.

인간은 모호한 문제에 대해 이성적으로 대처하는 것을 거부하는 심리가 있다. 즉 인간은 모르는 것이 너무 많기 때문에 모르는 상황에서 제대로 대처할 수 없다. 그러다 보니 쉽게 상상할 수 있는 일일수록, 그 일이 실제로 일어날 가능성을 과대평가한다. 이런 결과는 서비스 프로세스를 구축 및 운영할 때 필요 이상의 기능과 자원이 투입되는 결과를 야기시킨다. 또, 이것은 필요 이상으로 원가를 높이는 결과를 불러오고, 많은 서비스 업체들의 고민으로 존재한다.

정보는 요청한다고 곧바로 얻을 수 있는 것이 아니다. 정보가 곧 힘이기 때문에 사람들은 흔히 정보를 비밀리에 모아놨다가 가깝고 믿음이 가는 사람들에게만 제공한다. 그러나 아무리 쓸만한 이야기를 들었어도 그 이야기는 누구의 입에서 나온 말인지도 알 수 없고, 그 말에 담긴 뜻도 파악할 수 없다. 이것은 다양한 IT 인프라를 관리하는 관리 시스템에서 나오는 데이터 또한 마찬가지이다. 상상을 초월할 정도의 데이터가 발생하고 있지만, 그중에서 필요한 데이터나 더 나아가 의미 있는 정보를 골라내기란 불가능에 가깝다. 이것은 우리가 평소에 데이터와 정보를 구분하지 않기 때문이기도 하다. 이러다 보니 데이터에 의미가 더해져 정보가 되고, 나아가 비즈니스에 기여할 수 있는 지식으로까지 발전하지 못하는 경우가 비일비재하다. 지금까지 대부분 기업에서는 데이터를 모으고, 분류하여 저장하는 데에만 치중했지, 그 많은 데이터를 활용하는 데에는 소홀했기 때문이다. 최근에 이야기가 많이 되고 있는 빅데이터는 새로운 개념이 아니라 우리 주변에 있는 데이터를 우리에게 의미가 있는 정보로 바꾸고, 그것을 지식으로 활용하자는 개념이다. 처리할 수 있는 데이터양의 차이를 빼면 이전의 데이터웨어하우스 개념과 별반 다를 것이 없다. 이것을 다른 말로 하면, 현재 상황 분석을 통해 이상 현상을 감지해서 가까운 미래 예측, 즉 리스크 관리가 가능해야 한다는 것이다.

정보에 의한 나우캐스팅의 시대

인터넷 광풍이 불던 시기가 있었다. 이 시기에는 모든 것이 정확하게 설명되면 더 이상 의미가 없는 시기이기도 했다. 무언가 모호한, 그래서 더욱 기대하게 만드는 그런 시기였다. 모호한 것을 분명하게 하기 위해 많은 검색엔진이 등장하여 저마다의 검색 능력을 자랑하고 있었고, 학교에서는 그러한 검색 엔진을 잘 활용하여 원하는 정보를 찾을 수 있는 방법을 교육하기도 했었다(2000년에 대학원에 다니던 나도 각 검색 엔진의 특성을 활용하여 원하는 정보의 '근사치'를 얻을 수 있는 방법을 배웠다). 그때는 필요한 정보를 찾을 때 '정보의 바다'라고 불린 인터넷에서 검색을 통해 찾아야만 했다. 찾을 때마다 너무나 많은 정보의 출현에 혼란스러워하던 그 시절이었다. 그 중심에 야후가 있었음을 다 기억하고 있을 것이다. 2012년 말 신문기사에서 그 야후가 한국에서 완전히 철수한다는 기사를 보았다(이 글은 2012년 말에 쓰여진 글이다). 충격이 느껴졌다. 하나의 모멘텀 이었던 야후를 통해 한 시대가 마감했다는 것을 느낄 수 있었다. 새로운 시대가 이미 와 있다는 것이다. 그 시대는 모호함의 시대가 아닌 명확함의 시대다. 이 명확함의 시대는 믿을 수 있는 정보를 중심으로 하는 시대다. 즉, 모든 비즈니스가 시나리오에 의해 검증되고, 나에게 도움이 된다는 것이 확실하게 검증될 때만 투자가 이루어지는 그런 시대다.

구글로 대표되는 이 시대의 시작은 정보다. 오늘날의 구글이 있었던 것은 엄청난 양의 정보를 수집하고 분류하여, 쓰기 쉽게 만들어져 있기 때문에 가능한 것이다. 애플의 아이폰이 세상에 던진 충격도 사용할 수 있는 정보를 함께 제공했기 때문이다. 거기에 편리함까지 더해서 말이다. 여기에 덧붙여서 여러 곳에 산재해 있는 정보들을 수집하고, 분석하여 관련 있어 보이는 정보를 제공하는 SNS의 대표주자 페이스북도 있다. 페이스북에서는 사용자가 관심이 있을 것 같은 정보(친구 관계)를 발굴해서 보여주고 있다. 나도 그 페이스북 덕분에 오래전 헤어졌던 친구를 만나기도 했다. 이러한 세상이 의미하는 것은 수없이 존재하는 각종의 데이터 속에서 나에게 의미 있는 정보가 자동으로 걸러지고, 제공된다는 것이다. 나도 모르고 있던 나의 관심사까지 파악하여 나에게 도움을 주고 있다. 흔히 빅데이터라는 말로 소개가 많이 된 이야기 중에 어느 여고생의 부모가 대형 마트(미국 유통업체 'Target')에 항의하는 내용은 이미 잘 알려진 내용이다. 여고생인 딸에게 대형 마트에서 유아용품 광고를 보낸 것을 부모가 알고, 여고생에게 어울리지 않는 광고를 보냈다고 마트 점주에게 항의를 한다. 하지만 나중에 여고생이 임신한 사실을 알게 된 부모가 마트 점주에게 사과를 한다는 내용이다. 내용 자체는 비교육적이지만, 대형 마트에서 어느 여고생의 임신 사실까지 알 수 있다는 것에 적잖이 놀랐을 것이다. 그리고 나에 대해서 나보다 더 많이 알고 있는 사람 또는 조직이 있다는 것은 조지 오웰의 그 유명한 소설 '1984'의 '빅 브라더'를 떠올리게 한다

아무튼, 명확함의 시대는 정보를 활용하는 시대다. 정보라는 것은

우리 주위에 존재하는 엄청난(빅) 데이터에서 의미 있는 데이터를 추출하고, 분석해서 필요한 것으로 재포장하는 것을 말한다. 여기에는 중요한 몇 가지의 의미가 있다. 첫째, 이러한 정보들을 활용하여 변화에 따른 불확실성을 최소화하기 위한 예측을 할 수 있다. 막연히 먼 미래를 예측하는 것이 아닌 단기, 더 나아가 몇 시간 후를 예보한다고 하여 일기 예보라는 뜻을 가진 나우캐스팅(Nowcasting)이라는 용어를 사용하기도 한다. 이것은 이미 만들어 놓은 패턴이나 룰을 벗어날 조짐이 보이면 바로 이상 현상을 감지하여 이해당사자들에게 알리는 것이다. 한마디로 징조를 찾아내고, 향후 있을 수도 있는 리스크에 대한 대비를 하는 것이다. 둘째, 각종 규제에 대비하는 것이다. 일반적으로 규제라고 하면 정부에서 만든 것을 사후에 대비하는 형태를 띠는 경우가 많으나, 요즘같이 변화가 많은 세상에서 규제에 대한 대비를 제때 못하게 되면, 기업 입장에서는 엄청난 손실을 감수해야 하는 경우가 발생한다. 따라서 만들어진 규제에 대응하기보다는 규제가 필요한 시점과 이유를 찾아내어 대비하는 것이 바람직하다고 할 수 있다. 마지막으로 데이터를 관리하다 보면, 그전에는 몰랐던 사실을 알게 되는 경우가 많다. 무심코 지나쳤던 데이터가 정보로 바뀌어 제공되면 바로 지식이 형성되는 경우다. 이 지식은 다른 곳에서 흉내 낼 수 없는 그 기업만의 노하우가 될 때가 많다. 이렇듯 우리 주변에서 발생하는 데이터를 의미 있는 정보로 바꾸는 노력을 통해 불확실성의 시대를 이겨 나갈 수 있다.

전사 차원의 서비스 기준 필요

인간의 심리는 이익과 손실이 동일한 가치임에도 불구하고, 이익을 얻기 위한 위험보다 현재 보유한 것에 대한 손실을 더 두려워하는 경향이 있다고 한다. 이를 심리학 용어로 손실 회피(Loss aversion)라고 하는데, 다니엘 카너먼과 아모스 트버스키 등에 의해 실험적으로 증명되었다. 또 우리나라에서도 베스트셀러가 되었던 '넛지'의 저자 리처드 탈러 등의 행동 경제학자들에 의해 더욱 부각되고 있다. 이런 심리에 따라 인간은 이기는 것을 통해 이익을 추구하기보다는 지는 것을 통해 잃는 손실을 더 두려워한다. 이러한 손실 회피의 성향 때문에 인간은 이미 가진 것을 놓치고 싶지 않아서 문제의 핵심을 외면하거나, 근본적인 해결책 마련을 위한 노력을 적극적으로 기울이지 않으려 한다. 심지어 자신의 판단에 의한 실수조차 인정하지 않으려 한다. 예를 들어, 처음에 주식이 오를 가능성의 정보에 따라 주식을 구매했다고 하자. 그러나 정보가 잘못됐음이 주식 가격의 하락으로 나타나고 있어도 주식을 구매할 당시의 가격과 현재 가격의 차이에 따른 손실을 인정하지 않기 위해 현재 보유 주식의 가격을 구매 당시의 가격으로 착각하게 된다. 이런 편향된 논리에 따라 처음에 계획했던 것이 올바른 판단이었다고 생각하면 그 계획을 계속 유지하는 것이 옳다고 생각한다. 그렇기 때문에 주식 가격이 하락해도 계속 보유하려 한다. 즉 경제적으로 이해되지 않는 자신의 행동이 합리적이라고 스스로를 합리화한다

서비스 중에도 그런 인간의 심리적 편향으로 인한 문제가 발생하고 있다. 수행된 서비스 실적의 측정과 평가에 의한 분석을 기반으로 한 결정이 아닌 개인의 경험에 의한 판단이나 지금까지 해왔던 관행에 따라 서비스의 기준이 정해지거나, 고정되어 있다. 설령 그런 수준이 정해졌던 그 당시에는 맞는 것일 수도 있었겠지만, 현재 이후에도 계속 맞을 수는 없다. 세상이 너무나 빠르게 변화하고 있기 때문에 정기적으로 측정하고, 평가를 통해 현실 수준에 맞는 서비스 기준을 확보하고 관리해 나가야 한다. 이때 측정 및 평가의 근거가 되는 것이 기준값 (Baseline)이다. 기준값이 올바르게 책정되어 있어야 측정의 의미가 있고, 이를 통해 전사 차원의 서비스 성과를 평가할 수 있는 것이다. 하지만 현실에서는 그렇지 못한 경우가 대부분이다. 기준값은 비즈니스 상황에 따라 유연하게 바뀔 수 있어야 하지만, 필요에 따라 하향 조준될 경우 인간의 심리에 의해 거부되는 경우가 비일비재하다. 손실 회피 기제가 반응하기 때문이다. 이에 따라 기준값이 반드시 높아야 할 필요가 없음에도 불구하고 기존의 기준값이 비즈니스 요구보다 높은 경우라 할지라도 이미 가용 되고 있는 경우라면 그 기준값을 유지하려 한다. 가용 자원을 가용시키기 위해 비용이 발생함에도 불구하고 최대한 가용하지 않으면 손실이 발생한다고 생각한다. 우리 주변에 '24× 365(365일 24시간 동안 가동한다는 의미)'라는 표현이 많이 보이는 이유다. 흔히 이야기되는 TCO(Total Cost of Ownership)관점에서 낭비되는 요인을 제거함으로써 얻는 이익이 새로운 것에 투자함으로써 얻는 이익보

다 큰 경우가 많다는 것을 알고 있지만 자기 담당 부분에서 실천하기는 어렵다.

따라서 서비스 기준값은 전사적 차원의 관점에서 다뤄져야 한다. 즉 서비스 수준은 비즈니스 요구(Needs)와 합치해야 한다. 그러나 수행되는 서비스가 비즈니스 요구에 충족하는지를 정확히 알기는 쉽지 않다. 그 이유는 서비스가 비즈니스와 매우 긴밀하게 결합되어 있어야 하지만 그렇지 못하기 때문이다. 그런 정황은 서비스를 비즈니스적으로 정량화할 수 있는 성과지표를 보유하고 있는 기업이 많지 않은 것을 보면 알 수 있다. 더구나 비즈니스 부문의 요구가 없을 경우에도 비즈니스에 필요한 서비스는 수행되어야 한다. 이런 서비스가 비즈니스에 도움이 될 것이라는 것은 자명한 사실이다. 하지만 이것 또한 만만치 않다. 어떤 서비스가 수행되어야 하는지 명확하지 않고, 설령 해야 할 일이 명확하다 해도 그 일을 정량화하여 정의하기가 매우 어렵기 때문이다. 그렇기 때문에 전사 차원의 합리적인 기준값을 가진 성과지표의 운영이 필요하다. 이를 기반으로 하여, 수행된 서비스의 비즈니스 차원의 성과와 그 성과가 나타나게 되는 원인인 성과창출 동인을 연계하여 측정하고 평가해야 한다. 그리고 각 지표의 기준값을 정하는데 참여하는 사람들은 인간의 심리 기제(29페이지 참조)를 인정하여, 비즈니스 지향적으로 정해야 한다.

예측은 실패한다

동전을 충분히 일정 횟수만큼 연속해서 던진 후 결과를 보면 앞면과 뒷면이 나올 확률이 50대 50이라는 것은 다 아는 사실이다. 그렇다면 n 번째 던질 때와 그 이후 일정한 횟수의 결과값은 어떻게 될까? 경우의 수를 따지면 앞면과 뒷면이 50대 50으로 나오거나, 앞면 또는 뒷면이 연속해서 나오는 경우의 사이에 있는 값이 될 것이다. 동전 던지기처럼 일정한 횟수의 동전을 던진 후 나오는 결과값을 예측할 수 있지만, 던지는 순간에는 결과를 알 수 없다. 경우에 따라서는 연속해서 앞면이 나올 수도 있고, 뒷면이 나올 수도 있다. 이렇게 결과값의 임의적 분포는 불균등함에도 불구하고, 호모 휴리스틱쿠스들은 이것을 패턴으로 인식한다. 게다가 전문가들은 이러한 패턴을 가지고 설득력 있는 원인과 결과 시나리오를 만든다. 한마디로 아직 던져지지 않은 동전의 던진 후의 결과를 예측한다. 예를 들면 연속해서 10번에 걸쳐 앞면이 나왔다면, 다음에는 뒷면이 나올 것으로 예측하는 것이다(이것을 심리학에서는 '도박사의 오류'라고 한다). 동전 던지기의 최종 결과값은 50대 50이기 때문에 이 확률에 비교하여 현재의 임의적 분포 값을 판단하려고 하는 것이다. 10번 연속 앞면이 나왔으니 이제는 뒷면이 나올 때가 됐다는 것이다. 이 예측은 맞을 수도 있고 틀릴 수도 있으나, 결코 예측이 맞는다고 누구도 확신하지 못한다.

예측이 틀리는 이유는 또 하나가 있다. 호모 휴리스틱쿠스들은 미래를 예측하기 위해 과거의 정보를 활용한다. 뇌 속의 정보, 즉 기억을 가지고 미래를 가상적으로 구성하려 한다. 기억나지 않는 부분은 각자의 주관에 의한 생각들로 채운다. 기억하고 있는 것도 처음부터 끝까지가 아닌 클라이맥스와 결말을 통해 전체를 기억한다(다니엘 카너먼). 한마디로 이야기를 꾸미는 것이 된다. 이러다 보니 맞을 수도 있고 틀릴 수도 있다. 게다가 호모 휴리스틱쿠스들이 현재 알고 있는 것이 뇌 속의 기억에 영향을 준다. 지금 알고 있는 것을 바탕으로 과거를 재구성하는 것이다. 이 말을 이해하려면 10년 전 가장 기억에 나는 일을 기억해 보기 바란다. 결정적인 것은 기억할 수 있어도 전체를 기억하기는 힘들 것이다. 그래서 현재의 모습에 어울리는 내용이 첨삭되고, 마치 그것이 사실이었던 것처럼 이야기하게 된다. 이렇게 되는 이유는 호모 휴리스틱쿠스의 뇌가 전체를 기억하는 것보다 중요하다고 인지되는 패턴 중심으로 기억하는 간결함을 좋아하기 때문에 전체 구성을 위해서는 인지된 패턴을 설명하기 위한 서술어를 통해 각색해야 한다.

또 기억이 없으면 미래를 생각할 수 없다. 보통의 사람들이 첫눈이 올 때 감상에 젖는 이유는 추억이라고 부르는 첫눈에 얽힌 기억이 있기 때문이다. 하지만 더운 사막 지역에 사는 사람들에게 과연 첫눈에 얽힌 기억을 기대할 수 있을까? 없을 것이다. 기억에 없기 때문에 미래를 예측하기 위해 가상적으로 꾸밀 수가 없는 것이다. 호모 휴리스틱쿠스들은 과거에 알고 있던 정보와 관찰한 트렌드를 바탕으로 미래를 예측하려 든다. 이것은 과거에 있었던 일이 미래에도 또 일어날 것이라고 가정하는 것이다. 하지만 현실 세계에서는 과거와 똑같은 환경이 조성되지도 않고, 똑같은 일이 일어나지도 않는다. 그럼에도 불구하고 과거를 기반으로 예측하고 있다. 다음의 글은 1907년에 세계에서 가장 큰 배의 선장이 기자와 인터뷰한 내용이다. "이렇게 큰 배가 사고가 나면 큰일인데 어떻게 대비하고 있습니까?"라고 기자가 질문하자 선장이 대답한다. "나는 여태까지 사고를 낸 적도, 본 적도 없다. 앞으로도 사고는 나지 않을 것이다."라고 대답한 선장의 이름은 에드워드 존 스미스다. 5년 후인 1912년 타이타닉호와 함께 바다에 가라앉는 비운의 선장 이름이다. 이 책의 탈고를 위해 이 글을 정리하고 있을 때인 2014년 4월 16일 가슴아픈 '세월호' 사고가 났다. '세월호' 선장도 사고 이전에 한 방송사와의 인터뷰에서 타이타닉호 선장과 유사한 말을 했었다.

미국 월 스트리트의 이단아라는 평을 듣는 나심 니콜라스 탈레브는 베스트셀러 '블랙 스완'에서 스완이라는 새는 하얀 색으로만 알고 있었는데, 19세기 말 뉴질랜드에서 검은색을 띤 스완이 발견되자 지금까지 알려져 왔던 과학 지식이 모두 틀어지는 것같은 엄청난 충격이 오기 때문에 현재에도 블랙 스완과 같은 불확실성이 언제든지 나타날 수 있으므로 이러한 불확실한 미래에 대해 준비를 해야 한다고 역설한다. 누구도 먼 미래를 예측할 수는 없다. 하지만 예측할 수 없다고 불확실한 미래를 준비 없이 살 수는 없다. 피터 드러커는 "미래를 예측하는 가장 좋은 방법은 미래를 창조하는 것이다."라고 말했다. 미래를 창조한다는 것은 과거의 기억에 얽매여 미래를 보는 것이 아니라 변화하는 환경에 적응하고 변화를 이끌 수 있을 때 가능할 것이다.

인간의 자의적 생각 방식

'블랙 스완'급에 대비하기 위한 정도의 대비책은 아닐지라도 호모 휴리스틱쿠스는 어떤 선택에 의해 돌이킬 수 없는 것에 대한 두려움이 있고, 선택 후 상황에서 결과가 더 좋게 나타나기를 바라기 때문에 다양한 대비책을 마련한다. 혹시라도 잘못된 선택을 했을 경우에서조차도 빠져나오기를 원한다. 그러나 앞에서 살펴본 것처럼 대부분 미래의 예측이 틀리는 경우가 많다. 이럴 경우가 많다 보니 이 상황에 대처하는 능력을 발달시켜 왔다. 원하지 않는 결과가 발생한다고 해도 그 결과에 바로 적응하는 적응력이다. 인간은 빠져나올 수 없는 상황에서는 그 상황과 더불어 살아가는 방법을 금방 배운다. 그리고 그 방법을 빨리 배워야 행복하다는 것을 알고 있다. 그래서 어떤 상황에 부닥쳤을 때 곧바로 그 상황이 그렇게 나쁜 것만은 아니라고 스스로 위안을 한다. 심지어 한국에서는 자동차 사고가 나서 병원에 입원한 환자에게 "그만하기 천만다행이다."라고 말한다. 교통사고라는 매우 힘든 상황에 바로 적응하는 것이다. 이러한 적응은 삶에 긍정적인 효과를 가져올 수 있다. 반면에 다음과 같은 경우가 생기기도 한다. 호모 휴리스틱쿠스는 무언가를 결정했을 때, 곧바로 그 결정이 크게 나쁘지 않았다고 여긴다. 비록 결과가 나빴을 경우에라도 결정에 따른 수행 방법이 잘못되었거나 수행 자체가 의미 없었다고 주장한다. 이것은 결과에 상관없이 그 결정에 대해 바로 적응하는 것이다. 하지만 잘못된 결정이 나쁜 결과의 원인이라고 시인을 하고 대책을 세우는 것이 아니라 판단은 적절했는데, 수행 방법이나 수행자의 실력 부족으로 돌리는 경우가 종종 있다.

한 인간의 행복에 대해서는 인간이 처한 상황은 큰 문제가 되지 않는 경우가 많지만, 행복에 영향을 미친다고 여겨지는 요인 중에서 특정 요인을 필요 이상으로 확대 해석하는 경우가 있다. 예를 들어 전자 제품을 산다고 할 때 여러 가지 기능들을 비교하면서 유사한 기능은 별로 신경을 안 쓰고 차이가 있는 기능에 주안점을 두고 선택하는 경우가 있다. 그 기능이 꼭 필요한 기능이 아닐지라도 그 기능이 있는 제품을 고르는 경향을 보인다. 그 기능이 언젠가 꼭 필요할 것이라고 애써 자신을 합리화시키면서 그 기능을 기준으로 제품을 구매한다. 이러한 심리적 기제를 다니엘 카너먼은 '매몰 환상'이라고 하며 다음과 같은 조사를 했다. "캘리포니아에 살면 더 행복할 것 같습니까?"라는 질문에 캘리포니아의 온화한 기후를 생각하고 대부분 사람이 행복해 질 것이라고 대답하지만, 실제로는 다른 지역에 사는 사람들의 만족도와 같게 나왔다. 사람들의 관심사는 직업, 여가, 인간관계 등에 관심을 갖고 있지, 캘리포니아의 날씨에 그다지 큰 관심을 갖고 있지는 않기 때문이다. 그러나 위와 같은 질문을 받으면 날씨에 대해 중요하게 생각하게 되고, 판단의 기준이 된다. 즉, '매몰 환상'은 어떤 사물이나 상황을 대할 때 어디에 주안점을 두느냐에 따라 생각이 달라지는 것을 말한다.

게다가 호모 휴리스틱쿠스는 자신에게는 별로 중요하지 않다고 생각하는 부분을 다른 사람들에게는 중요하다고 생각한다. 부모가 군대 간 자식을 걱정하거나, 결혼한 자식을 걱정하는 경우다. 정작 부모 본인들도 다 겪어 봤기 때문에 별문제가 없다는 것을 알면서도 걱정을 한다. 몸이 불편한 사람에 대해서도 안타까운 시선으로 바라보지만, 막상 몸이 불편한 사람은 이미 그 생활에 적응하고 있기 때문에 행복 만족도에 대해 별다른 차이를 보이지 않는다. 결국, 사람들은 어디에 주안점을 두느냐에 따라 행복 만족도가 다르게 나타날 수 있다. 현대 심리학에 큰 영향을 끼친 명저 '심리학의 원리'를 쓴 윌리엄 제임스는 "경험은 내가 주목하기로 한 대상에 달려 있다."라고 말했다. 사람들은 관심이 있는 대상과 없는 대상을 대할 때 많이 차이를 나타낸다. 관심을 두지 않을 때는 방금 보고도 본 것을 인지하지 못하기도 한다. '보이지 않는 고릴라' 실험(147페이지 참조)은 그것을 증명한다. 또 관심을 갖고 주목을 할 때는 정반대의 상황이 벌어지기도 한다. 미하이 칙센트미하이가 말하는 '몰입'이 바로 그것이다. 몰입했을 때와 안 했을 때의 차이는 크다. 일의 결과에 대한 차이가 크고, 시간의 흐름에 대한 인식이 다르다. 인간이 호모 휴리스틱쿠스의 삶을 살 수밖에 없는 존재이기 때문에 매사에 대해 관심을 둘 수는 없지만, 중요한 일에 대해 올바른 판단을 할 수 있고, 그 일에 대해 몰입을 할 수 있는 능력을 훈련하여 무의식중에 습관처럼 생각하고 행동할 수 있다면, 무수히 많은 편향으로부터 자유로워질 수 있을 것이다. 그 방법은 판단 및 행동하기에 앞서 호모 휴리스틱쿠스의 기본 편향을 체크할 수 있는 체크리스트를 만들고, 활용하는 것이다.

제 **2** 장

불확실성에 대한 인식

요즘 세상은

스포츠용품 업체와 스마트폰 업체의 상관성은 무엇이 있을까? 언뜻 보기엔 무관해 보인다. 굳이 연관성을 따진다면, 스포츠 용품업체는 해당 스포츠가 활성화되어야 관련 용품이 잘 팔리기 때문에 해당 스포츠 스타를 통한 광고를 많이 할 것이다. 스마트폰 관련 업체도 치열한 경쟁 속에서 우위를 점하기 위해서는 최근에 가장 이슈가 되고 있는 스포츠 스타를 내세워 광고하는 것이 유리할 것이다. 이 외에 스포츠용품 업체와 스마트폰 업체와 관련성을 찾기가 쉽지는 않다. 그러나 요즘 세상의 트렌드에 조금만 관심을 갖는다면 스포츠용품 업체의 최대 경쟁자는 스마트폰 업체라는 것을 어렵지 않게 알 수 있을 것이다. 국내 인터넷마케팅 전문가 정재윤이 쓴 '나이키의 상대는 닌텐도다'에서 제목 그대로 나이키가 다른 스포츠용품 업체와 경쟁을 벌이는 것보다 게임 업체와 경쟁을 벌여야 한다는 것을 이야기하고 있다. 그 이유는 스포츠용품 업체의 주 고객은 청소년들인데 집 밖에서 운동하는 시간보다 닌텐도 게임을 하는 시간이 월등히 많기 때문에 스포츠용품 매출과 수익에 지장을 주었기 때문이다. 이것은 업종과 상관없이 누가 고객의 시간을 더 많이 차지하느냐의 게임이란 것을 말한다. 요즘 세상은 업종을 넘어선 무한 경쟁시대인 것이다. 이 책은 2006년에 출간되었는데, 닌텐도가 한창 잘 나갈 때로, 그 이후에도 닌텐도에 관한 서적이 내가 알고 있는 것만 해도 국내에서 6권이나 더 출간됐다. 이처럼 잘 나가는 닌텐도도 스마트폰이라는 막강한 경쟁자를 만나 고전을 면치 못하고 있다. 결국, 스포츠용품 업체는 이제 스마트폰 업체와도 싸워야 된다.

평상시 책을 많이 접하는 나는 기억에 남는 몇 권의 책 중에 하나가 국내에서 2000년 2월에 출판된 책으로, 세계적인 미래학자 롤프 얀센이 쓴 '드림 소사이어트'다. 국내에서는 2005년 7월 개정판이 나왔다. 이 책 속에 있는 내용 중 내가 강의할 때 빠지지 않고 이야기하는 내용이 있다. "나는 누구? 시장(Who am I? market)"에 대한 것이다. 과거에는 의식주를 장만할 돈이 충분치 않은 경우 가난하다고 했었다. 하지만 요즘의 가난은 돈에 국한하지 않는다. 자기 자신을 표현하고 싶은 대로 하지 못할 경우 스스로 가난하다고 여긴다. 즉, 자신을 나타낼 수 있는 제품을 사지 못하거나, 자신을 표현할 수 없는 옷을 입을 수밖에 없는 경우 가난하다고 생각하는 것이다. 그래서 요즘 세상에서는 자신이 나타내고 싶은 이야기를 정확하게 표현할 수 있는 사람이 부자인 세상이다. 명품이라고 불리는 것들이 잘 팔리는 근본 이유이기도 하다. 명품에는 이미 어떤 이야기가 담겨 있기 때문에 그 명품을 손에 넣는 순간 자신은 명품이 의미하는 사람이 된다고 여긴다. 많은 사람이 자신을 그렇게 보아주길 바란다.

2008년 9월 3일 중앙일보에는 '테헤란로는 스타일 거리'라는 제목의 기사가 실렸다. 옷만 봐도 어떤 직장에 다니는지 알 수 있다는 내용이다. 바꿔 말하면 옷을 통해 자신을 표현하고자 하는 것이다. 더 나아가

'트레이딩 업(Trading up)' 소비로 이어지기도 한다. 트레이딩 업이란 중저가 상품을 주로 구매하던 중산층 소비자가 감성적인 만족이나 자신을 표현하기 위해 명품에 준하는 명품브랜드를 구매하려는 것을 말한다. 반대로 '트레이딩 다운(Trading down)'은 중요하지 않다고 생각하는 물건은 철저히 실속을 따져 저가 상품을 구매하는 것을 말한다. 중요하다고 생각하는 것을 명품으로 구매하기 위해 상대적으로 덜 중요한 항목의 지출을 줄이려고 한다.

이 같은 현상은 기업의 인재 채용을 위한 면접 과정에서도 나타난다. 과거와 같이 필기시험을 중시하는 것이 아니라 실무형 인재를 찾기 위해 다양한 방법들이 동원되고 있다. 현장에서 벌어지는 각종 상황을 제시하고 면접자의 대처 능력을 파악하는 기업들이 늘고 있는 것이다. 심지어 많은 비용이 들더라도 해외까지 가서 면접을 시행하기도 한다. 기업에 꼭 맞는 인재를 찾기 위한 '트레이딩 업 면접'이라고 할 수 있다. 인재 채용에 있어서도 경제에 대한 불확실성이 커짐에 따라 기업들이 지원자들의 독자적인 문제 해결 능력을 중요하게 여기기 시작한 것이다. 기업 주변 상황이 불확실한 정보로 넘쳐나기 때문에 개인적으로도 그 불확실성을 이겨 나갈 수 있는 진취적인 자세와 적용 가능한 실무 지식을 갖추었는지가 중요 요소가 됐기 때문이다. 이처럼 요즘 세상은 불과 몇 년 전과 비교해도 확연히 달라졌다. 앞으로는 그 변화의 속도가 더 빨라질 것이다. 불확실성이 그만큼 높아진 것이다. 닌텐도가 스마트폰 때문에 심각한 타격을 받을 것을 예상한 사람은 그 당시에 거의 없었다.

불투명한 미래

예측이라는 용어가 너무 막연히 쓰이고 있다. 과거의 일에 대한 반성이나 회고 이외에는 모두 예측이라고 스스로 평가하고 있다. 기업 경영은 3년 후의 장기예측과 1년 단위의 단기예측을 하지만 예측(Prediction)과 추측(Conjecture)을 구분하여야만 한다. 막연한 기대감이나 경험에 의해 금년에도 이랬으니 내년에도 이렇겠지, 여러 부서의 계획을 취합하면 되겠지라는 것은 추측에 해당한다. 진정한 의미의 예측은 이와는 달리 정확한 현재 데이터와 과거의 데이터를 분석하여 만드는 여러 가지 미래 상황에 대한 대비책을 위한 것이다. 더군다나 요즘 세상은 먼 미래에 대한 예측도 중요하겠지만, 지금 당장을 예측할 수 있는 나우캐스팅이 필요한 때다. 워낙 많은 것들이 네트워크로 형성되어 있어 한 부분의 장애가 네트워크로 연결되어 있는 다른 것에 미치는 영향이 매우 심각하게 나타나기 때문에 즉각적인 대응이 필요하다. 대표적인 것이 금융으로, 멀리 떨어져 있는 국가의 금융 사고가 전 세계에 미치는 영향은 심각하게 나타나고 있다. 미국의 서브모기지론에 의한 사태와 유럽발 금융위기가 대표적인 사례다.

우리는 불확실성의 시대에 살고 있고, 불확실성의 시대를 헤쳐나가기 위해 많은 기업들은 끊임없이 전략을 생산해 내고 있다. 그러나 그 많은 전략 중에 불확실성을 제로화할 수 있는 것은 없으며, 어느 누구도 예측이 정확하다고 말할 수 있는 사람도 없다. 결과가 나와야만 알 수 있기 때문이다. 예를 들면 지금(이 글은 2012년 말에 썼다)의 고유가 시대가 상당 기간 지속하리라고 추측은 할 수 있지만(2014년 12월 현재 유가가 급락하고 있음), 언제까지 지속될 것이고, 어디까지 오를지 정확히 예측할 수 있는 방법은 없다. 단지 불확실성을 유발시키는 몇 가지 요인들을 예측하여 대비책을 세울 뿐이다. 그러나 불확실성의 요인들은 너무 많고, 더욱이 이 요인들이 상호작용을 하여 돌발 변수들을 만들어 내고 있기 때문에 미래를 예측하기란 더더욱 불가능해진다. 이러한 불확실성이 무서운 것은 상호작용에 의해 확대 재생산된 불확실성이 나타난다는 것이다.

이러한 불확실성은 특별한 결과물을 만들어 낸다. 즉, 리스크를 발생시킨다. 리스크는 전혀 예상치 못했던 돌발적인 것, 점진적으로 커지는 것, 내부에서 발생되는 것, 외부에서 전해오는 것 등 다양한 형태로 나타난다. 그중에서도 가장 위협적인 것은 리스크를 예상하여 수립한 전략과 발생 리스크가 불일치할 때 발생하는 전략리스크다. 기업의 입장에서는 이중 삼중의 손해가 발생하기 때문이다.

그렇다면 불확실성을 줄이고, 리스크를 예방하기 위해서는 어떻게 해야 할까? 답은 의외로 간단하다. 서두에 언급했던 것처럼 진정한 의미의 예측을 하는 것이다. 즉, 시나리오적 사고를 하는 것이다. 시나리오라는 뜻은 사전적 의미를 살펴 보면 영화를 만들기 위하여 쓴 각본, 장면이나 그 순서, 배우의 행동이나 대사 따위를 상세하게 표현하는 것이다. 또 다른 뜻으로는 어떤 사건에서 일어날 수 있는 여러 가지 가상의 결과나 그 구체적인 과정을 표현하는 것이다. 두 의미 모두 미래에 발생할 일과 그에 따라 해야 할 일을 상세하고 구체적으로 표현하는 것이라고 정의하고 있다. 기업 경영에 있어서 시나리오적인 사고를 하기 위한 방법으로는 두 가지가 있다. 첫째, 몇 가지 미래 상황을 가정하여 현재 상황을 도출하고, 해야 할 일들을 정의하는 것이다. 이 방법에는 무수히 많은 미래 상황을 전부 고려 할 수 없다는 단점이 있다. 둘째, 현재의 데이터 및 과거의 트렌드에 기초한 분석을 통해 발생 가능한 미래를 도출해내는 것이다. 이것을 위해서는 몇 가지 절차가 필요하다. 무엇을 결정할 것인지, 무엇을 알아야 결정할 수 있는지, 변화의 동인 중 핵심은 무엇인지 등이다. 이렇게 해서 시나리오가 작성되고 나면, 어떤 미래가 펼쳐지는지 감시할 수 있는 모니터링 체계가 구축되어 있어야 한다. 의미 있는 측정지표를 만들어 놓고 추세를 지속적으로 분석해야 한다. 그래야만 리스크의 징후를 포착할 수 있고 적절한 대응을 할 수 있다. 이것이 진정한 의미의 거버넌스(Governance)라고 할 수 있다. 거버넌스는 투자에 대한 ROI(Return On Investment)를 산정해 내고, 그것을 통제하기 위한 것으로만 알려져 있는 경우가 많으나, 그것은 협의의 개념일 뿐이다. 거버넌스는 미래의 리스크를 최소화하기 위한 일련의 새로운 경영 개념이다. 미래의 리스크를 예방하기 위해서는 현재의 데이터가 축적되어야 하고, 그것을 분석하여 여러 징후를 포착할 수 있어야 한다. 최소한 현재의 데이터는 현재의 운영 상황을 실시간으로 분석할 수 있을 때 가능해진다. 즉 단순하게 눈에 보이는 인프라 운영 중심의 데이터 관리가 아니고, 모든 관련 데이터를 종합하여 볼 수 있는 진정한 의미의 거버넌스 개념이 들어 있는 '종합상황관리시스템'이 필요하다.

No Risk, No Gain

시스템 인티그레이션(System integration) 프로젝트는 기업에서 운영하고 있는 많은 IT 시스템(정보시스템)을 통합하여 기업 비즈니스 향상에 적극 지원할 수 있는 정보시스템 체계를 만드는 프로젝트로, IT 서비스 가치를 나타내기 위한 일련의 연속 행동이기도 하다. IT 서비스 가치를 나타내기 위한 기본 원칙은 세 가지다. 그 원칙은 정해진 예산으로 정해진 일정 안에 목표한 성과를 나타나는 것이다. 우리가 흔히 이야기하는 품질(Quality), 비용(Cost), 납기(Delivery), 약어로 QCD를 지키는 것이다. 따라서 프로젝트는 많은 제약 속에서 중단 없는 액티비티를 수행함으로써 IT 서비스 가치를 생산해 내야 한다. 이때 액티비티의 총합은 가치를 나타낸다. 쉽지 않은 일이다. 그리고 예측하여 결정한 예산, 일정, 목표들이 명확한 경우는 매우 드물며, 게다가 요구사항은 새로 개발된 IT 시스템을 오픈하기 전 날까지 변경된다. 불확실성이 존재하고 있는 것이다. 여기에 문제가 있다. 불확실성은 리스크를 만들어 내고, 리스크는 문제로 확대된다. 그래서 우리는 항상 리스크 관리를 필요로 한다. 우리에게는 '무엇이 일어났는지가 아니라 어떻게 일어났는가?'에 대한 관리가 필요하기 때문이다. 문제 발생 이후의 관리보다는 어떻게 일어났는지에 대한 분석을 통해 재발을 방지해야 하는 것이다. 즉, "무조건 할 수 있다."라고 말하기보다는 "최소한 그것은 할 수 없다."라는 식의 논리가 펼쳐져야 한다. 여기서 '그것'은 리스크를 나타낸다. 그러나 기업 활동에 참여하고 있는 대부분 임직원은 "할 수 없다."라는 표현을 쓰기가 쉽지 않다. 특히 기업 문화에서 할 수 없다는 부정적인 표현을 나타내는 것은 매우 어려운 일이다. 그러다 보니 경험해보지 않은 리스크는 무시하고, 관리할 수 있는 리스크만 관리하려 든다. 하지만 항상 사고를 일으키는 것은 관리되지 않은 리스크에 의해 발생한다. "할 수 있다."라는 식의 긍정적 사고에 집착해서, 결과에 영향을 미칠 수 있는 다양한 현실을 무시한 채, 최선의 결과가 나오기만을 기다리는 것은 기술적인 숙련도의 향상만을 믿고 자신의 성숙도를 스스로 과대평가하는 전형적인 호모 휴리스틱쿠스의 모습이다. 진정한 성숙도는 기술적인 숙련을 의미하기도 하지만, 관련된 분야에 영향을 미치는 모든 것을 판단할 수 있는 능력이나 자세를 나타내는 것이다.

리스크는 원치 않는 결과를 초래하게 될 발생 가능한 미래의 사건 또는 원치 않는 결과 그 자체를 말한다. 우리가 흔히 이야기하는 '문제'는 많은 리스크 중에서 이미 현실화된 리스크다. 즉 리스크는 아직 발생하지 않은 문제로 추상적이지만 문제로 나타나기 이전에 대응책을 생각할 수 있는 것들이다. 따라서 이미 발생된 문제를 어떻게 해결할지 고민하는 문제 관리와는 성격이 구분되어야 한다. 또한, 리스크가 문제로 나타나는 전이 순간 이전에는 많은 징후들이 나타나거나 발견된다. 1913년 허버트 윌리엄 하인리히가 '산업재해 예방 : 과학적 접근'에서 소개한 것으로 대형 사고가 발생하기 전에 사고와 관련된 크고 작은 수많은 징후와 사고들이 존재한다는 법칙을 밝혀냈는데, 그 사고들은 대형사고, 작은 사고, 사소한 징후의 비율이 1 : 29 : 300이라는 것이다. 문제가 발생하기 이전에 이러한 징후에 대응한다면 선택의 폭을 넓힐 수 있고, 사후 대응이 가능하도록 완화시킬 수가 있다. 물론 이를 위해서는 노력이 필요하다. 제한적으로나마 "최소한 할 수 없다."라는 식의 사고가 허락돼야 하며, 그렇지 않을 경우에 프로젝트는 하나둘씩 문제를 나타내기 시작하고, 이것은 착수 상태에 이미 무언가 결함이 있었음을 의미한다.

우리는 이러한 노력의 일환으로 프로세스를 표준화시키는 방법을 많이 사용한다. 하지만 리스크는 항상 존재하므로 이것만으로는 모든 불확실성을 제거할 수는 없다. 게다가 기업들은 불확실성을 확실하게 다루기를 요구하고 있기 때문에 이러한 것들로 인해 리스크 관리가 어렵게 된다. 대표적인 것이 프로젝트를 시작할 때 납기일을 정확히 제시하는데, 이것은 불가능한 약속이다. 똑같은 일을 해본 경험 없이 유사한 프로젝트를 수행한 경험을 가지고 산출한 일정이 정확히 맞을 수는 없다. 하지만 현실 상황에서는 이것을 감수하고 리스크를 최소화할 수 있는 기본 요건을 갖추어야 한다. 그렇게 하기 위해서는 도구에 의한 자동화를 통해 '휴먼 에러(Human error)'를 사전에 방지하고, 각종 징후를 조기에 발견할 수 있는 체계를 갖추어야 한다. 리스크 관리의 필요성은 프로젝트 수행시 강조되는 효율성을 높여서 얻는 이익보다 리스크를 관리하여 얻는 결과가 훨씬 크다는 것을 보아도 알 수 있다. 흔히 이야기되는 대박 상품은 예견할 수 있는 많은 리스크 또는 불확실성을 이겨낸 것들이 차지한다.

차별화된 서비스 확산시대

　지금도 그렇지만 미래에는 계속해서 신기술들이 더 많이 쏟아져 나올 것이며 신 기술자들은 현재 기술의 문제점들을 서로 경쟁적으로 지적하며 해결책들을 제시할 것이다. 불안을 느끼는 관리자들은 검증되지 않은 신기술을 적용하기 위해 그동안 축적된 지식과 경험을 버릴 것이다. 또 한편으론 자신감 있는 관리자들이나 전문가들은 신기술을 일시적 유행이라 여기고, 과거처럼 자신만의 판단과 사고력을 믿으며, 자신만의 해결책을 제시하고, 다양한 사례 분석에서 얻은 정보를 나름대로 적용할 것이다. 그러나 전통적인 방식인 사례 분석이 과연 타당한지 의문이 제기될 것이다. 특수한 상황에 있었던 기업의 사례(간혹 '베스트 프랙티스'라고 불리는 사례)들만을 토대로 결론을 내리는 것은 더 좋은 방법을 찾아내는 것을 방해하거나 신선한 아이디어를 제외시키는 폐쇄성을 보이기 때문이다. 우리가 이야기하는 킬러 애플리케이션(Killer Application)들은 기존에 없었던 것들이다.

　게다가 더욱더 곤란을 느끼는 것은 새로운 트렌드가 밀려오기 전 그 징후를 미리 감지할 수 있는 시간이 짧아져 장기 예측이 점점 어려워지는 데 있다. 이것은 가치 없는 변화의 조짐과 진정한 의미의 변화 차이를 구별할 줄 아는 능력을 필요로 한다. 그러나 대부분 기업의 의사결정자들은 동종업계나 회사 내부 사람들로 둘러싸인 채 외부와 격리되어 있다. 가장 중요한 새 트렌드는 대개 기업 외부의 문화와 산업에서 발생 되어 왔다. 따라서 현명한 기업이라면 자신들이 속한 산업이나 문화에서 벗어나 있는 전문가의 조언을 구해야 한다. 즉, 객관적 시각을 가진 전문가가 필요하다. 또한, 어느 정도의 규모가 있는 기업은 의사소통에 오랜 시간이 걸린다는 점이 문제다. 대기업은 계획을 세워 승인을 받는 데에만 몇 개월이 걸리기도 한다. 올바른 기업이라면 시나리오적인 사고를 통해 가능성 있는 시나리오와 여러 가지 선택 가능한 대안과 투자계획을 미리 세워 놓아야 한다. 시나리오를 통해 리스크가 문제로 변이되기 전 징후들을 포착하여 대비하는데 소요되는 비용은 리스크가 현실화되었을 때의 복구 비용과는 비교할 수 없을 정도로 적은 비용이다.

현재의 최첨단 기술도 머지않아 구식이 될 것이다. 하지만 기업들은 대부분 신기술과 혁신적인 변화에 대한 관심보다는 기존의 투자분을 최대한 활용하는데 더 관심이 많고, 첨단 기술은 가끔 너무나도 혁신적이어서 당장 적용하기가 어려워 보일 수도 있다. 그러나 장기적으로는 그것이 미래의 성패를 판가름할 수 있다는 점을 알아야 한다. 거의 모든 관리자는 이미 보유한 기술을 조직에 적용하는 것만으로도 벅차서 새로운 기술이 미래에 미칠 영향에 대해서는 생각조차 하기 힘들어 한다. 심지어 새로운 소프트웨어나 애플리케이션을 간신히 쫓아가기도 힘든 상황이다. 미래에 성공하려면 오늘날의 신기술을 신속히 흡수하고 차세대 도구로 넘어갈 준비를 빠르게 갖추어야 함에도 말이다.

그렇게 하기 위해 고객의 소리에 귀를 기울이는 일은 중요하다. 그러나 고객이 말하는 내용을 항상 믿어서는 안 된다. 호모 휴리스틱쿠스들의 집단인 기업은 무엇이든 팔 수 있다는 자신감에 차 있는 경향이 짙으며, 역시 호모 휴리스틱쿠스인 고객들은 자신에게 익숙한 것만 아는 경향이 있다. 그렇기 때문에 시장 조사만으로는 아직 알려지지 않은 미래의 가능성을 완전히 파악할 수 없다. 호모 휴리스틱쿠스인 고객은 자신들이 원할지도 모르는 것을 상상할 수 있을 만큼 깊이 생각하지 않는다. 시장조사는 오로지 현재 고객이 생각하고 느끼는 것을 반영할 뿐이다. 또한, 그 결과에 대해서도 책임을 지지 않는다. 물론 현실에 대한 피드백을 얻으려면 시장조사가 필요하나, 앞으로는 고객 설문과 시장조사는 시나리오에 기초해 고객의 윤곽을 파악하는 부수적인 도구로 사용하여야 할 것이다. 그렇다면 경쟁우위를 어디에서 찾을 수 있을까? 기업들은 미래의 고객들이 원하는 것이 정확히 무엇인지를 알고 대비하려고, 이것을 파악하기 위해 많은 노력을 기울이고 있다. 롤프 얀센이 이야기한 '감성의 시대'가 의미하는 것과 트레이딩 업 현상이 일어나는 것을 보면 정말 갖고 싶은 물건에 기꺼이 투자하는 것이 요즘 세상이다. 따라서 이 게임의 승자는 자신만의 독특하고 다양한 서비스로 가격 경쟁에서 승리한 자이거나 킬러 애플리케이션과 같은 혁신을 이룩해 서비스 차별화를 성공한 자일 것이다. 그러나 진정한 승자는 이러한 차별화를 확산시키는데 성공한 자일 것이다. 즉 개인이나 기업이 만든 서비스 차별화가 고객에게 이익을 줄 수 있음을 증명할 수 있어야 하고, 그러한 능력을 확보하기 위해 준비된 시나리오에 의한 플래닝이 필요하다.

시나리오 플래닝

2054년의 미래 사회를 영화감독 스티븐 스필버그와 함께 '마이너리티 리포트'라는 영화를 통해 그려낸 피터 슈워츠는 세계적인 미래학자이다. 그는 저서 '미래를 읽는 기술'에서 불확실한 세상에 대한 미래 예측 비결로써 시나리오 계획을 소개했다. 본래 시나리오라는 말은 영화나 연극 대본을 의미하는 단어였으나, 미국의 전략이론가 허먼 칸이 미래 전략에서 시나리오라는 용어를 사용하면서 미래를 예측하는 말로 사용되고 있다. 피터 슈워츠는 책 속에서 "시나리오는 미래에 있을 법한 여러 가지 상황들을 명료히 이해하고 각각의 상황에서 가장 적절한 행보를 찾을 수 있게 해주는 것이다. 그리고 시나리오 계획이란 앞으로 나타날 미래의 모습을 바탕으로 지금 이 순간에 결정을 내리는 것이다."라고 시나리오와 시나리오 계획에 대해 정의하고 있다. 그는 하나의 미래만을 가정하는 전통적인 기획 방법에서 벗어나 미래에 가능한 여러 가지 상황을 고려한 시나리오를 개발하는 시나리오 계획의 대가다. 그는 "정확히 미래를 예측하는 것은 어리석은 일이다."라고 말하며, 덧붙여서 "정확한 예측은 가능하지도 않지만, 그렇게 믿고 있는 예측이 빗나가게 되면 더 큰 위험이 온다."라고 역설한다. 즉 예측에는 불확실성이 포함되어 있고, 시나리오 계획을 통해 불확실성에 대비하는 것이다. 잠깐 이해를 돕기 위해 예를 들어보겠다.

회사원 홍길동 대리는 집에서 회사까지 버스를 타고 출근을 하며, 소요시간은 집에서 버스정류장까지 걸어서 5분 정도 걸리고 버스 타는 시간만 약 40분 정도 걸린다. 버스에서 내리면 사무실까지 5분 정도 더 소요된다. 출근 시간이 8시까지라면 홍길동 대리는 언제 집에서 나와야 하나? 출근하는 데 걸리는 시간 모두 50분이 걸리므로 7시 10분에 나오면 되지만, 버스 기다리는 시간을 감안하면 최대 10분 정도 버스를 기다린 적이 있으므로 7시에 나와야 한다.

하지만 실제 생활에서는 아침의 교통 상황, 날씨 등의 변수가 있기 때문에 이러한 변수를 감안해서 출근 소요 시간을 더 잡는다. 여기서 우리가 고려해야 할 모든 변수가 불확실성을 나타낸다고 할 수 있다. 출근 시간을 꼭 지키기 위한 시나리오는 변수들에 의해 다양하게 도출될 수 있는데, 모든 변수가 동시에 다 발생하는 것은 아니기 때문에 가능성이 있는 몇 가지로 줄여나갈 수 있을 것이다.

"대비할 수 없는 미래는 없다."라는 부제를 달고 있으며, 스웨덴 컨설팅회사의 CEO 마츠 린드그랜과 같은 회사 전략부문장 한스 반드홀드가 공동으로 저술한 '시나리오 플래닝'이라는 책은 시나리오 플래닝의 역사, 적용 방법, 실제 적용 사례 등을 포괄적으로 다루고 있다. 이 책에서는 시나리오 플래닝이 불확실한 미래를 대비하는 강력한 수단임을 강조하면서, 반대로 널리 사용되지 않는 이유 네 가지를 지적하고 있다. 첫째, 시나리오 플래닝의 결과에는 여전히 불확실성이 내재돼 있다. 둘째, 시나리오 플래닝의 결과는 단순한 경영논리에 입각한 직관에는 들어맞지 않는다. 셋째, 시나리오 플래닝은 수행방법이나 그 결과로 도출되는 답변이 수량적이지 않다. 넷째, 시나리오 플래닝을 하는 데는 시간이 많이 든다. 이처럼 시나리오 플래닝을 적용하는데 따르는 어려움이 있는 것은 시나리오 플래닝이 전통적인 방법보다 더 많은 생각을 요구하고, 기존 방법보다 체계적으로 해야 하는 것으로 이에 익숙하지 않기 때문이다. 또한 시나리오 플래닝 자체가 양적이지 않고 질적인 접근, 즉 많은 지식과 노력이 수반되는 직관에 의한 것이기 때문에 숫자 지향적인 문화와 안 맞는 부분이 있는 것도 사실이다. 그럼에도 불구하고 불확실성에 기반을 두고 미래를 예측하는 시나리오 플래닝은 인간의 두뇌에 맞게 이미지와 스토리로 구성되어 쉽게 받아들여진다. 시나리오 플래닝 기법을 도입할 때 유의할 점은 시나리오 플래닝이 미래의 불확실성을 감소시키는데 목적이 있는 것이 아니라는 것이다. 시나리오 플래닝의 성공 사례는 다양하게 있지만, 미래의 불확실성을 제거할 수 있는 전가의 보도는 아니다. 시나리오 플래닝은 미래에 대한 불확실성을 가능성 있는 시나리오를 통해 나타내고, 그 불확실성에 대비하기 위한 것이다. 우리가 시나리오 플래닝을 통해 알아야 할 것은 막연히 미래에 "어떤 일이 일어날 수 있는가?"를 맞추기보다는 "앞으로 무엇을 해야 하는가?"를 찾아내고, 그것에 대한 준비를 해나가기 위한 것임을 잊지 말아야 한다.

시나리오 플래닝의 적용

IT 서비스 고도화를 위한 전문 컨설팅을 주 업무로 하고 있는 나는
IT 서비스와 관련된 각종 세미나와 매스컴의 보도 내용을 분석(2004년
에 분석했다)한 결과, 앞으로는 IT 서비스를 관리하는 방식이 IT 서비스
또는 IT 가치를 관리 및 활용하는 방식으로 변할 것으로 내다보고, 시
나리오 플래닝을 했다. 이렇게 생각하게 된 경위는 기업 내 CIO의 요구
사항이 변화하고 있다는 것을 느낄 수 있었기 때문이다. 이제까지 CIO
의 최고 목적은 IT 서비스의 안정적 운영이었다. 현재 제공하고 있는
IT 서비스가 중단되는 일이 발생하지 않도록 하는 것이 CIO의 최대 고
민거리였었는데, 어느 정도 IT 서비스 중단의 공포에서 벗어나게 되자,
이제부터는 IT 서비스의 성과에 대해 표현할 필요성을 느끼게 된 것이
다. 더 나아가 선진 기업에서는 이미 IT 서비스의 가치를 정량화하기
시작했다. 이런 상황에서 IT 서비스가 기업 비즈니스에 기여하는 바를
정량적으로 나타낼 수 있는 방법을 찾고 있었다. 이런 미래에 대비한
시나리오 플래닝을 하기 위해 시나리오 도출부터 플래닝까지 전문가들
이 권하는 방식을 적용했다.

시나리오를 작성하는 방법은 두 가지로 구분한다. 첫째, 현재의 변화

흐름과 환경의 트렌드 분석을 통해 인과관계 중심으로 작성하는 방법과 둘째, 목표를 정하고 목표에 도달하는 과정을 작성하는 방법으로 구분한다. 보통 첫 번째 방법을 기본으로 적용하면서 두 번째 방법을 대입하여 작성하게 된다. 시나리오 플래닝을 하는 방법은 크게 6단계를 거치게 된다. 첫 번째 단계는 핵심 이슈를 파악하는 것으로 무엇을 의사결정 할 것인지를 결정하는 것이다. 두 번째 단계는 이슈별로 의사결정에 영향을 미치는 요소를 파악하기 위해 무엇을 알고 있어야 의사결정을 할 수 있는지를 결정하는 것이다. 세 번째 단계는 각 요소에 영향을 미치는 변화 동인을 파악하기 위해 변화 동인은 어떤 것이 있으며 핵심이 되는 것은 무엇인지를 파악하는 것이다. 네 번째 단계는 각각의 시나리오를 도출하여 그중에서 의미 있는 시나리오를 골라내어 미래가 어떻게 펼쳐질지 서술하는 단계다. 다섯 번째 단계는 시나리오별 대응 전략 수립을 수립하는 단계로 어떻게 미래에 대응해야 하는지를 표현해야 한다. 여섯 번째 단계는 각 시나리오의 전개 과정을 지속적으로 모니터링하여 불확실성을 줄여나가는 단계다. 이 6단계를 적용한 예는 다음과 같다.

- 첫 번째 단계, IT 서비스 관리를 위한 자체 솔루션을 확보할 것인가?
- 두 번째 단계, 시장 성장성, 기존 솔루션에 대한 고객 반응과 IT 서비스 진화 방향
- 세 번째 단계, 패키지에 독립적이며, 맞춤형 서비스 관리 가능(성과지표) 요구

- 네 번째 단계, 시장은 성장하고, 기존 패키지는 한계를 나타내고 있으며, 고객사는 자기에게 맞는 맞춤형을 요구
- 다섯 번째 단계, "나는 누구? 시장 (Who am I? market)"의 도래
- 여섯 번째 단계, 고객 교육을 통해 프로젝트를 창출하고, 프로젝트를 통해 솔루션을 개발 및 확보하고, 동시에 구체적인 레퍼런스 사이트를 확보

나는 실제로 이 과정을 거쳐 솔루션을 확보했고, 지식경제부에서 주관하는 신소프트웨어 상품 대상에서 '일반 SW부문 대상'을 수상하기도 했다. 현재 이 솔루션을 'CK2-Service'라는 상품을 대표로 하여 7개의 솔루션으로 구성되어 있으며, 2013년에는 'CK2-baR'라는 IT 서비스 빅데이터 솔루션까지 추가되었다. 2009년 5월 29일 신문에 다음과 같은 기사가 나기도 했다.

우정사업정보센터가 국내 정부 기관으론 최초로 국내 기술을 바탕으로 한 IT 거버넌스 체계를 도입하게 됐다. 중략. 권상국 현대정보기술 ITG센터 센터장은 "자체 개발로 GS인증과 신소프트웨어대상을 수상한 'CK2-Service'를 기반으로 수행하게 됐다"며 "정부 기관에서 첫 도입하는 IT 거버넌스에 국내 기술이 적용된다는 데 큰 의의가 있다"고 말했다. 중략. 우정 사업정보센터 정보전략팀장은 "이번 사업이 완료되면 우정사업본부는 IT 기획부터 운영까지 모든 IT 현황을 종합적으로 관리할 수 있게 된다"며 "IT 서비스관리 수준을 높여 고객 만족은 물론 운영비 절감 효과도 기대된다"고 강조했다.

구체적 서비스가 필요

오늘날에는 제품의 기능이나 용도에 대해서 이미 고객들도 다 인지하고 있고, 제품 간의 기능차이도 극히 미미하기 때문에 제품 자체 만으로의 일방적 마케팅으로는 더 이상 경쟁사와 차별화시키기 힘들다. 고객들은 제품을 구매하기 전에 그 제품을 통해 '나'를 나타낼 수 있는가를 매우 중요한 구매조건으로 내세우고 있다. '나'를 나타내기 위해서라면 사소한 소모품에서 고가의 자동차, 아파트까지 제품의 외관은 물론이고, 기능까지도 바꾼다. 또 같은 제품을 구입해도 남과 차별화시켜 '나'만의 특징을 나타내기 위해 '튜닝'이라는 것을 한다. 기업의 입장도 마찬가지 추세다. 남과의 차별화, 즉 '경쟁우위'를 확보하기 위해 그저 적당한 것, 또는 남들이 쓰고 있는 것들을 선택하지 않는다. 적용하려는 제품이 기업을 위해 확실한 경쟁우위를 확보할 수 있는 것인지를 확인하려 든다. 제품을 파는 입장에서도 팔려는 제품이 대상 고객에게 확실히 도움이 된다는 것을 증명해내야만 한다. 그렇지 못할 경우 제품이 팔릴 가능성은 없다. 요즘에 고객사 입장에서 판매자에게 요구하는 것 중에 기본이 된 것이 판매자가 판매하려는 제품을 구입했을 때의 손익을 따져볼 수 있는 정량적 ROI다.

그렇다면 많은 소프트웨어를 사용하고 있는 각 기업은 어떠할까? 각 기업은 책정된 예산 범위 내에서도 원가 절감을 이유로 투자를 보류하고 있고, 가뜩이나 경제가 불안한 시점에서는 선뜻 투자하려고 하지 않는다. 경쟁사에서 이미 적용하여 잘 사용하고 있는 소프트웨어라도 내 기업을 위해 확실한 경쟁우위가 증명이 될 때까지 말이다. 즉 눈에 보이는 확실한 대안이 아니면 투자를 꺼린다. 하지만 특정 소프트웨어나 서비스가 기업의 경쟁력을 차별화할 수 있고, 그것을 눈으로 확인할 수 있다면 이러한 유혹을 뿌리치기는 쉽지 않을 것이다. 따라서 각 기업은 일반적인 범용제품 소개가 아닌 '나'만을 위한 제품과 서비스를 요구한다. 맞춤형 서비스를 요구하는 것이다. 내가 일하고 있는 업무 분야인 IT 서비스 분야에서는 이 부분이 더욱 심해져, 과거 같으면 패키지 프로세스에 맞춰 사용하던 것을 패키지에 구애받지 않고 자신에게 맞춰 사용하려는 경향이 강하게 나타나고 있으며, 최근의 각종 제안요청서를 살펴보면 그러한 경향이 더욱 뚜렷하다. 즉, 패키지를 적용해도 괜찮으나, 패키지에 종속되지 않으려고 한다. 여기서 패키지라고 하는 것은 상품화된 소프트웨어로써 과거에는 상품화 패키지에 맞춰서 정보시스템을 구축하는 사례가 대부분이었다.

이제는 솔루션, 패키지 등으로 불리는 많은 소프트웨어도 이러한 흐름에 맞게 고객을 차별화시켜줄 수 있는 것을 증명해 보여야 한다. 과거 많은 솔루션을 도입할 때 적용 전에는 무엇이든지 될 것처럼 이야기하지만, 종료 시점에 이르면 많은 제약 때문에 당초 목적을 달성하지 못한 경우가 비일비재했다. 당연히 소프트웨어가 그러한 기능을 감당할 수 있어야 되는 것은 기본임에도 불구하고 말이다. 일반적으로 범용적인 것을 적용하여 경쟁사보다 빨리 만드는 것을 목적으로 했던 '자동화의 시대'는 이미 지났다. 많은 벤더나 서비스업체는 팔고자 하는 제품이나 서비스가 그것을 사용하는 기업의 경쟁 우위를 얼마나 높여 줄 수 있는지를 보여주어야 한다. 사용 전은 물론이고 사용 후에도 지속적인 경쟁 우위를 확보할 수 있도록 서비스를 해야 한다. 그것도 철저하게 그 고객만을 위한 특별한 것으로 단순 소프트웨어 제공이나, 단일 솔루션의 제공이 아닌 사용 고객의 입장에서 경쟁 우위를 확보할 수 있는 이야기를 판매해야 한다.

그렇게 하기 위해서는 잘 짜여 있는 이야기의 제공도 중요하지만, 고객 스스로 이야기와 경험을 만들어 낼 수 있는 '엔터테인티그래이션 (Entertaintegration) 소프트웨어'의 기능이 가능해야 한다. 이제는 기업의 비즈니스가 각종 패키지에 몸을 맞추는 것이 아니고, 패키지가 각 기업에 맞추고 있기 때문에 특히 더 그렇다. 경우에 따라서는 흔히 얘기되는 상용 패키지의 핵심 엔진(또는 프로세스)도 바꿀 수 있어야 한다. 아무리 훌륭한 소프트웨어라도 모든 기업을 만족시킬 수 있는 소프트웨어는 존재할 수 없다. 흔히 선진 프로세스 또는 표준 프로세스라는 명목하에 각 기업의 고유 비즈니스 프로세스가 무시당하는 경우가 많았으나, 이것은 지나간 시절의 이야기일 뿐이다. 각 상용 패키지들이 제공하는 범위 내에서 대충 하는 고객화가 아닌 고객 몸에 맞는 안성맞춤 프로세스를 제공하는 소프트웨어가 필요한 시대이며, 이 시대의 소프트웨어로 살아남기 위한 기본 조건이다.

가장 중요한 것

항공사들은 좀 더 많은 고객을 끌어들이기 위해 고객 설문조사에 많은 돈과 노력을 투자한다. 기내식의 맛과 승무원의 서비스, 여객기의 편안함 등을 보다 좋게 하여 고객을 확보하기 위한 전략으로 고객 설문조사를 하고, 이에 따른 결과를 서비스에 반영한다. 이것은 고객이 원하는 서비스를 파악하여 경쟁사보다 앞선 서비스를 통해 경쟁우위를 확보하기 위한 중요한 요소임이 틀림없다. 하지만 설문조사 결과에는 보이지 않는 힘이 영향을 미치고 있음을 간과해서는 안 된다. 정시에 도착하고 떠난 승객은 음식, 서비스, 편안함 등에 대해 호의적으로 표현함에 반해, 연착된 비행기의 승객은 탑승 수속부터 기내식, 커피에 이르기까지 모든 서비스에 대해 낮은 평가를 내린다. 그리고 정시에 도착하고 떠난 비행기의 승무원들은 항상 밝은 미소로 승객을 대한다. 승무원들도 비행기 스케줄에 민감하기 때문이다. 이러한 현상을 그림자 효과(Shadow effect)라고 한다. 즉, 승객들은 비행기가 스케줄대로 운행만 되면 나머지 사항들은 별로 신경 쓰지 않지만, 반대로 운행 스케줄이 어긋나면 나머지 사항들 모두에 불만을 표시한다. 승객이 비행기를 이용하는 첫 번째 목적은 예정된 시간에 목적지에 도착하는 것이기 때문이다. 기본적인 목적이 달성되어야 그에 따른 부가적인 서비스에 관심을 갖는다.

그렇다면 항공사가 승객을 위해 해야 할 가장 기본적인 가치가 있는 서비스는 무엇인가? 사우스웨스트항공 창립자 롤린 킹과 허브 케러허는 "최대한 저렴한 가격에 승객들이 원하는 곳으로 제때 제시간에 데려다 주고, 그들이 목적지에 도착할 때까지 만족할 수 있도록 최선을 다하라. 그러면 사람들은 당신의 비행기를 탈 것이다."라는 믿음으로 오늘날의 사우스웨스트항공을 설립했고, 이 항공사는 수십 년 동안 상위 항공사에 랭크되어 있다. 여기서 주목해야 할 점은 '최대한 저렴한 가격', '제때 제시간'과 '만족할 수 있도록 최선을 다하라.'라는 표현이다. 먼저 '최대한 저렴한 가격'의 기준은 무엇일까? 항공사 입장에서의 가격과 승객이 지불하는 가격의 개념에는 차이가 있다. 승객은 말 그대로 가장 싼 가격을 '최대한 저렴한 가격'이라고 여길 것이고, 항공사 입장에서는 무한정 가격을 싸게 할 수는 없을 것이다. 두 번째 '제때 제시간'이라는 것은 항공사가 약속한 일정을 승객이 선택한 항목이고, 그림자 효과에서도 알 수 있듯이 가장 기본적인 승객과 항공사 간의 계약사항이다. 따라서 무엇보다도 우선시 되어야 하며, 승객에게 가장 중요한 것이다. 세 번째 '만족할 때까지 최선을 다하라'는 표현에서 항공사는 승객을 위해, 그리고 경쟁사와 차별화시키기 위해 무수히 많은 서비스를 개발하고 있다. 하지만 첫 번째와 마찬가지로 '만족'과 '최선'에 대한 기준을 정하기가 쉽지 않고 경쟁사와 차별화시키는데도 한계가 있다. 또한, 똑같은 서비스를 제공해도, 이를 받아들이는 승객의 평가는 천차만별이다. 게다가 대부분의 항공사는 승객이 가장 중요시하는 두 번째 항목보다는 이 '최선'이라는 것을 통해 경쟁우위를 확보하려고 한다. 그러다 보니 정작 승객이 가장 중요하다고 생각하는 것이 무시당하는 경우가 많고, 가장 중요한 서비스가 부족한데 따른 대책도 부족한 경우가 수시로 발생한다.

IT 서비스의 경우도 항공사와 별반 다를 것이 없다. 고객(IT 서비스 사용자)이 가장 중요하다고 생각하는 것보다는 일정 내 구현을 목표로, IT 서비스 제공자 입장에서 할 수 있는 것만 하거나, 해왔던 것을 한다. 그 대표적인 사례가 요구사항이나 장애를 관리하는 방식이다. IT 서비스 제공자는 IT 서비스 사용자가 요구(또는 장애 발생)하기 전 대응보다는 사후에 처리한다. 사후 처리 결과가 좋다 해도 이 시점은 이미 IT 서비스 사용자가 불편을 느낀 이후이다. 즉, 그림자 효과에 의해 모든 서비스 과정에 불만을 느끼게 된다. IT 서비스의 가장 기본은 정해진 예산으로 약속한 일정 안에 고객이 요구한 목표를 달성하는 것이다. IT 서비스 사용자와 제공자 간에 약속 또는 계약이 이루어진 순간, 이 기본 원칙은 지켜져야만 하는 것이다. 그럼 이 기본 원칙 중에서 가장 중요한 것은 무엇일까? 그리고 고객이 가장 중요하다고 생각하는 것은 무엇일까? 그때그때의 상황에 따라 달라질 것이다. 그렇다면 최소한 IT 서비스 사용자 입장에서 가장 중요한 것을 선정할 수 있는 베이스라인을 가지고 있어야 한다. 관리를 위해서는 통제할 수 있어야 하고, 통제하기 위해서는 평가가 이루어져야 하며, 평가를 위해서는 측정할 수 있어야 한다. 이때 측정의 기준이 되는 것이 베이스라인이기 때문이다.

1등과 2등의 차이

일이 난관에 봉착했을 때, 모두 힘들 거나 어렵다고 포기하자고 할 때 현대그룹 정주영 회장은 "이봐, 해 봤어?"라고 물었다고 한다. 조금의 가능성이라도 있으면 포기하지 않고 시도하여 성공한 정주영 회장의 일화는 이 외에도 여러 가지가 있다. 다른 사람들이 "왜 해야 하는데?"라고 불만을 나타냈을 때, 로버트 F. 케네디는 조금의 가능성이라도 있으면 "왜 못해?"라고 반문했다고 한다. 두 사람 모두 불가능한 이유를 찾기보다는 조금의 가능성이라도 시도하려고 하는 공통점을 가지고 있다. 어떤 일을 수행할 때 그 일이 성공적으로 끝나기 위해 반드시 필요한 것은 '할 수 있다'라는 신념을 가지고 도전하는 것이다. 이 믿음을 바탕으로 그 일을 성공하기 위해 많은 가능성을 찾아낼 수 있는 것이다. 조그마한 가능성이라도 찾아내고자 노력할 때 비로소 성공의 길이 보이기 시작한다. 하지만 주위에 있는 호모 휴리스틱쿠스는 자신의 경험을 바탕으로 그 일이 실패할 수밖에 없는 이유를 아주 논리적으로 설명하려 애쓴다. 경험이 없을 경우에는 주위들은 소문에 첨삭을 해서 실패할 수밖에 없는 이유를 기어이 만들어 내고 만다. 이런저런 이유를 들어 그 일을 하지 못하게 하는 호모 휴리스틱쿠스를 막는 방법은 가능성을 찾아내서 실제로 시도하는 것이다. 시도를 통해 시행착오를 겪을 수도 있고, 난관에 봉착할 수도 있으며, 반대자가 이야기했던 불가능한 이유에 좌절할 수도 있겠지만, 자신이 발견한 조그마한 가능성과 그 가능성을 실천하는 것은 그 누구도 해보지 않은 것으로, 설령 실패한다고 해도 좋은 경험으로 남는다.

이때 좋은 경험에 대한 기준은 무엇일까? 실패해서 얻은 경험이 과연 좋은 경험일까? 실패할 바에는 시도조차 안 하는 것이 더 좋은 것 아닌가? 그럴 수도 있다. 하지만 실패나 시련을 통해 얻은 경험을 '값진 경험'이라고 하는 이유는 그러한 역경을 통해 얻은 경험이야말로 아무도 해보지 않은 새로운 시도, 불가능성에 대한 도전, 모두 안 된다고 포기했을 때 성취해내는 성공의 밑거름이기 때문이다. 이제껏 대부분 성공했다는 사람들의 공통점은 남보다 우월한 DNA를 가지고 태어난 잘난 사람들이 아니라, 포기할 줄 모르고 도전해서 마침내 목표를 달성하는 그 무언가를 가지고 있었다. 그것은 신념, 진취적 도전자세, 목표를 향한 열정, 그리고 진정 원하는 목표를 명확하게 할 수 있는 뚜렷한 목표의식이다. 성공을 위한 베이스라인이라고 할 수 있다.

여기에 하나를 덧붙인다면 도전을 위한 준비자세를 언급할 수 있다. 아무리 신념이 좋고, 목표가 좋더라도 준비가 철저하지 못하다면 성공의 가능성은 그만큼 줄어들 수밖에 없다. 도전을 위한 준비에 대해 남극을 탐험한 아문센과 스코트를 비교할 수 있을 것 같다. 두 사람 모두 훌륭한 탐험가로 유명하고, 모두 남극을 탐험했다. 두 사람의 차이는 한 달이라는 기간의 차이만 있어 보인다. 아문센은 1911년 12월 14일 남극점에 인류 최초로 깃발을 꽂았고, 스코트는 불과 한 달 뒤인 1912년 1월 17일 남극점에서 아문센이 최초로 남극점에 도착했다는 것을 확인했을 뿐이다. 기간상으로는 한 달 차이지만 1등과 2등의 차이가 생긴 것이다. 이 차이가 생긴 것은 많은 이유가 있었겠지만, 근본적인 것은 도전하기 위해 준비하는 자세의 차이라고 생각한다. 그 차이점을 살펴보면 크게 세 가지로 나누어 볼 수 있다. 먼저 아문센은 에스키모인과 같은 생활을 하면서 준비를 했다. 즉, 남극 환경에 맞는 생활을 하기 위해 개를 이용한 썰매를 이동 수단으로 삼았고, 현지의 에스키모인들에게 그 방식을 배웠다. 철저한 현지화 전략이라고 할 수 있다. 두 번째, 매일 꾸준하게 목표를 향해 15마일에서 20마일 정도씩 진군해 나갔다. 날씨와 주변 상황에 굴하지 않고 일정한 페이스를 유지한 것이다. 일정 계획에 의해 진척 상황을 점검할 수 있었고, 목표 달성 일을 예측할 수 있었다. 세 번째, 마음가짐이다. 철저한 준비에 따른 여유와 자신감을 가지고, 언젠가 큰 위험이 닥칠 것을 대비해서 비상 계획을 세워두고 있었다. 아문센은 "승자는 승리의 요인을 필요한 모든 것을 준비해서 운이 좋았기 때문이라고 하고, 패자는 패인을 제때 준비하지 못해 운이 없었기 때문이라고 한다."라고 남극점에서 말했다. 이처럼 성공을 위해서는 철저한 준비가 필요하고, 이 준비하는 과정이 성공의 열쇠를 가지고 있다고 해도 과언은 아니다. 몇 천 년 동안 유럽을 점령한 로마군은 그 이유를 막강한 전투력이나, 뛰어난 전략보다 '병참'으로 이겼다고 한다. '병참'은 군부대의 전투력을 유지 및 증가시키는데 필요한 인원과 군수물자를 보급하는 하는 것으로 철저한 준비를 의미한다.

손자병법에 지피지기가 3번 나오는 이유

"만일 당신이 내 남편이면 커피에 독을 탔을 거요."라고 여성 의원이 영국 수상 윈스턴 처칠에게 독설을 퍼붓자, 처칠은 "내가 당신 남편이었으면 그 커피를 기꺼이 마셨을 거요."라고 응대했다. 이 유머는 처칠의 품격있는 모욕과 유머를 설명할 때 빠지지 않고 나오는 이야기다. 처칠에 비해 상대적으로 관심이 덜 한 것이 사실인 이 여성 의원은 영국 최초의 여성 하원의원으로 선출된 낸시 애스터다. 1982년 그녀의 삶이 영화화됐을 정도로 극적인 삶을 산 낸시 애스터는 그녀의 말이 명언이 되어 명언을 다루는 서적에 빠지지 않고 나오는 것으로도 유명하다. "이 세상의 가장 위험한 것은 모든 것을 바꿀 수 없으면, 아무것도 바꾸지 않으려는 사람들이다."라는 말이다. 모든 것을 바꾸려는 극단적인 혁명가들은 현재를 철저하게 부정하고, 모든 것을 유지하려는 극단적인 보수주의자들은 그 어떤 변화도 거부하려 든다. 하지만 이 세상의 모든 것은 변하기 마련이고, 변하려고 해도 변하지 않는 것이 세상이다. 따라서 변해야 할 것과 보존해야 할 것을 엄격히 구분할 수 있는 기준이 있어야 한다. 호모 휴리스틱쿠스의 경험과 직관에 의한 기준이 아니고, 객관적인 변화의 기준이 필요한 것이다.

병법서로 유명한 손자병법은 세간에 알려진 것처럼 방대한 내용을 담고 있지 않다. 서점에 즐비한 손자병법 관련 서적들은 손자병법 원문을 해석해 놓은 것에 소설적인 요소를 가미하여 작가의 생각을 덧붙인 것이다. 내용이 많지 않은 손자병법 원문에 비슷한 내용이 세 번이나 소개되고 있는 것이 있다. 손자병법을 모르는 사람들도 알고 있는 '지피지기(知彼知己)'가 바로 그것이다. 손자병법의 원문에는 다음과 같이 소개되어 있다.

知彼知己, 百戰不殆(지피지기, 백전불태)
적을 알고 나를 알면, 백 번 싸워도 위태롭지 않고,
不知彼而知己, 一勝一負(불지피이지기, 일승일부)
적을 모르고 나를 알면 한번은 승리하나 한 번은 패배하며,
不知彼不知己, 每戰必敗(불지피부지기, 매전필패)
적도 모르고 나도 모르면, 싸울 때마다 반드시 패한다

책 내용이 그리 많지 않음에도 불구하고 세 번씩이나 소개되어 있는 것은 무엇 때문일까? 춘추시대 오나라 합려를 섬긴 명장 손무가 쓴 손자병법을 삼국시대 위나라의 조조가 82편으로 구성되어 있던 것을 13편 2책으로 추려 놓은 것이 오늘날 전해지는 손자병법이다. 당대 최고의 전략가인 손무와 조조가 공동 집필한 책으로 볼 수 있다. 그런 책에 비슷한 내용이 세 번씩이나 들어 있다는 것은 매우 중요한 내용이기 때문일 것이다. 아마도 아는 것과 실천하는 것을 강조하기 위함은 아니었을까? 춘추전국시대나 삼국시대는 한 치 앞을 내다보기 힘든 격동의 시절이었다. 그런 세월을 지내오면서 무수히 많은 전략가와 그 전

략가들에 의해 더 많은 전략이 쏟아져 나왔을 것이다. 어찌 보면 훌륭한 전략을 만들어 내는 것을 걱정하기보다는 너무 많은 전략 중에 올바른 것을 선택하는 것이 더 어려웠을 것이다. 더욱이 선택된 전략을 실행해 본 경험이 없었기 때문에 더 힘들었을 수도 있다. 아는 것과 실천하는 것은 또 다른 능력이기 때문이다. 아는 것에 대한 기준은 책을 가까이하고, 훌륭한 사상가나 전략가와 자주 만나 이야기하는 정도를 따져 보면 대충 아는 수준을 예측할 수 있다. 하지만 아는 것을 실천하는 능력의 기준을 잡기가 쉽지 않다. 먼저 올바른 실천 거리를 고를 수 있는 능력이 필요하다. 무턱대고 행동에 옮기는 것이 아니라 제대로 된 계획을 실천해야 하기 때문이다. 이를 위해서는 자기를 둘러싼 외부 환경의 흐름을 읽을 수 있어야 한다. 외부 환경의 변화를 파악하고 대처할 수 있는 유연성이 필요하기 때문이다. 두 번째, 그 환경에 처한 자신의 상황을 분석할 수 있어야 한다. 자신이 감당할 수 있고, 실천 가능한 계획을 세울 수 있고, 그 계획을 실천할 수 있는 결단력이 필요한 것이다. 이것을 한마디로 요약하면 '지피지기'가 가능해야 한다. '지피지기'가 가능하다고 해서 모든 전투에서 반드시 이긴다는 보장은 없지만 위태로운 상황은 줄일 수 있을 것이다. 요즘 많이 쓰이는 용어로 하면 '리스크 관리'가 가능해진다. 손자병법에서도 '불패(不敗)'라는 글자를 쓰지 않고 '불태(不殆)'라는 글을 쓴 것은 음미해 볼 필요가 있다.

설마가 사람 잡는다

앞에서도 언급했던 '하인리히의 법칙'은 산업재해가 발생하여 1명의 중상자가 생기면, 그 전에 비슷한 원인으로 29명의 경상자가 생겼고, 같은 원인으로 부상을 당할 뻔했던 잠재적 부상자가 300명이 있었다는 것을 실증적으로 증명한 것이다. 이 법칙을 달리 해석해보면 큰 사고는 아무 예고 없이 갑자기, 또는 우연히 발생하는 것이 아니라, 사전에 반드시 경미한 사고나 징후들이 반복적으로 발생했다는 것을 밝힌 것이라고 할 수 있다. 즉, 큰 사고는 사소하거나 경미하게 생각한 징후나 사고를 방치했을 때 발생하게 되기 때문에 아무리 사소해 보이는 문제라도 반드시 원인을 밝혀 그 원인을 제거하면 큰 사고를 막을 수 있다는 것을 말한다.

우리가 자주 쓰는 속담 중에 "설마가 사람 잡는다."라는 것이 있다. 여기서 '설마'는 부사로 부정적인 추측을 강조할 때 사용되는 단어다. '설마'라는 단어가 쓰이기 위해서는 두 가지 조건이 충족되어야 하는데 먼저, 선행 조건으로 향후 전개될 가능성이 있는 상황에 대해 말하는 사람이 발생 가능성을 매우 낮게 생각하고, 소홀히 다루거나 대안이 없을 것으로 생각할 때 사용한다. 두 번째, 결과 조건으로 발생 가능성이 없을 것이라고 여겼던 일이 실제로 발생하게 되면 가장 염려했던 상황이 발생하게 되어 큰 피해를 보게 된다. 이렇게 '설마'라고 생각했던 일이 발생하게 되면 큰 피해를 보게 됨에도 불구하고, 호모 휴리스틱쿠스가 잘 쓰게 되는 단어가 바로 '설마'다. 호모 휴리스틱쿠스는 자신의 경험에 의한 판단을 통해 특정 상황에 대해서 경험이 없을 경우에 그 특정 상황이 발생할 가능성을 낮게 생각한다. 또, 특정 상황에 대한 대안 없이 그 상황을 맞이하게 될 경우 준비가 없었기 때문에 가장 후회스러운 고통을 당하게 된다. 그래서 "설마가 사람 잡는다."라는 말이 생겼을 것이다. 또 다른 뜻으로 '설마설마'가 있다. 현재 발생되고 있는 상황이 자신이 원하는 상황으로 진행되기를 바라면서, 원하는 방향으로 가고 있지 않은 상황을 계속 부정하고 싶을 때 사용하게 된다. "설마설마 했는데, 그렇게 될 줄 몰랐어."라는 표현이 대표적이다.

손자병법에서 지피지기면 백전불태라고 한 것은 바로 '설마'를 없애는 것이다. 백번의 전투에서 모두 승리하기는 쉽지 않겠지만, 위험한 상태에 빠지지 않으려면 사소한 위험 요인이라도 제거해야만 한다. 그렇게 하기 위해서는 '설마'라는 단어를 사용할 일이 없어야 한다. 발생 빈도가 극히 적다고 판단되는 일조차도 발생할 가능성이 있는 것이기 때문에 조치를 취해야 한다. 대형 사고가 나면 그 날 저녁 방송 미디어 매체에서는 사건의 참사를 알리는데 온통 신경을 쓴다. 대형 사건에 따른 혼란스러움 때문일 것이다. 하지만 혼란스러움이 어느 정도 가라앉고 사건의 전모가 윤곽을 드러낼 때쯤인 다음 날 아침에는 모두 약속이라도 한 듯이 똑같은 표현을 쓰는 것을 볼 수가 있다. 바로 "어제 참사는 막을 수 있는 인재(人災)였다."라는 것이다. 대부분의 사고 원인이 사람에게 있고, 그 원인의 대부분은 '설마'였다. 대형 사고는 대체로 여태까지 한 번도 겪어보지 못한 사고로, 그 대형 사고의 원인이 바로 자신에게서부터 시작될 수도 있다는 것을 호모 휴리스틱쿠스는 예측할 수 없기 때문이다. 지금까지의 경험과 그 경험에 의해 축적된 직관으로 판단하는 호모 휴리스틱쿠스에게는 당연한 일일 수도 있다. 자신의 뇌 속에 저장된 스키마가 없으므로 특정 상황을 인지하지 못하고, 혹시라도 찜찜한 구석이 있어도 '설마'가 있기 때문에 그냥 넘어가게 된다.

'설마'와 비슷한 의미를 가진 속담 중에 "믿는 도끼에 발등 찍힌다."라는 속담이 있다. 도끼는 장작을 패기 위해 꼭 필요한 도구로, 항상 갈고 닦고 해서 사용하는 도끼에 대해서 모르는 것이 없을 정도로 잘 알고 있다고 생각을 하지만 잠깐의 부주의로 그 도끼에 의해 다치게 되는 것을 말할 때 쓰인다. 처음부터 도끼를 가까이하지 않았더라면 다칠 일도 없을 것이다. 하지만 도끼를 사용할 수밖에 없는 상황이라면, 자신의 경험과 실력만 믿고, 도끼에 대해 주의를 기울이지 않는 습관을 버리고 발생할 수도 있는 모든 상황에 대처해야만 한다. 호모 휴리스틱쿠스는 자신의 경험에 대해 타인으로부터 불신의 기미가 보이면 더 과장되게 경험을 강조하려고 한다. 많은 사고의 원인이 숙련자의 부주의나 과욕에 의해 발생하는 이유가 여기에 있다. 우리 주위를 둘러보아도 이런 사실을 흔하게 볼 수가 있다. 여름철 물놀이 사건의 희생자는 대부분 수영을 잘하는 사람이고, 음주 운전으로 사고가 나는 것도 평상시에는 운전 경험이 많은 사람들이다.

도광양회

"힘이 부족하여 아직 나설 수 없을 때, 갖은 모욕을 견디면서 힘을 키울 때까지 어둠 속에서 아무도 눈치채지 못하게 힘을 기른다."라는 고사성어로 '도광양회(韜光養晦)'가 있다. 이 말은 1980년대 덩샤오핑이 개혁·개방정책을 취하면서 중국의 경제력과 국력이 강성해질 때까지 주변 강대국의 눈치를 보면서 때를 기다린 대외 외교정책을 말할 때자주 등장하는 말이다. 이 말이 처음 등장하는 것은 나관중의 소설로 유명한 '삼국지연의'에서 힘이 없는 유비가 살아남기 위해 조조의 식객으로 있으면서 일부러 몸을 낮추어 조조로 하여금 경계심을 풀게 하려고 만든 계책이다. 이후에도 제갈량에 의해 그 유명한 '삼분지계'를 써서 힘을 길러 위·촉·오가 균형을 이루게 한 전략도 이것의 일종이다.

흥선대원군 이하응도 '도광양회' 전략을 사용했다. 당시 안동 김씨의 세도 정치는 극에 달해 정치에 문외한인 강화도 출신 왕족을 왕으로까지 세웠다. 조금이라도 똑똑해 보이는 왕족들은 모두 혐의를 씌워 견제했다. 이하응이 살아남기 위해서는 치욕을 당하면서 안동 김씨의 눈 밖에 나는 일을 피해야 했다. 유명한 '파락호, 궁도령, 상갓집 개'와 같은 별명까지 붙을 정도로 철저히 정치에는 관심이 없는 건달처럼 행동했다. 그러면서도 힘을 키우기 위해 또 다른 세력을 가지고 있던 조대비와 협력 관계를 유지하면서 힘의 발판을 마련하였고, 철종이 죽자 마침내 자신의 둘째 아들을 왕위에 앉혀 권력을 쟁취한다.

이처럼 어떤 목적을 가지고 행동을 하는 것은 행동의 결과와 그에 따른 보완적인 행동이 일정한 목적을 지향한다고 할 수 있다. 행동 결과에 따라 즉각적인 보완이 이루어지고, 시간이 갈수록 더욱더 목적을 지향하게 된다. 특히 자신을 철저하게 낮추면서 주변 정세를 이용하는 경우에는 더욱 그렇다. 이때 가장 필요한 것이 사전 준비다. 아문센이 "성공 요인은 잘 준비를 했었던 행운이 있었기 때문이다."라고 이야기한 것처럼 철저한 준비가 필요하다. 오프라 윈프리도 준비의 중요성에 대해 유명한 말을 했다.

"luck is a matter of preparation meeting opportunity"
"준비된 자만이 기회를 잡는다."

유명한 운동선수들의 인터뷰에 빠지지 않는 것이 유명해지기까지 노력하고 준비한 내용이다. 요즘 최고의 실력을 뽐내고 있는 메이저리거 류현진 선수의 예를 들어보자(2015년에는 부상으로 경기를 볼 수 없었다). 류현진은 오른손잡이다. 그런데 왼손투수다. 어찌 된 일일까? 류현진의 아버지 류재천 씨는 이왕 야구를 할 바에 왼손투수가 성공할 확률이 높다고 생각하여 류현진이 처음 야구를 접할 때 왼손잡이용 글러브를 사주었다고 한다. 야구는 오른손잡이보다 왼손잡이가 더 유리한 게임이기 때문이다. 처음에는 많이 불편했겠지만, 어려움을 이기고 오늘의 대선수가 된 것이다. 어떤 목적을 갖고, 그 목적을 달성하기 위해 철저한 준비를 한 셈이다.

 불확실한 세상에 살고 있는 요즘, 불확실성에 대해 고민은 많이 하지만 준비하는 경우를 보기는 쉽지 않다. 불확실성을 극복하기 위해서는 많은 준비가 필요한데, 막상 준비하려고 하면 무엇을 해야 할지 모르는 경우가 많다. 앞으로의 미래가 불확실하다는 것은 경험해보지 않은 영역이기 때문에 예측할 수 없고, 예측이 안 되기 때문에 더더욱 준비할 것이 없는 것이다. 호모 휴리스틱쿠스의 뇌 속에는 경험한 기억만이 있고, 이 기억을 가지고 예측을 해야 하기 때문에 힘들기도 하지만, 이미 뇌 속에 자리 잡고 있는 스키마에서 벗어날 수 없기 때문이다. 또, 불확실성 속에서 명확하게 원하는 목적이 없기 때문이기도 하다. 뚜렷한 목적이 있어야 그것을 달성하기 위한 계획을 세우고 실천할 수 있을 텐데 목적이 없기 때문에 등대 없이 험난한 바다를 항해하는 것과 같다. 따라서 올바른 준비를 위해서는 목적을 명확히 하는 것이 급선무다. 원하는 목적을 위해 필요한 항목을 정리하고, 그 필요한 항목들을 성취하기 위해 꾸준히 나아갈 수 있도록 하는 것이 준비이기 때문에 목적이 없는 준비는 있을 수 없다. 목적을 이루기 위해 '도광양회'를 하듯이 모든 과정이 목적을 지향하게 된다면 반드시 목적을 달성할 수 있을 것이다. 이 책을 읽고 있는 여러분도 진정 원하는 것을 위해 간절하게 바라고, 실천해서 목적한 바를 이룬 경험이 반드시 있을 것이다. 그 경험을 자세히 기억해 보면 그 목적을 달성하기 위해 많은 것을 포기하기도 했고, 모든 행동은 그 목적을 위했고, 행동의 결과에 대해서도 스스로 계속 피드백을 하면서 목적을 지향했을 것이다.

자기 암시

인간이 만물의 영장이 된 이유는 직립 보행, 도구와 불의 사용 등 여러 가지를 말할 수 있으나, 절대 빼놓지 말아야 할 것 중에 하나가 바로 '상상하는 능력'이다. 인간의 뇌는 여태까지의 경험을 기억 저장소에 저장하고, 그 기억에 의해 닥쳐올 미래를 상상한다. 상상력을 발휘하는 것이다. 상상력이란 실제로 경험하지 않은 현상이나 사물에 대하여 이미지를 그려볼 수 있는 능력을 말한다. 인간은 이 능력을 바탕으로 하고 싶고, 갖고 싶은 것들을 간절하게 원한다. 그리고 하고 싶고, 갖고 싶은 것을 성취하기 위해 구체적으로 실행에 옮긴다. 모든 것은 상상에서 시작하고, 그 상상력의 크기에 따라 준비를 하게 되고, 마침내 지금의 위치에 있게 된 것이다. 상상력이 모든 행동의 시발점이 된 것이라고 할 수 있다. 성취하고 싶은 것을 성취할 때까지 성취하기 위한 행동을 반복적으로 실행했기 때문이다. 이것은 상상을 통해 우리가 원하는 것을 얻을 수 있다는 뜻을 내포하고 있다. 물론 상상을 현실로 만들기 위해서는 철저한 준비가 필요하고, 실천하는 행동이 필요하다.

그렇다면, 원하는 것이 있다는 것은 이미 상상력을 발휘했다는 것이고, 이것은 원하는 것을 얻을 수 있다는 것이 된다. 간절하게 원하는 만큼 준비를 하고, 실천하면 되기 때문이다. 즉, 상상한다는 것은 자신에게 어떤 암시를 하는 것과 같다. 자신이 되고 싶은 미래나 갖고 싶은 것을 상상하게 되면, 그렇게 되는 것이다. 이것은 우리 뇌의 특성과 무관하지 않다. 우리의 뇌는 현실과 상상을 구분하지 못한다. 현실에서 일어나고, 경험한 것을 받아들이듯이, 상상한 것도 그대로 받아들이는 것이다. 따라서 자신이 원하는 것을 지속적으로 상상하게 되면 뇌는 그것을 사실로 받아들이게 되어, 뇌가 원하는 것을 얻을 수 있도록 행동 변화를 유도하게 된다. 대표적인 사례가 '플라시보 효과(Placebo effect)'로 약효가 전혀 없는 약을 진짜 약처럼 환자에게 복용하게 했을 때 병세가 호전되는 효과를 말한다. 이 플라시보 효과는 20세기 초 프랑스의 약사인 에밀 쿠에가 우연히 발견하게 되고, 시골 의사로 최면술을 통해 환자를 치료하는 리에보의 '암시'에 대한 연구와 맞물려 '자기 암시법'을 만들게 된다. 에밀 쿠에는 "무의식 속에서 상상하는 힘이 의식적인 인간의 의지보다 더 강하기 때문에 무의식에 긍정적인 마인드를 주입시키면 자기 발전을 할 수 있다."라고 이야기했다.

'자기 암시'는 21세기 초 또 다른 표현으로 국내에도 많이 소개되었다. 방송 프로듀서 출신의 론다 번이 쓴 '시크릿'에서 간절하게 원하면 이루어진다는 '끌어당김의 법칙(Law of attraction in action)'이 바로 그것이다. 책 속에서 전 세계 인구의 1% 사람이 전 세계의 돈 96%를 버는 이유는 우연이 아니라 그 1% 사람의 마음속에는 오직 '부'에 대한 생각만이 있었고, 바로 그 생각이 '부'를 끌어당겼다고 이야기하고 있다. 이와 유사한 사례로 내가 다닌 고등학교 이야기를 해보겠다. 나는 서울시 성북구 정릉에 있는 대일고등학교에 다녔다. 이 고등학교는 시설 면에서 매우 열악한 환경에 있었다. '언덕 위의 하얀 집'이라는 닉네임이 붙은 이유를 설명하듯 산꼭대기에 자리하고 있어, 통학하는데 많은 불편을 주었고, 제반 시설도 근처에 있던 학교들과 많은 차이가 있었다. 학교에 다니는 3년 내내 시설 공사를 했었고, 학교 주변 동네도 불량배가 많은 그런 학교였다. 한마디로 공부를 하기 위한 시설은 나빴다. 복지 이론으로 이야기하면 공부를 잘할 수 있는 학교는 아니었다는 생각이 든다. 그런데 이 고등학교는 해마다 높은 진학률을 보이고 있었는데, 그것도 흔히 이야기되는 속칭 일류대 진학이 다른 학교에 비해 엄청나게 높아 많은 언론에 소개되기도 했고, 내가 3학년 때는 일본 방송에서 취재를 나오기도 했다. 그 이유가 무엇이었을까? 그 학교를 졸업한 나도 명확한 이유를 알지는 못한다. 하지만 그 학교를 졸업한 많은 선후배와 동기들이 공통으로 이야기하는 것이 있다. 바로 '자기 암시'다. 학교에 입학하자마자 선생님들께서는 "너희는 할 수 있다."라고 강조하셨고, 우리도 자연스럽게 그렇게 생각하게 되었다. 지금도 직장 생활을 할 때 후배 직원들에게 그 말을 자주 이야기한다. '정말로 자기 암시가 성공의 지름길'이기 때문에 습관처럼 원하는 것을 성취하기 위해 '할 수 있다'를 마음속으로 외치라고 한다. 그런 의미에서 다시 한 번 에밀 쿠에의 말을 음미해 볼 필요가 있다.

Day by day, in every way, I'm getting better and better.
나는 날마다, 모든 면에서, 점점 더 좋아지고 있다.

다양성과 모호성

인간의 뇌는 소비하는 에너지원의 공급이 원활하지 않았던 '사고 형성의 시대'의 영향으로 많은 에너지를 소비하는 뇌의 활동을 최소화하기 위한 장치를 고안해냈다. 뇌를 사용하지 않고 행동할 방법을 찾은 것이다. 바로 '기저핵(Basal ganglia)'이다. 기저핵의 역할은 무의식적으로 행하는 모든 행동을 담당하고 있다. 습관적으로 하는 행동은 기저핵에 의해 형성된다는 뜻이다. 뇌가 에너지를 효율적으로 사용하기 위해서는 에너지의 소비가 큰 의식적인 활동을 최소화하고, 무의식적으로 행동할 수 있는 것이 필요했고, 기저핵이 그 역할을 하고 있는 것이다. 우리가 습관이라고 부르는 모든 것은 기저핵과 관련이 있다.

습관은 크게 두 가지로 나누어 볼 수 있는데, 올바른 습관과 잘못된 습관인 편견이 그것이다. 올바른 습관은 운동할 때 원하는 자세를 취하기 위해 많은 훈련을 반복하게 되면 취할 수 있게 되는 것이거나, 사물과 현상을 대할 때 일관성을 유지하기 위해 마음을 다스리는 것 등이다. 즉 원하는 것을 위해 반복적인 훈련을 통해 습관화시키게 되면 무의식적으로 그러한 행동을 하게 된다. 뇌가 수고스럽게 많은 에너지를 사용할 필요가 없게 되고, 그 에너지를 다른 곳에 쓸 수 있게 되는 것이다. 독자 여러분이 자동차 운전을 처음 배울 때와 지금의 자신을 비교해보면 알 수 있는데, 처음 배울 때와 달리 핸들링을 하기 위해 잔뜩 힘을 준 양손을 사용하지 않고 자연스럽게 한 손으로 하는 것을 생각할 수 있다. 거의 무의식적으로 말이다. 이렇게 올바른 습관은 점점 더 좋아지는 결과를 나타낸다.

반면에, 잘못된 습관으로 우리가 흔히 편견 또는 선입견이라고 부르는 것으로, 호모 휴리스틱쿠스가 가지고 있는 습관을 들 수 있다. 잘못된 습관은 반복하면 할수록 더욱더 그 상황에 적응하게 되고, 시간이 지남에 따라 점점 무감각하게 된다. 경제학자들이 이야기하는 '한계 효용 체감의 법칙'이 적용되는 것이다. 이렇듯 습관은 반복될수록 고착화되어 나중에는 습관을 고치는 것이 불가능하게 된다. 이렇게 잘못된 '습관화(Habituation)'가 진행되는 것을 막기 위해서는 어떻게 해야 될까? '다양성(Variety)'을 인정하는 것이다. 우리가 살아오면서 한 번도 똑같은 상황을 마주한 적은 없다. 비슷한 상황이 발생할 수는 있어도 똑같은 상황은 발생할 수 없기 때문이다. 설령 모든 상황이 똑같다고 해도 처음의 상황과 똑같은 상황은 발생한 시간의 차이가 존재한다. 이 시간의 차이에는 눈에 보이지 않는 많은 변화가 있었고, 그 변화의 결과가 영향을 미치고 있다. 게다가 처음의 상황을 경험한 채로 나중에 발생한 똑같은 상황을 맞이하게 되기 때문에 결코 상황이 똑같은 것이 아니다.

따라서 호모 휴리스틱쿠스의 기억 속에 저장된 많은 패턴 또는 스키마는 이미 과거의 것으로 올바른 습관에 적용하는 것은 바람직하나, 지금과 같이 불확실성의 시대에서는 습관적으로 행동하기 전에 잠깐이라도 에너지를 사용하여 뇌가 활동하도록 할 필요가 있다. 즉, 경험에 의해 알고 있거나, 습관에 의해 해오던 행동 이외에도 매우 다양한 가능성이 존재할 수 있기 때문에 어떤 패턴을 적용하려는 뇌의 유혹을 뿌리치는 습관을 길러야 한다. 불확실성은 그냥 미래가 어떻게 될지 모르겠다는 막연한 것이 아니라, 불확실성에 의해 많은 리스크가 발생하기 때문에 불확실성에 대한 대비를 해야 한다. 이것은 발생 가능한 모든 시나리오를 수집하고, 그 시나리오에 따른 대책 수립을 의미한다. 물론 발생 가능한 시나리오들이 너무 많아 다양성을 감당할 수 없을 만큼 많아지게 되면 '모호성(Variability)'을 나타낼 수 있기 때문에 의미 있는 '다양성'을 골라내는 것이 필요하다. 일반적으로 호모 휴리스틱쿠스는 상상에 의해 미래를 예측하는데 이러한 방식이 얼마나 잘못된 것인지를 밝히기 위해 이 책을 쓰고 있다고 해도 과언이 아니다. 호모 휴리스틱쿠스는 미래를 상상할 때 동원할 수 있는 정보는 과거의 기억밖에 없다. 과거의 기억으로 미래를 상상한다는 것은 상상하는 미래가 과거나 현재의 상태를 그대로 유지한다는 것을 뜻한다. 하지만 미래는 과거나 현재의 연장선에 있는 것이 아니고, 우리가 예측하지 못했던 것에 의해 불연속성을 띄고, 아울러 그 불연속성에 의해 문화가 형성되고, 호모 휴리스틱쿠스는 그 문화의 영향을 절대적으로 받기 때문에 상상력에 의한 미래 예측이 부정확할 수밖에 없다. 따라서 '불확실성의 시대'에 살 수밖에 없는 것이 호모 휴리스틱쿠스의 운명이기 때문에 올바르게 수립된 프로세스가 필요하고, 그 '올바른 프로세스'를 지키는 호모 휴리스틱쿠스는 불확실성을 줄여나갈 수 있다. '올바른 프로세스'는 불확실성을 줄이기 위한 매우 훌륭한 방법이다.

불확실성의 극복

항상 어떤 시대가 있었고, 그 시대를 사는 인간들은 고민했었다. 그 고민은 대부분 과거에 발생한 문제로 인해 미래에 미치는 영향을 평가하기 위한 것이다. 이것은 예나 지금이나, 앞으로도 계속될 것이다. 우리는 대부분 경험을 통해 배우고, 그 경험은 기억에 남는다. 하지만 그 기억을 전적으로 믿기가 쉽지 않다. 이것은 잘 나가던 운동선수들이 슬럼프에 빠지는 것을 보아도 알 수 있다. 엄청난 훈련을 통해 기저핵에 저장된 습관조차도 생소하게 느껴져, 다른 행동이 나오는 것이다. 가령 골프 선수들이 자세가 바뀌어 고생한다는 기사를 볼 수 있는데, 그 많은 훈련을 통해 익숙한 자세도 기억이 나지 않는 것이다. 오늘날을 사는 호모 휴리스틱쿠스는 그 어떤 누구도 겪어 보지 못한 상황에서 결정을 내리고, 그 결정에 의해 행동을 한다. 이것은 처음 해보는 결정이기 때문에 어떤 결과가 나올지 예측하는 것은 불가능하다. 더군다나 과거의 기억에 의존하여 결정을 하기 때문에 더욱더 예측의 결과는 신뢰할 수 없다. 따라서 '불확실성의 시대'를 사는 인간은 아는 것이 없다고 이야기해도 지나치지 않을 것이다.

과거에는 거의 변화가 없는 상황에서 늘 해오던 것을 하면서 살았다.

자연의 힘에 막대한 영향을 받으며 살 수밖에 없었기 때문에 불확실성에 대해 준비할 것이 별로 없었다. 그때그때 닥치는 상황에 맞추어 사는 것이 현명한 방법이었다. 그러나 오늘날에는 항상 무언가를 선택하고 결정을 해야만 한다. 그것도 엄청난 옵션이 주어진 상황에서 올바른 선택이 무엇인지 알 수는 없지만, 상상력을 동원하여 예측해야만 한다. 많은 실험을 통해서도 밝혀졌지만, 인간은 옵션이 많을수록 선택을 하지 못한다. 많은 경우의 수를 모두 상상할 수 없기 때문에 선택하지 못하는 것이다.

설령 상상한다고 해도 상상에는 몇 가지 문제점이 내포되어 있다. 첫째, 상상은 과거의 기억을 이용하는 것인데, 그 기억을 믿을 수 없는 데 있다. 모든 것을 다 기억하는 것이 아니고, 패턴에 의해 특징만 기억하기 때문에 없는 기억은 원하는 방향으로 기억을 채워 넣거나 변형시키기 때문이다. 또는 기억해야만 될 기억을 기억하지 못하기까지 한다. 게다가 기억하는 능력도 뒤죽박죽이다. 20년 전의 일이 문득 기억나기도 하지만, 한 시간 전의 일이 기억나지 않기도 한다. 이처럼 기억에 의존해서 미래를 상상한다는 것은 매우 위험한 일이 될 수 있다.

둘째, 현재와 미래의 차이점을 분명하게 인식하지 못하는 데 있다. 미래의 상황 배경으로 현재 상황을 적용하려고 한다. 스마트폰이 없던 시절에 스마트폰을 상상하는 것은 어렵지 않지만, 그 스마트폰으로 인한 상황의 변화, 즉 문화의 변화와 문화에 따른 사고의 변화를 예측할 수 없다. 우리가 청소년 시절에는 어른들이 "세상이 변했어. 요즘 애들은 버릇이 없어."라는 말을 자주 했었던 이유를 알지 못했지만, 지금 청소년을 바라보는 어른의 입장에서 세상이 바뀌었고, 바뀐 세상을 인정하지 않으면, 과거의 어른과 같은 말을 할 수밖에 없게 된다. 즉, 자식들과 대화의 단절을 경험하게 된다. 하지만 요즘 어른들은 과거와 달리 청소년을 이해하기 위해 많은 기득권을 버리고, 청소년을 이해하기 위해 애를 쓴다.

셋째, 막상 상상하던 일이 발생했을 때, 발생한 상황이 상상했던 상황과 다르지만, 그 차이점을 인식하지 못하는 데 있다. 인간은 어떤 상황이든지 바로 적응하는 능력을 보유하고 있는데, 이를 과소평가하는 것이다. 실제로 매우 걱정스러운 일이 발생할 것으로 예측되어, 그 일이 발생된 이후를 상상하면 걱정이 앞서다가도 막상 그 일이 발생하면 바로 적응하여 상상보다 덜 고통스럽게 그 상황을 견디는 경우를 자주 볼 수 있다. 상상 속에서는 매우 고통스러울 것이라고 상상했지만, 인간의 적응력에 의해 상상했던 고통이 상당히 많이 상쇄되는 것은 상상하지 못하는 것이다.

마지막으로, 상상은 틀릴 수밖에 없는 것임에도 불구하고 상상력을 너무 과신하는 데 있다. 상상을 통해 불확실성을 대비하는 계획을 세우는 것은 바람직하지만, 이 계획이 반드시 옳다고 생각하는 것은 큰 잘못이다. '불확실성의 시대'에서는 모든 것이 불확실하기 때문에 끊임없이 상황이 변하기 마련이다. 이것은 상상을 통해 수립된 계획도 지속적으로 변화해야 함을 의미한다. 상상은 인간만이 가질 수 있는 뛰어난 능력이기도 하지만, 기억 또는 경험으로 형성된 고정된 패턴에 의한 상상을 하는 호모 휴리스틱쿠스에게는 문제를 일으키는 골칫거리기도 하다. 따라서 불확실성을 극복하기 위해서는 다양한 사람들의 실제 경험을 참조할 필요가 있고, 이때 자신의 경험에 의한 판단은 잠시 접어둘 필요가 있다.

제 **3** 장

대안 선택 방안

판단할 때

처음 가는 고급 식당에서 자신이 원하는 메뉴를 선택하는 것은 쉬운 일이 아니다. 먼저 자신이 딱히 원하는 메뉴가 있는 경우가 드물다. 그리고 식당에서의 에티켓에 대해 어설픈 지식을 갖고 있어 어떻게 처신해야 할 줄을 모른다. 식당의 고급스러움에 눈치가 보이기도 하고, 메뉴를 잘못 선택했을 때의 곤란함까지 미리 가정하여 진땀을 흘린다. 이런 경우 메뉴판이 자신에게 가장 먼저 왔을 때 재빨리 옆 사람에게 메뉴판을 전달하는데, 대부분 메뉴판을 건네받는 사람은 고급 식당에 대한 경험이 있을 것으로 판단되는 사람이거나, 그 모임의 리더일 경우가 높다. 경험자나 리더(이때 리더도 그 식당에 처음 갔을 경우라도)가 메뉴를 선택하면 그 사람을 따라서 "같은 것으로 주세요."라고 외치는 순간 곤란함은 사라진다. 이처럼 자신이 판단하기 전에 판단에 영향을 미치는 결정적 이유가 없는 경우에 판단을 먼저 한 앞사람에게 영향을 받는다.

또, 처음 가보는 곳에서는 자신도 모르는 사람들의 행동을 유심히 살핀다. 처음 가는 지역에서 식당을 고를 때가 대표적이다. 그 결과로 손님이 많은 식당을 찾아가게 된다. 식당을 먼저 찾은 손님들도 마찬가지다. 그 식당에 손님이 많이 있었기 때문에 그 식당에 들어갔을 확률이 높다. 다른 사람에게 영향을 미칠 생각 없이 그저 "맛있는 식당은 손님이 많다."라는 말을 믿고 행동한 것이 다른 사람에게 영향을 미치는 것이다. 이처럼 인간은 항상 자신에게 영향을 미치려는 의도가 없는 사람들에 의해서 영향을 받는다.

리차드 탈러와 캐스 선스타인은 '넛지'에서 단순 측정 효과(Mere measurement effect)를 설명하고 있다. 사람이 어떤 생각에 대한 질문을 받았을 때 자신의 답변에 자신의 행동을 일치시킬 가능성이 높은 현상을 말한다. 자동차를 새로 구입하려는 친구를 따라 자동차 대리점을 방문했을 때 자동차 영업사원은 자동차를 사려는 친구에게만 관심을 보이는 것이 아니다. 같이 따라간 친구에게도 "향후 6개월 안에 새 차를 구매할 의사가 있습니까?"라는 질문을 한다. 이 질문 하나가 자동차 구매율을 35%나 끌어 올렸다는 조사 결과가 있다. 컴퓨터 벤더사가 주체하는 세미나에 참석하면 항상 마지막에 하는 설문 조사에도 "6개월 이내에 서버를 교체할 생각이 있습니까?"라는 질문이 있는 것도 마찬가지 이유다. 이처럼 어떤 판단을 하는 결정적인 단계에 개입되는 작은 간섭이나 우연까지도 판단하는 결과에 커다란 영향을 미친다. 이것이 의미하는 것은 구체적인 질문을 통해 의도한 영향력을 높일 수 있다는 것이다.

다음은 미국 미네소타 주에서 조세법 이행과 관련하여 주민들에게 제공된 정보다. 네 가지 정보 중에서 어느 정보에 가장 많은 반응, 즉 세금을 더 냈을까?

• 세금이 교육과 치안, 화재 예방 등의 좋은 일에 쓰인다.

- 조세 정책에 순응하지 않을 경우 처벌받게 된다.

- 세금용지 작성방법을 모를 경우에 도움을 받을 방법을 알려주었다.

- 이미 주민들의 90% 이상이 세금을 납부하였다.

눈치 빠른 독자라면 네 번째를 골랐을 것이다. 세금 납부와 관련해서도 다른 사람의 행동 결과를 보고 영향을 받는다는 것을 알 수 있다.

비슷한 것으로 심리학자 쿠르트 레빈이 밝혀낸 경로 요인(Channel factor)이라는 것이 있다. 특정한 행동을 촉진하거나 방해할 수 있는 작은 영향력을 의미하는 것으로, 주변 환경의 아주 사소한 변화로도 판단에 영향을 미칠 수 있다는 것이다. 즉, 사람을 세정제 냄새에 노출시키기만 해도 주변을 보다 깨끗하게 유지하도록 만들 수 있다고 한다. 영국 뉴캐슬대학교 심리학자 멜리사 베이트슨은 학교 구내식당에 무인 커피 판매대를 설치해놓고 실험을 했다. 그 결과 돈을 내지 않고 가져가는 사람이 많았으나, 요금을 넣는 곳에 사람 눈동자 사진을 붙여 놓았더니 돈이 평소의 2.76배나 많아진 결과를 얻었다. 물론 베이트슨의 실험 목적은 "인간은 누군가가 지켜보고 있을 때는 개인의 이해보다 전체를 생각하게 된다."라는 것을 입증하기 위한 것이었지만, 경로 요인과 유사한 결과를 나타냈다고 볼 수 있다. 눈동자 사진 때문에 행동에 영향을 받은 것이다. 하지만 호모 휴리스틱쿠스들은 외부로부터 의도가 담겨 있는 자극을 의식적으로 인식하지 못한다. 즉 자신의 합리적 기준에 의해 판단하고 행동한다고 착각을 하는 것이다.

불확실성의 회피

대학원생들에게 50달러짜리 도서상품권이 있는데, 구매한다면 얼마에 하겠느냐는 질문에 대한 답은 평균 26.1달러였다. 이어진 질문에서 무효없이 50달러 또는 100달러짜리 도서상품권을 받을 수 있는 복권이 있는데, 그 복권을 구매한다면 얼마에 하겠느냐는 질문에 대한 답은 평균 16.21달러였다. 이 실험은 경제학자 유리 그니지, 존 리스트, 조지 우가 인간의 불확실성에 대한 특정한 기호에 대해 행한 실험이다. 언뜻 이해가 안 되는 결과다. 가치가 높은 조건에 더 낮은 가격을 제시한다는 것은 누가 봐도 이해가 안 된다. 이런 현상에 대해 행동경제학자 유리 사이먼슨은 "인간은 불확실성에 대해 특정한 기호를 갖고 있다."라고 말한다. 즉 인간은 불확실성 그 자체를 피하려고 한다는 것이다. 이 글을 읽고 있는 독자들도 위 내용이 이해되지 않겠지만, 사실은 여러분도 질문에 답을 한 대학원생들과 별반 다를 게 없다.

여러분이 가지고 있는 스마트폰을 보기 바란다. 고가의 최신형 폰을 가지고 있을 것이다. 비싼 금액을 주고, 장기간의 약정을 통해 구입하다 보니, 분실에 따른 손해가 상당하다는 것을 알고 있다. 이때 영업사원이 요금제를 이야기하면서 분실 보험 이야기를 꺼낸다. 여태까지 경험상 어떤 추가 서비스도 신청하지 않겠다고 다짐했지만, 단돈 몇천 원에 비싼 스마트폰의 분실 위험에서 해방될 수 있다는 말에 분실 보험 서비스를 신청한다. 고가의 스마트폰에 비하면 매월 몇천 원은 아무 문제가 없어 보인다는 생각이 든다. 하지만 스마트폰을 분실하는 확률은 지극히 낮다. 그런 줄 알면서도 '혹시 분실하면 어떻게 하나?'라는 생각을 지울 수 없다. 불확실성을 피하려는 기본적인 생각이 깔려 있기 때문이다. 그래서 극도로 확률이 낮은 불확실성에 대비해 값비싼 보험료를 내는 것이다.

호모 휴리스틱쿠스들이 불확실성을 싫어하는 것은 다양한 형태로 나타난다. 학교를 졸업하면 대부분 직장에 취직한다. 졸업하자마자 창업해서 자영업에 뛰어드는 경우는 흔치 않다. 그 이유는 뭘까? 여기에도 불확실성을 피하려는 심리 기제가 작동한다고 볼 수 있다. 직장인으로서의 월급과 자영업을 해서 버는 수익이 평균적으로 같다고 해도 직장인을 선택하는 이유는 수익이 많고 적고를 반복하는 불확실성보다는 확실하게 안정적인 상태를 유지할 수 있는 상태를 선호하기 때문이다. 자영업을 통해 높은 기대치를 얻을 수 있는 기대를 일정한 대가와 맞바꾸는 것이다. 또 불확실성에 대한 정보의 취득 과정을 보면 객관적인 정보보다는 뉴스나 주위에서 무심코 들은 극적이고 단편적인 이야기에 더 큰 영향을 받는다. 게다가 이야기를 다른 사람에게 전달하는 과정에서 첨삭되어 더욱 극적으로 변한다. 이것은 전해 들은 이야기의 클라이막스와 결론만을 기억하기 때문에 이야기를 하기 위해서 서술적으로 표현해야 하고 그 과정에서 정보를 전달하는 사람의 견해가 첨삭되는 것이다.

호모 휴리스틱쿠스들은 보편적으로 불확실성과 리스크를 싫어하기 때문에 불확실성과 그 불확실성에 의해 생겨나는 리스크를 회피하기 위한 방안을 고안해 냈다. 첫째, 불확실성과 리스크를 전적으로 피하는 것이다. 둘째, 실제로 어떤 리스크가 발생하는지 구체적으로 나타날 때까지 더 관망하는 것이다. 셋째, 리스크를 혼자 감당하려 들지 않고 타인과 공유하는 것이다. 큰 프로젝트를 할 때 협력회사들과 컨소시엄을 구성하는 것이 여기에 속한다. 넷째, 리스크를 타인에게 전가하는 것이다. 보험을 드는 경우가 이 방법에 속한다. 다섯째, 리스크가 발생하는 것을 인정하고 리스크 발생 후 처리 방안을 세우는 것이다. 보통 기업에서 예비비를 책정해 두는 것이 여기에 속한다. 하지만 이 다섯 가지 모두 리스크를 예방하거나, 감소시키지는 못한다. 즉 불확실성이 리스크를 낳고, 그 리스크가 문제로 나타난다. 이처럼 리스크를 피하는 것은 좋은 방법이 아니다. 앞에서 이야기한 하인리히 법칙에서 본 것처럼 경미한 리스크가 커다란 재앙이 될 수 있다. 리스크는 문제로 변하기 전에 예방해야 한다. 리스크는 아직 문제화된 것이 아니기 때문에 예방에 드는 자원이 문제가 발생하여 문제 해결을 위한 자원보다 비교가 안 될 정도로 작다. 리스크를 예방하기 위해서는 불확실성에 따른 시나리오를 수립하고 그 시나리오 중에 발생 가능성이 높은 것에 대해 준비를 해야 한다. 불확실성을 피할 수 있는 현명한 방법은 불확실성을 모른 체하거나 회피하는 것이 아니고 불확실성에 따른 리스크를 찾아내서, 명확하게 밝히는 것이다.

애벌린 패러독스

조지 워싱톤대학의 제리 하비 교수는 1974년 7월 오후, 텍사스 콜맨에 있는 장인의 집에 있었다. 이날 수은주는 섭씨 40도까지 올라가는 불볕더위였다. 이때 가족 중 누군가가 무심코 "애벌린에 가서 외식이나 할까!"라고 이야기했다. 가족 중 누구도 이의를 제기하지 않았다. 하비 교수는 장인을 포함한 가족을 데리고, 에어컨도 없는 낡은 뷰익을 타고 무려 85km나 떨어진 애벌린으로 가서 음식을 먹었다. 사막을 건너면서 모래바람을 맞은 데다가 음식 맛마저 형편없었다. 가족들 모두 짜증이 났고, 누군가 "누가 애벌린에 가자고 했냐?"라고 물었지만, 아무도 그 먼 곳까지 가려고 했었던 사람은 없었다. 누군가 아무 생각 없이 한 말에 다른 사람 역시 아무 생각 없이 맞장구를 친 것이다. 나머지 사람들은 모두 그 말에 동의하는 것으로 알고 원하지는 않았지만 그 여행길에 따라나선 것이다.

호모 휴리스틱쿠스들은 어떤 의견에 대해 마음속으로는 동의하지 않지만 다른 사람과 다르게 생각한다는 느낌이 들면 아무 의견도 내놓지 않는다. 호모 휴리스틱쿠스의 뇌 속에는 이미 이의를 제기하면 반대 자라고 몰릴 수 있다는 것을 알고 있기 때문이다. 그러다 보니 아무 의견도 나오지 않고, 반대자가 없으면 모두 찬성한 것으로 간주한다. 사회 심리학에서는 이러한 현상을 '애벌린 패러독스' 또는 '다원적 무지'라고 한다.

이처럼 모두가 원하지 않는 상황을 막기 위해서는 특정 의견에 대한 반대 의견을 부담 없이 할 수 있는 분위기 조성이 필요하다. 이를 위해 가톨릭교회에서는 '악마의 대변인(Devil's advocate)'이란 제도를 운용하고 있다. 가톨릭교회에서 훌륭한 인물을 성인으로 추앙하기 전에 그 인물의 결함을 찾아내는 역할을 맡는 신학자가 있다. 바로 이 사람이 악마의 대변인이라고 불리며, 그 역할은 후보자를 낙마시키려는 것이 아니고, 성인으로 추대받으면 절대 취소할 수 없기 때문에 내부 검증을 더욱 철저히 하기 위한 제도로 지금도 교황청에서 시행되고 있다. 이 제도는 회의나 토론 시 미처 고려하지 못한 내용과 사고의 방향을 비판적으로 점검하는 논리 점검자의 뜻으로 사용되기도 한다.

기업에서도 마찬가지다. 미국의 토로(TORO)라는 잔디깎이 생산업체는 반대만을 전담으로 하는 팀을 운영한다. 여섯 명의 부사장과 이사들로 구성되어 있다. '반대 전담팀'은 신규 사업을 추진하기 위해 타당성 조사를 할 때 철저하게 반대 입장에서 사안을 분석한다. 실제로 토로사에게 큰 이익으로 보이는 인수합병 제안이 들어 왔을 때, 켄 멜로즈 회장은 '반대 전담팀'의 의견을 들은 끝에 이 제안을 거부했다. 분석 내용은 몇 년 사이에 성장이 둔화되고 매출이 부진할 것으로 예측되었고, 정말 그런 일이 일어났다. "거대한 조직 안에서 규모가 큰 사안을 진행할 때, 임직원들이 반대 의견을 내기는 쉽지 않다. 특히 전도유망해 보이는 미개척 분야에서는 특히 그렇다. 다른 경쟁업체보다 빨리 시작해야 한다는 의견이 분위기를 주도하기 때문이다. 하지만 이럴 때일

수록 반대 의견이 필요하다. 철저히 기업의 입장에서 비판적 관점을 유지하는 노력을 할 때, 사안을 객관적이고 냉철하게 바라볼 수 있다."라고 켄 멜로즈 회장은 말한다.

애벌린 패러독스와 같이 모두 동의하지 않은 합의 결과는 많은 모순을 나타낼 수밖에 없다. 먼저, 조직 구성원들은 자기 조직이 당면한 문제의 본질을 다 알고 있다. 하지만 군이 의견을 표현하지 않는다. 괜히 의견을 냈다가 자신만 이상한 사람으로 여겨지는 것이 두려워 침묵한다. 침묵은 동의한다는 것을 뜻한다는 것을 알면서도 말이다. 둘째, 조직 구성원이 자신의 욕구나 생각을 모두에게 정확하게 전달하지 않거나, 심지어 자신의 생각과 정반대로 행동하기도 한다. 조직 내에서 갈등을 만드는 것에 부담을 가지기 때문이다. 셋째, 단체 행동에 무언의 합의를 하게 된다. 잘못된 것을 알면서도 다수를 따르는 것이 모두를 위한 것이라고 착각을 한다. 넷째, 무언의 합의에 동참한 조직 구성원들은 실망스러운 결과에 분노하거나 불만을 품게 된다. 결국, 책임 전가 논란까지 벌어진다. 다섯째, 합의를 이끌어 내거나 관리할 능력이 없을 경우에 또 다른 애벌린 패러독스로 빠져드는 악순환을 되풀이한다. 이런 모순이 발생하는 이유는 의견을 말했다가 실패하면 소외될 것 같다는 자신감 부족으로 인한 두려움 때문이다. 결국 애벌린 패러독스는 조직의 분위기와 리더십의 문제로 인한 실패를 인정하고, 개인의 다양성을 인정하는 조직에서는 나타나지 않는다.

집단 내에서의 사고방식

일반적으로 집단의 크기가 커지면 그 집단을 구성하는 구성원의 공헌도만큼 힘이 커진다. 개인의 힘이 100이라고 가정하면 2명으로 조직이 구성되면 200의 힘이 나오고, 10명으로 구성되면 1,000의 힘이 나와야 한다. 그러나 현실은 그렇지 않다. 1913년 독일의 심리학자 막스 링겔만은 줄다리기를 통해 집단 속에 속한 각 개인의 공헌도 변화를 측정하는 실험을 실시했다. 그 결과는 2명이 밧줄을 당길 때 예상치의 93%의 힘이 작용하고, 3명이 당길 때 85%, 8명이 당길 때 49%의 힘이 나오는 것으로 결과가 나왔다. 집단이 커지면 커질수록 개인의 공헌도가 낮게 나온 것이다. 이것을 링겔만의 이름을 따서 '링겔만 효과'라고 부르며, 흔히 '사회적 태만'이라고 부르기도 한다. 즉, 집단의 구성원 수가 증가하면 할수록 개개인이 과업 수행에 기여하는 정도는 감소한다는 것을 실험으로 증명한 것이다. 개인의 공헌도가 확실하게 드러나지 않거나 과업의 결과에 대한 책임이 분명하지 않은 상황에서 집단 과업을 할 때 사회적 태만이 나타날 수 있다는 것을 의미한다.

1964년 3월 새벽에 미국에서 발생한 살인 사건을 통해서도 집단 속에서 책임감이 분산되는 사례를 살펴볼 수 있다. '방관자 효과'라고 불리는 이 사건은 주변에 사람이 많을수록 사건을 당한 사람을 돕지 않는 현상을 의미한다. 집으로 돌아가던 키티 제노비스는 괴한의 칼에 세 번 찔리는 사고를 당한다. 처음 찔렸을 때부터 마지막까지 주위에 도움을 요청했지만, 아무에게도 도움을 받을 수 없었고 결국 사망하고 말았다. 주위에서 도움을 요청하는 소리를 듣거나 현장을 목격한 사람의 수는 무려 38명이나 되었다. 사고 후 조사 과정에서 목격자들에게 왜 안 도와주었는지 물었을 때 "누군가 그녀를 도와줄 것이라고 생각했다."라고 응답했다. 이 현상은 이후에도 여러 번의 실험을 통해 확인되었다. 곤란한 상황에 처했을 때 주위에 사람들이 많으면 많을수록 도움을 받을 확률이 낮다는 것이 밝혀졌다. 집단 속에서는 책임감이 분산된다는 것을 알 수 있다.

정답이 없거나 모호한 상황에서는 집단의 의견을 받아들이는 인간의 심리에 대한 실험이 있었다. 무자퍼 셰리프가 1935년 실시한 자동운동 실험으로, 어두운 공간에서 정지되어 있는 불빛을 보면 불빛이 움직이는 것처럼 보이는 착시 현상을 통해 집단 내에서 인간의 사고방식을 실험한 것이다. 이 실험은 4단계로 구성되었는데, 1단계는 불빛을 보고 각자 인식한 범위를 기록하게 했고, 집단으로 움직인 범위를 기록하는 2단계와 3단계를 거쳐, 4단계에서는 개인적으로 움직인 범위를 다시 기록하게 했다. 실험 결과, 최초 기록한 것과 달리 집단 토론을 거친 후에는 움직인 범위가 동일하게 나오는 것으로 확인됐다. 이 결과가 의미하는 것은 정확하지 않은 상황에서는 개인의 생각보다 집단의 의견을 하나의 정보로 활용하여 판단한다고 할 수 있다. 하지만 답이 없는 모호한 상황 때문에 생긴 결과라는 비판이 있기도 했다. 이에 따라 1951년 솔로몬 애쉬는 정확한 답이 존재하는 상황에서 집단의 압력을 받는 효과를 실험을 통해 확인했다. 선의 길이가 같은 선을 선택하는 실험이다. 이 실험은 처음에 하나의 선을 보여 준 후, 길이가 제각각인 세 개의 선이 그려진 그림을 보여준다. 이 세 개의 선 중에는 처음 보았던 선과 같은 길이의 선이 존재한다. 혼자 실험에 참여할 때 같은 길이의 선을 선택하는 정답률은 99%였다. 그러나 실험자를 7명으로 늘리고 진짜 실험자 이외에 6명은 사전 각본에 의해 오답을 고르게 조작한 실험에서의 정답률은 63%였다. 6명의 연기자의 주장에 동조하는 결과가 나온 것이다.

이처럼 집단 내에서 의사결정 시에 존재하는 집단 내 다수의 동조 압력 때문에 논의가 충분히 이루어지지 못하는 상태에서 합의에 도달하는 것과는 달리 소수의 리더에 의해 결정되는 '집단적 사고(Group thing)'도 있다. 미국의 피그만 침공 시에 많은 반대가 있었음에도 불구하고, 강행하여 엄청난 피해를 본 사례가 대표적인 집단적 사고의 예다. 이것은 조직원 간의 응집력이 강하고 강력한 지도자가 있을 때, 자기 조직이 최고라고 생각할 때 일어난다. 이런 조직의 특성은 대안을 검토하는 일정한 절차가 없는 경우가 많고, 리더가 지나치게 똑똑하거나 전권을 행사할 수 있을 정도로 힘이 막강한 경우가 많다. 이럴 때 조직원은 더욱더 리더에게 동조하게 되고 자기들이 원하는 방향으로 결론을 낸다. 이 때문에 조직의 의견과 반대되는 의견은 무시하게 된다. 이럴 때 리더는 더욱더 호모 휴리스틱쿠스 같은 행동을 하게 된다.

조삼모사

춘추전국시대 송나라에 저공이란 사람이 있었다. 원숭이를 좋아해서 많은 원숭이를 길렀는데, 원숭이가 너무 많아지고, 살림이 어려워져, 원숭이에게 아침에 3개의 도토리를 주고 저녁에 4개의 도토리를 주자 원숭이들이 화를 냈다. 저공이 꾀를 내어 아침에 4개, 저녁에 3개를 주기로 약속하자 원숭이들이 좋아했다는 이야기가 조삼모사(朝三暮四)다. 이 말은 눈앞의 차이만 알고 결과는 같다는 것을 모르는 상황에 빗대어 많이 쓰이는 표현이다. 이 이야기를 심리학 실험으로 바꿔 표현하면 저공이라는 심리학자가 원숭이를 대상으로 먹이의 총합은 동일하나 주는 방식에 따라 원숭이의 만족도 변화를 조사했고, 먼저 많이 주고 나중에 적게 줄 때 만족도가 높은 결과가 나왔다고 할 수 있다.

리차드 탈러도 위와 비슷한 실험을 했다. 도토리 대신 사과를, 원숭이 대신 사람을 대상으로 하여 일명 사과 선택실험을 실시했다. 실험조건은 오늘 사과를 받으면 1개를 주고, 내일 받으면 2개를 주는 실험이었다. 어떤 결과가 나왔을까? 사람들은 대부분 오늘 하나의 사과를 받는 조건을 선택했다. 하루만 기다리면 2배의 수익이 생기는데, 오늘 하나의 사과를 선택한 것이다. 약간 조건을 바꾼 실험도 시행됐다. 지금부터 365일 뒤에 하나의 사과를 받을지, 하루가 더 지난 366일 뒤에 두 개의 사과를 받을지에 대한 선택 실험이었다. 이번 결과는 앞의 실험과 정반대의 결과가 나왔다. 366일 뒤에 두 개의 사과를 받는 조건을 선택한 것이다. 두 실험의 차이는 지금과 미래라는 차이만 있을 뿐인데, 정반대의 결과가 나온 것이다. 이것은 보상을 받기 위해 기다려야 하는 시간의 범위가 작을수록 보상이 더 작아도 빨리 받는 쪽을 선택한다는 것을 말해 준다.

이 두 가지를 놓고 비교해보면 원숭이가 사람보다 더 똑똑하다고 할수도 있다. 어차피 받는 도토리의 총량이 똑같다면 먼저 많이 받는 것이 경제적 관점에서 합리적이라고 말할 수 있다. 도토리를 돈으로 바꿔 생각하면 먼저 많이 받을 경우 잉여금에 대해 이자가 생길 수도 있기 때문이다. 혹자는 원숭이가 이자의 개념을 안다고 짓궂게 농담을 하기도 한다.

하버드대학교 연구원 조지 아인슬러와 리처드 헌스타인은 원숭이나 사람이 아닌 비둘기를 대상으로 유사한 실험을 했다. 11개월 동안 6마리의 비둘기를 대상으로 75,000회 이상의 실험을 실시했는데, 실험 내용은 일정한 시간(D초) 전에 모이를 줄 때는 2초간 모이를 먹을 수 있도록 통제하고, D초 후에 먹을 때는 4초 동안 모이를 먹게 통제했다. 결과는 리차드 탈러의 사과 선택 실험과 동일한 결과가 나왔다. 비둘기들도 보상이 가까울수록 작더라도 더 빨리 받는 쪽을 선택했다. 미래의 보상에 대한 가치를 과도하게 폄하하는 것이다. 당장 사과를 먹을 때 얻을 수 있는 기쁨(가치)에 비해 하루를 기다려야 두 개의 사과를 얻을 수 있는 미래효용에 대한 가치를 과도하게 폄하하는 것이다. 그러나 보상받을 수 있는 시간이 길수록 가치폄하를 덜한다. 즉 호모 휴리스틱쿠스는 미래에 얻을 보상에 대해서는 이성적으로 생각해 합리적인 결정을 내리지만, 보상의 시간이 지금 당장일 경우 비합리적인 결정을 한다. 먼 미래의 보상에 대해서는 비교적 합리적인 생각을 한다고 볼 수 있다. 다이어트의 실패와 금연의 실패 원인은 미래의 보상에 대해 과도한 가치폄하에 따른 인간 본성이라고 할 수 있다. 다이어트를 하는 목적은 날씬한 몸매를 유지하기 위해서인데, 지금 당장의 고통스러운 다이어트의 결과는 먼 미래에 나타나기 때문에 아무리 결심을 해도 눈앞에 보이는 맛있는 치킨에 손이 가는 것이다. 금연의 실패도 마찬가지다. 금연에 따른 건강이라는 결과는 먼 미래의 일이기 때문에 어쩔 수 없이 니코틴의 유혹에 넘어가는 것이다.

과도한 가치폄하는 호모 휴리스틱쿠스의 굳건한 결심이 시간의 흐름에 따라 퇴색되는 이유를 설명한다. 이처럼 호모 휴리스틱쿠스는 시간적으로 가까운 사건에 비해 먼 미래의 사건의 가치를 낮게 여긴다. 경제학자들은 이런 인간의 행동을 '시간 불일치'라고 부르는데, 인간은 단기적으로 참을성이 없고, 단기적으로 발생하는 보상을 포기하는 대가로 높은 이자를 요구하지만, 장기적으로는 상당한 여유를 부리기도 한다. 즉 호모 휴리스틱쿠스는 장기적으로 큰 보상을 높게 평가하지만, 단기적으로는 낮게 평가한다. 어떤 행동을 할지 말지에 대한 의사결정은 우리가 미처 생각지 못했던 시간의 범위에 의해 달라지는 것이다.

도장 찍힌 쿠폰

특정 자극에 대한 반응에 따른 사람의 무의식적 행동에 관한 자극과 반응의 관계를 다룬 것으로, 왓슨이 주장한 행동주의는 심리학의 대상을 의식에 두지 않고 사람의 객관적 행동에 둔 것이다. 초기의 행동주의는 생체의 기능을 행동을 통해 밝히고, 생체의 전체적 기능을 문제로 삼으며, 모든 행동을 자극과 반응의 관계로 본다. 우리가 잘 알고 있는 파블로프의 조건반사가 대표적이라고 할 수 있다. 이에 반해 신행동주의(Neobehaviorism)는 특정 조건에 의한 조건반응이 무조건반응과 같은 것으로 생각한 행동주의와 달리 조건반응을 무조건 반응과 다르게 해석한다. 즉 자극에 대하여 수동적 반응을 하는 것이 아니라 자극을 판별하여 능동적으로 반응한다고 생각하는 것이다.

습관이나 행동에 대한 행동이론의 대가인 예일대학교 심리학 교수 클라크 헐은 1930년대에 쥐의 행동에 대한 실험을 실시했다. 미로에서 쥐가 먹이를 찾아가는 실험에서, 쥐가 먹이에 가까이 갈수록 더 빨리 달리는 현상을 발견했다. 특정 상황이 쥐의 행동에 영향을 미친 것이다. 이것은 어떤 자극에 반응하는 행동이 아니라, 특정 환경에 대한 유기체의 능동적이고 목적 지향적인 반응을 중시한다는 이론으로 왓슨으로 대표되던 기존의 행동주의를 비판하는 신행동주의를 나타낸다고 할 수 있다. 이렇게 목표에 가까이 왔다고 감지했을 때 더 빨리 달리게 되는 효과를 '목표 가속화 효과'라고 한다.

쥐를 대상으로 했던 실험을 2006년에 인간에게도 똑같이 시도한 사람이 있었다. 컬럼비아 경영대학원의 란 키베츠는 적립식 스탬프 카드를 이용하여 실험했다. 커피를 한 잔씩 마실 때마다 스탬프를 찍어주어 10번의 스탬프를 찍으면 커피 한 잔을 공짜로 주는 방식이다. 실험을 위해 2종류의 카드를 준비했다. 한 장은 스탬프를 찍을 10칸이 모두 비어있는 것과 또 다른 한 장은 모두 12칸으로 구성되어 있으나 2칸에는 이미 스탬프가 찍혀 있고, 10칸은 비어있는 카드다. 두 장 모두 10칸이 비어 있기는 마찬가지다. 그러나 어떤 카드를 받느냐에 따라서 호모 휴리스틱쿠스들의 행동은 달랐다. 결과부터 이야기하면 두 번째 카드를 받은 사람들이 10개의 스탬프를 받는데 더 짧은 시간이 걸렸다. 이 실험은 1만 번에 걸쳐서 한 실험으로 첫 번째 카드의 경우 10번의 스탬프를 받는데 15.6일에 걸린 데 비해 두 번째 카드의 경우 12.7일이 걸렸다. 10번의 스탬프를 채우는 똑같은 조건임에도 불구하고, 2번의 스탬프가 찍혀있는 카드를 더 빨리 채워나간다. 이미 찍혀 있는 2번의 스탬프가 목표에 더욱 가깝게 갔다고 착각하게 했고, 호모 휴리스틱쿠스들은 이런 조건에 목적 지향적으로 반응한 것이다.

이 실험은 이것 외에 더 중요한 것도 알려주고 있다. 2번째 스탬프를 받고 3번째 스탬프를 받는데 평균 3.5일이 걸린 반면, 9번째 스탬프를 받고 10번째 스탬프를 받는데 평균 2.5일이 걸렸다. 목표에 다가가고 있다는 생각만으로 행동이 바뀐다는 것이다. 목표까지 남은 거리가 짧을수록 더 빨리 성취하려는 호모 휴리스틱쿠스들의 무의식적 사고가 작용한 것이다. 호모 휴리스틱쿠스들은 목표가 눈에 보일 때 더욱 동기부여가 된다는 것을 알 수 있다. 목표에 가까워질수록 더 빨리 성취하려는 호모 휴리스틱쿠스들의 행동 특성을 이용하여 우리는 얼마든지 선택 설계를 할 수 있을 것이다.

아주 큰 물통에 물을 채우는 것을 가정해보면, 물이 반쯤 차있는 것을 보고 "물이 벌써 반이나 찼네!"라고 말하는 사람이 있고, "아직도 반을 더 채워야 하네!"라고 말하는 사람이 있을 수 있다. 전자는 목표 달성을 위해 의지를 갖고 긍정적인 사고를 하는 사람이지만, 후자는 그 반대의 경우다. 앞의 스탬프 실험처럼 의지가 있는 사람에게 "이제 반만 채우면 됩니다."라고 목표가 가까이 왔음을 알려주면 더욱더 열심히 물을 채울 것이다. 그 반대의 경우에는 목표를 세분화해서 구간별 목표를 세우고, 구간별 목표를 위해 남은 양을 알려주면, 전체 양보다 채워야 할 양이 훨씬 적어지므로 목표에 가까이 왔음을 알게 하면 작업의 속도를 높일 수 있을 것이다. 이렇듯 목표 달성에 근접했다는 신호를 보내는 것은 의지가 있는 사람이든, 없는 사람이든 모두에게 효과가 있다. 이를 위해서는 목표를 정확히 표시하고, 때에 따라서는 목표를 세분화하여 목표가 가까이 있다는 것을 피드백할 수 있는 시스템이 필요하다.

자제력의 고갈

'의지력의 재발견'을 쓴 플로리다주립대 심리학자 로이 바우마이스터는 "인간은 모두가 거의 일정한 의지의 저장고를 지니고 있으며 일상에서 전혀 관련 없어 보이는 행동이나 생각들 모두가 이 동일한 의지력 저장고를 사용한다. 이 저장고의 용량은 다분히 제한적이라 쉽게 바닥을 드러내고 만다."라고 말했다. 이것을 증명하기 위해 초콜릿과 채소를 가지고 학생을 대상으로 실험했다. 모두가 먹고 싶어하는 초콜릿과 그다지 먹고 싶지 않은 채소를 놓아두고 먹지 못하게 한 다음 풀 수 없는 문제를 주어 풀게 했다. 풀 수 없는 문제를 풀기 위해 도전하다 결국 포기하게 되는데, 이때 초콜릿을 참아야 했던 학생들의 포기 속도가 2배나 빨랐다. 채소보다는 초콜릿을 보고도 참아야 하는 의지력이 더 많이 소모되어 풀 수 없는 문제를 풀기 위한 에너지를 고갈시킨 것이다. 즉 자제력을 요구하는 업무는 다음 업무 수행에 어려움을 준다는 것을 알 수 있다.

자제력을 요구하는 행동은 체내 혈당을 감소시킨다는 사실도 실험을 통해 밝혀졌다. 이 때문에 금연을 결심하고 실천을 하게 되면 배가 나오는 경우가 많은데, 이는 금연을 하기 위한 자제력이 필요하고 이로 인해 혈당 수치가 감소함에 따라 혈당 지수를 끌어올리기 위해 식사량을 늘리게 되기 때문이다. 나도 30년 이상을 피워 온 담배를 끊자 식욕이 눈에 띄게 늘었고, 그에 따라 허리사이즈가 31인치에서 36인치로 무려 5인치나 늘었다(2014년 말 현재 32인치를 유지하고 있다). 혈당 지수를 높이기 위해 식사량이 느는 현상을 직접 몸을 통해 실험한 셈이다. 이처럼 자제력은 에너지 소비가 많다.

또 익숙한 패턴에서 벗어나려 할 때도 자제력이 필요하다. 익숙한 패턴의 대표적인 것으로 고정관념이 있다. 미국의 유명한 평론가로 '여론'이라는 명저를 저술한 월터 리프먼은 "사람들은 이해하기에 앞서, 먼저 분류를 시도한다."라고 말했다. 어떤 대상을 확실히 알기 전에 먼저 갖고 있는 생각으로 평가한다는 것이다. 호모 휴리스틱쿠스는 경험했던 것에 대해서는 자신만의 분류 체계를 가지고 있으나, 경험하지 못한 것에 대해서는 분류 체계가 없다. 문제가 되는 것은 경험하지 못한 것에 대해 경험에 의해 생겨난 분류 체계를 적용한다는 것이다. 그 분류 체계가 옳은지 그른지도 모르는 채 말이다. 그러다 보니 자신이 가지고 있는 분류 체계로 분류할 수 없는 상황이 발생하면 당황하게 된다. 즉, 어떤 대상이 보유하고 있는 분류 체계에 완전히 맞지 않을 때, 혼란을 겪게 되고, 이 때문에 편향이 발생하는 것이다. 고정관념에 얽매이지 않는 사고를 하는 사람은 고정관념을 극복하기 위한 에너지를 소모할 필요가 없다.

또 다른 익숙한 패턴은 습관이다. '습관의 힘'의 저자 찰스 두히그는 2013년 한국 방송국 SBS의 지식나눔 콘서트 '아이러브 인'에서 슈퍼멘토 1탄에 출연하여 쿠바의 케밥 장사의 사례로 습관의 힘에 대해 강의를 했다.

쿠바에서 80일 넘게 폭동이 일어나서 정부가 고심하고 있을 때, 새로 온 시장이 새로운 관점으로 폭동을 해결하였다. 폭동을 직접 통제하는 것이 아니고, 간접적인 방법을 사용한 것이다. 폭동에 참여했던 사람들이 식사 시간에 케밥을 먹는 것을 보고, 케밥 장사꾼들을 모두 철수 시켰고, 식사 시간에 케밥 장사꾼들이 보이지 않자 한 명, 두 명 철수하기 시작하더니 마침내 폭동이 사라졌다.

습관은 신호, 반복 행동, 보상의 3단계가 무의식적으로 이루어진다고 한다. 찰스 두히그는 이 순간을 쪼개서 인식하기 시작하면 습관을 바꿀 수 있다고 한다. 배고픈 신호에 의해 케밥을 먹던 반복행동을 바꿈으로 습관을 변화시킨 것이다.

보통의 삶에서 한정된 저장고에 있는 자제력을 소모하면서 어떤 변화를 꾀하기보다는 습관을 이용하는 것이 나을 수 있다. 습관은 별다른 에너지를 사용하지 않고 무의식 속에서도 여러 가지 일을 해낼 수 있다. 호모 휴리스틱쿠스들은 습관에 의해 행해지는 언행에 대해 고민하지 않는다. 즉 자제력을 소모할 필요가 없다. 하고자 하는 바를 습관화 시키면, 습관대로 움직일 것이며 움직임에 따른 에너지 소비가 없어, 저장고에 쌓여 있는 자제력을 다른 업무에 사용할 수 있을 것이다. 많은 연구에서 밝혀졌듯이 호모 휴리스틱쿠스들이 습관에 따라 무의식으로 행동하기 때문에 습관을 바람직한 방향으로 바꾸는 것은 매우 현명한 방법이 될 것이다. '올바른 프로세스'를 적용하는 것은 그 한 가지 방법이다.

내가 하면 로맨스

중학교 시절 전학 온 지 얼마 안 된 친구로 운동을 하다 알게 된 친구가 있었다. 같이 운동하고 집에 갈 때쯤 그 친구의 집이 학교 근처라 놀러 가게 되었다. 그 친구 집이 잘사는 것을 어렴풋이 알고 있었으나, 막상 그 집을 보자 생각했던 것보다 훨씬 큰 규모에 적잖이 놀랐던 기억이 있다. 그 친구의 방으로 들어서자 영화에서나 볼 수 있었던 인테리어에 또 한 번 놀랐다. 한쪽 벽이 책장으로 꾸며져 있었는데 온갖 책이 다 있는 것처럼 보였다. 순간 그 친구가 너무 부럽다는 생각을 하며 책장을 살펴봤다. 계속 책장을 보는 내 모습이 이상했던지 그 친구가 "보고 싶은 책 있으면 가져가."라고 했고, 나는 사양하는 척하면서 한 권을 손에 쥐고 "이 책 가져갈게."라고 말하며 가방에 집어넣었다. 공룡에 관한 책으로 공룡 이름에 '사우루스'라는 명칭이 많이 들어가는 이유를 알게 해 준 책이다. 그다음에도 또 그 친구의 집에 가게 되었고, 갈 때마다 몇 권의 책을 들고 왔다. 어떤 때는 친구에게 말도 안 하고 가져온 책이 있었는데, 혹시 친구가 "그 책은 안돼!"라고 할까 봐 걱정돼서 몰래 가져온 적도 있었다. 그 친구는 공부에는 별 흥미를 느끼지 못한 친구로 기억이 나고, 책도 그 친구가 읽고 싶어서 산 것이 아니라 부모님께서 채워주신 것 같았다. 그런 정황이 내가 몰래 책을 가져와도 죄책감을 느끼지 않게 해주었다. 나만의 법정에서 나는 무죄인 것이었다.

'상식 밖의 경제학'을 써서 베스트셀러 반열에 오른 댄 애리얼리가 최근에 쓴 '거짓말하는 착한 사람들'에는 사람들이 행동하게 되는 두 가지 동기부여에 대한 설명이 있다. 첫째 자아 동기부여(Ego motivation)로 타인이 자신을 바라볼 때 정직하고 존경스러운 사람으로 봐주길 바라는 것, 둘째 재정적 동기부여(Financial motivation)로 이득을 얻기 위해 타인을 속이고 가능한 이득이 크길 바라는 것이다. 이처럼 상반되는 행동의 동기 사이에서 호모 휴리스틱쿠스는 앞에서도 말했듯이 나만의 법정에서 스스로에게 무죄를 선고하게 되는 행동을 하게 된다. 즉 자신의 법의식에 근거해서 사소한 부정행위를 통해 이득을 얻으면서 스스로에게 면죄부를 주게 되는 것이다. 댄 애리얼리의 책에서 소개한 에피소드에 이 뜻이 잘 표현되어 있다.

아들의 선생님으로부터 아들이 친구의 연필을 훔쳤다는 전화를 받은 아버지는 아들의 부정행위에 몹시 화가 나서 아들을 혼내면서 이렇게 이야기한다. "연필이 필요하면 아버지한테 이야기하지. 아버지가 회사에서 한 다스를 가져왔을 텐데."라고. 그 연필은 회사 소유이지만 자신이 집으로 가져오는 것은 잘못된 것으로 생각하지 않는다.

호모 휴리스틱쿠스는 바로 이 에피소드처럼 자신의 판단에 어느 정도의 부정행위는 죄가 아니라는 자기만의 규범을 가지고 있기 때문에 어떤 행위에 대해 스스로 만들어 놓은 자신의 이미지가 더럽혀지지 않는다고 판단되는 선에서는 부정행위를 통해 이득을 보려고 한다. 이때의 부정행위는 자신만이 할 때 죄가 아니고 타인이 할 때는 죄라고 생각하는 경우가 많다. 이처럼 호모 휴리스틱쿠스들은 남을 속이는 동시에 자신은 정직한 사람이라고 생각한다. 이것을 '인지적 유연성'이라고 부른다. 사소한 부정행위가 반복되게 되면 더욱더 이득을 얻기 위해 부정행위의 정도도 점점 커지게 되어 있다. 보통은 자신이 만든 나만의 법의식을 한 번 어기게 되면 이후의 행동을 통제하려 하지 않게 된다. 그렇다면 자기만의 잘못된 법의식을 바꾸려면 어떻게 해야 할까? 처음 한 번을 시도하지 않는 것이다. 한 번 어기게 되면 계속 어기게 되는 성향이 있기 때문에 애초에 시도할 마음이 생기는 것을 차단하는 것이다. 즉 남에게 적용한 잣대를 자신에게도 적용하는 것이다. 아무리 사소한 부정도 부정이라는 것을 대부분 사람은 알고 있다. 하지만 그 사소한 부정을 통해 생기는 이득이 달콤하기 때문에 그 유혹을 벗어나기 힘든 것이다. 이럴 때 남이 하면 부정이라는 생각을 자신에게 적용하는 것이다. 부정이 발각됐을 때 생기는 손익을 따져 보게 되면 사소한 이득에 너무 큰 자아, 즉 자신이 정직하고 존경스럽게 보이길 원하는 것과 맞바꾸게 되는 손실을 보게 되기 때문이다. 이것은 어떤 면으로 비교해봐도 명백하게 손해를 보는 교환 방식이다. '남이 하면 불륜이고 내가 하면 로맨스'라는 말은 애초에 성립이 될 수 없는 말인 것이다.

사회적 딜레마

자신만의 법의식, 또는 자신만의 합리적 판단에 따른 개인행동이 사회적으로 올바른 결과를 가져오지 못하는 경우가 종종 있다. 공공 시설물을 이용할 때 특히 그런 현상이 많이 발생하는 데 모두 이용할 수 있는 공공 시설물을 남보다 적게 이용할 경우 경제적으로 손실이 발생하는 것처럼 생각되기 때문에 굳이 필요치 않더라도 다른 사람이 혜택받는 만큼 또는 그 이상을 요구하게 되는 것이다. 이것은 다른 사람의 경우도 마찬가지이므로 필요 이상의 수요가 발생하여 공공 시설물은 제 기능을 다 하지 못한다. 결국, 공공 시설물을 이용하는 모두의 손실이 발생하는 것이다. 그럼에도 불구하고 이와 유사한 현상은 여러 곳에서 발견되고 있다. 사회적 딜레마가 아닐 수 없다.

사회적 딜레마의 뜻은 2009년 발간된 행정학 사전에 다음과 같이 설명되어 있다.

개인적 합리성에 기초한 개인의 행동이 사회적 합리성을 가져오지 못하는 상황을 말한다. 즉 사회 전체적으로 볼 때 공유재의 효과적 사용을 위해서는 개인들이 적정 수준 이상의 공유재 사용을 자제해야 하나, 사익을 극대화하려는 개인들의 합리적 결정이 공유재의 과다 사용을 초래함으로써 결국 사회 전체적인 면에서 최적성(Social optimality)을 달성하지 못하게 되는 '사회적 함정' 등의 상황을 말한다.

  이런 사회적 딜레마는 여러 종류가 있을 수 있다. 그중에 많이 알려진 것으로 나탈리 글랜스와 베르나르도 후버만이 '사회적 딜레마의 역학'이란 논문에서 소개한 '저녁의 딜레마'가 있다. 여러 명의 사람이 식당에 가서 저녁을 먹은 후 음식값을 함께 음식을 먹은 사람 수로 나누어 각자 계산할 때, 혼자 먹는다면 비싸서 시키지 않았을 음식을 주문하게 되고, 다른 사람들도 마찬가지로 행동하여 모두 더 많은 비용을 지불하게 된다는 내용이다. 개인적인 이기심에 의해 이익을 보려다 결국 자신을 포함해 모두에게 해가 된 것이다. 경제학에서 이야기하는 것처럼 호모 이코노미쿠스는 비용을 최소화하고 이익은 극대화하기 위해 합리적으로 자기 이익을 추구하는 존재지만 그렇지 못한 결과가 나오는 경우는 비일비재하다.
  반면 모든 인간 유형이 호모 이코노미쿠스는 아닌 것 같다. 인간은 타인과의 관계에서 어떤 행동의 결과가 자신에게 손해가 될지라도 공공의 이익이나 공정성을 지향하는 행동을 하는 경우도 종종 있다. 경제학에서 설명하기 힘든 부분으로 행동경제학이 등장하게 된 배경이 되었다. 먼저 공공의 이익을 위한 인간의 행위 이면에는 친족을 위한 행위가 대표적이고, 친족의 범위를 넘어서도 공공의 안녕이 개인에게 미치는 영향 등을 감안하게 되면 이타적 협조 행위는 이해할 수 있다. 그러나 공공의 이익보다 공정성에 상처를 받았을 때 인간의 행동은 이해하기 힘든 부분이 있다. 타인에게 보복하는 경우가 그것에 해당하는데, 보복을 통해서 얻는 이익은 고사하고 손해를 보면서까지 보복을 하는 경우가 있다.

　사람들은 사회적 딜레마에 빠졌을 때, 그 딜레마에 처한 상황을 해결하기 위해 노력하지만 헤어나지 못하고 더 심각한 상황으로 빠지는 경우가 종종 있다. 개인적인 문제로 여기고 자신이 할 수 있는 한도 내에서 해결하려 하기 때문이다. 하지만 사회적 딜레마는 개인으로 있을 때는 생기지 않지만 여러 명이 함께 할 때 생기는 현상이라는 것을 반드시 인식해야 한다. 개인적으로 해법이 될 수 있는 경우도 여러 명으로 구성되면 인간 특유의 이기심이 발동하기 때문에 또 다른 딜레마를 만들거나 확대시킬 수 있다. 따라서 다른 사람들과 함께 사회적 딜레마에 대해 미리 정의를 하고 딜레마가 생기기 전에 대책을 마련해야지 딜레마가 생긴 이후에 해결하기는 쉽지가 않다. 사회적 딜레마는 개인의 문제가 아니라 사회적 딜레마에 빠진 모든 사람의 문제이기 때문에 딜레마를 풀기 위해서는 전체 구성원 모두가 협력해야 한다. 이때 사람들은 대부분 경제학인 개념에서 이기적이기 때문에 이를 인정하고 협력할 수밖에 없는 상황을 만들어야 한다. 리차드 탈러가 말한 선택 설계가 필요한 것이다. '저녁의 딜레마' 사례를 들면, 음식 주문 전에 음식의 종류를 지정하거나, 금액의 한도를 정해 놓으면 모두 다 손해를 보는 경우는 막을 수 있을 것이다. 사회적 딜레마는 개인이 이기적으로 행동해서는 절대 풀 수 없다. 그러나 인류 역사를 보면 개인과 사회가 충돌하는 현상은 계속됐다. 인간의 생활 자체가 사회적 딜레마라고 할 수 있을 정도다. 중국 고전에 나오는 이야기가 있다. 살인 사건을 담당한 관리가 범인이 자신의 아버지라는 것을 알고, 아버지를 체포하느냐 범인을 놓아주느냐의 딜레마에 빠져 결국은 자살을 선택한다. 그게 인간이다.

좋은 중고차를 사기 힘든 이유

앞에서 이야기한 사회적 딜레마이면서 개인의 이기심보다는 정보를 가진 자와 못 가진 자 사이의 딜레마가 있다. 내가 '중고차시장의 딜레마'라고 부르는 것으로 2001년 노벨경제학상을 받은 조지 애컬리프가 1970년에 쓴 유명한 논문 '레몬 시장 : 품질 불확실성과 시장 매커니즘'은 정보의 비대칭에 따른 딜레마를 정확하게 표현하고 해법을 제시했다고 볼 수 있다. 정보의 비대칭은 거래 상대방 중 어느 한쪽이 상대방보다 더 많고 좋은 정보를 갖게 될 때 생긴다. 애컬리프는 중고차이지만 좋은 차를 복숭아, 나쁜 차를 레몬에 비유해서 설명한다.

- 팔려는 차가 레몬임을 안 구매자는 다른 중고차 매매상을 찾아간다.
- 구매자는 레몬인 것을 아는 것보다는 모르는 것이 더 낫다고 여긴다.
- 구매자는 레몬을 구분할 능력이 없기 때문에 모두 레몬일 것이라고 여긴다.
- 매매상이 복숭아를 팔려 해도 제값을 제시하지 않는다.
- 복숭아를 팔 가능성이 줄어 복숭아가 시장에 나오지 않는다.

- 시장에는 레몬이 점점 많아진다.
- 구매자는 레몬을 살 가능성이 높아지고 가격은 더 떨어진다.
- 이 현상은 복숭아가 완전히 사라질 때까지 계속된다.

   결국, 품질이 나쁜 중고차가 품질이 좋은 중고차를 시장에서 완전히 몰아내는 것이다. 우리가 중고차 시장에서 좋은 중고차를 사기 어려운 이유가 여기에 있다. 이처럼 정보의 비대칭 때문에 안 좋은 상품을 선택하게 되는 현상을 역선택이라고 한다. '스틱'의 저자 칩 하스와 댄 하스 형제는 '지식의 저주'라고 표현하기도 했는데, 아무리 좋은 정보라도 다른 사람은 모르는 정보를 자신만 알고 있으면 상대방보다 유리할 것으로 여기지만, 자신만 알고 상대방은 모른다는 것이 의미하는 바를 간과하게 되어 결국에는 손실로 이어질 수 있다는 것이다. 호모 휴리스틱쿠스는 이런 정보의 비대칭 현상을 어떻게 극복해 나갈까? 대부분 평판에 의지하게 된다. 보통은 중고차를 사기 위해 시장에 가기 전 인터넷 등을 통해 많은 정보를 취득하지만 어떤 정보도 믿지 못하게 되는 이유는 바로 중고차 시장에 대한 평판 때문이다. 그래서 최근에 중고차를 구입한 적이 있는 사람을 찾아가 중고차 매매상을 소개받게 된다. 하지만 결국은 레몬이라는 생각을 하게 된다. 다만 다른 사람도 여기서 샀기 때문에 자신만 레몬을 산 것은 아니라는 위안을 받는다.

   보험시장에서는 정보의 비대칭 때문에 공급자가 역선택을 하는 경우가 생긴다. 보험회사는 보험가입자가 갖고 있는 보험가입자의 정보에 대해 아는 바가 별로 없다. 보험회사의 입장에서는 중고차를 구매하려는 구매자의 입장이 되는 것이다. 보험회사의 입장에서는 리스크가 높은 보험가입자에게는 높은 보험료를 물리고, 리스크가 낮은 보험가입자에게는 낮은 보험료를 물리면 되지만, 많은 보험가입자 중 누구의 리스크가 높은지 낮은지 알 수 있는 정보가 제한적이다.

중고차 매매상과 보험회사의 입장에서는 이런 정보의 비대칭에 따른 문제를 어떻게 풀어야 할까? 중고차 매매상 입장에서는 자신이 팔려는 중고차가 복숭아임을 밝혀야 한다. 즉, 정보가 없는 중고차 구매자에게 자신이 팔려는 중고차가 복숭아라는 신호를 보내야 한다. 일정 기간 및 일정 주행 거리 동안의 품질보증 약속을 통해 복숭아임을 증명하는 것이다. 레몬을 파는 매매상은 품질보증 약속을 못할 것이기 때문이다. 보험회사 입장에서는 피해보상금을 전액 지급하되 높은 보험료를 물리거나 낮은 보험료와 함께 사고 시 자기부담금을 내게 하는 상품을 내놓으면 사고 확률이 높은 운전자는 보험료가 높아도 사고 보상금을 전액 지원하는 상품을 선택할 것이고, 사고 확률이 낮은 운전자는 사고 시 자기부담금을 내야 하지만 낮은 보험료 상품을 선택할 것이다. 애컬리프와 같이 노벨 경제학상을 받은 마이클 스펜스는 이처럼 정보가 많은 쪽에서 정보가 없는 상대방에게 신뢰를 얻기 위한 것을 '신호하기(Signaling)'라고 했고, 같이 노벨 경제학상을 받은 조셉 스티글리츠는 정보가 없는 쪽에서 상대방의 정보를 선별하기 위한 것을 '가려내기(Screening)'라고 표현했다. 정보의 비대칭에 따른 문제를 신호하기나 가려내기로 완벽하게 해결할 수는 없다. 그래서 호모 휴리스틱쿠스는 과거의 정보로부터 평판을 통해 해결하고 있다.

인지적 착각

착시 현상을 말할 때 많이 이야기하는 '뮬러 라이어 그림'이 있다. 이것은 우리가 잘 알고 있는 길이가 똑같은 두 선의 끝에 '〈'와 '〉'를 붙인 선과 '〉'과 '〈'를 붙인 선을 말한다. 두 선의 길이가 같다는 것을 알고 있음에도 불구하고, 인간의 눈에는 화살표가 바깥쪽으로 되어 있는 선이 길어 보인다. 정답을 알고 있으면서도 두 선의 길이는 분명 차이가 있어 보인다. 독일의 정신병리학자인 프란츠 칼 뮬러 라이어가 고안한 '뮬러 라이어 그림'의 두 선의 길이는 분명하게 객관적으로 같다. 하지만 눈에 보이는 두 선의 길이는 확실하게 다르게 보인다. 이처럼 사실을 잘못 판단하게 되는 것은 근거가 불충분하거나 잘못된 논증을 통할 때 일어나는데, 잘못된 판단은 불충분하거나 잘못된 근거를 적합한 것으로 인식하기 때문이다. '뮬러 라이어 그림'의 두 선의 길이가 같다는 것을 알면서도 다르게 보이는 것은, 즉 잘못된 판단으로 여기는 것은 인간의 시지각 영역에도 잘못된 판단을 하게 하는 인지적 편향이 있다는 것을 뜻한다. 하지만, '뮬러 라이어 그림'을 에스키모와 같이 원형의 주거 공간에서 생활하는 사람들에게 보이면 착시 현상이 일어나지 않는다고 한다. 반면에 각진 공간에서 생활하는 사람들에게 보이면 착시 현상이 일어난다. 이것은 시지각 영역에서 잘못된 판단을 하는 것이 아니라 시지각에 영향을 미치는 환경과 상호작용한다고 볼 수 있다. 즉, 인식의 영향을 받는다고 할 수 있다.

'생각에 관한 생각'에서 다니엘 카너먼은 인간의 두뇌를 두 가지로 구분한다. 즉각적이고 말초적이며 보이는 대로 믿고 직관적 사고를 하는 '시스템1'과 느리지만, 이성적이고 노력하는 분석적인 사고를 하는 '시스템2'로 표현한다. 이 표현은 케이스 스태노비치와 리차드 웨스트가 만든 것으로 '시스템1'은 자동으로 빠르게, 거의 힘들이지 않고 자발적으로 작동하며, 잠시도 작동을 멈출 수 없다. '시스템1'의 직관적인 사고는 일정 순서를 거쳐 단계별로 진행되는 것이 아니고, 무의식중에 순간적으로 패턴을 탐색하여 인식하는 방식으로 '시스템1'은 논리와 통계를 이해하지 못한다. '시스템2'는 관심이 요구되는 필요한 정신 활동에 집중하고 복잡한 계산을 할 수 있으며, 주관적인 경험과 연계되어 작동한다. '시스템2'의 분석적인 사고는 '시스템1'보다 늦게 발달된 사고 체계로 이성적이며 논리적인 사고를 할 수 있으나, 시간이 필요하고 의식적으로 통제할 수 있다.

시스템1과 시스템2가 작동하는 방식을 살펴보면 다음과 같다. 일상적인 사건에 대해서는 시스템1이 담당하며 인상이나 직관에 의해 판단하고 시스템2에 승인을 득하면 시스템1은 이를 믿는다. 이 처리 과정의 결과는 대부분 정확하다. 문제는 특정한 사건을 처리하는 방식이다. 특정한 사건을 처리한 경험이 없는 시스템1은 시스템2에 처리를 의뢰하게 되는데, 어떤 의도나 충동에 의해 시스템2가 주도하게 되고, 결과를 시스템1에 주게 되면 시스템1은 다음부터는 자발적으로 그 사건을 처리하게 되어 편향을 일으킬 수 있다.

이처럼 호모 휴리스틱쿠스는 보이는 대로 안 보고 경험에 의한 편견을 가지고 보며 그것에 의해 확신까지 갖는다. '뮬러 라이어 그림'처럼 두 선의 길이가 같다는 것을 알면서도, 다르게 보이는 현상을 시스템2의 노력으로 두 선의 길이는 같다고 인식하는 것은 쉽지 않다. 대부분 시스템1이 빠르게 작동되기 때문에 시스템1에 의해 판단되는 경우가 대부분이다. 시스템1은 두 선의 길이가 다르다고 이미 판단을 내린 상태이기 때문이다. 크리스토퍼 차브리스와 대니얼 사이먼스의 공저 '보이지 않는 고릴라'에서는 농구 시합 중 고릴라 복장을 하고 농구장에 들어와 춤을 추고 지나가는 사람을 발견하지 못하는 실험 이야기가 나온다. 실험 내용은 체육관에서 양팀이 경기를 벌이고 있고, 많은 사람이 경기를 보고 있다. 이때 고릴라 복장을 한 사람이 춤을 추며 농구장을 가로질러 간다. 농구가 끝난 후 경기를 본 사람들에게 고릴라 복장을 하고 춤추는 사람을 봤느냐고 질문을 하자 절반 이상이 보지 못했다고 대답을 한다. 어떻게 경기 중에 특이한 복장을 하고 특이한 행동을 한 것을 발견하지 못했을까? 나도 이해가 되지 않아 가끔 강의 도중에 실험해본다. 인터넷에 있는 동영상을 이용하여 실험을 해보았는데 거의 80% 이상이 발견하지 못한다. 동영상을 보여 주기 전에 다음과 같은 과제를 주었기 때문이다. "흰색 유니폼을 입은 팀이 패스를 몇 번 하는지 세어보세요."라고 말이다. 호모 휴리스틱쿠스는 패스하는 수를 세기 위해 춤추는 고릴라는 보지 못하고, 흰색 유니폼을 입은 선수들이 패스하는 모습만 보게 된다. 이처럼 호모 휴리스틱쿠스는 보고 싶은 것만 본다.

좋은 학습

인간이 별로 힘들이지 않고 어떤 선택을 내리는데, 그 선택의 결과가 그렇게 나쁘지 않은 이유는 수없이 많은 시행착오를 통해 학습되었기 때문이다. 대부분 사람은 연습을 통해 시행착오를 줄이려고 하고, 연습은 시행착오를 줄이는 훌륭한 방법임에 틀림이 없다. 미국의 심리학자 E. L. 손다이크는 시행착오의 중요성을 고양이를 대상으로 한 실험을 통해 입증했다. 실험 내용은 다음과 같았다.

배고픈 고양이를 우리에 가둬 두고, 우리 밖에 먹이를 놓아두면, 고양이는 먹이를 먹기 위해 우리를 벗어나려 한다. 이때 우리 안에는 사슬이 하나 있고, 사슬을 잡아당기면 우리 문이 열리는 장치가 되어 있다. 많은 시행착오 끝에 우연히 사슬을 잡아당기는 반응을 한 고양이는 우리를 탈출하여 먹이를 먹게 된다. 그 후 다시 고양이를 우리에 가둬 놓으면, 고양이는 우리를 벗어나기 위해 다양한 반응을 계속 반복함에 따라 시행착오를 하는 시간이 줄어들게 되어 우리를 벗어날 수 있는 사슬 잡아당기기를 하는 시간이 점점 짧아지게 된다.

시행착오는 고양이 실험처럼 고양이의 여러 가지 반응 중에서 사슬을 당겨 원하는 결과를 얻을 수 있게 되면 다른 반응들은 취하지 않는 점진적 과정을 통해 학습된다. 손다이크는 이 실험의 결과를 "가장 기본적인 형태의 학습은 자극과 반응의 연합에서 일어난다."라고 했다. 이 말은 다양한 반응 중 반복을 통해 원하는 결과를 얻게 되는 자극과 반응의 기계적인 결합이 일어나게 되고, 학습자의 인식이나 통찰은 필요하지 않다는 것이다. 여기에는 세 가지 학습의 법칙이 포함되어 있다. 첫째, 사용과 불사용의 법칙으로 구분되는 연습의 법칙이다. 사용의 법칙은 자극에 따른 반응이 잦아지면 자극과 반응이 강하게 결합한다는 것이고, 불사용의 법칙은 자극에 대한 반응이 약하거나 없으면 결합이 약해진다는 것이다. 둘째, 효과적인 반응은 학습된다는 효과의 법칙이다. 이 법칙은 자극에 대한 반응의 결과가 만족스러우면 자극과 반응의 결합이 강화된다는 것이다. 셋째, 반응할 준비가 되었을 때 반응 결과의 만족도가 높다는 준비성의 법칙이다. 위 실험에서 고양이의 배가 고팠기 때문에 사슬을 당겼을 때 만족도가 높았고 그 결과 학습이 이루어진 것이다.

이렇듯 시행착오를 통한 학습은 분명 효과가 있으며, 이를 위한 연습은 반드시 필요하다. 그러나 호모 휴리스틱쿠스가 중요한 결정을 할 때 많은 경우 연습할 기회가 없는 것이 대부분이다. 또한, 어떤 의도가 없는 단순 반복에 의한 연습은 학습의 효과가 없다. 손다이크도 고양이 실험 후 1930년에 연습의 법칙을 스스로 폐기했다. 손다이크는 실험 참가자에게 눈을 가리고 특정 길이의 선을 수백 회에 걸쳐 그리게 하고, 그린 결과에 대한 피드백은 주지 않았다. 그 결과 실험이 반복되어도 특정한 길이의 선을 그리지 못했다. 이 실험의 결과가 의미하는 것은 단순한 상황의 반복만으로는 반응의 발생 빈도를 높일 수 없다는 것이다.

이것은 적정한 학습의 기회를 얻지 못한다면 수많은 연습도 효과가 없다는 것이다. 여기서 적정한 학습이란 연습이 끝날 때마다 연습 결과에 대한 분명한 피드백이 즉각적으로 주어져야 하는 것을 의미한다.

피드백에는 만족스러운 결과와 불만족한 결과가 있을 수 있다. 만족스러운 결과를 얻게 되면 그 결과를 얻을 수 있는 반응이 되풀이될 것이고, 불만족스러운 결과를 이끌어 낸 반응에 대해서는 그 반응을 취하지 않을 것이다. 이때 불만족스러운 결과를 나타낸 반응은 다른 반응으로 바꾸려 하지만 올바른 반응을 찾을 수 없다면 시행착오는 계속될 것이다. 따라서 피드백은 만족과 불만족에 대한 신호만을 주는 것이 아니라, 만족스러운 결과가 나올 수 있는 반응에 대한 정보가 같이 피드백되어야 한다. 또, 어떤 안을 선택하여 수행한 결과에 대해서는 피드백을 받을 수 있지만, 선택하지 않은 안에 대한 결과는 피드백을 받을 수 없기 때문에 최고의 학습 방법을 찾기란 쉽지 않다. 게다가 호모 휴리스틱쿠스는 주어진 어떤 선택안을 자신이 구성할 수 있는 미래의 결과로 쉽게 전환하기 어려운 경우에는 적절한 반응을 위한 결정을 내리기가 쉽지 않다. 어떤 선택안을 취했을 때 그 선택안에 따른 결과를 알 수 없는 경우가 대부분이기 때문에 항상 측정하고, 기록하고, 평가하여 대체 가능한 안과 비교하는 습관을 가져야 한다. 이러한 행동들은 '올바른 프로세스'에 의해 내재화되어야 한다.

평가의 오류

2010년 10월 19일 국회 보건복지위원회의 주승용 의원은 건강보험 심사평가원 국정감사에서 700병상 이상의 대형병원 66개를 조사한 결과 21개의 대형병원이 다른 병원에 비해 3배 정도 사망률이 높은 문제를 지적하며 국민의 알 권리를 위해 사망률 평가 결과의 공개를 요구했다. 주 의원은 덧붙여 연구 결과가 정확하다면 대형병원의 건강보험 수가를 차등해서 지원하고 있는 제도가 수정되어야 한다고 주장했다. 그후 대형 병원의 사망률에 대한 정보가 공개됐는지는 확인하지 않았다. 정보 공개에 따른 여러 가지 문제에 대해서는 별도의 논의가 필요하다.

위의 경우처럼 많은 환자가 선호하는 대형병원에 대한 정보를 아는 것은 병원 선택에 많은 도움을 줄 수 있다. 그러나 우리가 미처 생각하지 못한 문제도 있음을 알아야 한다. 어떤 대상에 대해 관심을 갖고 평가를 위한 측정을 하는 순간, 평가의 결과가 의미하는 것에 따라 평가 대상에 영향을 미쳐 생각하지 못했던 방향으로 상황이 바뀌는 경우가 있다. 실제로 미국 대형병원의 환자 사망률 평가 결과가 공개되자 대형병원들은 사망률을 낮추는 데만 집중하여 위중한 환자의 입원을 외면하고, 실험적인 임상치료나 난치병 진료를 중단하기 시작했다. 병원의 평가 잣대가 사망률이고, 측정된 사망률에 따라 병원을 평가하기 때문에 대형병원들은 사망률을 낮추기 위한 조치를 취한 것이다. 그 결과 모든 병원이 특색이 없어지고 비슷해지는 결과가 나왔다.

또, 평가의 공정성이 확보되지 않아 평가의 오류가 발생하는 것에 대한 주의도 해야 한다. 평가 오류의 발생 원인은 평가자의 평가 스킬과 평가 의도의 차이, 평가 기준의 불명확성, 조직의 온정주의, 평가 모니터링 방법 등을 들 수 있다. 특히 사람에 대해 평가할 때는 호모 휴리스틱쿠스적인 사고에서 벗어나야 한다. 사람에 대한 평가 오류로 대표적인 것이 '스테레오 타입(Stereo type) 오류'로 출신 대학이나 종교 등을 보고 평가하는 경우다. 발생 원인은 평가자의 선입견에 의해 발생한다. 둘째, '후광효과(Halo effect)'로 어떤 특성 중 하나에 기초해서 전체를 평가하게 되는 오류다. 이것은 피평가자의 장점이나 단점에 현혹되어 평가하게 된다. 셋째, '대비 효과(Contrast effect)'로 평가자 자신이 지닌 특성과 비교해서 평가하는 오류다. 평가자의 객관적 사고가 부족하고, 다양한 피평가자들을 동일한 잣대로 평가할 때 발생한다. 넷째, '거울 이미지 효과'가 있다. 평가자 자신과 비슷한 성향의 피평가자에게 후한 점수를 주게 되는 오류다. 이것 역시 명확한 평가 기준이 없을 때 발생한다.

이처럼 어떤 대상을 평가할 때 평가의 의미를 생각하지 않고 평가 결과를 약점을 보완하는 데만 집중하게 되는 경우와 평가의 공정성이 확보되지 않은 상태에서 평가하는 것을 주의해야 한다. 먼저 평가 결과를 약점을 보완하는 기준으로 활용하게 되면 새로운 아이디어나 변화의 의지가 끼어들 틈을 주지 않게 된다. 이런 현상은 각 기업이나 개인에게서도 마찬가지다. 평가 결과에 따라 강점을 더욱 강화하기보다는 약점을 보완하려는 것이 호모 휴리스틱쿠스의 생각이기 때문이다. 더군다나 평가하는 방법이 체계화되어 있을 경우 새로운 시도를 하기 어렵게 된다. 평가 결과에 따른 후속 대책에 신경을 써야 되기 때문에 약점을 보완할 수밖에 없는 결과가 생긴다. 대부분의 평가는 일정 기준을 정해 놓고 그 기준을 달성했는지를 묻는 평가가 많기 때문이다. 이렇게 되면 평가를 하는 것이 개인이나 조직의 다양성을 무시하고 획일적인 존재로 만들 수 있기 때문이다. 평가를 통해 밝혀진 강점을 더욱 부각하면 경쟁자와 차별적인 요소가 생기게 되고 이것이 자신만의 경쟁 요소가 되는 것이다. 즉, '차별화'는 불균등한 것을 더욱더 불균등하게 만드는 과정에서 생기게 되는 것이다. 그리고 평가의 공정성을 확보하기 위해서는 절차, 대인, 결과에 대한 세 가지 공정성을 확보해야 한다. 절차 공정성은 평가 과정에서의 참여 방식, 평가와 관련 있는 직무 연관성, 평가자와 평가 방법에 따른 편견 및 결함의 제거, 그리고 일정한 평가 기준을 유지해야 한다. 대인 공정성을 유지하려면 평가자와 피평가자 상호간 솔직함을 유지하기 위해 충분한 의사소통이 필요하다. 결과 공정성은 평가하기 전의 예상치와 실제 평가 결과와 일치하는지와 상관없이 결과에 대해 이해당사자들이 모두 신뢰할 수 있게끔 사전에 이해당사자들이 평가에 관련된 모든 사항에 대해 충분한 합의를 해야 한다.

여성 골퍼의 자세가 좋은 이유

대부분 사람은 자신과 관련된 업무나 좋아하는 취미 활동을 위해 관련 기술을 익혀 일정 수준 이상의 스킬을 확보하려고 많은 연습을 한다. 대표적인 것이 골프연습으로 대부분 성인이 된 이후에 연습을 시작한다. 이때 약간의 운동 신경이 있다고 생각하는 남자들은 전문 코치를 통해 개인지도를 받기보다 본인의 운동신경을 믿고 혼자 연습하는 경우가 많다. 반면 남자에 비해 운동신경이 비교적 없다고 생각하는 여자들은 대부분 전문 코치로부터 레슨을 받는다. 골프는 자세가 중요시되는 스포츠 중에 하나로 많은 골퍼들이 자세를 좋게 하기 위해 피나는(?) 연습을 하고, 특히 전문 코치와 함께 연습하는 여자들은 자세가 좋다. 하지만 운동신경이 있다고 생각하는 남자들의 자세는 각양각색이다. 심지어 스코어가 잘 나오는 수준급의 남자들도 자세는 그다지 좋아 보이지 않는다. 운동신경이 있는 상태에서 전문 코치에게 배우면 좋은 자세를 유지할 수 있을 텐데 남자들은 누구에게 머리 숙이고 배우는 것을 별로 좋아하지 않다 보니 혼자서 자세를 익히는 경우가 많다. 위계질서를 중요시하는 남자들의 생각에는 남에게 배운다는 것은 자신이 그만큼 실력이 없다는 것을 공개적으로 나타내는 것을 뜻한다고 여기기 때문에 남에게 배우거나 질문하는 것을 좋아하지 않는다. 그러나 여자들은 위계질서를 별로 중요하지 않게 생각하여 언제나 누구에게든 필요하면 물어본다. 그 결과 자세를 중요시하는 골프에서 운동신경이 상대적으로 부족한 여자들의 자세가 더 좋게 된다.

남자는 일정 수준의 스킬을 확보하기 위한 여건이 여자보다 상대적으로 더 갖추어져 있다. 그렇다면 운동신경도 있고 연습도 더 많이 하는 남자들이 골프를 배우기 좋은 조건을 갖추고 있으면서 여자보다 자세가 좋지 않은 이유는 무엇일까? 교육심리학자 비고츠키가 주장하는 근접발달영역에서 도움을 받지 않기 때문이다. 근접발달영역이란 실제적 발달 수준(혼자서 스스로 문제를 해결할 수 있는 수준)과 잠재적 발달 수준(교사나 유능한 또래의 도움을 받아야 문제를 해결할 수 있는 수준)과의 사이를 말한다. 근접발달영역에 있다는 것은 혼자서 해결하는 것 보다 전문가의 도움을 받으면 더 좋은 결과를 나타낼 수 있다는 것을 뜻한다. 즉 잠재적 발달 수준에서 실제적 발달 수준으로 끌어 올리기 위해서는 전문가의 도움이 필요하며 이것을 '비계설정(Scaffolding)'이라고 한다. 여기서 비계설정이란 건물을 지을 때 위아래로 오르내릴 수 있게 만든 받침대를 세우는 것을 말한다. 아이가 혼자 힘으로 문제를 해결할 수 있게 부모나 교사가 도움을 제공하는 것이다. 걸음마를 배우는 아이의 손을 잡아주는 것과 같은 것이다. 남자들이 골프 연습을 할 때 전문 코치로부터 레슨을 받는 것은 잠재적 발달 수준에 있는 골프 실력을 실제적 발달 수준으로 쉽게 끌어 올릴 수 있음에도 불구하고 그렇게 하지 않기 때문에 자세가 좋은 남자 골퍼가 드문 것이다. 앞에서 이야기한 자극과 반응의 결합을 강하게 하기 위해 무수히 많은 시행착오를 겪는 것 보다 적절한 피드백을 받으면서 반응을 수정해 나가는 것이 훨씬 도움된다.

　이처럼 근접발달영역이란 혼자 해결할 수 있는 실제적 발달 수준과 다른 사람의 도움을 얻어 문제를 해결할 수 있는 잠재적 발달 수준 사이의 영역을 의미하고, 이 영역은 새로운 발달이 일어날 것이라고 기대되는 영역이기 때문에 교육이나 평가 활동이 이 영역에 집중되어야 한다. 비고츠키는 "먼저 배우고 경험하면, 즉 교육이 발달을 주도하면 발달은 따라온다."라고 주장한다. 물론 장 피아제가 이야기한 "발달이 교육을 이끈다."라는 주장과 대치되나, 피아제의 주장은 외부 세계와의 접촉이 크게 부족한 아이만을 대상으로 하고 있고, 비고츠키의 이론은 교육을 필요로 하는 모든 사회 구성원을 대상으로 한다고 볼 수 있다. 비고츠키는 교육이 발달을 유도하기 때문에 능동적인 아이와 능동적인 사회적 환경이 중요하다고 강조했다. 특정 문화에서 지식이 공유되고 내면화되기 위해서는 사회적 상호작용이 발달을 위한 기본이자 원천이기 때문에 반드시 있어야 하고, 이를 위해 적절한 비계설정이 필요함을 역설했다. 효과적인 비계설정은 학습자 스스로 할 수 있도록 지원해 주는 것에 국한해야 하고, 초기 단계에는 많은 도움을 제공하지만, 점점 지원을 줄여나가 스스로의 힘으로 할 수 있는 단계까지 이끌어 나가야 한다. 이러한 비계설정의 예로 다시 골프 연습에 빗대어 이야기하면 전문 코치가 어떤 동작을 위한 시범을 보이거나, 설명한 후 동작을 취하게 하고, 그 동작에 대해 바로 피드백을 주는 것이다. 이러한 일련의 과정들을 '올바른 프로세스'에 의해 지켜지도록 해야 한다. 나는 지금 고등학교에 다니는 아들에게 비계설정을 위해 일단 내가 열심히 공부하는 모습을 보여주려고 한다. 그런데 과연 아들이 내 뜻을 알게 될지 모르겠다.

카테고리의 진화

    특정 분야의 전문가들에게는 오랫동안 훈련되어 익숙해진 그들만의 필터가 있어, 특정 대상을 대할 때 매우 빠른 구분 및 분류를 해낼 수 있는 능력이 있는 반면에 초보자들은 그런 필터를 보유하고 있지 않아 특정 대상을 구분하기가 어렵다. 전문가들이 필터를 이용해 거의 직관적으로 대상을 구분하는 동안 초보자들은 여러 가지 분류 방법을 익혀야만 한다. 나는 최근 골프 운동에 재미가 들려 아주 열심히 운동하고 있다. 그 결과로 조금 일정한 실력이 생기는 것 같아 그 실력을 더욱 빨리 끌어 올리기 위한 비계로 골프 클럽을 바꾸려고 하고 있다. 골프 운동을 좋아하는 사람들은 다 이해하는 이야기일 것이다. 마치 골프 클럽만 바꾸면 고질적인 슬라이스가 해결되고, 비거리도 20m 정도는 더 나갈 것 같은 유혹에 빠져들게 된다. 골프 초보자일 때는 골프 클럽을 선택할 때 별다른 기준이 없어 풀세트(Full set)를 구매했다. 여기서 풀세트라는 것은 드라이버부터 퍼터까지 같은 회사 제품으로 구성된 것을 말한다. 나 역시도 풀세트를 구매해서 연습했다. 처음 연습을 할 때는 골프 클럽에 크게 신경을 쓰지 않았으나, 연습하면 할수록 주위에서 들려오거나, 보이는 것들이 죄다 골프 클럽에 관한 것들이다.

그만큼 골프에 심취했기 때문일 것이다. 연습 부족, 즉 실력 부족을 탓하기보다는 골프를 잘하는 사람들의 골프 클럽을 보면서 나도 저 제품으로 하면 잘할 것 같은 착각에 빠지게 된다. 결국, 제품 구입에 나서게 되고, 한 번 나서게 된 제품 구매는 일종의 마약과 같아서 계속 제품을 바꾸게 되는 악순환을 되풀이하게 된다. 하지만 생각만큼 실력은 늘지 않는다.

골프 클럽 시장은 거의 포화 상태로 많은 회사가 저마다의 제품을 팔기 위해 매년 신제품이 나오고 있다. 골프 초보자들은 잘 구별을 못하겠지만, 전문가들은 특정 제품을 선호하거나, 자기 체형 또는 스윙 스피드에 맞춰 좋은 골프 클럽을 구입 후 몸에 맞게 피팅을 한다. 어느 회사의 드라이버 헤드와 또 다른 회사의 샤프트를 조합하여 각 회사 제품의 특성 분류를 넘어서 자기만의 골프 클럽을 갖기를 원한다. 골프 시장이 형성된 지 얼마 되지 않았다면, 즉 제품의 종류가 그리 많지 않다면 특정 회사의 제품이 시장을 장악하기 때문에 제품을 구매할 때 크게 어려움이 없다. 국내에서 1980년대 골프 시장에서는 특정 제품이 선호되었고, 그 제품을 구매하면 별문제가 없었다. 시간이 흘러 골프를 즐기는 사람들이 많아지고 골프 제품의 종류도 다양해 지면서, 사람들은 자기에게 맞는 제품을 구별하기 시작했다. 즉, 드라이버는 어느 회사 제품이 좋고, 웨지는 어느 회사 제품, 퍼터는 어느 회사 제품으로 구분하여 구매하기 시작했다. 골프 시장이 성숙해졌다는 의미이기도 했다. 이렇게 제품의 종류가 다양해지면서 각 제품 간의 차별화 요소는 점점 줄어들게 되고, 결국에 가서는 큰 차이점을 나타내지 못하게 된다. 다양한 제품들이 지향하는 것이 같아지기 때문이다. '디퍼런트'의 저자 문영미 교수는 이를 "이종(異種)에서 동종(同種)의 단계로 진화해 나간다."라고 표현했다.

이종에서 동종의 단계로 갈수록 제품의 차이점을 구별하기는 점점 어려워지고, 오직 제품을 구별할 수 있는 필터를 가진 전문가들만이 제품의 차이를 구별할 수 있게 된다. 이처럼 제품의 차이점을 구별하기 힘들 정도로 시장이 성숙하면, 호모 휴리스틱쿠스가 제품을 선별하는 기준은 오히려 간단해진다. 제품이 몇 개 안 될 때에는 제품의 차이점을 다양하게 구분하여 제품을 구매하지만, 제품의 다양화가 최고의 단계에 이르게 되면, 오히려 제품의 차이를 구별하는 데 어려움을 느끼게 된다. 따라서 제품을 선택할 때 익숙했던 것이나, 써본 경험이 있는 것, 또는 누군가에 들은 정보로 확인되지 않은 소문에 의해 제품을 선택하게 된다. 아주 단순한 기준으로 제품을 선택하게 되는 것이다. 자신이 아는 정보에 의해 선택 기준이 수립되고, 그 기준에 맞추어 제품을 선택하는 것이다. 이것은 정보가 별로 없을 때에는 이것저것 따지는 것이 많지만, 고도로 세분화된 정보가 많이 있을 때에는 그것을 구별하는 능력이 없기 때문에 호모 휴리스틱쿠스가 되는 것이다. 즉, 자신이 경험했거나, 믿고 싶은 의견에 맞는 정보만을 선택하게 된다. 어떤 대안을 선택하기 위해서는 그 대안의 장점만 보게 되고, 그 대안을 선택하지 않기로 마음을 먹게 되면 그 대안의 단점만 들추어내게 되는 것이다. 호모 휴리스틱쿠스의 대안 선택 방법은 대개 이렇다.

제 **4** 장

심리를 활용한 프로젝트 관리

편견을 갖는 이유

미국 토프츠대학교 철학과 교수이면서 '자유는 진화한다'를 쓴 대니얼 데닛은 "인간의 의식은 뇌 신경 세포가 전기신호를 주고받는 과정 이상이 아니며 진화를 통해 형성됐다."라고 주장하여 큰 논쟁거리를 만들기도 한 인지과학자이면서 "모든 뇌는 본질적으로 예측 기계다."라고 말했다. 또 '비즈니스 위크'가 선정한 40세 이하 인물 중 가장 영향력 있는 40인 중 한 명으로 '구글 이후의 세계'의 저자인 제프리 스티벨은 책 속에서 매우 흥미 있는 이야기를 하고 있다. "뇌는 기계적인 측면에서 단점이 많기 때문에 오히려 예측하는 능력을 발달시켜왔다."라고 했다. '생각이 직관에게 묻다'와 예측에 관련된 논문을 많이 쓴 것으로 유명한 게르트 기거렌처는 "미래를 예측하기 어려울 때는 단 하나의 확실한 근거에 기초해서 얻은 직관이 많은 데이터를 연구해서 이끌어낸 결론보다 더 정확할 수 있다."라고 말했다. 이처럼 호모 휴리스틱쿠스는 뇌 속에 저장된 정보, 즉 기억을 가지고 예측을 하는데, 많은 개별 정보를 일일이 분석하는 것이 아니고, 어떤 패턴으로 인식하고, 그 패턴을 뇌에 저장하여 활용하는 것이다. 바꿔 이야기하면 뇌는 정확하게 계산을 할 수 있는 기계가 아니라 경험을 통해 얻은 기억을 가지고 대충 '어림짐작'을 하는 것이다. 뇌가 똑똑한 이유는 많은 데이터를 보관하고 있어서가 아니고, 의식하지 않아도 순식간에 패턴을 인식하고 그것을 통해 예측할 수 있는 능력 때문이다.

그렇다면 뇌 속에 데이터가 없을 때는 어떻게 될까? 데이터가 없다는 것은 기억이 없다는 것이고, 경험을 해보지 못했다는 것을 의미한다. 이처럼 적용할 수 있는 패턴이 없을 때는, 보유하고 있는 패턴 중에 유사한 것을 찾아내 비교하게 된다. 이것을 편견이라고 부르고, 이 편견 때문에 많은 편향이 생겨나는 것이다. 미국의 풍자만화가로 퓰리처상까지 받은 루브 골드버그는 인간의 뇌가 창조적인 이유를 "새로운 것을 배우는 순간 새로운 기억이 형성되기 시작하고, 새로운 단백질이 합성되어 새로운 시냅스가 발달하게 된다."라는 말로 표현했다. 새로운 경험이 낡은 기억을 밀어내고 새로운 기억을 만드는 것이다. 따라서 어떤 사물이나 현상을 인식할 때 기억이 없다는 것은 경험을 해보지 못한 것이므로 유사한 패턴을 찾아 인식하려 하지 말고 새로운 패턴을 만들기 위해 의도적으로 연습해야 한다. 골드버그는 간단한 목표에 도달하기까지의 과정을 다양하고 복잡하게 창의적으로 설계한 만화를 그린 것으로 유명하여, 지금도 '루브 골드버그 장치'라는 말이 사용되고 있고, 이 책의 결론부인 7장에 다시 한 번 등장한다. 그리고 캐나다 출신으로 하버드대학 심리학 교수인 스티븐 핑거는 상당히 방대한 분량의 저서 '마음은 어떻게 작동하는가'에서 유명한 마음의 연산이론에 대해 "마음은 뇌의 활동으로, 엄밀하게 말해서 뇌는 정보를 처리하는 기관이며 사고는 일종의 연산이다. 마음은 논리적 규칙을 사용하지 않는 것으로 보인다. 뇌의 최상위 목표는 감정인데, 감정은 목표 설정에 절대적인 영향을 끼치며 지능은 목표를 달성하기 위한 것이다."라고 말한다.

결국, 뇌는 개별적인 정보를 일일이 분석해서 사고하는 것이 아니라 감정이 주도하는 패턴을 통해 대상을 인식하게 되고, 이것이 뜻하는 것은 호모 휴리스틱쿠스가 이성적으로 생각하고 행동하기보다는 감정적으로 생각하고 행동한다는 것이며, 바로 직관에 의해 결정한다는 것을 의미한다고 할 수 있다. 스티븐 핑거에 의하면 뇌는 어떤 결정을 할 때 곧이어 벌어질 행동과 상황을 미리 시뮬레이션한다고 한다. 다음 상황을 예측하는 것이다. 어떤 결정을 하기 전에 다음 상황을 예측할 수 있으면, 시행착오를 많이 줄일 수 있을 것이다. 하지만 예측하는 순간이 순식간에 일어나고, 짧은 순간만 예측할 수 있으며, 그 예측의 결과가 맞을 확률은 지극히 낮다. 앞에서도 이야기한 것처럼 뇌는 정확한 계산을 할 수 있는 기계적 장치가 없고, 경험과 직관에 의해 작동하기 때문에 앞으로 발생할 일에 대한 가능한 시나리오를 만들어야 한다. 물론 모든 가능성에 대한 시나리오를 모두 만들 수는 없겠지만, 그 시나리오 중에서 의미 있는 시나리오를 골라내고 그에 따른 대비책을 만드는 것은 좋은 방법이고 많은 연습에 의해 습관화시키면 좋은 결과를 이끌어 낼 수 있다. 게르트 기거렌처가 말한 것처럼 많은 정보를 수집하여 분석하는 것보다 확실한 정보 하나에 의해 결정하는 것이 더 좋은 결과를 낼 수 있다고 하지만, 주변에 확실한 정보가 있는 경우는 거의 드물다. 따라서 자신의 생각에 확실할 것 같은 정보에 의해 판단하게 되면 편향이 생기는 것이다.

인간과 멍게의 공통점

좋은 시나리오를 만들기 위해서는 상상력이 필요하다. 앞에서 이야 기한 것처럼 뇌의 예측 능력을 최대한 끌어올려야 한다. 예측 능력은 많은 에너지를 필요로 하기 때문에 인간은 '사고 형성의 시대' 때부터 생존을 위해서는 에너지를 아껴야 하는 필요성을 깨달아 뇌의 기본 능력인 예측 능력을 효율적으로 활용하기 위해 패턴 인식을 통해 상황을 파악하게 된 것이다. 실제로 뇌 무게는 몸 전체 무게의 약 2%를 차지하나 뇌의 에너지 소비량은 전체의 20%에 가깝다. 몸무게의 약 50%를 차지하는 근육이 소비하는 양에 필적한다. 생존을 위해서 뇌는 스스로 에너지를 절약하려고 한다. 에너지를 절약한다는 것은 뇌의 활동을 최소화시키는 것을 의미한다. 어떤 대상을 인식할 때, 새로운 정보를 수집하고 분석하는 데 많은 에너지가 소모되기 때문에 기존에 확보된 정보를 활용하여 에너지 소비를 줄이고, 에너지가 많이 소비되는 의사 결정 과정을 단순화시키는 것이다. 이것은 자연스럽게 생각을 하지 않게 되고, 그 결과 아이디어의 부족을 불러온다. 도면 노이지가 알면 꽤나 놀랠 것이다. 도면 노이지는 정신과의사이면서 정신분석가로 토론토대학교 정신의학과 교수인데 자신의 저서 '기적을 부르는 뇌'에서 뇌가소성을 언급한다. 가소성이란 뜻은 뇌가 찰흙처럼 변형 가능하다는 개념이다. 책 속에서 맹인의 시각피질이 청각신호를 처리할 수 있게 재조직되고, 노년기에도 새로운 뇌세포가 생성되는 관찰 사례 등 뇌가소성의 증거를 많이 열거했다. 즉, 도면 노이지는 뇌가 고정적인 것이 아니고, 변화하기 때문에 얼마든지 뇌의 능력을 개발할 수 있다고 주장한다.

하지만 스마트기기가 발달한 요즘에 정보를 탐색하기 위해 뇌를 사용하는 것을 보면, 뇌의 능력이 점점 감소할 것 같은 현상이 벌어지고 있다. 거의 모든 정보를 링크되었거나 하이퍼텍스트 처리된 스마트기기를 활용하여 정보를 찾는다. 정보를 기억할 필요가 없어졌다. 이렇게 정보의 검색을 위해 하이퍼텍스트를 이용하다 보니 기억하는 지식이 점점 사라지고 있다. 이 글을 읽고 있는 독자들로 마찬가지다. 가령 외우고 있는 전화번호가 몇 개나 되는지 세어보기 바란다. 그리고 스마트기기를 사용하기 이전과 비교해 보라. 이렇게 오늘날을 살고 있는 많은 사람은 독창적인 지식을 발굴할 수 있는 능력을 스스로 버리고 있다. 생존을 위해 뇌의 에너지 소비량을 줄이기 위한 것이 결코 아니다. 세계적인 IT 미래학자인 니콜라스 카는 저서 '생각하지 않는 사람들'에서 스마트기기가 우리의 뇌를 변화시키는 이야기를 하고 있다. 조금 전에 이야기했던 뇌가소성의 예가 나온다.

아침에 눈을 뜨면 스마트폰을 집어 든다. 밤사이 온 이메일을 확인한 뒤 출근길엔 트위터, 페이스북을 거쳐 뉴스를 검색한다. 사무실에 도착하자마자 컴퓨터를 켜고 필요한 정보를 찾기 위해 웹 검색을 하는 한편, 메신저로 말을 걸어온 친구에게 답을 한다. 그 사이 새로운 이메일이 도착했음을 알리는 메시지가 뜨고, 이메일을 여는 순간, 또 다른 일이 시작된다.

대부분 직장인의 모습이다. 인터넷을 통해 정보를 검색하게 되면서 전에 없던 새로운 활동들이 뇌에 생겨나게 된다. 뇌가소성이 일어난 것이다. 뇌가 변화하기는 했으나 좋은 의미는 아닌 듯하다. 스마트기기는 정보의 검색만 담당하는 것이 아니고 뇌를 변화시켜 생각하는 과정도 관여하고 있는 것이다. 스마트기기와 인터넷에 대한 정보의 의존도가 깊어질수록 인간의 뇌는 스마트기기의 사용에 따라 뇌가소성이 일어날 것이고, 그렇게 되면 미래에는 모든 사람이 생각하는 것이 똑같아질 수도 있을 것 같다. 니콜라스 카는 '생각하지 않는 사람들'의 마지막에서 "우리가 세상을 이해하기 위해 컴퓨터에 의존하게 되면서 인공지능으로 변해버리는 것은 바로 우리의 지능이라는 것이다."라고 1968년 발표된 '2001 스페이스 오디세이'의 감독 스탠리 큐브릭의 메시지를 전달하고 있다. 대니얼 대닛이 관찰했던 멍게와 인간이 크게 다를 것이 없어 보이는 것은 지나친 비약일까?

새끼 멍게는 바위틈에서 안전한 서식지를 찾을 때까지는 계속 움직이지만, 안전한 장소를 찾아 정착하게 되면, 뇌를 먹는다. 더 이상 뇌를 사용할 일이 없고, 뇌를 유지하는데 많은 에너지가 필요하기 때문이다.

빠른 판단이 필요해!

TV 광고에 나오는 내용을 하나 소개하겠다.

젊은 직장인 2명이 포장마차에서 대화하는데, 그중 한 명이 화를 내면서 "직장을 그만두겠다."라고 말하며, 앞에 있는 TV를 본다. TV 속에서는 군인이 앉아서 TV를 보고 있는 장면이 나오고 있었고, 그 모습을 본 직장인은 "아 저 때가 좋았는데."라고 말을 한다. 그 사이 TV 속에의 군인이 처한 환경이 나온다. 그 군인은 신병으로 군기가 바짝 든 부동자세 상태로 앉아 있어 불편하게 TV를 보고 있다. 군인이 보는 TV에서는 누워서 TV를 보고 있는 젊은이의 모습을 보여 주고, 군인은 "아 부럽다."라고 속으로 말하면, TV는 누워서 TV를 보는 젊은이를 보여 준다. 젊은이가 보는 TV 속에는 포장마차에서 직장을 그만두겠다는 젊은 직장인을 보여준다. 누워서 TV를 보던 젊은이는 "아 부럽다. 직장을 다녀봐야 사표를 내지."라고 말한다.

TV 광고 속에 등장하는 젊은이들의 공통점이 있다. TV 화면을 보고 깊게 생각하지 않고, 보자마자 바로 판단한다. 마치 게임을 할 때 조금이라도 주저하면 게임오버가 되는 상황을 막기라도 하는 것처럼 빠른 판단을 한다. 빠른 판단으로 인해 잘못되는 경우도 있으나 크게 신경 쓰지 않는다. 게임을 리셋하면 되니까 말이다.

스마트기기와 인터넷의 급속한 보급 및 활용은 새로운 세대를 만들어 냈다. 원하는 것은 인터넷에서 언제든지 찾아볼 수 있고, 하고 싶은 것은 언제든지 할 수 있다고 믿는 세대다. Y세대라고 불리는 이 세대의 특징은 굉장히 빠른 결정을 한다는 것이다. 보험회사인 프루덴셜사가 처음 사용한 용어로 신세대인 X세대와 분명히 다른 특징을 갖고 있다. Y세대는 베이비붐 세대의 자식들로 어릴 때부터 컴퓨터를 이용해 각종 정보를 검색하는데 익숙해져 있다. 취미활동이나 이성교제도 온라인상에서 이루어진다. 컴퓨터를 생활 속에서 보편적으로 사용하는 최초의 세대, 즉 디지털 세대다. 전 세계적인 베스트셀러 '위키노믹스'의 저자 돈 텝스콧은 또 다른 저서 '디지털 네이티브'에서 Y세대를 넷세대라고 부른다. Y세대로 부르면 X세대의 후손으로 여겨져 Y세대의 중요성을 알지 못하게 되는 것을 우려했기 때문이다. 돈 텝스콧은 넷세대의 특징으로 여덟 가지를 이야기한다. 표현과 선택의 자유에 대한 갈망, 자신의 개성 표출 및 맞춤 제작, 협업을 통하며 소통을 중시, 정부와 기업 등 모든 조직을 감시하기 위한 조사와 분석, 성실성과 정직함, 개인이나 조직 생활에서 즐거움 추구, 빠른 속도, 혁신의 생활화 등이다. Y세대의 여덟 가지 특징 중에서 속도에 대해 민감한 Y세대는 무엇이든지 빠른 것을 요구한다. 빠른 것에 의해 잘못되는 경우라도 빠른 것을 원한다. 그러다 보니 자신들이 한 일의 결과에 대해서도 빠른 피드백을 요구한다.

이처럼 빠른 속도를 위해서는 기성세대와 같은 방법으로는 해서는 성에 차지 않는다. 방법뿐만 아니라 생각 자체가 빠른 속도에 맞추어져 있기 때문이다. 빠른 속도를 내고, 유지하기 위해서는 한 번에 한 가지 일만 해서는 빠른 속도를 원하는 Y세대의 사고방식을 맞출 수 없다. 한 번에 두 가지 이상을 해야 한다. 자연스럽게 TV를 보면서 스마트기기를 본다. 심지어는 데이트를 하면서 각자의 스마트기기를 본다. 컴퓨터 자체가 생활 일부이다 보니 컴퓨터의 효율성, 즉 멀티태스킹을 하는 것이다. 직장 내에서도 회의에 참석하는 젊은 직장인들은 반드시 스마트폰과 태블릿 PC를 지참한다. 회의 중에 연신 스마트기기를 바라보면서 손가락을 움직인다. 이를 보고 화가 난 상사가 회의에 집중하라고 경고하면 억울한 표정을 지으면서 회의에 집중하고 있다고 답을 한다. 회의 중간중간에 틈틈이 다중 작업을 하고 있기 때문에 문제 될 것이 없다는 것이다. 기성세대는 이해하지 못하는 상황이 매번 일어난다. 집에서도 마찬가지이다. 오랜만에 일찍 퇴근하여 자녀들과 저녁 식사를 할 생각에 기분이 좋다가 막상 식사 시간이 되고, 자녀들의 식사하는 모습을 보면 기성세대인 부모들은 화가 난다. 스마트기기를 보면서 식사하는 자녀들은 부모와의 식사 시간에 별 의미를 두지 않는 것 같다. 현 기성세대들이 Y세대에 대해 생각하고 있는 것과는 많은 차이를 보이고 있다. 그 이유는 기성세대들의 잣대로 Y세대를 바라보기 때문일 것이다. Y세대는 스스로를 멀티태스커라고 생각한다.

멀티태스커

일할 때 이메일의 사용은 업무를 편리하게 할 수 있게끔 해준다. 그래서 현대인들은 하루에도 수십 통 이상의 이메일을 처리하지만, 업무를 편하게 해주는 이메일이 사실은 업무를 방해하고 있다는 것을 모르고 사용하고 있다. 업무 도중에 각종 문자 메시지를 포함한 이메일이 오면 이메일을 확인하기 위해 집중하고 있던 업무를 정지하게 된다. 집중도가 떨어지는 데 따른 스트레스도 생긴다. 연구 결과 이때 생기는 스트레스는 단기 기억력 저하의 원인이 되기도 한다고 한다. 또한, 이메일 때문에 방해받기 전의 상태로 돌아가는데 평균 15분 정도 소요된다고 한다. 산술적으로 따져 이메일이 평균 30통 온다고 가정하면 7시간 30분을 허비하게 되는 것이다. 기업의 CEO 입장에서 생각하면 끔찍한 일이 아닐 수 없다. '콰이어트'의 저자 수잔 케인은 "멀티태스킹처럼 보이는 행동은 사실 여러 가지 일을 왔다 갔다 하는 것에 불과하며, 이는 생산성을 떨어뜨리고 실수가 일어날 확률을 50%까지 높인다."라고 말한다. 거의 모든 소통을 스마트기기를 활용하고 있는 멀티태스커들은 위 사례를 적용해보면 일을 안 한다고 말할 수 있다.

멀티태스킹을 인터넷에서 찾아보면 다음과 같이 설명하고 있다.

컴퓨터를 사용할 때, 한 가지 작업에서 다른 작업으로 왔다 갔다 하면서 동시에 여러 가지 일을 할 수 있는 걸 의미하는데, 이는 정체성의 문제를 대단히 복잡하게 만들고 있다. 중략. 정신과의사 에드워드 헬러웰은 멀티태스킹으로 인해 뇌가 과부하 상태에 놓이게 되면 여러 가지 부정적인 심리 현상을 보인다고 지적하면서 일 중독에 빠져 있으면서도 주의력 결핍 증세(ADT)를 호소하는 환자들이 최근 10년 사이에 10배나 증가했다고 밝혔다. 주의력 결핍 증세를 호소하는 환자들은 대체로 초조한 성격 때문에 치밀함이 떨어지고 생산성도 떨어진다. 주어진 일에 적절한 사고를 하기보다는 흑백 논리적인 의사결정을 하거나 깊이 생각하지 않고 함부로 말을 하거나 행동하는 경향이 있다. 왜냐하면, 일을 빨리 마무리해야겠다는 강박관념을 갖고 있기 때문이다.

현대를 사는 직장인들의 업무 환경은 빠른 시간에 많은 정보를 처리하는 능력을 요구하고 있다. 또 종일 컴퓨터와 씨름하며 쉼 없이 일해도 일이 끝나지 않을 정도로 일이 많으면서 스마트기기와도 소통을 해야 한다. 이렇게 바쁘게 일하다 보니 지금 하고 있는 업무 방식에 대해 좋고 나쁨을 구별하지 못한다. 에이브러함 매슬로의 욕구 5단계 설을 성과 창출 이론에 도입하여 설명한 토니 슈워츠의 저서 '무엇이 우리의 성과를 방해하는가'에 흥미로운 조사 내용 두 가지가 소개되어 있다. 하나는 미국의 노동학자 글로리아 마크가 한 실험조사 내용이다. 조사 내용은 직원이 문서를 읽다가 이메일을 확인하기 위해 문서에서 눈을 떼는 등 어떤 활동에서 다음 활동으로 옮겨가는 것을 기록했고, 그 결과는 1시간에 20번 이상이고, 평균 3분 이상 어떤 일에 몰두하지 못하는 것으로 조사됐다. 또 하나는 마이크로소프트 연구원 메리 체르빈

스키가 조사한 내용으로 프로그래머들이 평균적으로 8개의 창을 열어 놓고 작업하며, 다른 창으로 옮겨 갈 때 평균 20초가 걸린다는 사실을 발견했다. 이 조사 결과를 분석해 보면 인간은 멀티태스커가 아니기 때문에 2개 이상의 과제를 동시에 하지 않는 것이 좋을 듯하다. 책에서도 멀티태스킹은 컴퓨터 용어일 뿐 여러 가지 일을 동시에 처리할 수 없는 뇌의 능력에는 맞지 않는다고 말하고 있다. 또한, 건강 정보를 다루는 헬스닷컴에는 멀티태스킹을 하지 말아야 할 이유로 열두 가지를 들고 있다. 그 이유를 살펴보면 인간은 실제로 멀티태스킹을 할 수 없고, 두 가지를 동시에 하려고 할 때 작업 속도가 떨어지며, 몇 가지 작업을 전환하다 보면 실수를 유발하기 때문이다. 또 스트레스가 쌓이기 쉽고, 주의력이 떨어지며, 단기 기억 능력이 떨어진다. 다음은 대인 관계 손상이 오고, 과식의 원인이 된다고 한다. 스스로 멀티태스킹 능력이 높다고 생각하는 사람은 실제로 조사 결과 오히려 능력이 떨어지는 것으로 조사됐고, 창의력도 떨어지며, 일단 손에 들어온 일은 즉시 처리해야 한다는 OHIO(Only Handle It Once)를 할 수 없고 마지막으로 휴대폰을 만지며 걷는 것조차 위험하다고 한다. 이처럼 멀티태스킹은 뇌의 능력 범위 밖의 것이기 때문에 건강까지 해치며 할 필요는 없을 것 같다.

운전하면서 다른 일도 할 수 있는 이유

멀티태스킹이 인간의 두뇌 역량과 맞지 않는다면 어떻게 해야 할까? 실제로 두뇌가 멀티태스킹을 못하고, 한 가지 일만 할까? 반드시 그런 것 같지는 않다. 먼저 멀티태스킹을 할 수밖에 없는 경우를 살펴보자. 일반적으로 컴퓨터를 이용하여 문서를 작성할 때 손가락은 타이핑을 하고 있으면서 뇌는 다음에 칠 단어를 선별하며 문서의 전체 내용과 맞는지 검토를 한다. 그러면서 타이핑된 글자가 맞는지 눈으로 확인한다. 벌써 네 가지의 일을 거의 동시에 하고 있다. 여기서 '거의 동시'라는 것은 매우 짧은 시간에 빠르게 일어나는 일이라 인간이 느낄 때는 같은 시간에 일어난 것같이 생각된다. 애초에 컴퓨터 용어로 나온 멀티태스킹도 CPU의 연산 작업이 인간이 인식하기 어려울 정도로 짧은 시간에 여러 가지 일을 순차적으로 하기 때문에 인간이 느낄 때는 동시에 여러 가지 일을 하는 멀티태스킹으로 여기는 것이다.

인간의 또 다른 멀티태스킹 사례를 찾아보자.

애인과 드라이브를 할 때 보통 눈으로 전방을 주시하면서,. 귀로 라디오를 듣고 아는 노래가 나오면 입으로 따라 부르면서, 내비게이션에서 나오는 안내

멘트를 선별해서 듣고, 코로는 옆에 앉은 애인의 향수 냄새를 맡고, 손으로는 핸들을 잡고, 발로는 액셀러레이터를 밟으면서, 머리로는 목적지에 도착해서 데이트할 일정을 계획한다.

위의 사례에는 거의 동시에 몇 가지 일하고 있는 것일까? 여덟 가지의 작업이 진행되고 있다. 여기에 운전자가 껌을 씹고 있었다면 아홉 가지가 된다. 인간은 생각과 달리 대단한 멀티태스커인 것이다. 이처럼 인간의 두뇌가 할 수 없다는 멀티태스킹이 가능한 이유는 습관 때문이다. 초보 운전자는 위의 사례같이 운전하기가 쉽지 않을 것이다. 하지만 베테랑 운전자는 운전할 때 손과 발은 거의 무의식에 의지하면서 습관대로 움직이고, 라디오를 듣고 냄새를 맡고 일정을 계획하는 것은 뇌의 또 다른 부분들이 각각 맡아서 매우 짧은 시간, 즉 거의 동시에 한다. 껌을 씹는 것도 무의식적으로 씹는다. 매우 많은 시행착오와 경험에 의해 뇌를 사용하지 않아도 무의식 상태에서 습관대로 하게 되는 것이다.

말콤 글래드웰은 '아웃라이어'에서 '1만 시간의 법칙'에 대해 이야기한다. 1만 시간의 법칙이란 어떤 분야에서 전문가가 되기 위해서는 1만 시간 동안 연습을 해야 한다는 것이다. 1만 시간이란 하루에 3시간씩 10년 동안 꾸준히 할 때 가능한 시간이다. 이렇게 특정 분야의 전문가가 되면 그 분야를 수행할 때 생각을 집중하지 않아도, 즉 무의식적으로 할 수 있게 된다. 다른 말로 하면 운전을 배울 때 처음에는 몸에 힘이 잔뜩 들어가 핸들을 돌리고, 액셀러레이터를 밟기가 쉽지 않아 다른 데는 전혀 신경을 쓰지 못한다. 하지만 어느 정도 익숙해지면 생각을 하지 않아도 핸들을 돌리고 부드럽게 액셀러레이터를 밟고 있는 자신을 발견할 수 있다. 보통 인간은 멀티태스킹이 안되는 것이 맞지만, 습관이나 숙련에 의해 얼마든지 멀티태스킹 능력을 강화할 수 있다. 앞에서 이야기한 것처럼 의도적인 멀티태스킹은 불가능하고 그에 따른 부작용도 많이 있지만, 무의식 속에서 이루어지는 멀티태스킹은 여러모로 도움이 된다. 말콤 글래드웰은 아웃라이어를 표본 중 다른 대상과 확연히 구분되는 통계적 관측치로, 보통 사람의 범주를 뛰어넘은 사람을 뜻하는 의미로 사용했다.

또 멀티태스킹이 가능 하려면 '전환간격(Switching time)'을 줄이는 노력이 필요하다. 비즈니스 코치로 프레시 주스 전략의 창시자인 데이비드 크렌쇼는 저서 '멀티태스킹은 없다'에서 "멀티태스킹은 두 가지 업무를 놓고 왔다 갔다 하는 '스위치 태스킹'일뿐, 집중력을 방해하여 결국은 시간과 비용을 낭비하게 만든다."라고 주장한다. 멀티태스킹은 여러 가지 일을 매우 짧은 시간에 순차적으로 하는 것으로 다른 일로 전환할 때 시간의 낭비를 제거해야 한다. 이것은 일에 대해 숙련되어야 가능하며, 생각하고 결정을 하는 것이 아니라 무의식적으로 수행되어야 한다. 이때 주의할 것은 뇌가 감당할 수 없는 너무 많은 정보를 처리하려고 하면 뇌에 과부하가 걸려 오히려 비효율적이 될 수 있기 때문에 1만 시간의 법칙처럼 충분한 시간 동안 꾸준히 연습하게 되면 전환간격을 줄일 수 있는 집중력을 발휘하게 된다.

집중하기 위해서는

정조는 많은 이야기를 남긴 조선시대 대표적인 임금이다. 정조의 어록 중에 다음과 같은 말이 있다.

"글을 몇 번이나 읽으면 외워지던가?" 하니, "열 번 이상 읽어야만 외워진다." 한다. 이는 진정 마음이 바르지 못해서 그런 것이다. 만약 마음이 바르면 어찌 열 번이나 읽어야 외워진단 말인가.

여기서 마음이 바르다는 것은 여러 가지 생각을 하는 멀티태스킹이 아닌 한 가지에 집중하는 자세를 말한다. 집중할 수 있는 것은 집중할 대상에 대해 이전에 그 대상에 대해 어떤 경험이 있을 때 가능하다.

사람들은 특정 사물에 대한 '마음의 모델(Mental model)'을 갖고 사물을 대한다. 이전에 그 사물에 대한 경험을 통해 그 사물을 새롭게 경험하게 될 상황을 예측한다. 즉, 컴퓨터의 전원을 켜면 컴퓨터가 부팅될 것이라는 마음의 모델을 이미 갖고 있다. 피아제가 이 마음의 모델을 '스키마(Schema)'라는 용어로 표현했는데, 어린이가 각각의 발달 단계에서 세상을 이해하게 되는 방식을 설명하기 위해 사용했다. 스키마는 이미 경험을 통해 알게 된 방식이 새로운 사건을 알게 되는 데 어떻게 사용되는가를 설명할 때 쓰인다. 즉 처음 접해 보는 새로운 사건에 대해 기존에 알고 있던 패턴에 맞추게 되는 것을 설명해주며, 이 패턴에 맞추기 위해 새로운 정보가 편향되는 현상을 설명해준다. 사람들이 보는 것은 집중할 수 있는 스키마에 의해 결정된다. 따라서 스키마가 없다는 것은 처음 대하는 것에 대해 유효한 패턴을 식별하지 못하는 상태를 의미한다. 즉, 패턴을 인식할 수 없기 때문에 보지 못하는 것이다. 호모 휴리스틱쿠스도 하나의 미래만을 생각하기 때문에 그 미래에만 집중하게 되고 그 이외의 영역은 무시하게 된다.

스키마는 어떤 유형의 정보를 선택적으로 수용하여 볼 수 있도록 하게 하는 것이다. 결국, 사람들은 자신의 스키마에 확보한 것만을 볼 수 있는 것이다. 그래서 스키마는 보고 결정할 것들을 통제하게 되고 각 개인의 환경에 따라 경험을 구축하게 된다. 한국 속담 중에 "눈에 콩깍지가 쓰였다."라는 것은 특정 스키마가 형성되어 더 이상 다른 것은 볼 수 없을 때 주로 쓰인다. 개인마다 삶의 경험은 다 다르기 때문에 스키마는 개인별로 고유하다. 그러나 같은 문화를 공유하고 같은 공동체 사회에서 생활하다 보면 다양한 사물이나 사건에 대해 다른 사람과 비슷한 스키마를 갖게 되어 서로 공감대를 형성하게 된다. 그리고 한 번 생긴 스키마는 고정되는 것이 아니고 새로운 경험을 쌓을 때마다 지속적으로 수정될 수 있다. 사람을 처음 대할 때는 스키마에 의해 선입견을 갖게 되지만, 계속 같이 생활하다 보면 그 사람에 대한 인식도 달라지게 된다. 그 사람에 대한 스키마가 변한 것이다. "사람을 겉만 봐서는 모른다."라는 말도 있다.

스키마는 기억 속에 저장된 지식으로 추상적 구조를 하고 있다. 추상적이란 것은 매우 다양한 것을 특정 패턴화해서 저장한 지식이다. 지식이 더욱 추상적일수록 어떤 경우라도 다 적용할 수 있지만, 반대로 어떤 특정한 것에는 맞지 않는다는 말과 동일하다. 특정 사건에 대해 일반인들과 이야기할 때와 그 분야의 전문가와 이야기할 때마다 느끼는 공동적인 차이점이 있다. 그 차이점은 특정 분야와 상관없이 전문가라는 타이틀이 붙은 사람의 언행 때문에 발생한다. 전문가는 외골수적인 성향을 띤다. 자기 전문 분야와 자기가 인지하지 못하는 분야에 대해 확연한 차이를 둔다. 또 자신의 전문 분야에만 관심을 갖다 보니 다른 영역에 대해서는 무시를 한다. 보유 스키마도 한정되어 있다. 대부분 스키마는 시간의 흐름 선상에서 어떤 원인에서 특정 결과가 나오는 식으로 저장되어 있다. 특정 사건을 대할 때 보유 스키마에 의해 익숙한 패턴을 탐색하고 그 패턴에 의해 인식을 하기 때문에 오류가 생길 수 있다. 특정 사건을 인식하기 위해 그 사건에 정확하게 맞는 패턴이 없기 때문에 패턴 탐색의 오류가 발생한다. 호모 휴리스틱쿠스의 두뇌에는 이미 많은 스키마가 자리 잡고 있다. 이 스키마들에 의해 이 글을 읽고 있는 독자들도 글을 이해하는 데 영향을 받는다. 이처럼 확보된 스키마가 새로운 정보에 대해 무엇을 이해할 수 있는가를 결정하며, 직접적인 영향을 미친다. 결국, 확보된 스키마만큼 생각할 수 있다.

생각의 형성

1장에서도 언급했지만 새로운 생각을 하기 위해서는 기존에 있던 두 가지 이상의 생각이 합쳐져야 한다. 서로 상관이 없을 것 같은 것들을 결합하여 새로운 개념을 만들어 내는 창조적인 생각이 필요하다. 부부이자 생리학자 로버트 루트번스타인과 역사학자 미셸 루트번스타인도 이 점을 강조하고 있다. 이 부부의 공동저서 '생각의 탄생'에서는 역사적으로 뛰어난 창조성을 나타낸 천재들의 공통점 열세 가지 발상법에 관해 이야기하고 있는데, 그중에서 마지막에 소개하는 '통합'이 가장 핵심적인 내용인 것 같다. 책의 전반적인 내용은 주의 깊게 사물을 인식하여 특징을 찾아낸 후, 경험해봄으로써 그 특징을 더욱 이해하게 되어 기존의 지식과 통합하여 새로운 생각을 형성한다는 것이다. 이것은 각 영역을 철저히 구분하여 가르치고 배우다 보니 각각의 전문 영역 안에 갇혀 창조적인 사고를 하기 어려운 현대 사회에서 창조성을 높이기 위해 꼭 필요한 방법이다.

생각이 형성되기 위해서는 반드시 기존의 스키마와 연결되어야 한다. 모든 생각은 어떻게든 기존의 생각과 관련이 있다. 하지만 창조적인 생각을 원한다면 더 많은 전문 지식을 쌓기보다는 기존에 알던 사람과

장소 등을 벗어나서 다양한 생각들과 연결해야 한다. 직장 내에서, 같은 부서 내에서 의견을 구하기 보다 다른 조직들과의 접촉을 통하거나 의도적으로 일상을 벗어나 새로운 환경에서 시도할 필요도 있다. 보통 워크숍을 할 때 외부에서 하는 것도 그 일환이다. 호모 휴리스틱쿠스는 새로운 생각을 위해 확보된 스키마 내에서 패턴을 찾아내고, 그러한 행동이 반복되어 마침내 기저핵에 저장되는 순간 습관이 되어 창조적 생각을 하기 어렵다는 것을 알지 못한다. 어떤 문제에 대한 생각이 나지 않을 때에는 생각을 중단하고, 다른 것을 하거나 중요하지 않은 일을 할 때 생각이 난다. 복잡한 생각으로 머릿속이 가득 차있는 것보다는 긍정적인 마인드를 가지고 즐거울 때 생각이 잘 난다. 좋은 생각은 우연한 기회에 찾아오기 때문이다. 나도 프로그래머로서 한창 프로그램을 만들 때 어떤 문제에 걸려 몇 날 며칠이 지나도 프로그램 로직이 생각나지 않았으나, 친구들과 수다를 떠는 도중에 문득 아이디어가 떠올라 문제를 해결한 경험이 수차례 있다. 또 다양한 경험을 가진 다양한 사람들과 같은 장소에서 작업을 하게 되면 좋은 결과가 나온다.

반면에 수준 높은 창조적인 생각이 필요할 때는 뛰어난 개인에게 맡기거나 소집단으로 운영하는 것이 바람직하다. 조직 심리학자 에이드리언 퍼넘은 "재능 있고 의욕적인 사람들이 있다면, 창의성이나 효율이 가장 중요한 상황에서는 혼자서 일하도록 장려해야 한다."라고 했다. 그리고 좋은 생각을 얻기 위해서는 반드시 시간이 필요하다. 일정 시간이 흘러야 그 시간 동안에 머릿속 생각들이 서로 연결되고, 재조직되는 생각의 숙성 시간이 필요하다.

아울러 시간을 보내는 방법에 대해서도 고려해 보아야 한다. 시간을 효율적으로 잘 활용하기 위해서는 일에 집중하는 유효 시간을 늘려야 한다. 축구 경기에서 숏팅 개수를 셀 때 골문 안을 향한 숏팅을 유효 숏팅이라고 한다. 숏팅을 했다고 숏이 아니라, 골문을 향한, 즉 골이 될 수 있는 가능성이 있어야 숏팅이다. 업무도 마찬가지다. 컴퓨터 앞에 앉아 있다고 업무를 하는 것이 아니라 효율적 업무가 될 수 있도록 유효 업무 시간을 확보해야 한다. 업무 관리자 입장에서는 직원들이 오랜 시간 동안 열심히 업무를 하면 좋다고 생각을 하겠지만, 실상은 그렇지 않다. 유효 업무 시간을 확보하기 위해서는 업무 시간을 디테일하게 관리해야 한다. 상황에 맞게 적절한 계획을 세우고, 시간 사용률을 점검해야 한다. 그리고 업무에 도움이 되는 창조적인 생각은 구속받지 않고 자유로울 때 형성된다는 것을 잊지 말아야 한다. 그렇다고 아무 것도 하지 않아도 저절로 생기는 것은 아니다. 창조적인 생각은 필요에 의해 나온다. 생각은 아무것도 없는 상태에서 창조하려고 하면 안 된다. 기존의 것을 배우고 익혀, 모방해야 한다. 모방이 창조보다 더 효과적이기 때문이다. 모방한다는 것은 기존의 것을 똑같이 복사하는 것이 아니라, 기존의 것을 수정하고 보완하여 더 좋은 것을 창조하는 작업이다. 방송 프로그램 중 '불후의 명곡'이라는 프로그램에서는 유명가수가 신곡이나 자기 곡을 발표하는 것이 아니고, 기존의 곡을 편집하여 더 좋은 곡을 만들어 발표한다. 이렇게 모방을 하면 기존의 제품보다 단점은 적고 장점이 많은 제품을 만들 수 있다.

좋은 제안서를 쓰기 어려운 이유

모든 생물은 종족 번식의 본능이 있다는 것은 누구나 다 아는 이야기다. 특정 개체가 살아가는 환경에 유리한 유전자를 갖고 있을 경우 그 개체의 번식 성공도가 높다는 것도 진화론을 배우면서 알고 있는 내용이다. 그런데 진화론을 주장한 찰스 다윈을 곤란하게 하는 곤충이 있다. 바로 일개미다. 일개미는 번식능력이 없는 암개미다. 개미 집단은 번식 능력이 있는 여왕개미와 날개 달린 수개미 외 모두 번식하지 않는 일개미로 구성되어 있다. 일개미는 왜 종족 번식을 안하고 죽을 때까지 일만 할까? 자연 선택설을 근간으로 하는 찰스 다윈의 진화론을 일시에 무력화시킬 수 있는 '블랙 스완'급 질문이다. 이에 대해 진화생물학자들은 일개미가 번식하여 직접 자기 유전자를 퍼트리는 것보다, 일만 하면서 여왕개미를 돕는 것이 자기 유전자를 더 많이 퍼트릴 수 있는 방법이라고 설명한다.

이렇게 종족 번식도 포기하면서 일만 하는 일개미를 관찰해보면 열심히 일하는 일개미가 10%, 게으름 피우는 일개미가 10%, 평범한 일개미가 80%로 구분된다고 한다. 이 중 열심히 일하는 일개미들로만 집단을 구성하면 어떤 일이 생길까? 결과는 일반 일개미 집단과 같이 열심히 일하는 일개미가 10%, 게으름 피우는 일개미가 10%, 평범한 일개미가 80%로 구분된다. 이런 현상을 '지프의 법칙'이라고 한다. 이 법칙은 하버드대학 교수 조지 킹슬리 지프가 발견한 것으로 문장 중에서 특정 단어가 얼마나 자주 나오는지 빈도를 조사하다 발견한 법칙이다. 지프는 언어학자로 언어에서 통계적으로 발생하는 것들에 관해 관심을 가지고 조사하다 책에서 특정 단어가 얼마나 자주 등장하는가를 결정하는 법칙을 발견하였다. 여러분들 생각에는 어느 단어가 가장 많이 나올 것 같은가? 가장 많이 나오는 단어는 the, of, and 순이다. the가 나오는 빈도를 1로 계산하면, 그다음 많이 나오는 of는 the의 1/2, 그 다음인 and는 the의 1/3 정도의 빈도를 보이고, n 번째 빈도는 1/n인 것을 발견했다. 이 법칙은 가장 많이 사용하는 단어와 그다음 순위는 일정한 비율로 감소하는 것을 나타내는데, 상위권에 해당하는 단어들이 대부분을 차지한다는 것을 의미한다.

또 이 법칙은 단어의 빈도에서만 일정 법칙이 발견되는 것이 아니라 어떤 집단에서든 상위를 차지하는 것과 하위를 차지하는 것들 사이에는 일정한 빈도를 나타내는 것으로 확대하여 해석된다. 예를 들어 한국의 큰 도시 인구수를 비교해보면 서울, 부산, 인천, 대구, 대전 순으로 1, 1/2.9, 1/3.8, 1/4, 1/5.4의 비율을 나타내고 이 비교치를 보면 서울에 인구가 집중된 것을 알 수 있다. 또 다른 예를 들면 내가 로마로 출장 갔을 때 시간을 내어 바티칸 미술관에 관람을 갔었다. 워낙 볼거리가 많아 5시간 이상을 관람했으나, 유명한 시스티나 성당 천장화인 미켈란젤로의 '천지 창조'만 기억을 한다. 매우 많은 그림과 조각과 유물을 보았으나, 예술적 감각이 없어서 그런지 단편적인 것만 어렴풋이 기억날 뿐이다. 다른 사람들도 마찬가지라고 생각한다. 미술관에 가게 되면 유명한 작품을 위주로 관람하지 모든 그림을 자세히 들여다보지는 않는다. 음악 CD도 마찬가지로 자주 듣는 곡만 듣게 된다.

이처럼 어떤 집단에서 상위에 랭크되는 것이 집단이 차지해야 할 대부분을 차지한다. 우리가 제안서를 작성할 때를 가정해 보자. 문서 작성을 위해 좋은 생각이 떠올랐다면 그 생각을 표현할 수 있어야 한다. 표현할 때는 반드시 세 가지를 나타내야 하는데, 현재 상황에서 그 생각이 좋은 이유와 그 생각을 실천하는 방법 및 실천했을 때의 기대 효과 등을 나타내야 한다. 이렇게 주어진 당면 문제를 해결할 수 있을 것 같은 생각을 자기만의 전문 지식을 활용하여 수행하기 위해 작성하는 문서가 제안서다. 제안서는 공식 문서로 작성자가 보기 위해 만드는 것이 아니라, 타인에게 보여주어 작성자의 의도를 이해하게끔 하는 것이다. 그런데 제안서는 대부분 기술을 전공한 엔지니어들이 작성하다 보니 엔지니어 자신이 보유한 스키마 내에서 할 수 있는 모든 기술적 내용으로 제안서를 채운다. 제안서를 통해 상대방을 이해시키기 위해서는 보다 단순하고 일상적인 단어를 사용해야 하나 가장 많이 사용되는 단어는 의미가 모호하거나 다양한 뜻이 있는 경우가 많아 특히 주의해야 한다. 일상적인 단어를 사용하기가 쉽지 않다 보니 사용 빈도수는 적지만 단어가 전달하고자 하는 의미가 훨씬 명확한 기술적이고 전문적인 용어를 남발하게 되어, 제안서를 읽는 상대방을 배려하지 않게 된다.

예측이란?

행정학에서는 '예측(Forecasting)'을 과거로부터 현재까지의 추세를 기초하여 미래를 예측하는 '투사(Projection)', 명백한 이론적 가정들에 기초하여 미래를 예측하는 '예견(Prediction)', 전문가나 식견 있는 판단에 기초하여 미래를 예측하는 '추측(Conjecture)'으로 구분한다. 투사는 추세를 연장하거나 경향분석을 통해 귀납적으로 예측하는 것으로써 시계열분석 방법이 대표적인 방법이다. 예견은 인과관계를 이론적 모형을 통해 연역적으로 예측하는 것으로써 회귀분석이 대표적 방법이다. 추측은 주관적 견해에 의존하여 판단하는 정성적인 예측으로 전통적 델파이 기법이 대표적이다. 이처럼 예측을 위한 많은 방법이 있다 해도 수백 개의 변수가 있는 복잡한 예측 방법이나 변수가 적은 간단한 방법 모두 정확한 예측을 한다는 보장은 없다. 예측한 결과가 맞는지 틀리는지는 그 시간이 흘러야만 알 수 있기 때문이다. 이집트에는 "미래를 예언하는 사람은 그가 진실을 말할지라도 거짓말을 하는 것이다."라는 속담이 있다. 제프리 스티벨은 "인간의 뇌는 예측(Prediction)에는 능한데 예견(Forecasting) 능력은 떨어진다."라고 했다. 스티벨은 예측을 임박한 사건에 대한 추측으로, 예견은 더 먼 미래를 내다보는 능력으로 정의했다. 인간은 불완전한 상황에서는 뛰어난 판단, 즉 예측을 하지만, 신중한 판단을 내려야 할 예견을 할 때는 오류를 범한다는 것이다.

다니엘 카너먼, 스티븐 레빗, 말콤 블래드웰, 세스 고딘 등이 추천한 '행복에 걸려 비틀거리다'를 쓴 대니얼 길버트는 예측(Prediction)에 대해 조금 다른 시각을 가지고 있다. 길버트는 책 속에서 "인간의 뇌가 이룩해낸 최대의 업적은 현실 세계에 존재하지 않는 사물과 사상들을 상상할 수 있는 능력이며, 이 능력이 우리로 하여금 미래를 생각할 수 있게 만든다."라고 했고, 미래를 생각할 수 있는 방법으로 동물도 할 수 있는 '다음 생각하기(Nexting)'와 인간만이 할 수 있는 '예견(Forecasting)'을 말한다. 다음 생각하기는 즉각적이고 단순한 예측에 대해 무의식으로 다음에 일어날 일을 그냥 생각하는 것이다. 여기서 이야기하려는 예측과는 거리가 있다. 예견은 앞으로 발생할 일에 대해 지금 무언가 할 수 있는 것을 말하며, 특정한 모습의 미래를 예방하는 데 목적을 둔다. 이처럼 진정한 의미의 예측은 단순히 앞으로 닥칠 미래에 대해 상상하는 것이 아니라, 미래의 모습을 상상하고, 그 미래에 맞는 대비를 위해 지금 그 미래에 대해 무언가를 할 수 있게끔 해야 한다. 그렇게 하기 위해서는 예측의 결과를 구성하는 많은 변수에 대해 이해당사자 간의 합리적인 합의가 있어야 한다. 합리적이지 못한 호모 휴리스틱쿠스는 예측의 결과를 받아들이는 방식이 처한 상황에 따라 다르기 때문이다. 호모 휴리스틱쿠스는 어떠한 결과가 도출되었을 때 그 결과에 대해 만족할 때는 수용을 하지만, 원하는 결과가 아닐 때에는 예측 결과를 부정하려 들며, 원하는 결과가 나올 것 같은 방식을 적용하여 예측하기를 주장한다. 이러한 것을 막기 위해서 예측을 할 때는 스스로 예측하고, 경험을 통해 발견하여, 빠른 판단을 할 수 있는 것이 필요하다.

그렇다면 앞에서 이야기했던 제안서 작성 과정을 다시 한 번 살펴보면 제안서를 작성하는 엔지니어들은 자신의 스키마에 있는 정보를 기초로 하여 제안서를 읽을 사람을 배려하지 않고, 자신이 가장 잘 이해할 수 있는 방식으로 문서를 작성할 것으로 예측된다. 진정한 의미의 예측은 이 상황에 대비하는 것이라고 했다. 어떻게 해야 할까? 첫째, 스스로 예측하기 위해서는 측정하고 평가할 수 있어야 한다. 제안서는 팀을 이뤄 여러 명이 작업을 하기 때문에 각 팀원의 역할과 책임이 정의되어야 하고, 그 역할과 책임에 맞게 작업을 하고 있는지 볼 수 있어야 한다. '워룸(War-room)'을 운영하여 상호간 커뮤니케이션을 극대화시키는 것은 좋은 방법이다. 둘째, 이상 현상을 발견할 수 있어야 한다. 제안서의 방향이나, 전후 연결이 매끄럽지 못한 것을 실시간으로 파악할 수 있어야 한다. 대표적인 방법으로 일정 계획에 따른 진척률 검토나 중간발표 등을 통해 내용을 검토하는 것이 좋다. 셋째, 측정한 결과를 통해 올바른 판단을 할 수 있어야 한다. 올바른 판단이란 각 상황에 맞는 대책을 세울 수 있는 것을 말한다. 상황을 파악할 때는 각 상황을 정량화시킨 대시보드를 통해 모든 이해당사자가 공감할 수 있는 데이터를 가지고 해야 한다. 이때 주의할 점은 개별적인 사안을 평균값으로 판단하는 경우를 피해야 한다. 호모 휴리스틱쿠스는 평균을 좋아하는 특성이 있기 때문에 엉뚱한 결과가 나올 수 있다.

제안서 작성

다니엘 카너먼은 '생각에 관한 생각'에서 인간의 생각 주체를 '시스템 1'과 '시스템2'로 구분한다고 앞에서 언급했다. 이와 유사하게 리처드 탈러는 '넛지'에서 '자동 시스템과 '숙고 시스템'으로 구분한다. '클루지'에서 개리 마커스는 '선조 시스템'과 '숙고 시스템'으로 표현한다. 시스템1은 자동시스템, 선조 시스템과 같은 개념이고, 시스템2는 숙고 시스템과 같은 개념이다. 시스템1의 특징으로는 생각을 통제할 수 없고, 별도의 노력 없이 가동되며, 매우 신속하고, 무의식적이며, 굉장히 유연하다. 반면에 시스템2는 생각을 통제할 수 있으며, 잘 가용하기 위해서는 많은 노력이 필요하고, 게으르며 늦고, 의식적이고, 일정 규칙을 따른다. 이해하기 쉽게 이야기하면 시스템1은 감정적이면서 직관을 중시하고 시스템2는 이성적이면서 합리적인 계산을 중시한다고 생각하면 된다. 나는 시스템1에 매우 가까우면서도 시스템2적인 사고와 행동을 습관화시킨 인간 유형을 호모 휴리스틱쿠스라고 부른다. 인간은 항상 이성적이고 합리적이며, 모든 것을 수익을 위해 생각하고 행동하지는 않는다는 것을 이제는 독자들도 다 알고 있을 것이다. 즉 인간은 호모 휴리스틱쿠스다.

제안서를 읽을 사람도 결국은 호모 휴리스틱쿠스이기 때문에 제안서를 작성할 때 시스템1의 특징을 이해하고 이를 활용할 필요가 있다. 대표적인 것이 '단순 노출 효과'로 이것을 잘 활용하는 분야가 마케팅이다. 폴란드 출신의 사회심리학자인 로버트 자이언스가 실험을 통해 밝혀낸 단순 노출 효과는 학생들에게 12장의 사진을 0회, 1회, 2회, 5회, 10회, 25회를 보여주는 조건으로 사진 속 인물에 대한 호감도를 조사한 결과 보여주는 횟수가 증가함에 따라 호감도도 같이 증가한다는 사실을 밝혀냈다. 시스템2가 인식하지 못하는 사건에 대해서도 시스템1은 반응한 것이다. 시스템2는 게으르고, 노력이 필요한 반응에 대해서는 회피하려 하기 때문이다. 이렇게 단순히 노출만 했을 경우라도 호모 휴리스틱쿠스에게 영향이 미치는 것이다. 우리가 각종 매스컴을 통해 보고, 듣게 되는 광고에는 거의 대부분 배경음악이 사용되고 있다. 이 배경음악 또한 단순 노출 효과를 노린 것이다. 같은 음악을 자주 듣게 되면 친숙해지고, 이 친숙함이 호감도를 상승시킨다. 몸값이 비싼 스포츠 스타나 유명 연예인을 광고에 자주 등장시키는 것도 친숙함을 통한 마케팅 기법이다.

　단순 노출 효과와 같은 뜻으로 사용되는 말 중에 '에펠탑 효과'가 있다. 전 세계인 모두 프랑스 파리하면 제일 먼저 떠오르는 것이 있다. 바로 에펠탑이다. 이렇게 파리를 대표하는 에펠탑이지만, 처음부터 에펠탑이 화려하게 등장한 것은 아니다. 파리는 대부분 낮은 건물로 이루어져 있는데, 1889년 만국박람회 조형물로 300m나 되는 철제 탑을 파리에 세운다는 것은 도시 미관에 맞지 않기 때문에 반대가 극심했다. 결국, 20년 뒤에 철거한다는 약속을 하고 에펠탑을 세웠다. 에펠탑이 모습을 드러내자 파리 어디에서나 보일 정도로 높은 에펠탑은 매일 파리 시민들에게 노출되었다. 마침내 에펠탑에 대한 호감도가 최고조에 다다르게 되었고, 이제는 파리를 대표하는 상징물로 자리매김하고 있다. 매일 노출되는 에펠탑에 대해 호감도가 상승하여 나타난 결과다.

그렇다면 제안서의 작성 의도대로 의도한 사람에게 잘 읽히게 하려면 어떻게 해야 할까? 시스템1을 자극해야 한다. 시스템2는 게으르기 때문에 시스템2가 눈치채지 못하게 시스템1에 의도한 바를 계속 노출시키는 것이다. 그것은 심리학에서 이야기하는 인지적 편안함을 활용하는 것이다. 제안서 작성과 발표를 많이 하면서 내가 직접 느낀 것이 있다. 사람들은 제안서를 포함한 문서를 접할 때 공통으로 느끼는 것이 있다는 것이다. 색상에 대해 어중간한 색조보다는 원색을 더 선호하고, 복잡하지 않은 단어를 사용하여 간결하게 작성한 것을 좋아한다. 어떤 개념이나 생각을 전달할 때는 운문 형태로 전달하면 상대방이 진실로 받아들일 가능성이 높아진다. 그리고 문서의 정확성을 높이기 위해 많은 도서나 인터넷 사이트에서 인용을 많이 하게 되는데, 인용의 출처를 반드시 알기 쉬운 이름을 사용하는 것이 좋다. 시스템2가 신경 쓰지 않도록 말이다. 제안서를 읽는 호모 휴리스틱쿠스는 새로운 개념이나 방법에 대한 제안서에 대해 회피를 하려고 한다. 새로운 자극에 대해 신중하게 대응하려고 시스템2가 노력하고 있기 때문이다. 이때 새로운 접근 방식이 옳다는 것을 다양한 방법을 사용하여 반복적으로 증명하면 단순 노출 효과가 생기게 된다. 특히 의식적으로 인식하지 못하는 반복적인 자극이 더욱 효과적이다. 에펠탑처럼 처음에는 거부됐으나, 반복적인 노출은 편안함과 호감도를 상승시킨다.

발표

연상 퀴즈를 하나 풀어보기 바란다. 첫째, 기업에 입사하면 제일 먼저 배우는 회의 기법의 하나다. 둘째, 상대방 의견에 대해 판단 보류, 자유분방한 사고 필요, 정제된 아이디어보다는 많은 아이디어를 중시, 내 의견과 다른 사람 의견을 결합하여 개선이라는 네 가지 원칙을 갖고 있다. 셋째, 미국 광고회사 부사장인 알렉스 F. 오즈번의 저서 '독창력을 신장하라'에서 처음 소개됐다. 넷째, 이 책을 읽고 있는 독자들도 워크숍을 가면 항상 사용하는 기법이다. 답은? 빙고! 브레인스토밍이다. 독자 모두 맞췄다. 우리는 보통 브레인스토밍에 대해 한 사람보다는 다수일 경우 아이디어가 많고, 아이디어가 많을수록 좋은 아이디어가 나올 가능성이 높으며, 상대방의 아이디어에 비판을 하지 않으면 더 많아진다고 알고 있다. 모두 맞는 말이다. 하지만 우리가 실제로 브레인스토밍을 적용해서 회의하게 되면 위에서 언급한 대로 되는 경우가 많지 않다. 일단, 브레인스토밍의 네 가지 원칙이 지켜지지 않는다. 네 가지 원칙에는 특별하거나 어려운 것이 없음에도 불구하고 안 지켜진다. 그 이유는 브레인스토밍은 이성적으로 접근하는 방식이기 때문이다. 즉 브레인스토밍에 참여하는 구성원들의 이성적인 사고를 통해 창의적인 아이디어를 만들기 위한 기법이 브레인스토밍이지만, 구성원이 호모 휴리스틱쿠스이기 때문에 결코 이성적이지 못한데 이유가 있다.

앞에서도 소개한 덴마크 출신의 유명한 미래학자이면서 베스트셀러 '드림 소사이어티'를 쓴 롤프 얀센은 하트스토밍의 중요성을 강조한다. 하트스토밍은 구성원들의 생각과 정서 등 감성을 중시하여 이성적인 사고로 아이디어를 유도하는 기법인 브레인스토밍과 대비되는 것으로, "구성원들의 정서를 모아 하나의 비전으로 통합시키기 위해서는 강력한 정서적 연대가 필요하다."라고 한다. 예일대학교의 감성지능 부문의 두 교수 데이비드 카루소와 피터 샐로비의 공저 '사람과 조직을 끌어당기는 하트스토밍'에서 "감정이 배제된 상태에서 이루어진 의사결정에는 항상 결정적인 위험이 도사리고 있다. 회의에 참가한 사람들의 감정을 정확히 인식하지 못한 상태에서 결정된 사업계획은 껍데기에 불과하다. 참석자들의 미묘한 얼굴 표정, 자세, 목소리의 톤 등을 통해 그들의 감정을 정확히 읽고, 향후 추진될 사업에 대한 사람들의 반응을 파악하여 적절히 대처해야 해당 사업이 원활히 진행될 수 있다."라고 말한다. 그렇다면 정서적 연대를 강화하기 위해서는 개인 간, 조직 간의 보이지 않는 벽을 제거해야 하며, 권한이 있는 상사의 양보가 필요하다. 즉, 조직 내의 권위적인 위계가 허물어져야 커뮤니케이션이 일어난다. 커뮤니케이션은 상하 간의 소통이지 지시와 명령에 의한 복종이 아니기 때문이다. 이렇게 정서적으로 공감될 때 조직 전체를 위한 아이디어가 나오게 된다.

자, 이제 우리는 브레인스토밍이 됐든, 하트스토밍이 됐든 아이디어를 만들고, 그 아이디어에 대해 구성원들 간에 공감하기 위해서는 만들어진 아이디어를 발표해야 한다. 발표한다는 것은 자신과 다른 상대방의 생각을 알게 되는 것이고, 상대방과 다른 내 생각을 알려주는 행위다. 이 행위를 통해 구체적인 아이디어를 내고, 아이디어가 구체화할 때까지 반복하는 것이다. 회의하는 기본 목적이 바로 이것이다. 이 기본 목적을 위해 이성적으로 생각하고 발표하는 브레인스토밍을 하거나, 감성적으로 상대방을 이해하는 하트스토밍의 기법을 사용하는 것이다. 반복적인 발표를 통해 더 이상 새로운 아이디어가 나오지 않는다면, 최종 아이디어를 검토해야 한다. 자신이 발표한 아이디어에 대해 상대방의 입장에서 생기는 궁금증에 대해 구체적으로 답을 할 수 있어야 한다. 또 상대방의 아이디어에 대해 궁금증이 다 풀릴 때까지 검토해야 한다. 검토할 때 유용하게 쓰일 수 있는 것이 'SWOT' 분석이다. SWOT 분석의 특징은 외부로부터 오는 기회(Opportunity)는 살리고 위협(Threat)은 회피하며, 강점(Strength)은 활용하고 약점(Weakness)은 보완하기 위한 수단이다. SWOT 분석을 통해 객관적 시각에서 각각의 SWOT에 대한 답을 구체적 시나리오로 표현할 수 있어야 한다. 즉, 단편적인 아이디어를 전체적인 시나리오로 작성할 수 있어야 하는데, 여기에는 아이디어를 구체화할 때 영향을 미치는 맥락적 환경과 환경이 미치는 영향력, 그리고 그 영향력에 따른 아이디어의 효율성에 대해서 말할 수 있어야 한다. 이렇게 아이디어를 시나리오로 설명하고, 검토하고, 보완하는 과정을 통해 창의적인 아이디어가 나온다.

발표가 어려운 이유

시나리오에 의해 제안서를 작성하고 발표하는 사람들은 대부분 엔지니어다. 내 경험에 의하면 엔지니어는 어떤 주제에 대해 발표할 때 자신이 알고 있는 모든 내용을 설명하려고 하는 경향이 있다. 엔지니어링적으로 중요한 부분이 누락되면 전체를 이해시키는데 문제가 있다고 생각하기 때문이다. 그래서 발표 예정시간이 갑자기 줄어들 경우 당황하는 경우가 많다. 발표를 위해 준비된 양을 축약시키기도 어렵지만, 더욱 엔지니어를 곤란하게 하는 것은 발표하고자 준비했던 내용 중 일부를 빼고 발표해야 한다는 것에 많은 부담을 받는다. 준비된 모든 자료가 다 합쳐져야 완벽한 구성을 이룬다고 생각하기 때문에 줄여서 발표하게 되면 곤란함을 느끼는 것이다. 발표할 내용을 서론, 본론, 결론으로 나눈다고 할 때 발표 시간의 단축으로 빼야 할 부분을 정리하지 못한 채 서론이나 본론 부분을 발표하다 발표 시간을 넘기는 일이 비일비재하다. 정작 중요한 결론은 시작도 못 해보는 경우도 있다. 준비된 시간이 줄었을 경우 발표하고자 하는 맥락에서 부연 설명되는 서론이나 본론을 줄여야 하는데, 그렇게 하지 못하는 것이다.

이런 일이 일어나는 것은 어떤 사실을 증명하기 위해 자신의 견해를 통해 설명해야 하는 부담을 안고, 사실에 관해 이야기하는 것이 아니라 자신의 견해에 관해 이야기하려다 보니 자신이 짠 시나리오가 완벽하게 보여야 하기 때문이다. 순간 완벽주의자가 된다. '완벽주의의 함정'을 쓴 독일의 클라우스 베를레는 "완벽은 정해진 끝이 없으므로 계속해서 출발만 있는 달리기 경주와 같다."라고 말했다. 이 말은 모든 분야에 걸쳐 자신이 생각하는 이상형이 존재하기 때문에 완벽에서 벗어날 수 없다는 의미다. 발표 시간과 발표 내용을 줄여야 한다는 것에 대해 반드시 설명해야 할 것을 설명하지 못하면 내용이 완벽하게 전달되지 못한다고 여긴다. 사실에 대한 자신의 견해를 충분히 설명하지 못하면 완벽하게 설명하지 못했다고 생각을 한다. 실제로 제안 발표를 듣는 사람들은 특정 부분의 집중적인 설명보다는 뉴스의 헤드라인 같은 전체적인 내용을 이해할 수 있는 정도의 발표를 원하는 경우가 대부분이다. 이 사실을 알고 있으면서도 막상 발표를 준비하고 발표할 때는 완벽주의자가 되는 것이다.

이미 발생된 사건에 대한 사실은 시간이 흘러도 변하지 않는다. 하지만 그 사실을 보는 사람들의 시각에 따라 그 사건에 대한 각자의 의견은 다양하게 나타난다. 사건에 대한 사실은 하나만 존재하지만, 그 사실을 이해하는 사람들은 사실에 대한 지식과 경험의 유무에 따라 매우 다양한 의견을 나타낸다. 따라서 사건에 대한 사람들의 의견, 즉 견해는 서로 다를 수 있다. 자신이 취하는 견해와 다른 사람의 견해가 다를 수도 있다는 것이다. 누구의 견해가 맞는다는 것은 없다. 영국의 경제학자로 1933년 노벨평화상을 수상한 노먼 에인절은 "사람의 행동을 이끄는 것은 사실이 아니라 사실에 대한 그들의 의견이다. 때로는 그 의견이 잘못된 것일 수도 있는데, 이는 오직 토론을 통해서만 바로 잡을 수 있다."라고 했다. 따라서 특정 사실에 대한 서로 다른 견해들이 사실에 입각해서 자신의 위치를 확보하기 위해서는 상대방과 다른 자신만의 견해를 강요해서는 안 된다. 자신의 견해를 상대방이 알아주기를 바라는 것처럼 상대방의 견해를 이해하기 위해 노력해야 한다. 하지만 호모 휴리스틱쿠스는 자신의 견해를 전달할 때 전체보다는 자신이 관심 있거나 특정 상황에 맞는 부분만을 선택해서 전달하기 때문에 노먼 에인절의 말을 새겨들을 필요가 있다. 사람들이 브레인스토밍을 하기 어려운 이유이기도 하다.

그리고 호모 휴리스틱쿠스는 자신이 발표하는 모든 내용을 상대방이 집중해서 다 이해할 것이라고 생각한다. 이것은 큰 오해다. 입장을 바꿔 발표자가 듣는 입장이 되었을 때 다른 발표자의 이야기를 처음부터 끝까지 다 듣고, 다 이해한 적이 있었나를 생각해 봐야 한다. 그리고 미국의 사회학자 앨버트 메르비언은 "보통 전달하려고 하는 메시지의 7%만이 말을 통해 전달되고, 38%는 목소리의 톤에 의해 전달되며, 55%가 얼굴 표정, 몸짓 등을 통해 전달된다."라는 것을 밝혀냈다. 이 조사 결과가 의미하는 것은 언어보다는 비언어로 전달하는 것이 효과가 더 높다는 것을 나타낸다. 우리 기억 속에 있는 것도 대부분 비언어이고, 발표자의 말과 비언어적인 부분이 서로 다르게 느껴질 경우 비언어를 더 신뢰한다. 따라서 발표를 위한 제안서를 써야 되나, 대부분 읽기 위한 제안서를 쓰고, 그것을 입으로만 발표하는 데 문제가 있다.

보고 싶은 것만 보는 인간

나는 업무 특성상 제안 발표 현장에 있게 되는 경우가 종종 있다. 그
때마다 이상한 점을 자주 보게 된다. 그것은 발표자와 이해당사자들
이 좋은 시나리오에 의해 잘 작성된 제안서를 발표까지 의도한 대로 했
을 경우 경쟁사를 이길 수 있다고 이야기하는 것이다. 심사원들의 제
안 발표에 대한 지각의 정도는 알지 못하면서 자의적인 정보에 의해 유
리한 쪽으로만 해석하기 때문이다. 또, 호모 휴리스틱쿠스는 주위에 있
는 모든 것들에 의해 자극을 받지만, 모든 자극에 반응하지 않고 관심
이 있거나 의미 있는 것에 대해서만 집중을 하게 되고, 그 자극에 대한
정보만을 처리한다. 이처럼 정보처리가 이루어지지 않은 것은 무의식적
으로 무시되며, 정보처리가 일어난 것에 대해서만 기억 저장소에 남을
가능성이 있게 된다. 그것도 핵심적인 특징만 단기 기억저장소에 20초
정도만 저장하게 된다. 이러한 현상을 '선택적 지각'이라고 한다. 이것은
외부로부터 정보를 받아들일 때 객관적이지 않고, 자신의 경험이나 인
지 체계에 가깝거나 유리한 정보만을 선택적으로 받아들이는 것을 말
한다.

다음에 소개하는 예는 많은 책에서 소개하고 있고, 인터넷상에도 많

이 올라와 있는 것이다. 빠른 속도로 읽어 보기 바란다.

캠릿브지 대학의 연결구과에 따르면, 한 단어안에서 글자가 어떤 순서로 배되열어 있는가 하것는은 중하요지 않고, 첫째번와 마지막 글자가 올바른 위치에 있것는이 중하요고 한다. 나머지 글자들은 완전히 엉진창망의 순서로 되어 있지을라도 당신은 아무 문없제이 이것을 읽을 수 있다. 왜하냐면 인간의 두뇌는 모든 글자를 하나 하나 읽것는이 아니라 단어 하나를 전체로 인하식기 때이문다.

여러분들이 아주 빨리 읽었다면 윗글을 읽는 데 전혀 문제가 없었을 것이다. 단어가 엉켜있는데도 읽는 데 지장이 없어서 조금 놀란 독자들도 있을 것이다(여기에 예외가 있다. 이 글 내용 정리를 하기위해 원고를 아내에게 주고, 수정을 부탁했었다. 그때 아내는 위의 글을 전부 수정했었다. 아내는 오류를 찾으려는 목적으로 보았기 때문이다). 우리는 외부로부터 들어오는 모든 정보에 대해 선택적으로 인식하기 때문이다. 위 예처럼 단어를 인식할 때 한 글자씩 읽는 것이 아니라 단어의 시작과 끝을 선택적으로 인식하여 단어 전체를 지각하는 것이다. 선택적 지각의 대표적인 사례가 앞에서 이야기했던 '보이지 않는 고릴라' 실험이다. 하얀 유니폼을 입은 팀의 패스 숫자를 세는 데 집중하다 보니 고릴라 복장을 하고 춤을 추며 경기장을 가로질러가는 것을 보지 못하는 것이다. 자신에게 관심이 있는 부분에만 집중하게 되어 전체를 보지 못한 것이다. 이와 유사한 것으로 '칵테일 파티 효과'라는 것이 있다. 파티장은 시끄럽기 마련인데, 아무리 시끄러운 곳이라도 자신의 이름을 부르는 소리는 잘 알아듣는 것을 말한다. 즉, 소음 속에서도 자신에게 의미 있는 정보는 선택적으로 받아들이는 것이다.

우리는 실제로 선택적 지각을 일상생활에서도 많이 경험한다. 자신이 취한 태도와 행동이 모순될 경우 태도에 행동을 맞추기보다는 행동에 맞게 태도를 바꾼다. 이런 것을 '인지 부조화'라고 하는데 이것도 유리한 정보만 택하는 선택적 지각과 비슷한 것이다. 열등감이 있는 사람들은 다른 사람들이 별다른 뜻 없이 한 행동을 자신을 무시했다고 오해한다. 망상증 환자들은 거의 완벽하게 선택적 지각을 하고, 선택적 지각 결과를 자신만의 논리로 만들어 주변과의 소통에 벽을 쌓게 된다. 이처럼 혼자 보고 듣는 것에 대해서만 선택적 지각을 하는 것이 아니고 대화를 할 때도 선택적 지각 때문에 소통에 문제가 생기기도 한다. 이야기하는 사람은 자기가 지각한 것에 대해서만 기억을 하고, 듣는 사람도 마찬가지로 자기 관심 사항에 대해서만 선택적으로 지각하게 된다. 그러다 보니 이야기하는 입장에서는 이야기를 듣는 상대방에게 두 가지 오해를 할 가능성이 매우 높다. 이야기하는 사람의 의도를 이해하지 못하는 상대방에 대한 불만과 상대방이 자신을 이해시키지 못한 것에 대한 불만이 그것이다. 선택적 지각이 호모 휴리스틱쿠스의 특징이라면 자기중심적인 사고에서 벗어나기 위한 노력이 필요하다. 그것은 자신이 먼저 이야기하기보다는 상대방의 이야기를 경청하는 습관을 갖는 것이 중요하고, 자신이 이해한 바를 상대방에게 반드시 피드백하여 오해의 소지를 없애야 하고, 객관적이지 않은 상황에서는 자신에게 유리한 정보만 지각하고 있는 것이 아닌지 살펴보아야 한다.

들어주는 것이 설득시키는 것이다

전 세계적인 베스트셀러 작가 로버트 치알디니는 '설득의 심리학'에
서 설득을 잘하기 위한 여섯 가지 법칙을 이야기하고 있다. 누군가에
게 선물을 받으면 자신도 선물해야 하겠다고 생각하는 상호성, 갖기
힘든 것을 더 갖기 원하는 희귀성, 자신이 직접 판단하기 힘들 때 전문
가를 찾게 되는 권위, 설득을 위해 조그만 일에 먼저 개입을 하는 일관
성, 호감이 가는 사람에게 동조하게 되는 호감, 확신이 없을 때는 남을
따라 하게 되는 사회적 증거가 그것이다. 이 여섯 가지에 하나를 덧붙
인다면 남의 이야기를 잘 들어주는 '경청'을 추가하고 싶다. '경청'은 막
연히 상대방의 이야기를 수동적으로 듣고 있는 것이 아니라, 상대방이
전달하고자 하는 내용과 이야기를 하는 이유, 이야기의 밑바닥에 깔린
정서 등을 이해하고, 이해된 바를 상대방에게 피드백하는 것으로 매우
효과적인 의사소통 방법이다. 이 '경청'이 전제되어야 로버트 치알디니
의 여섯 가지 법칙도 효용이 있을 것이다.

올바른 의사소통 관계가 성립되어야 하는 매우 중요한 관계가 환자
와 치료자의 관계일 것이다. 치료자와 환자의 좋은 관계를 만드는 것
은 치료자의 기본적인 자세다. 이 관계를 형성하는 데 필요한 것이 바

로 경청이다. 환자가 자기 몸의 이상 상태를 충분히 표현할 수 있어야 하지만, 대부분 치료자는 그 분야의 전문가이기 때문에 환자의 이야기를 듣기보다는 자기의 전문지식이나 의견을 이야기하는 경우가 대부분이다. 만약 치료자가 환자의 이야기에 귀 기울이는 자세를 취하기만 해도 환자는 표현을 자유롭게 할 수 있어 정서적으로도 좋아지기 때문에 효과적인 치료에도 도움이 될 것이다. 굳이 경청까지 하지 않더라도 경청하는 자세만 취해도 좋은 효과를 볼 수 있는 것이 바로 경청이다.

경청을 잘해서 성공한 일화로 카네기의 사례를 많이 든다. 카네기가 어느 날 한 출판업자의 초대를 받아 만찬회에 가게 되었는데, 거기서 유명한 식물학자를 소개받게 되어, 그 식물학자와 대화를 하게 되었다. 카네기는 식물학에 대해서는 문외한이었기 때문에 식물학자에게서 처음 들어보는 식물과 품종 개발 계획에 관련된 이야기에 흥미를 갖고 대화에 몰입하게 되었다. 만찬회가 끝나 갈 무렵 그 식물학자는 출판업자와 같이 다가와서 카네기를 칭찬하기 시작한 것이다. 칭찬의 내용은 "카네기 씨는 매우 재미있고 매력이 있는 사람으로 아주 재미있게 대화를 할 수 있는 사람입니다. 정말로 오늘 카네기 씨와의 대화는 너무 즐거웠습니다. 아마 내 기억 중 제일 재미있었던 대화였습니다."라는 것이다. 하지만 정작 카네기 자신은 한 이야기가 거의 없었다. 그저 식물학자가 하는 이야기를 진지하게 들어 주었을 뿐이었다. 카네기는 정말 식물학에 관심과 흥미를 갖고 식물학자의 이야기를 경청했던 것이다. 반대로 경청을 잘못해서 실패한 사례로 나폴레옹의 일화가 있다. 나폴레옹이 러시아를 정복하기 위해 원정을 떠날 때 많은 전문가가 다가오는 겨울의 혹한에 대해 염려하여 원정을 뒤로 미룰 것을 조언했다. 하지만 자신감이 넘쳤던 나폴레옹은 많은 조언을 무시하고 "내 사전에 불가능은 없다."라고 외치며 러시아 원정을 떠났고, 결국 전문가들의 조언대로 죽음의 계절을 맞아 실패하게 된다. 나폴레옹이 고집을 부리지 말고 많은 조언에 조금이라도 귀 기울였다면 막을 수 있는 참사였다.

　이처럼 경청은 의사소통을 하는 데 매우 중요한 요소다. 하지만 말처럼 경청이 쉬운 것이 아니다. 대부분 사람은 남의 말을 듣기보다는 자기의 의견을 이야기하는 것을 더 좋아하기 때문이다. 남의 말을 잘 듣지 않는 이유는 무엇일까? 호모 휴리스틱쿠스는 남의 말을 들을 때 아무 생각 없이 순수하게 상대방의 말을 듣는 것이 아니고, 상대방이 말을 하기도 전에 상대방이 무슨 말을 할 것인지를 예측한다. 자신과 상대방의 관계와 현재 이야기를 하는 상황을 보유하고 있는 스키마를 통해 순간적으로 알고 있는 유사한 패턴으로 인식하고, 그 패턴에 따라 경험을 통해 알고 있는 유리한 상황을 차지하기 위한 노력을 한다. 말이 많아질 수밖에 없다. 따라서 호모 휴리스틱쿠스에게 아무리 경청의 중요성을 이야기해봐야 대뇌 신피질은 그 뜻을 이해해도, 무의식적으로는 납득이 되지 않는 것이다. 무의식을 관제하고 있는 것은 대뇌 신피질이 아닌 변연계이기 때문이다. 결국 경청을 잘하기 위해서는 경청의 중요성을 교육하기보다는 경청하는 훈련의 중요성을 깨닫고, 경청이 습관화될 수 있도록 훈련을 해야 한다.

아이돌 가수 키우기

피드백이라는 용어는 초등학교 시절부터 배웠던 용어로 우리에게 매우 친숙한 단어다. 평상시 대화에서도 자주 등장하는데, 피드백의 뜻을 이해하고 있기 때문이다. 그런데 아이러니하게도 피드백을 하는 이유와 중요성에 대해 알고 있는 사람은 그리 많지 않다. 피드백에 대해 가장 이해하기 쉬운 것은 요즘 인기 있는 아이돌 가수를 자식으로 둔 부모와 연예기획사의 예를 들면 쉬울 것 같다. 연계 기획사의 경우를 보면, 연예기획사에서는 아이돌 가수를 잘 팔릴 가능성이 있는 신제품으로 인식한다고 할 수 있다. 새로 기획한 신제품(아이돌 가수)이 예상대로 잘 팔리기 위해서는 신제품에 흠이 생기지 않게 아이돌 가수의 일거수일투족을 감시해야 하고, 아이돌 가수가 시장에서 팔리는 현황을 실시간으로 모니터링해서 연계기획사의 모든 이해당사자와 아이돌 가수에게 모니터링 결과를 피드백해 주어야 한다. 이렇게 실시간으로 피드백하는 것은 신제품 기획 의도, 즉 연예기획사가 소비자에게 심고 싶은 신제품의 브랜드 아이덴티티를 소비자가 그대로 받아들이게 하여 소비자가 느끼는 신제품의 브랜드 이미지를 관리하기 위해서다. 이렇게 신제품의 매출을 높이기 위해 어떤 의도를 가지고 현상을 모니터링 해서 즉각적인 피드백을 통해 기획한 의도대로 유지되게 하기 위해 그 결과를 전달해주는 것이 피드백이다. 이 피드백 활동에 의해 신제품은 바로 수정·보완이 이루어진다. 신제품의 매출 목표가 달성할 때까지 끊임없는 피드백이 발생한다(아이돌 가수를 마치 사물인 것처럼 표현한 부분이 마음에 걸리는데, 내용 전달을 위한 목적임을 이해해 주기 바란다).

이번에는 아이돌 가수를 자식으로 둔 부모의 입장에서 살펴보자. 아이돌 가수는 아이돌 가수이기 이전에 한 부모의 자식이다. 그 부모는 자식이 잘되기만을 바라는 아가페적인 사랑을 펼친다. 자식이 아이돌 가수 활동을 하고 있다는 것은 어떤 식으로든 자식과 부모의 합의가 있었기 때문이다. 그래서 부모는 자식이 잘되기를 바라는 마음으로 자식의 아이돌 가수 활동을 아주 세심하게 모니터링한다. 미디어를 통해 나오는 자식의 모습뿐만 아니라, 자식과 관련이 있는 다른 아이돌 가수의 상황이나, 주변에서 들려오는 무수히 많은 소문과 사실을 모니터링한다. 하지만 부모의 모니터링 결과는 자식에게 쉽게 피드백이 되지 않는다. 그 이유는 두 가지로 나누어 살펴볼 수 있다. 첫 번째, 부모가 자식인 아이돌 가수에게 전달하고자 하는 모니터링 결과는 진정으로 자식을 위한 마음으로 피드백을 하기 때문에 전문적이지 못하다. 즉 표현상의 기법이 초보 수준이다. 정량적인 결과보다는 부모도 호모 휴리스틱쿠스이기 때문에 직관으로 판단하게 되고, 그 결과를 전달하는 과정에 호모 휴리스틱쿠스의 특성이 반영된다. 부모 본인의 경험과 스키마가 작용하는 것이다. 그래서 원초적인 모니터링 결과에 부모의 경험이 더해져 모니터링 결과가 왜곡되는 것이다. 두 번째 이유는 부모와 자식 관계라는 뗄래야 뗄 수 없는 관계로 맺어져 있어, 자식에게 좋은 모니터링 결과만을 피드백해주는 현상이 발생한다. 연예기획부터 전문적인 모니터링 결과를 체계적으로 피드백 받는 아이돌 가수는 부모의 피드백에 대해 부모의 감정으로만 생각한다.

통상적으로 학생들은 학교에서 선생님과 친구들을 통해 교육을 받고, 시험을 본다. 시험을 보는 이유는 교육받은 결과의 피드백을 통해 더욱 발전하기 위한 것이다. 피드백된 결과를 통해 보완해야 할 과목을 알고 계속 공부를 할 수 있는 것이다. 우리가 프로젝트를 수행하는 과정도 마찬가지다. 장기간의 수행 기간 중 목표한 대로 제대로 진행되고 있는지 수시로 모니터링하고, 그 결과를 이해당사자들에게 피드백해 주어야 한다. 앞에서 살펴본 것처럼 피드백하는 이유는 목표를 달성하기 위한 것으로, 어떤 의도를 가지고 행해지는 피드백은 그 피드백 대상에게 영향을 끼치기 때문에 이를 통해 목표를 달성해야 한다. 즉 프로젝트 수행 중 어떤 원인에 의해 나타난 다양한 결과를 다시 그 원인에게 작용하도록 해서 나타난 결과를 원하는 방향으로 끌고 가기 위해서다. 이때 주의할 점은 피드백의 시기 조절이다. 어떤 결과가 나왔을 때 즉시 피드백하는 것이 좋을 수도 있고, 그 반대일 수도 있다. 즉각적인 피드백은 반복적인 훈련을 할 때 유효하다. 훈련 중 잘못이 발견될 경우 바로 피드백을 함으로써 교정을 할 수 있게 도와줄 수 있다. 발생한 결과에 대해 피드백을 바로 하지 않는 것이 좋은 것은 스스로 잘못된 점을 인식할 수 있는 상황에서는 바로 피드백을 하기보다는 스스로 원인을 찾을 수 있는 시간을 주는 것이 더 바람직하다.

제 **5** 장

고객 만족도 모형

서비스에 대한 고객의 인식

기업들은 고객들이 이미 사용하고 있는 제품이나 서비스에 대해 어떤 과정을 통해 제품이나 서비스에 대해 기대가 형성되며, 이 형성 과정에 영향을 미치는 핵심적인 변화 요인은 무엇인가를 알기 위해 끊임없이 노력하고 있다. 대표적인 것이 서비스 품질을 높이기 위한 것으로 서비스 품질에 대해 정의하고, 서비스 품질에 영향을 미치는 것들이 무엇인가를 파악하며, 서비스 품질을 높이려는 방법을 연구하고 있다. 이처럼 서비스 품질이 중요한 이유는 첫째, 제품을 만드는 기업에서는 경쟁사와 차별화된 기술을 통해 경쟁우위를 유지하는 것이 점점 더 어려워지고 있다는 것을 알기 때문에, 기술 이외의 것에 관심을 가질 수밖에 없다. 바로 서비스 품질이다. 제조업체도 이제는 제품을 잘 만드는 것 이외에 부가가치를 더한 서비스를 통해 경쟁우위를 확보하려고 한다. 앞에서 나이키와 닌텐도 이야기를 한 것처럼 이제는 제조업과 서비스업의 구분이 없어지고 있다. 이처럼 서비스 품질은 이미 제품 일부분이 되었다. 둘째, 서비스 품질이 경쟁 전략으로 매우 훌륭하다는 것이다. 선진 기업들은 이미 서비스 품질을 하나의 차별화 도구로 인식하고 있으며, 생산성을 높이고, 고객의 로열티를 확보하기 위한 수단으로 활용하고 있다. 더 나아가 서비스 품질을 통해 고객들의 구전 홍보 전략을 극대화 시키고, 더 높은 가격을 받기 위한 수단으로 사용하고 있다.

기업의 입장에서는 고객이 특정 서비스를 포함한 제품에 대해 서비스 품질이 좋아졌다고 느끼게 되면 바로 경영 성과로 이어질 수 있다. 즉 서비스 품질 개선 활동을 통한 결과로 고객이 서비스 품질이 좋아졌다고 느끼게 된다면 그 서비스 품질은 경쟁우위를 확보했다고 할 수 있는 것이다. 서비스 품질에 만족한 고객은 다시 그 기업의 제품이나 서비스를 찾을 확률이 높게 되고, 주변 사람들에게 구전을 통해 그 기업을 칭찬하게 되기 때문이다. 이 구전으로 전달되는 정보는 대단한 결과를 나타내게 되는데, 호모 휴리스틱쿠스에게 그 어떤 정보보다 강력한 정보로 자리매김하게 되어 구전 정보를 통해 들은 그 기업을 다른 기업들과 차별적으로 보게 한다. 이 책을 읽고 있는 여러분도 이런 경험이 있을 것이다. 실제로 구전 정보를 기억하고, 해당 서비스 품질을 인식할 때 구전 정보보다 더 그럴듯하게 느껴지게 된다. 유명 음식점에서 음식을 먹은 사람들은 음식 평에 대해 구전 정보보다 더 과장되게 이야기하는 경향이 있고, 이것이 그 음식점을 더욱 유명하게 만들게 된다. "음식 장사는 입소문이다."라는 말도 있다.

이처럼 서비스 품질에 대해 차이를 느끼게 되는 것은, 받은 서비스 품질의 가치를 평가하기 때문이다. 이때, 호모 휴리스틱쿠스는 일정하지 않고, 상황에 따라 변하는 저마다의 기준을 가지고 있기 때문에 특정 서비스에 대해 서비스 제공자로부터 받은 서비스와 그 서비스를 위해 지불한 대가의 가치를 비교하여 서비스에 대해 포괄적인 평가를 하게 된다. 즉 평가에 대한 구체적인 원칙이 없다. 그렇기 때문에 앞에서도 살펴본 것처럼 어떤 판단을 하기 위해 특별한 기준이 없을 때는 다른 사람의 판단 결과에 영향을 받게 되는 것이다. 앞에서 예를 든 것을 다시 살펴보면, 우리가 여행 중 모르는 곳에 가서 음식점을 찾을 때 손님이 많은 식당에 가는 이유는 먼저 그 식당을 선택한 손님들의 평가에 영향을 받는 것이다. 처음 가는 지역의 음식점에 대한 기준 정보가 없기 때문에 일종의 구전 정보라고 말할 수 있는 정보, 즉 음식점에 손님이 많다는 정보를 얻어서 그 음식점을 찾게 되는 것이다. 이런 행동은 음식점을 찾는 또 다른 호모 휴리스틱쿠스에게 전해진다.

그리고 실제로 음식 맛이 좋다고 느끼면 그 여행에 대해 다른 사람에게 이야기할 때 그 음식점의 서비스에 대해 과장된 표현을 동원하여 설명할 것이다. 여기서 음식점의 서비스는 음식 맛과 가격, 청결 상태 등 음식점에 관한 모든 것을 포함한다. 이렇게 과장되게 설명하는 이유는 전체적인 것을 기억하는 것이 아니라 상징적인 것들 위주로 기억하고, 그것을 이야기로 만드는 과정에서 첨삭되는데, 극적인 요소를 살리기 위해 이야기를 과장하는 것이다. 이것은 서비스가 일반 제품과는 달리 생산되는 방식과 소비하는 방식이 독특하기 때문이다. 서비스는 생산과 소비가 동시에 이루어지며, 눈으로 보고 손으로 만질 수 없는 무형적인 요소로써, 객관적인 서비스의 평가가 이루어지기 어렵다. 즉 서비스는 고객 스스로 수행을 하면서 경험을 통해 전달되기 때문에 규격화시키기 어렵다.

서비스의 특징

서비스 품질에 대한 문헌은 거의 찾아보기 힘든데, 경제학 사전에 따르면 서비스는 물질적 재화를 생산하는 노동과정 밖에서 기능하는 노동을 광범위하게 포괄하는 개념으로 정의하고 있고, 처음으로 산업별 분류를 한 A. G. B. 피셔는 서비스 산업을 물적 생산의 생산과정과 밀접한 관련이 있는 종속적, 보조적인 형태의 생산과 직접 소비자의 욕구를 충족시켜 주는 생산으로 나누어 분류한다. 나는 서비스를 "서비스는 눈에 보이는 물질적 재화를 생산하는 노동과 구별되고, 노동 결과의 산출물과 그 산출물의 소비형태가 다르며, 시작과 끝이 분명하지 않고, 상황에 따라 변하며, 서비스 품질에 대해 기대와 만족이 주관적이다."라고 정의한다. 이처럼 서비스는 크게 다섯 가지 관점에서 우리가 보통 상품이라고 부르는 물질적 재화와 구분된다.

첫째, 서비스는 무형적이다. 서비스는 말 그대로 어떤 규격을 갖추고 있는 것이 아니기 때문에 정형화된 서비스를 반복 재생산하기가 쉽지 않고, 서비스에 대한 평가를 정량적으로 하기 어렵다. 대부분 서비스에 대한 평가는 해당 서비스를 경험한 서비스 수혜자에 의해 구전으로 전해지고, 그 구전 정보들이 축적되어 이루어지는 평판에 의존하게 된다.

이때 좋은 평판은 구축되는 과정이 오래 걸리고, 나쁜 평판은 쉽게 퍼져 나가는 속성을 가지고 있다. 뚜렷한 판단 기준이 없는 호모 휴리스틱쿠스는 다른 사람들의 평판에 의지하게 되고, 자신의 판단을 그 평판에 맞추기 위해 과장을 하게 되고, 과장된 내용을 다른 사람에게 전달하여 다른 사람의 판단에도 영향을 미치게 된다.

둘째, 서비스는 생산과 소비가 동시에 이루어진다. 서비스를 만들고 나서 소비하는 순차적 개념이 아니고, 생산되는 과정이 바로 소비하는 동시 과정이다. 즉 서비스 수혜자는 서비스 제공자가 서비스를 생산하는 현장에 상주하면서 서비스의 주문에서 생산, 전달되는 모든 과정을 지켜보게 된다. 일반 상품과 달리 서비스가 생산되는 과정까지도 하나의 상품이 되는 것이다. 이 과정에서 호모 휴리스틱쿠스는 자신에게 유리하다고 판단되는 과정의 정보에 대해서만 수집을 할 가능성이 높다.

셋째, 서비스는 명확한 서비스의 시작과 종료가 불분명하다. 서비스는 어느 순간부터가 서비스이고, 어디까지가 서비스의 끝인지 구분하기가 어렵다. 음식점에 대한 서비스를 생각할 때 음식점에 들어서는 순간에 느껴지는 인상이 서비스의 시작인지, 음식을 주문하기 위해 종업원과 대화하는 순간이 시작인지 명확한 기준을 정하기 곤란하다. 음식이 아무리 훌륭했다 하더라도 주차할 공간이 부족하여, 주차하기도 불편하고, 그로 인해 차에 흠집이라도 생기게 되면 서비스 수혜자는 그 음식점에 결코 좋은 점수를 주지 않는다. 이런 사정을 서비스 제공자는 모를 가능성이 높고, 단지 자신이 제공하는 최상의 서비스에 대한 좋은 평가만을 기대할 것이다. 그러나 호모 휴리스틱쿠스는 '그림자 효과'에 의해 자신이 가장 중요하다고 생각하는 요인에 의해 전체 서비스를 평가하게 된다.

넷째, 서비스는 서비스를 주고받는 순간의 상황에 따라 가변적이다. 어떠한 서비스도 똑같은 서비스를 재생산하지 못하는데, 그 이유는 서비스를 주고받는 순간의 미묘한 상황에 따라 서비스가 달라지기 때문이다. 서비스 제공자에 따라 달라지기도 하고, 서비스 수혜자에 따라 달라지기도 한다. 무더운 날씨에 아침부터 일하느라 지친 종업원에게 밤늦은 시간에도 아침과 같은 상냥한 서비스를 기대하는 것은 쉬운 일이 아닐 것이다. 하물며, 더운 날씨에 에어컨이 고장난 유명한 음식점에서 에어컨이 고장 나지 않았을 때 맛있게 먹었던 음식에 대한 전체적인 서비스를 기대하는 것은 무리가 있다. 호모 휴리스틱쿠스는 자신이 기대하는 것을 정확하게 정의를 하지 못하기 때문에 상황에 따라 서비스에 대한 평가 기준이 바뀐다.

다섯째, 서비스는 서비스 수혜자의 주관적 기준에 의해 평가된다. 서비스 제공자 입장에서 최상의 서비스를 제공했다고 해도, 서비스 수혜자 입장에서는 최고가 될 수도 있고 최악이 될 수도 있는 것이 서비스다. 서비스는 서비스 제공자와 수혜자 간의 상호작용을 통해 전달되고, 수혜자의 만족도에 따라 평가되기 때문이다. 서비스 수혜자가 서비스를 받기 전에 서비스에 대한 기대치와 서비스를 받고 나서 만족도의 차이가 해당 서비스의 평가가 된다. 이처럼 서비스에 대한 기대가 서비스 평가의 기준이 되기 때문에 기대가 형성되는 과정을 살펴볼 필요가 있다. 이때 호모 휴리스틱쿠스의 특징을 잘 이해해야 한다.

서비스 품질에 대한 기대

우리는 보통 서비스 수혜자의 입장에 서게 될 때, 앞으로 받게 될 서비스에 대해 '일정한 기대'를 가지게 되고, 서비스 종료 후 받은 서비스에 대해 '지각한 것'과 비교하여 서비스에 대해 평가한다. 여기에서 '일정한 기대'의 수준은 다양하게 나타날 수 있는데, 서비스를 경험한 경우와 경험해보지 못한 경우로 구분할 수 있다. 먼저 서비스를 경험해봤다면 경험했었던 서비스 수준을 기준으로 정하게 되는데 그 수준이 올바른 수준인지 아닌지 알 수 없다. 반면, 처음 접하게 되는 서비스에 대해서는 뚜렷한 기준이 없기 때문에 유사한 사례를 찾아 그 사례와 비교하게 된다. 하지만 서비스는 앞에서 정의한 것처럼 무형적이기 때문에 똑같은 서비스는 존재하지 않는다. 결국, 두 경우 모두 명확한 기준이 없는 기대치를 갖게 된다. 제공된 서비스에서 '지각한 것'은 서비스 품질을 의미하는데, 여러 가시 상황과 요인들이 복합적으로 작용하기 때문에 명확한 기준을 세우는 것이 불가능하다. 그렇다면 서비스 수혜자가 서비스 받기 원하는 기대 수준은 어떻게 정해지고, 서비스 종료 후 서비스 품질에 대해 서비스 수혜자는 어떻게 지각하는 것일까?

서비스 품질 분야의 대가 G. A. 가빈은 이에 대해 서비스에 대한 기대에 영향을 미치는 요인으로 서비스제공자가 제공할 서비스에 대한 약속, 서비스 수혜자의 과거 경험, 개인적 욕구, 구전을 통해 들은 정보, 그리고 그 당시 전통과 사상 등 다섯 가지와 서비스를 경험하고 나서 서비스 품질을 지각하는데 영향을 미치는 요인으로 기업의 물리적·기술적 지원, 대 고객 담당 직원, 참여고객 등 세 가지 요인을 말한다. 이러한 요인들은 서비스에 개별적으로 영향을 미치는 것이 아니라 복합적으로 상호작용한다고 한다. 또 다른 서비스 품질 분야의 대가 그로누스는 "서비스 품질은 소비자에 의해 주관적으로 인식되는 품질이다."라고 말한다. 여기서 주관적이라는 표현은 똑같은 서비스에 대해서 서비스 수혜자의 성향에 따라 달라질 수 있다는 것과 일맥상통한다고 할 수 있다. 그리고 서비스 품질을 측정하기 위한 'SERVQUAL'이라는 모형을 만든 3명의 연구팀(PZB, Parasuraman, Zeithaml, Berry)은 "서비스 품질은 서비스에 대해 소비자의 기대와 지각 사이의 불일치 정도다."라고 정의하고 있다. 서비스 품질 분야의 다른 전문가들의 의견들도 종합해 보면 "서비스를 받기 전에 소비자의 기대치보다, 서비스를 받아 보고 소비자가 느낀 지각치가 높으면 서비스 품질은 높게 평가된다."라는 것이다.

PZB 세 사람은 서비스 기대에 영향을 미치는 핵심 요인으로 다섯 가지를 이야기하고 있다. 첫째, 구전 정보다. 다른 사람에게 들은 이야기가 서비스 기대를 결정하는 주요한 요인이라고 한다. 호모 휴리스틱쿠스는 별다른 기준이 없을 때 다른 사람으로부터 들은 구전 정보를 근간으로 판단하기 때문이기도 하지만, 서비스는 '유일(Unique)'하기 때문에 비교 대상이 없어 구전 정보에 의해 기대치를 정하게 된다. 둘째, 개인적인 욕구다. 개인이 처한 상황과 개성에 따라 기대치가 달라진다고 한다. 하나의 서비스에 대해 각 개인이 느끼는 기대는 다를 수밖에 없다. 똑같은 음식 서비스를 받는다고 해도 각 개인 취향에 따라 다르게 된다. 호모 휴리스틱쿠스는 합리적인 사고 보다는 직관에 의한 사고를 더 많이 하기 때문에 자신에게 유리하다고 판단되는 서비스 수준을 요구한다. 셋째, 과거 경험이다. 서비스에 대한 과거 경험에 의해 영향을 받는다고 한다. 경험이 없는 경우 서비스 제공자의 외모나 친절도에 거는 기대가 높으나, 서비스를 경험해보면 서비스 제공자의 행동 특성보다는 기술적인 능력을 더 많이 요구하게 된다. 단골 음식점에 대해서 음식점 환경이나 종업원의 태도보다 음식 맛에 의한 서비스를 더 기대하게 되는 이치다. 호모 휴리스틱쿠스는 자신이 알고 있는 것에 대해서는 더 높은 기대 수준을 원한다. 넷째, 외적 커뮤니케이션이다. 서비스 제공자와의 커뮤니케이션이 서비스에 대한 기대를 형성하는 데 중요한 역할을 한다고 한다. 서비스 제공자가 직, 간접적으로 전달하는 각종 메시지에 의해 영향을 받는 것을 의미한다. 호모 휴리스틱쿠스는 단순 노출 효과(191페이지 참조)에 영향을 받는다. 다섯째, 가격이다. 특히 가격은 잠재 고객의 기대를 형성하는 데 매우 중요한 역할을 한다고 한다. 실제로 서비스에 의한 기대 수준은 제시되는 가격에 의해 대부분 정해진다고 해도 과언이 아니다. 결국, 서비스 품질은 합리적인 가격과 그 가격에 맞는 서비스를 주고받을 때 정해지는 수준이라고 할 수 있다. 시장에서 가격이 맞지 않는 서비스는 존재할 수 없다.

서비스 품질 평가 모델

앞에서도 잠깐 언급한 서비스 품질 측정 도구인 'SERVQUAL'을 만든 PZB 세 사람의 공저 '고객 만족 : 서비스 품질의 측정과 개선'에서는 서비스 품질 평가를 위해 유형성(Tangibles)·신뢰성(Reliability)·반응성(Responsivenes)·설득성(Assurance)·공감성(Empathy) 등 5개의 영역을 선정하였다. 5개 영역은 여러 서비스 분야에 공통적이고 일반적인 기준을 조사한 것을 토대로 만들어졌다. PZB 세 사람은 이 5개의 영역이 서비스 분야와 관계없이 서비스 품질을 평가하는데 충분히 적합할 것이라고 확신하고 있고, 서비스 품질 평가와 관련한 많은 논문이나 또 다른 평가 모형에 참조되고 있다. 'SERVQUAL' 모형은 다음과 같다.

- GAP 1 : 고객의 기대와 서비스 관리자의 지각간의 격차. 고객의 욕구를 충족시킬 수 있는 결정적인 서비스 특징이 무엇인지 모르거나, 안다 해도 고객이 원하는 수준을 모를 수 있다.

- GAP 2 : 서비스 관리자의 지각과 서비스 품질 사양간의 격차. 서비스기준이 없거나, 그 기준이 고객의 기대를 적절히 반영하지 못할 때 서비스 품질이 나빠진다.

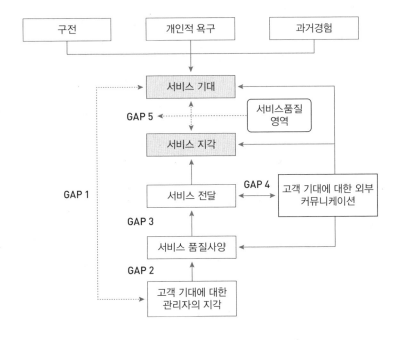

- GAP 3 : 서비스 품질 사양과 전달된 서비스 간의 격차. 서비스기
준이 효과적이 될 수 있도록 강제력이 있어야 하며, 서비
스 전달자들의 기준 준수 여부를 측정하고 보상해야 한
다.

- GAP 4 : 전달된 서비스와 외적 커뮤니케이션과의 격차. 서비스를
홍보하는 부서가 실제 서비스 전달상황을 충분히 이해
못 하면, 서비스의 세부적인 측면을 무시하고 과장된 약
속을 하게 된다.

- GAP 5 : 고객의 기대와 지각간의 격차. 고객이 지각한 서비스 품
질이 기대하는 바에 충족이 되지 않으면 서비스 품질에
대해 나쁘게 평가한다.

- 유형성 : 물리적 시설, 장비, 직원 그리고 커뮤니케이션 자료의 외양
- 신뢰성 : 약속한 서비스를 믿을 수 있고 정확하게 수행할 수 있는 능력
- 반응성 : 고객을 돕고 신속한 서비스를 제공하려는 태세
- 설득성 : 직원의 지식과 예절, 그리고 신뢰와 자신감을 전달하는 능력
- 공감성 : 회사가 고객에게 제공하는 개별적 배려와 관심

PZB 세 사람의 조사 결과에 의하면 서비스 분야와 상관없이 5개의 영역 중 가장 중요한 것으로 신뢰성을 선정했다. 신뢰성은 하겠다고 한 것을 반드시 하는 것을 의미한다. 반면에 가장 덜 중요하다고 여기는 것으로 유형성을 들었다. 하지만 유형성은 잠재 고객에게는 매우 중요하게 보일 수 있다.

GAP 1 : 고객의 기대에 대한 무지

대부분 기업은 고객들이 원하는 서비스 품질에 거는 기대 수준을 파악하기 위하여 고객 설문 조사를 하는 경향이 있다. 설문 조사는 고객에게 서비스 품질에 대한 만족이나 불만 사항을 직접 들을 수 있는 간편한 방법으로 많이 활용되고 있다. 그러나 설문 조사는 많은 한계를 노출하고 있어 고객 설문 조사에만 의존하여 고객의 서비스 품질에 대한 기대 수준을 파악하는 것은 많은 문제점을 내포하고 있다.

미국 워싱턴에 있는 소비자 관련 회사인 TARP(Technical Assistant Research Program, Inc.)사의 연구에 따르면 제품이나 서비스에 대해 불만족스럽게 느낀 고객이, 서비스 제공자의 적절한 대응을 통해 만족하게 되었을 때, 보다 더 충성스런 고객이 되고, 얼마나 빨리 대응하여 문제를 해결하느냐에 따라 충성도가 다르게 나타난다고 한다. 이 결과에 의하면 불만 고객을 소중하게 여기고, 그들의 불평을 서비스 품질에 반영하는 것은 매우 당연한 이야기일 것이다. 고객의 서비스 품질에 대한 불평은 고객의 기대 수준을 완전히 이해하는 데는 부족하지만, 서비스가 수행되는 과정상의 문제를 파악할 수 있는 귀중한 정보다. 그러나 TARP사의 연구에서 나타난 또 다른 결과는 고객의 불평이 서비스 품질을 파악하기 위한 정보의 출처로서는 매우 부적절하다고 한다. 연구에 따르면 서비스 품질에 불만이 있는 고객 중 4%만 불평을 하고, 나머지 96%는 불만을 나타내진 않지만, 평균 9~10명의 다른 사람들에게 불만을 이야기하는 것으로 나타났다. 즉, 고객의 불평에 대한 조사는 고객의 기대 수준을 이해하는 데 별로 효과적이지 않지만, 많은 기업에서는 4%밖에 안 되는 고객의 불평을 조사하여 서비스 품질에 반영하고 있다.

　고객 설문 조사의 또 다른 문제는 설문 조사 내용을 적절히 활용하지 못하는 데 있다. 설문 조사는 고객의 생각을 이해할 수 있는 가장 기본적인 정보를 찾아내는 단계로 설문 조사 이후에 수집된 정보를 잘 활용할 수 있어야 한다. 하지만 대부분 설문 조사에 의해 수집된 정보의 확률 분포만을 분석하는 것으로 끝나는 경우가 많다. 조사된 정보를 잘 활용하기 위해서는 세 가지를 조심하여야 한다. 첫 번째, 서비스 품질에 관한 의사 결정권자가 설문 조사 결과를 이해하여야 한다. 의사 결정권자는 대부분 관리자로 업무가 바쁘거나, 분석된 결과에 대해 전문가가 아닐 가능성이 커서 조사 결과를 제대로 해석하지 못할 가능성이 매우 높다. 두 번째, 현상 유지 편향과 확인 편향 등의 호모 휴리스틱쿠스의 공통 심리에 의해 관리자의 평소 판단과 다를 경우 분석된 내용을 신뢰하지 않을 가능성이 존재한다. 그리고 이 가능성은 매우 높아 기껏 설문 조사를 실시하고 나서도 받아들이고 싶은 결과만을 수용하는 경우가 생긴다. 세 번째, 올바른 설문 분석 결과가 나왔다고 해도, 대부분의 의사 결정권자는 고객과 직접 접촉하는 기회가 적고, 분석 결과의 중요성과 시급성 등에 대해 나름대로 기준을 가지고 있어 시의 적절한 해결책을 내놓지 못하는 경우가 많다. 관리자가 직접 고객의 입장이 되어 서비스가 제공되는 현장의 상황에 대한 지식이 있어야 함에도 불구하고, 주간보고, 월간보고 등을 통한 요약되고, 정제된 보고만을 통해 접하다 보니 실제 서비스 현장에 대한 설문 조사 내용을 오해할 수 있다. 이 세 가지는 지금까지 이 글을 읽고 있는 독자라면 충분히 이해할 수 있는 내용이다.

그런데 PZB 세 사람이 SERVQUAL 척도에 의해 조사한 결과를 보면 아주 흥미로운 결과가 있다. 서비스가 수행되고 있는 현장 근무자들이 관리자보다 서비스 품질에 대한 고객의 기대를 더 많이 알고 있을 것이라는 막연한 생각이 모두 맞지는 않다는 결과가 나타났다. 서비스 품질 영역 5개 중 물리적 시설, 장비, 고객과의 커뮤니케이션 등 유형성에서는 현장 근무자가 고객의 기대를 더 정확하게 예측했다. 그러나 약속한 서비스를 믿을 수 있고, 정확하게 수행할 수 있는 능력을 알 수 있는 신뢰성과 고객을 돕고 신속한 서비스를 제공하려는 준비가 되어 있는 반응성, 직원의 지식과 예절 및 신뢰와 자신감을 전달하는 능력인 설득성, 회사가 고객에게 제공하는 개별적 배려와 관심을 나타내는 공감성 등 전체적인 영역에서는 관리자들이 현장 근무자보다 고객의 기대를 더 정확하게 예측했다. 여기서 알 수 있는 것은 고객과 직접 만나는 현장 근무자는 전체적인 서비스 품질보다는 서비스가 수행되는 과정 하나하나에 정성을 기울이고, 관리자는 전체적인 서비스 품질에 대해 관심을 갖는다는 것이다. 즉, 기업의 서비스 품질 정책은 관리자가 수립하고, 수립된 정책에 의해 현장 근무자가 서비스를 수행하기 때문에 하향 커뮤니케이션이 중요하다.

GAP 2 : 서비스 품질에 대한 정의

1969년 미국 코넷티컷주에서 설립된 스튜 레오나드 슈퍼마켓은 우유가 가공되는 과정을 직접 보여주며 유제품을 파는 낙농제품 전문 슈퍼마켓으로 '유통업계의 디즈니랜드'로 불린다. 스튜 레오나드는 설립자의 이름이기도 한데, 이 슈퍼마켓 입구에는 4톤 정도의 화강암에 설립자의 의지가 새겨져 있다.

Our Policy (우리의 정책)

RULE 1 : THE CUSTOMER IS ALWAYS RIGHT!
　　　　(정책 1 : 고객은 항상 옳다!)
RULE 2 : IF THE CUSTOMER IS EVER WRONG, REREAD RULE 1.
　　　　(정책 2 : 만약 고객이 옳지 않다면 정책 1을 다시 보라.)

－ Stew Leonard(스튜 레오나드)

이런 글이 바위에 새겨지게 된 이유는 창업자 스튜 레오나드가 고객과 직원의 실랑이를 보고 "어떠한 의견이든 고객의 말은 모두 옳다."라고 결심한 데서 비롯된다. 스튜 레오나드가 목격한 현장은 다음과 같았다.

스튜 레오나드가 매장을 돌아보는 중에 계란 코너에서 한 할머니와 직원이 실랑이하는 장면을 보게 됐다. 그 내용은 할머니가 며칠 전 계란을 샀고, 오늘 먹으려고 보니 상한 것이어서 새것으로 교환하기 위해 왔으나, 직원은 "우리 가게는 철저한 관리를 하기 때문에 절대 그런 일이 발생할 수 없다."라고 말하고, 할머니가 보관을 잘못해서 발생한 일이라고 교환해줄 수 없다고 하자, 할머니는 "내가 이 매장을 좋아해서, 다시는 이런 실수가 없게 하려고 12km나 달려와서 이야기 했는데…. 내 눈에 흙이 들어가기 전에 다시는 이 가게에 안온다."라고 말하며 가게를 나갔다.

이 글을 읽는 많은 독자는 고객의 입장에서 위와 같은 사례를 한 번씩은 경험해 본 적이 있을 것이다. 그리고 그 경험을 한 가게나 회사와는 다시는 거래를 하지 않았을 것이다. 하지만 다행히 스튜 레오나드는 고객의 입장에서 생각을 하였고, 다시는 그런 일이 일어나지 않게 하기 위해 큰 돌에다가 마음가짐을 새겨 넣었던 것이다. 그 결과로 7명의 종업원으로 시작한 가게는 현재 매년 3억 달러의 매출과 2,000여 명의 종업원을 거느린 세계 최대 낙농제품 전문 매장으로 발전했다.

많은 기업이 서비스 품질을 높이기 위해 내부적으로 부단한 노력을 하고 있지만, 정작 고객은 그것을 알 수 없다. 기업 내 관리자가 고객의 시각을 갖지 못한다면 고객이 원하는 서비스 품질보다는 매출 이익, 일정 단축 등 단기적 이익만을 추구할 가능성이 높다. 고객이 원하는 서비스 품질을 이해하지 못한 채, 고객의 불만에 대해 회사 내부 규정을 들어 불만 해소가 불가능한 이유를 댈 것이다. 위 사례같이 진정 고객의 시각에서 서비스 품질을 평가하여야 하나 그렇지 못한 경우가 다반사다. 또 서비스 품질이 더 좋아질 수 있음에도 불구하고 불가능하다고 판단해버리는 경우가 있다. 개선의 가능성을 스스로 막기도 한다. 고객보다는 회사 규정이 더 중요하다고 느끼는 것이다. 훌륭한 서비스 사례로 거론되는 예는 대부분 회사 규정보다 고객을 먼저 생각하기 위해, 종업원이 스스로 판단하여 그 상황에서 고객이 가장 원하는 서비스를 수행한 예가 대부분이다. 그리고 서비스 품질을 높이기 위해서는 일반적인 서비스에 해당하는 부분은 표준화를 시도해야 하나, 똑같은 서비스는 없다고 여겨, 서비스 품질 표준화는 옳지 않다고 생각한다. 서비스가 무형적인 성격이긴 하지만, 대부분의 일반적인 서비스는 기준을 쉽게 만들고 실행할 수 있는 것이 사실이다. 따라서 일반적인 서비스 수행에 대해서는 표준화 작업을 수행하여 서비스의 기준을 정해 놓는 것이 바람직하다. 이를 위해 IT 기술을 이용한 정보시스템을 활용하는 것은 매우 훌륭한 방법이다. 좋은 서비스 품질을 제공하는 선진 기업을 보면 서비스 품질에 대한 목표와 기준을 잘 세우고 실행한다. 이때 서비스 품질에 대한 목표의 기준이 되는 것은 서비스 품질에 대한 고객의 기대에 근거를 두고 있다. 이렇게 하기 위해서는 목표를 정확하게 측정하고 평가할 수 있어야 하며, 결과의 피드백을 통해 개선해 나갈 수 있어야 한다.

GAP 3 : 전달되는 서비스 품질

'감정노동(Emotional labor)'이란 개인적인 감정 상태를 억누르고, 개인이 속해있는 집단에 어울리는 감정을 표현할 것을 강요받아, 결국 개인 감정의 변형을 가져오게 되어 문제가 생기는 것을 말한다. 이런 감정노동에 대해 여성 노동과 사회 문제에 관한 책과 논문을 써 온 미국 UC 버클리 대학교 사회학과 교수인 앨리 러셀 혹실드는 1983년에 발표한 저서 '감정노동'에서 인간만의 특징이라 할 수 있는 감정이 어떻게 상품화되고, 감정을 관리하는 것이 어떻게 노동의 일부가 되었는지를 설명하고 있다. 즉, 개인의 사적인 감정은 철저히 무시하고, 항상 고객 앞에서 "고객님! 사랑합니다."라고 외쳐야 되는 감정노동산업과 이곳에 종사하는 감정노동자들의 문제에 관한 이야기를 하고 있으며, 대형 항공사인 델타 항공의 임원과 승무원부터 대형 마트의 판매직까지 감정노동에 종사하는 감정노동자를 만난 결과를 바탕으로 한다. 개인적 행위와 사회적인 감정 법칙, 사적 생활과 공적 생활 중 상호작용하면서 주고받는 많은 행위로 구성된 감성노동 체계를 통해 구성되는 감정노동 사회에 대해, 앨리 러셀 혹실드는 "시장과 기업의 원리에 따라 움직이는 감정이 매우 미묘한 문제인 만큼, 감정노동자와 그 결과물을 소비하는 소비자가 감정 그 자체에서 소외되는 일이 없도록 기업과 조직의 원리에 따라 관리되고 상품화된 감정과 인간 본연의 감정을 구별해야 한다."라고 말한다.

　적정한 서비스 품질을 제공하기 위해서는 서비스 품질에 대한 고객의 기대를 이해하고, 서비스를 제공하기 위한 표준화된 업무 절차를 통해, 설정된 서비스 수준을 지키려는 직원의 자발적 수행 능력이 필요하다. 여기에 서비스를 주고받는 과정에서 발생하는 상대방의 태도, 언어, 기분 등을 복합적으로 인식하면서 발생하는 오해를 풀기 위한 노력도 해야 한다. 그러다 보니 결국 서비스를 제공하는 모든 행위는 감정노동을 하는 것으로 볼 수 있다. 그리고 현장에서 서비스를 직접 제공하는 직원이 표준화된 서비스 절차를 무시하거나, 절차를 수행할 수 있는 역량이 되지 않을 때 서비스 품질에 문제가 발생한다. 특히 노동 집약적인 서비스일 경우 고객의 주관적 견해에 의해 서비스 평가가 이루어지기 때문에 더욱 주의를 기울여야 함에도 불구하고, 직원은 너무 많은 일의 양과 적절하지 않은 것까지 요구하는 고객을 상대해야 하기 때문에 자발적으로 최상의 서비스 품질을 제공하기 위한 노력을 하지 않게 된다. 결국, 직원들이 적정한 서비스 품질 수준을 유지하기 어렵거나, 하지 않을 때 전달되는 서비스 품질이 당초 목표한 수준과 격차가 발생하게 된다. 이로 인해 제공되는 서비스가 고객의 기대에 미치지 못하는 경우에 불만이 생겨 서비스 제공에 따른 어려움과 동시에 감정노동자로서 더욱 힘들어지는 악순환이 계속된다.

　그리고 서비스를 제공하는 직원이 서비스를 제공하기 위한 기본적인 능력과 자세를 보유하고 있지 못할 때, 즉 서비스 품질을 유지하고 제공하기 위한 역할을 명확하게 알지 못할 때 고객의 불만을 더욱 가

중시키기 때문에 이 악순환을 끊기 위해서는 역할에 대해 명확하게 할 필요가 있다. 대부분 역할이 명확하지 않은 것은 역할에 맞는 직원의 서비스 수행을 위한 기본 지식이 부족하거나, 적절한 교육을 받지 못한 채 업무를 수행하기 때문이다. 이런 상황은 네 가지 문제점을 나타낸다. 첫 번째, 서비스를 통한 조직의 이익에 대해 크게 관심이 없거나, 조직의 이익을 위해 무엇을 해야 하는지를 모른다. 두 번째, 고객의 기대 수준을 충족시킬 수 있는 서비스를 수행할 수 있는 훈련을 못 받았거나, 기술도 보유하고 있지도 않다. 세 번째, 서비스 수행의 결과에 대한 피드백을 제때 받지 못하기 때문에, 서비스의 개선을 바랄 수 없다. 네 번째, 고객 추천에 의한 월 단위나 분기 단위의 우수 직원 선정 등을 통한 단순한 평가 방법에 의해 보상이 이루어진다. 선정 기준은 명확하지 않다. 간혹 모든 직원이 한 번씩 선정되는 보상 돌려받기가 이루어지는 경우도 흔하다. 이런 문제점들을 제거하기 위해서는 직원들이 세 가지를 수행해야 한다. 먼저, 조직 내에서 역할을 분명하게 인지해야 한다. 두 번째, 서비스 품질 유지를 위해 조직 내에서 설정한 서비스 수준을 이해하고, 서비스 수행 결과를 적기 피드백에 의해 알 수 있어야 한다. 세 번째, 적절한 교육과 훈련을 통해 고객 기대에 맞는 서비스 품질을 유지할 수 있다는 자신감을 가져야 한다. 이 모든 것이 '올바른 프로세스'를 통해 내재화되어야 한다.

GAP 4 : 과잉 약속

⋮

특정한 서비스 분야에서 경쟁 업체 간의 경쟁 심화로 인해 고객에게 선택을 받기 위해서는 서로 경쟁 업체보다 더 좋은 서비스를 약속한다. 요즘에는 스마트폰 경쟁이 대표적이다. 길거리를 가다 보면 두 집 걸러 한 집꼴로 스마트폰 가게가 들어서 있고, 가게마다 현란한 문구로 고객들을 유혹하고 있다. 문구에 적혀 있는 데로만 서비스가 제공된다면 꽤 괜찮은 서비스라고 많은 고객이 인식할 것이다. 하지만 그런 기대를 하고 가게에 들어가서 상담을 해보면 많은 약정과 옵션들이 숨겨져 있어 많은 기대를 하고 들어간 고객이 다시는 그 가게를 찾지 않게 되는 고객으로 바뀐다. 속은 것에 대한 불만이 생겨 기분이 상했기 때문이다. 나도 그중 한 명이다. 그럼에도 불구하고 스마트폰 가게는 여러 가지 판촉 활동을 통해 '과잉 약속'을 한다. 가게마다 고객을 끌기 위해서는 경쟁 가게보다 눈에 띄어야 하기 때문이다. 그럴수록 과잉 약속을 하는 경향이 더욱 커진다.

과잉 약속의 사례를 찾기 위해 인터넷상에서 과잉 약속이란 단어를 입력하자 '무책임한 과잉 약속'을 제목으로 매일경제 신문의 1969년 11월 25일 자 신문 내용을 스캐닝한 자료가 나왔다. 내용은 다음과 같다.

제목 : 허황한 가수지망
부제목 : 부작용 큰 마구잡이 식 가요학원

서울 시내에 관인 가요학원은 30여 곳으로 1,500여 명의 학생이 다닌
다. 〈…중략…〉 이 학원들은 신문, 잡지 광고를 통해 원생을 모집한다.
〈…중략…〉 학원이 내 거는 케치프레이즈는 한결같이 "본원을 졸업하면
유수한 신인이 될 수 있다"이다. 〈…중략…〉 가정 형편이 대부분 불우하
고 농촌 출신이 많아 학력도 낮은 원생들이 많다. 이들은 광고를 보고
자신도 유명한 유명인이 될 수 있음을 단정하고 무작정 학원을 찾아 상
경하는 것이다. 〈…중략…〉 이들이 얻는 것은 무엇인가? 실망이다. 더 정
확히 말하면 좌절 바로 그것이다. 그 숱한 학원은 이렇다 할 신인 배출
의 실적이 거의 없기 때문이다. 〈…중략…〉 여자들은 자의 반 타의 반으
로 호스테스가 되고, 그들은 다시 집으로 돌아갈 수 없으니까 말이다.
접객업소에서 그들이 더 깊은 나락으로 떨어지지 말라는 법은 어디 있
는가. 이런 악순환은 매년 계속되고 있다. 지금 이 순간도 인기 연예인
이 되기 위해서 젊은이들은 광고를 보고 무작정 상경하고 있다. 〈후략〉

앞에서 살펴본 서비스 품질 영역 5개 중 고객이 가장 중요한 것으로
꼽은 것은 약속한 서비스를 믿을 수 있고 정확하게 수행할 수 있는 신
뢰성이다. 신뢰성은 특정 업종이나 서비스와 무관하게 가장 중요한 영
역이다. 이처럼 신뢰성이 중요함에도 불구하고 위 사례와 같이 스스로
과잉 약속을 해서 신뢰성을 떨어뜨리는 이유는 무엇일까? 더군다나 대
부분의 광고를 보면 신뢰성보다는 물리적 시설, 장비, 직원 그리고 커뮤
니케이션 자료의 외양을 나타내는 유형성이나, 회사가 고객에게 제공하
는 개별적 배려와 관심을 나타내는 공감성 등을 중심으로 광고하고 있
다. 각 기업의 관리자들이 신뢰성에 대해 정확히 인식하지 못해서 그럴
까? 그렇지 않다. 많은 연구 자료를 보면 각 기업의 관리자들은 신뢰성
에 대해 명확히 인식하고 중요성에 대해서도 충분히 인식하고 있었다.

그럼에도 불구하고 이런 일이 발생하는 것은 각 기업뿐만 아니라 경쟁 기업도 신뢰성에 대해 충분히 인식하고 있기 때문에 차별화 요소로써 다루기 어려운 유형성이나 다양성을 더 비중있게 다루기 때문이다.

하지만 문제는 여기에 있다. 각 기업 관리자들이 인식하는 신뢰성과 고객이 느끼는 신뢰성에는 분명 차이가 있다. 고객들은 여러 요소가 복합적으로 엮인 신뢰성에 대해 의심을 하고 있음에도 각 기업은 신뢰성에 문제가 없다고 느끼는 것이다. 2013년 동양그룹 사태는 이를 나타내는 사례라고 할 수 있다. 아무 문제가 없다고 이야기해도 고객들은 믿지 못하고 투자금을 인출해 간다. 서비스 품질에 대한 (과잉) 약속은 고객의 기대를 높이거나 낮추는데 영향을 끼친다. 반대로 서비스에 대한 고객의 기대도 서비스 품질에 영향을 미친다. 즉, 서비스 품질 수준에 영향을 미치는 것은 각 기업의 서비스 품질에 대한 신뢰성과 고객이 그 신뢰성에 거는 기대가 상호작용하여 서비스 품질 수준이 정해진다. PZB 세 사람도 신뢰성에 대해 이렇게 이야기하고 있다.

"광고로 신뢰성을 약속하는 것은 실제로 신뢰성을 제공할 때에만 적절하다."

GAP 5 : 심리에 의한 기준 설정

서비스 품질은 일반 제품 품질과 달리 객관적인 기준에 의한 측정이 어려워 고객의 서비스에 대해 기대와 지각을 측정하고, 그 기대와 지각의 차이를 통해 서비스 품질을 평가한다. 앞에서 살펴본 바와 같이 서비스에 대한 기대는 구전 정보, 개인적 욕구, 과거 경험과 서비스 제공자와의 커뮤니케이션에 의해 형성된다. 서비스 수혜자가 매우 합리적인 이성을 갖고, 합리적인 판단을 할 수 있다면, 위의 네 가지 정보를 수집, 분석을 통해 서비스에 거는 기대 수준이 합리적으로 정해질 수 있을 것이다. 그러나 대부분 합리적이지 못한 호모 휴리스틱쿠스이기 때문에 서비스에 대해 기대 수준이 제대로 정해지지 않는다.

먼저 구전 정보에 의해 서비스 기대 수준이 형성되는 과정을 살펴보면, 정보를 전달해주는 사람도 호모 휴리스틱쿠스일 가능성이 매우 높기 때문에 정보 자체가 편향되어 있을 가능성이 있다. 또 정보 전달자와 수신자의 관계나 전달자에 대한 수신자의 인상에 따라 정보가 왜곡되기도 한다. 전달자와 수신자의 관계가 매우 협조적인 관계라면 전달 정보를 대부분 수용하겠지만, 그렇지 않은 경우 전달 정보를 수신자 주관대로 선별해서 들을 것이다. 게다가 제대로 전달했다고 해도 의미를 오해할 수도 있다. 이처럼 구전 정보는 생성되는 시점부터 전달되고 지각하는 모든 과정이 부정확하다.

개인적 욕구에 의한 기대 수준은 정량화하기 어렵지만, 미국의 산업 심리학자 아브라함 H. 매슬로우가 1954년 발표한 욕구의 5단계가 대표적으로 사람의 욕구에 관해 설명하고 있다. 의식주 등 생존을 위한 기본 욕구인 생리적 욕구, 위험으로부터 안전해지기를 바라는 욕구인 안전 욕구, 사회적 존재로서 조직에 소속되거나 타인으로부터 애정을 바라는 욕구인 소속과 애정 욕구, 자존을 통해 타인으로부터 존경을 받으려는 욕구인 존경 욕구, 마지막으로 자아를 완성하려는 욕구인 자아실현 욕구가 그것이다. 여기에 각 개인이 처한 상황이 더해져 개인적 욕구가 형성된다고 할 수 있다. 그렇기 때문에 똑같은 서비스라도 개인마다 거는 기대와 만족의 수준은 달라진다.

또 과거 경험은 극적인 경험만 기억에 남게 되는데, 대표적인 것으로 미국 공군 대위 에드워드 A. 머피가 한 말이 유래가 된 머피의 법칙이 있다. "어떤 일을 하는 데는 여러 가지 방법이 있고, 그 가운데 한 가지 방법이 재앙을 초래할 수 있다면 누군가는 꼭 그 방법을 쓴다."라고 말한 것으로, 원하는 방향이 아니라 나쁜 방향으로만 일이 진행되는 것을 뜻한다. 택시를 잡기 위해 기다리고 있을 때, 서 있는 건너편으로만 택시가 온다든지, 표를 사기 위해 줄을 설 때 다른 줄에 비해 내가 서 있는 줄만 속도가 더디게 느끼게 되는 경우 등이 있다. 반대의 경우 샐리의 법칙이 있는데 영화 '해리와 샐리가 만났을 때'에서 샐리가 결국은 해피엔딩을 맞는다는 것에서 유래했다. 이처럼 과거 경험은 통계치보다는 마음속으로 느끼는 극적인 결과가 기억에 남게 되어 기대 수준이 편향될 수 있다.

마지막으로 서비스 제공자와의 커뮤니케이션에 따라 기대 수준이 변하기도 한다. 유명한 커뮤니케이션 전문가 존 파웰의 정상적인 커뮤니케이션 5단계를 살펴보면 1단계, 우연히 만났을 때 "잘 지내지?", "별일 없죠?" 등과 같은 인사말을 전하는 상투적인 표현의 단계, 2단계, TV 뉴스와 같이 개인 의견은 배제된 대화와 같은 사실 보고의 단계, 3단계, 자신을 드러내는 단계로 "제 생각에는"과 같은 말을 하는 의견과 판단의 단계, 4단계, 자신의 느낌과 생각을 자유롭게 이야기할 수 있는 감정과 직관의 단계, 5단계, 서로 못할 말이 없는 최고의 진실의 단계가 있다. 이 중 1, 2단계는 업무적으로만 대하는 사이이고, 3단계는 진정한 커뮤니케이션을 할 수 있는 사이이며, 4단계 이상은 친밀한 관계를 나타낸다. 서비스를 주고받는 사이는 대부분 1, 2단계에 있기 때문에 진정한 커뮤니케이션이 이뤄진다고 볼 수 없다. 더 나아가 문제 발생 시 책임회피의 수단이 될 수도 있다.

여기에다 호모 휴리스틱쿠스는 판단을 할 때 손실을 회피하려는 기본 심리를 바탕으로 6개의 기본적인 편향과 오류를 범한다. 패턴 탐색, 휴리스틱, 앵커링 효과, 현상 유지 편향, 확인 편향, 계획 오류가 그것이다. 이 때문에 객관적인 서비스 기대 수준을 설정하기가 어려워진다. 여기서 기본적인 편향과 오류라고 표현을 했는데, 아모스 트버스키와 다니엘 카너먼이 정립한 전망이론(Prospect theory)을 근거로 하고, 많은 심리학 서적, 행동경제학 서적 등을 살펴보고 공통적인 심리를 모은 것이다.

전망이론

전망이론(Prospect theory)은 사람들이 위험이 수반된 의사결정을 할 때, 특이한 방식으로 의사결정을 하는 이유를 설명하는 이론으로, 기존 주류 경제학에서 이야기하는 기대효용이론을 사람들이 따르지 않는 이유를 설명하며, 1979년 아모스 트버스키와 다니엘 카너먼에 의해서 개발됐다. 이 이론은 대안을 선택할 때 민감도 체감성, 준거점 효과, 손실 회피 등 세 가지 기본적인 인간의 심리를 따른다고 한다.

민감도 체감성이란 것은 100만 원의 월급을 받는 사람이 100만 원의 보너스를 받으면 매우 만족해하지만, 1,000만 원의 월급을 받는 사람이 100만 원의 보너스를 받으면 100만 원의 월급을 받을 때보다 만족도가 떨어지는 것을 의미한다. 사람이 변화에 반응하는 민감성을 말하는 것으로 똑같은 보너스에 대해서 상황에 따라 다르게 인식하는 것이다. 이것은 사람들이 합리적인 이성이 아니라 감정의 영향을 받아 비합리적인 의사결정을 하는 것을 의미한다. 즉 사람들은 위험이 발생할 확률을 정확히 따지지 않고 경험, 감정 등 어림짐작에 의한 방법(휴리스틱)에 의해 판단한다. 호모 휴리스틱쿠스가 되는 것이다. 쉽게 설명하면 발생 확률이 거의 없는 테러, 지진, 해일 등의 발생 가능성을 실제보다 높게 평가하고, 암, 뇌졸증, 음주 운전에 의한 사고 등 발생 확률이 상대적으로 높은 것은 실제보다 낮게 평가하여 의사결정을 한다. 이것은 앞에서도 언급했던 것처럼 분실 위험이 극히 낮음에도 불구하고 스마트폰 분실 보험을 들거나, 당첨 확률이 거의 0에 가까운 복권을 사는 이유를 설명한다.

준거점 효과는 100만 원을 가지고 있다가 50만 원을 잃은 사람보다 20만 원을 가지고 있다가 10만 원을 딴 사람이 더 만족하는 이유를 설명한다. 50만 원이 30만 원보다 많기 때문에 비록 100만 원에서 50만 원을 잃었지만, 30만 원보다는 많기 때문에 더 만족해야 하나, 자기만의 기준점에 의해 결과를 판단하는 것을 의미한다. 즉, 초기에 100만 원을 가지고 있었다는 것을 기준점으로 잡기 때문에 불만족하게 여기는 것이다. 이렇게 사람들은 기준점을 잡는 일정한 법칙이 없다. 앵커링 효과라고 이야기하는 것도 기준점을 잡을 때, 처음 주어진 정보에 의해 영향을 받아 기준이 정해지는 것을 나타낸다. 배가 움직일 수 있는 범위는 앵커링된 위치에 의해 정해지기 때문이다.

손실 회피는 너무나 유명한 것으로, 사람들은 동일한 크기의 이익을 얻었을 때보다, 손실을 보았을 때 더 큰 불만족을 나타내는 것으로 주식을 사고팔 때, 주식을 샀을 때와 비교하여 오른 주식을 팔고 내린 주식을 보유하여 더 큰 손해를 보는 이유를 설명한다. 사람들은 수익과 손실의 가치를 동일한 가치로 보지 않고 손실의 2.5배 정도의 수익을 동일하다고 여긴다.

경제학의 기대효용이론이 맞지 않는 심리적인 요인을 설명하기 위해 개발된 전망이론은 위험이 수반되는 불확실한 상황에서 제시되는 대안들을 사람들이 어떠한 방식으로 의사 결정하는지를 설명하는 것으로, 휴리스틱에 의한 경험으로 수익과 손실이 같을 것이라고 판단되는 점을 기준점으로 잡고 판단을 하는데, 최종 수익(Final outcome)보다는 잠재적 수익과 손실(Potential losses and gains)을 기반으로 의사결정을 하며, 수익과 손실을 특이한 방식으로 계산하기 때문에 수익보다 손실에 더 민감하게 반응한다는 것을 보여준다. 즉 사람들은 손실 회피 성향을 나타내고, 동일한 가치의 손실을 수익보다 더 크게 생각한다. 다음의 예는 'EBS 다큐프라임'이라는 프로그램에서 했던 심리학 실험 내용으로, 사람들이 손실을 회피하고자 하는 성향을 잘 나타내고 있다.

제작진이 지나가는 행인에게 2만 원을 주고 나서, 받은 2만 원을 걸고 승률 50%의 확률로 3만 원을 벌 수 있는 게임을 하자고 제안한다. 승리하면 3만 원을 더 벌 수 있음에도 불구하고 대부분 사람이 2만 원에 만족하면서 게임을 거부했다. 이번에는 상황을 바꿔, 처음에 5만 원을 주고 나서, 3만 원을 돌려 달라고 하며, 똑같은 게임을 제안한다. 이번에는 대부분이 게임에 참여했다.

근본적으로 똑같은 두 상황은, 이익보다는 손실을 더 크게 느껴 처음에 받은 5만 원에서 돌려준 3만 원 때문에 받은 고통을 보상받기 위해서 게임에 참여한다는 것이다.

공통적인 심리

앞에서 내가 여러 서적을 통해 인간의 공통 심리라고 발췌한 세 가지로 현상 유지 편향, 확인 편향, 계획 오류가 있다. 이 세 가지는 심리학 책과 특히 행동경제학 관련한 책에서는 항상 나오는 내용으로 전망이론과 마찬가지로 아모스 트버스키와 다니엘 카너먼이 실험을 통해 밝힌 것으로, 많은 석학이 공통적으로 연구한 분야이기도 하다. 현상 유지 편향은 현재 상태를 바꾸고자 했을 때 직면하는 두 가지 가능성, 즉 지금보다 더 좋아질 가능성과 나빠질 가능성을 비교하게 되는데, 앞에서 언급한 것처럼 손실이 수익의 2.5배와 동일하게 인식되어 현재 상태를 유지하려는 성향이 강해진다. 이 성향은 일상생활에서 쉽게 접할 수 있다. 가령 처음 가는 강의장에 가서 강의를 들을 때 처음 앉게 된 자리에 계속 앉게 되는 것이나, 직장을 쉽게 옮기지 않는 것 등이다. 또, 우리가 자주 사용하는 컴퓨터 자판인 QWERTY 자판은 인체공학적 설계와 거리가 먼 것이다. 이를 개선하기 위해 워싱턴 대학 교수 오거스트 드보락과 윌리엄 딜리가 만든 '드보락 방식'은 손가락 동선을 절약하여 타이핑 속도를 30% 빠르게 개선하였고, 글자의 글쇠가 엉키는 문제도 해결하였으나, 이미 기존 자판에 익숙해 있었던 사람들은 새로운 자판에 대한 적응을 위해 교육과 훈련을 받길 원하지 않았다. 여러 분들도 스마트폰을 새로 구입할 때 반드시 일정 기간 동안 적용해야 하는 서비스 옵션을 그 기간이 지나면 바로 해지하지 않고 차일피일 미루며 놔두는 경험을 해봤을 것이다(최근에 조사한 결과는 많이 개선되어 정확한 날짜에 해지하는 고객이 많아졌다고 한다). 현상 유지 편향을 이용한 통신회사의 마케팅 정책에 당한 것이다.

확인 편향은 사람들이 믿고 있거나, 원하거나, 조금 알고 있는 상태에서 지지하는 정보를 진위와 상관없이 긍정적으로 수용하고 믿으며, 그것을 지지하는 정보는 더 찾으려 하고, 반대되는 정보는 무시하는 현상을 일컫는다. 이런 인지적 한계는 인류가 진화를 거듭하면서 기억 용량의 한계로 완벽한 정보처리가 불가능하다는 것을 깨닫고 편의적으로 발달시킨 전략으로 인간은 누구나 이 한계를 벗어나지 못한다. 나는 최근 몸에 이상이 생겨 병원에 입원했었다. 원인은 폐렴이었다. 하지만 폐렴을 앓은 적이 없고, 폐렴에 대한 지식도 없었기 때문에 목과 가슴이 아프고, 기침이 나오며, 열이 올라 평소 상식으로 감기라고 스스로 판단하고 감기약을 먹었다. 그런데도 몸은 계속 아프고 열이 너무 올라 병원에 갔더니 폐렴 진단(처음에는 폐암이라는 진단이 나와, 직장 생활을 그만둘 결심을 하게 된 결정적인 이유가 되었다.)이 나와 바로 입원을 하게 되었다. 이처럼 주어진 정보를 이미 자신이 판단한 결정 사항에 덧붙이는 방향으로 처리하려는 성향을 확인 편향이라고 한다. 이처럼 호모 휴리스틱쿠스는 자기 결정을 더욱 확인시켜주는 근거만 찾으려 하고, 자기 의사결정과 반대되는 정보는 무시하려고 한다.

계획 오류를 위키피디아에서 찾아보면, 사람이 계획을 세울 때 비현실적인 최적의 상황을 초 긍정적으로 생각하고, 자신의 능력을 과대평가하여 계획을 과도하게 낙관적으로 세우는 것을 의미한다. 계획 오류는 미래에 대한 계획 수립 시 이상적인 상태(Ideal status)를 가정하여 계획을 세우지만 실제로는 생각하지 못했던 여러 가지 이유로 계획이 틀어지는 것을 지칭한다. 심리학자 뷸러, 그리핀, 로스는 심리학과 학생을 대상으로 논문 한 편을 완성하는 데 걸리는 시간을 일반적인 경우, 순조로운 경우, 문제가 생길 경우 등 세 가지 상황에 따라 정확히 예상하게 했다. 조사 결과는 33.9일, 27.4일, 48.6일이었다. 하지만 실제로 논문을 쓰는 데 걸린 시간은 55.5일이었다. 이런 일이 발생하는 이유는 무엇일까? 호모 휴리스틱쿠스는 앞에서 이야기한 것처럼 자기 자신의 능력을 과대평가하거나, 아주 이상적인 상황이 계속 이어질 것으로 생각하기 때문이다. 그러면서도 구체적인 사고나 실행 계획은 세우지 않고 대충 낙관적으로 생각한다. 계획 오류의 사례로 자주 거론되는 호주 시드니의 명물 오페라 하우스의 건립 계획은 1957년 착공하여 1963년에 완공하고, 공사비는 700만 달러로 예상했지만, 결과는 10년이나 더 지난 1973년에 완공됐고, 예산도 500만 달러를 더 투자하게 되었다.

이처럼 현상 유지 편향, 확인 편향, 계획 오류는 인간의 공통적인 심리현상으로 이를 극복하기 위해서는 객관적인 외부의 시각에 의해 항상 검토할 수 있어야 한다. 자신의 의사 결정 내용을 객관적으로 볼 수 있다면 많은 오류를 줄일 수 있을 것이다. 이를 위해 의사 결정시 앞에서 언급했던 손실 회피를 추구하는 성향을 기본으로 패턴 탐색, 휴리스틱, 앵커링 효과, 현상 유지 편향, 확인 편향, 계획 오류를 극복할 수 있는 방법을 찾아야 한다.

올바른 계획의 수립

지금까지 살펴본 바에 따라 서비스 품질에 대한 평가를 올바르게 하기 위해서는 PZB 세 사람이 설계한 서비스 품질 평가 모형에서 이야기한 것처럼 서비스에 거는 기대가 정해지는데 영향을 미치는 요소 네 가지, 구전, 개인적 욕구, 과거 경험, 외부 커뮤니케이션과 인간의 공통 심리 일곱 가지, 손실 회피 추구·패턴 탐색·휴리스틱·앵커링 효과·현상 유지 편향·확인 편향·계획 오류 심리를 감안할 필요가 있다. 모두 완벽하게 조정하기는 불가능하겠지만, 오류를 줄일 수는 있다. 오류를 줄이기 위해서는 적절한 계획이 필요한데, 앞에서 언급한 계획 오류에 빠지지 않기 위해서 뉴올리언스 대학 민경삼 교수의 실험 내용을 참고할 필요가 있다.

결혼을 앞둔 사람들을 대상으로 결혼 계획에 대해 어떠한 방법으로 의사 결정하는지를 조사하는 실험이라고 참가자들에게 설명하고, 피로연 장소, 초대 손님, 연주 음악 등 결혼식을 올리기 전에 결정해야 할 활동 한 가지를 고르게 했다. 참가자를 두 그룹으로 나누어 첫 번째 그룹에는 자신이 정한 활동을 두 단계로 나누어 구체화하라고 시켰고, 두 번째 그룹에는 다섯 단계로 더 구체화할 것을 요구했다. 이 요구가 의미하는 것은 계획 수립 과정을 '쉽게' 또는 '어렵게' 만들기 위함이었다. 그러고 나서 모든 참가자에게 자신이 정한 활동을 완료할 수 있는 구체적인 날짜를 정하게 하고, 참가자들이 정한 예상 완료일이 지난 후 실제로 활동을 완료한 날을 조사했다. 조사 결과 예상 완료일보다 먼저 활동을 완료한 참가자는 105명 중 27.6%에 불과했다. 아울러 두 단계로 계획을 세분한 그룹이 다섯 단계로 세분한 그룹보다 5배나 더 계획 오류가 심했다. 다르게 표현하면 '어렵게' 계획을 수립한 참가자들의 예상이 더 정확했다는 것이다. 이 실험의 결과가 의미하는 것은 계획을 수립할 때 더 상세하고 구체적으로 해야 예상 계획대로 될 가능성이 높다는 것을 말한다고 할 수 있다.

이 실험은 낙관적인 미래를 예상하는 결혼을 테마로 했기 때문에 계획이 실행되는 과정이 비관적으로 인식되는 활동에 대해서 다른 결과가 나올 가능성이 있어 민 교수는 미래가 낙관적으로 인식될 때와 비관적으로 인식될 때, 각 상황에서 '쉽게' 또는 '어렵게' 계획을 수립하는 것이 어떤 영향을 미치는지를 조사하는 후속실험을 시행했다.

참가자(학생)들에게 제출해야 할 숙제를 생각하게 하고, 참가자들을 두 그룹으로 나눠, 첫 번째 그룹에는 두 단계로 숙제 수행 계획을 수립하게 하고, 두 번째 그룹에는 여덟 단계로 계획을 수립하게 했다. 그리고 다시 두 그룹으로 분리하여 한 그룹에게는 숙제를 예정 완료일보다 조금 일찍 끝낼 수 있다는 낙관적인 생각을 하게 하고, 다른 그룹에게는 완료일이 되어야 숙제를 끝낼 수 있을 거라는 비관적인 감정을 갖도록 했다. 예정 완료일이 지나고 숙제를 완료한 날짜를 확인했을 때, 숙제 완료에 대해 낙관적인 생각을 가졌던 참가자의 경우 계획 수립을 여덟 단계로 '어렵게' 했을 때 오류가 적었고, 비관적으로 생각했던 참가자들은 두 단계로 '쉽게' 계획을 세웠을 때 오류가 적게 나타났다. 이 조사 결과가 의미하는 것은 낙관적으로 생각할 때 계획을 구체적으로 수립하는 것이 도움되고, 비관적으로 여길 때는 구체적인 계획이 오히려 좋지 않다는 것을 말한다고 할 수 있다.

위 실험 결과에서도 볼 수 있듯이 각 개인의 기질상 미래를 낙관적으로 보는 호모 휴리스틱쿠스는 계획 수립 시 '어렵게' 세워야 낙관적인 편향을 줄일 수 있고, 미래를 신중하고 세심하게 접근하려는 호모 휴리스틱쿠스는 계획을 상세하고 구체적으로 세우기보다는 '쉽게' 세우는 편이 더 좋을 수 있다. 즉 계획을 세우고 행하는 사람의 특성을 반영하여 세울 필요가 있는 것이다. 이 글을 읽고 있는 독자들이 현재 어떤 프로젝트를 계획하고 있다면, 여러분의 성격을 먼저 살펴서 낙관적인지 신중한지를 판단하는 것이 우선순위일 것이다. 그다음에 진행할 프로젝트의 성격이 낙관적인지 비관적인지를 판단하여 '쉽게' 혹은 '어렵게' 계획을 세운다면 오류를 범할 수 있는 가능성을 많이 줄일 수 있다. 이때 주의할 점은 객관적이고 정량화된 수치를 활용하여, 각 개인의 성향이나, 진행할 프로젝트의 성격을 판단하여야 한다는 것이다.

흑인 수영 선수가 없는 이유

명언들이 소개된 책을 읽던 중 마음에 드는 구절이 눈에 들어왔다. 월리 아모스라는 사람이 이야기한 것으로 "얼마나 많은 사람이 그것을 해낼 수 없다고 말하는지, 얼마나 많은 사람이 그 전에 시도했는지 그것은 상관없다. 진정 중요한 것은 그것이 자신의 첫 번째 시도임을 아는 것이 중요하다."라는 구절이다. 책 속에서 이 글을 읽는 순간 무언가 느껴지는 것이 있었다. 어떤 일이든 누군가에게는 시시한 일이기도 하지만, 누군가에게는 의미 있는 일이 될 수도 있다. 성공할 가능성이 없어 보이지만, 시도하는 사람도 있다. 편한 일을 뒤로 한 채 어려운 길을 찾아가기도 한다. 지금 이 글을 쓰고 있는 나는 20여 년을 다닌 직장을 그만두고 새로운 일을 시작하려고 하는 순간이다. 아내와 상의를 했고, 친한 지인 몇 사람과 이야기를 했다. 나를 믿어주는 아내 말고는 어느 누구도 선뜻 내 생각에 찬성하는 사람은 없었다. 내가 생각해도 뻔한 고생길이 예상되기 때문에 내 입장에서 그 사람들의 의견에 대해 뭐라 할 것은 아닌 것 같다. 그 이유는 경험이 있는 사람에게 조언을 구하는 것은 많은 시행착오를 줄일 수 있는 현명한 방법이나, 남들보다 다른 것을 만들어 내거나, 새로운 시도를 하기 위해서는 도전하는 용기가 필요했기 때문이다. 두세 달을 이 문제로 고민하던 중 윌리 아모스의 이야기가 내 눈에 들어온 것이다. 마침내 2013년 10월에 다니던 직장에 사의를 표했다.

스포츠 세계에는 몇 가지 통념이 있다. 그중 하나가 "흑인은 수영을 잘할 수 없다."라는 것이다. 이 이야기를 듣고 생각을 해보니 내가 기억하는 범주 내에서 흑인 수영 선수를 본 적이 없었다는 생각이 들었다. 왜 수영 선수 중에는 흑인이 없을까 하고 이유를 찾아보니 가장 그럴듯한 이유로 흑인은 신체 특성상 체지방 대비 근육의 비율이 다른 인종에 비해 높기 때문에 물의 저항을 많이 받기 때문이라는 주장이다. 근거가 없는 것은 아니겠지만, 다른 수영 선수들의 근육이 상당한 것으로 봐서 꼭 그렇지마는 아닌 것 같다. 인터넷을 찾아보니 우리나라에서 1988년 열렸던 서울올림픽에서 아프리카 수리남의 흑인 선수 안토니 네스티가 접영에서 우승했다는 기사를 찾았다. 당시 100m 남자 접영에서 7관왕을 노리던 미국의 매트 바욘디와 경쟁해서 금메달을 차지한 것으로, 흑인은 수영을 잘할 수 없다는 통념에 위배되는 것이다. 2000년 시드니올림픽에서도 남자 자유형 50m에서 미국의 흑인 혼혈 선수 앤서니 어빈이 금메달을 목에 걸었다. 이처럼 많은 통념들 때문에, 혹은 많은 경험자나 전문가들의 조언 때문에 시도조차 하지 못하고 포기한 일이 얼마나 많을까? 뛰어난 흑인 선수가 없는 이유는 수영을 잘할 수 있음에도 불구하고, 돌아오는 금전적인 보상이 적기 때문에 상대적으로 보상이 많은 야구, 농구 등으로 몰린 데 이유가 있었기 때문일 수도 있다. 골프계에서도 흑인을 보기가 쉽지 않은데, 흑인으로는 유독 타이거 우즈만이 이름을 알리고 있는 것을 보면, 수영이나 골프 등은 훈련하는데 많은 제약과 경제적인 어려움이 있기 때문에 그럴 수도 있다는 생각이 든다.

곰곰이 따져 보면 호모 휴리스틱쿠스인 우리는 항상 새로운 일을 시도하고 있다. 그 전에 또는 다른 사람이 유사한 일을 시도한 적은 있어도 현재 내가 시도하려는 일과 그 일을 하게 된 배경과 의미가 똑같을 수는 없다. 결국, 지금 내가 시도하려는 것은 아무도 해 본 적이 없었던 새로운 일이다. 더군다나 조언을 해주는 경험자나 전문가들도 호모 휴리스틱쿠스이기 때문에 자기 경험이나 자기만의 전문 지식을 바탕으로 조언해 줄 것이다. 따라서 많은 경험자와 전문가의 조언을 참고할 필요는 있으나, 전적으로 그 조언에 휘둘릴 필요는 없다. 아무도 해보지 않았던 새로운 시도를 하는 것이기 때문에 윌리 아모스가 한 이야기처럼 지금 시도하려는 일이 첫 번째 시도임을 아는 것이 중요하다. 실수나 실패를 하더라도 경험을 통해 배울 수 있고, 그 경험에 의해 성공 가능성을 높일 수 있기 때문이다. 즉 어떤 경우라도 직접 시도하고 경험을 해 보아야 한다. '시도하다'라는 말을 영어사전에서 찾아보면 Attempt·Pursuit·Test·Try out 등이 있다. 이 단어 중에 지금까지 이야기했던 주제와 가장 의미가 상통하는 것은 Pursuit가 아닐까 생각한다. 그 이유는 Pursuit의 사용 예를 보면 '원하는 것을 얻기 위해 시도한다.'라는 뜻을 내포하고 있기 때문이다. 이때 '원하는 것'은 긍정적인 의미로 행복, 지식 등을 의미한다. 게다가 원하는 것을 얻기 위해 '시간과 에너지를 들여서 한다.'라는 뜻도 포함되어 있기 때문이다. 우리가 일과 좋아하는 취미 활동을 위해서는 좋아하는 것을 포기하기도 하고, 필요한 자원의 투자를 통해서 얻고자 하는 것을 얻기 위해 집중하고, 더나아가 몰입의 즐거움을 느낄 수 있기 때문이다.

아무 말에나 존댓말을 붙이는 서비스 직원

전북 진안에 있는 진안경찰서는 전북경찰청이 주관하는 전북 내 15
개 경찰서를 대상으로 실시한 2013년 하반기 치안고객만족도와 체감안
전도 평가에서 모두 1등을 했다. 2012년에도 경찰청이 주관한 평가에
서 전북 내 1위, 전국 2위의 평가를 받았다. 경찰청에서 주관하는 치안
고객만족도는 민원, 112 신고처리, 교통사고조사, 수사·형사 등 치안서
비스 4대 분야의 접촉 고객을 대상으로 업무 처리 및 과정, 담당자의
응대 태도 등 전반적인 만족도에 대해 조사가 이루어졌다. 체감안전도
에 대해서도 전북 도민을 대상으로 범죄, 교통사고, 법질서 준수 등 분
야별 안전도와 전반적인 안전도, 경찰의 노력 수준 등을 조사했다. 이
런 조사 결과 1등을 한 진안경찰서는 그 이유에 대해 "내부 고객의 만
족 없이는 외부 고객 만족도 없다."라는 생각으로 '3쾌 운동(출근은 상쾌
하게·업무는 명쾌하게·퇴근은 경쾌하게)'을 실시하여 경찰서 근무 분위기를
바꾸는 데 노력하였다.

보통 고객 만족도를 높이기 위해서는 대 고객 서비스를 강화하는 것
이 일반적인 사례다. 고객을 직접 대하는 직원을 용모 단정한 직원으
로 충원하고, 대 고객을 향해 이야기할 때 항상 존댓말을 쓰도록 교육

하고, 서비스 담당 직원으로 하여금 언제 어떤 상황에서든 상냥한 미소와 말투를 유지하게끔 요구한다. 우리가 보편적으로 만나게 되는 서비스 직원을 생각하면 된다. 간혹 고객 만족을 위한 서비스 정신이 도를 넘어 존칭의 대상이 아닌 사물에도 무조건 존칭어를 붙이는 것을 볼 수 있다. 고객을 너무 존경해서 그런 것이 아니고, 사무적이고 의무이기 때문에 실수하지 않기 위해 모든 단어에 존칭을 붙이는 것이다. 모든 단어에 존칭어를 붙이면 말로 인한 실수를 줄일 수 있기 때문일 것이다. 이렇게 하다 보니 앞에서도 언급했던 "고객님! 사랑합니다."라고 항상 외쳐야 하는 감성노동을 하게 되고, 이로 인해 개인의 감정을 억누르다 보니 여러 가지 폐해가 나타나고 있다. 이런 상황에서 고객이 만족을 느낄 수 있는 서비스가 생산될 수 없다. 가식적인 웃음이 섞인 서비스는 짜증만 불러올 뿐이다. 진안경찰서처럼 내부 고객을 먼저 만족하게 하면 외부 고객은 저절로 만족하게 할 수 있음에도 불구하고, 아무리 '고객 만족'을 외쳐도 진짜 고객은 만족함을 느끼지 못하는 것이다. 고객 만족도는 특정 항목에 신경을 쓰고, 투자한다고 되는 것이 아니고, 진안경찰서처럼 고객 만족을 위해 전반적인 사항에 신경을 써야 한다. 비행기가 연착하게 되면 모든 서비스에 대해 부정적인 의견을 내게 되는 그림자 효과(2장의 '가장 중요한 것' 참조)처럼 고객 만족도는 모든 것이 어우러져야 향상되는 것이다.

따라서 고객 만족도를 높이기 위해서는 먼저 고객의 요구사항을 명확히 알고 있어야 하는데, 이때 주의할 것이 고객을 맨 처음 접촉하는 서비스 직원이 본인의 경험에 의해 섣불리 판단하지 않는 것이다. 고객이 받고자 하는 서비스에 거는 기대는 시시각각으로 변하기도 하는데, 서비스 직원의 응대 태도에 의해서도 영향을 받는다. 서비스 직원의 선

부른 판단으로 고객을 인식하고, 호모 휴리스틱쿠스인 본인이 인식한 것을 기준으로 판단하여 고객을 대하게 된다. 이때 역시 호모 휴리스틱쿠스인 고객도 순간의 직관에 의해 서비스 직원을 판단하게 되어 예상치 못한 방향으로 상황이 전개되기도 한다. 서비스 직원이 고객인 자기를 자신이 보여주고 싶은 이미지가 아닌 다른 이미지로 인식하고 있다고 생각하게 되면 불쾌감을 느껴 그것에 대한 보복을 시도한다. 즉 상대적으로 우월적 위치에 있는 고객은 그 지위를 무기 삼아 서비스 직원에게 자기의 참모습을 보지 못한 죄를 저지른 서비스 직원을 무참하게 응징하는 것이다. 감성노동의 피해자로 만드는 것이다. 이렇게 응징을 한다고 해도 고객의 화는 풀리지 않게 되고, 점점 더 자극적인 응징을 찾게 된다. 잘못된 사소한 시작이 최악의 상황을 만들게 된다. 고객 만족을 위해 지금까지 많은 투자와 노력을 한 기업주가 이 사실을 알게 되면 엄청난 허탈감에 빠질 것이다. 이런 상황에 빠지지 않고 '고객 만족도'를 향상시키기 위해서는 고객 만족에 필요한 전반적인 상황을 관찰해야 한다. 고객 만족을 일회성 행사로 여기면 곤란하다. 특히 고객 만족을 위해 최일선에 서 있는 고객 접촉자인 서비스 직원에 대한 처우가 달라져야 한다. 서비스 직원이 만족해야 가장 밝은 분위기에서 고객을 응대하게 되고, 서비스 직원의 밝은 감정은 고객에게 전염되어 고객 역시 밝은 분위기를 연출하기 위해 노력하게 된다. "웃는 낯에 침 못 뱉는다."라는 속담이 마음에 와 닿는다. 고객의 기대가 수시로 변하는 것임은 이미 알려진 사실로 내부 고객인 서비스 직원 만족도에 따라 외부 고객의 만족도가 향상되는 것이다.

뛰어난 육상 선수는 막내

세계적으로 유명한 육상 선수는 형제·자매의 수가 많고, 그 속에서 막내인 경우가 대다수라고 한다. 평균 4.3명의 형제·자매가 있고, 육상 선수는 평균 4번째라고 한다(탤런트 코드, 대니얼 코일). 유명 육상 선수가 대체로 많은 형제·자매 중 막내에 가까운 이유는 무엇을 의미할까? 요즘에 유행하는 '빅데이터'로 분석을 해보고 싶다. 하지만 굳이 빅데이터가 아니라고 해도 직관적으로 분석되는 내용이 있다. 바로 막내다. 막내다 보니 형, 언니들과 노는 것이 마냥 신이 날 것이고, 형, 언니들과 같이 놀기 위해서는 빠른 걸음으로 따라다녀야 하고, 만약 형, 언니를 따라가지 못하면 신나는 놀 거리가 순식간에 사라지기 때문에 스스로 빨리 달리기 위해 애썼을 것이다. 즉 스스로 동기부여를 해서 달리기를 했고, 성장하면서 재능을 발견하게 되어 유명한 육상선수가 되었을 것이다. 이처럼 누가 시켜서 하는 것이 아니고, 스스로 동기부여를 하고 노력을 하게 될 때 뛰어난 성과가 나오게 되는 것이다.

동기부여가 중요하다는 것을 모르는 사람은 없을 테지만, 대부분 타인에 의한 동기부여 환경을 이야기한다. 동기부여에 대해 허즈버그와 맥그리거의 유명 이론을 여기서 언급할 필요는 없을 것 같다(6장 '동기

부여' 참조). 동기라는 것은 타인에 의해 만들어진 환경에 자신이 그 환경에 들어가서 원하는 욕구를 만들어 낼 수도 있겠지만, 대부분은 자신이 원하는 욕구를 충족시키기 위해 욕구 충족이 가능할 것 같은 환경으로 들어가는 것이 일반적이다. 즉 어떤 욕구의 발생으로 동기가 생기게 되고, 특정한 환경이 그 동기를 부여한다고 생각들면 그 환경을 택하게 되는 것이다. 그 환경 속에서 행동을 통해 욕구가 달성되면 동기는 사라지게 되고 환경은 더 이상 쓸모없게 된다. 쉽게 설명하면 배가 고파 식욕이 생기면 자연스럽게 식당을 찾으려는 동기가 생기고, 그 동기에 가장 적합하다고 생각하는 식당을 찾아 밥을 먹음으로써 식욕이 사라지는 것이다. 그렇게 욕구가 해결되고 나면 동기가 사라지고, 아울러 그 동기에 적합했던 식당의 필요성도 사라지게 된다. 그러면서 또 다른 욕구가 생기게 되고, 그 욕구에 의한 동기에 적합한 환경을 찾아가게 되는 것이다. 이렇게 타인에 의해 조성된 동기부여 환경은 오래 가지 못하고 일회성 또는 불연속성의 특징을 가지고 있다.

하지만 스스로 동기부여 환경을 만들고 그 환경 속에서 욕구를 만족하게 하게 되면 만족의 정도가 매우 높아짐을 알 수 있다. 이것을 설명하기 위해 다시 배고픔을 해결하기 위한 식욕을 예로 들어 보자. 식욕이 생기게 되면 밥을 먹어야겠다는 동기가 생기는데, 이때 그 동기를 제공하는 환경을 스스로 만드는 것이다. 즉 자신이 배고픈 정도를 알고 있고, 그 상태에서 먹고 싶은 음식과 양을 알고 있기 때문에 자신을 가장 만족하게 할 수 있는 음식을 직접 요리해서 먹는 것이다. 이럴 경우 식욕 분만 아니라 영양 섭취, 다이어트, 경제적 사정 등 부수적인 욕구까지도 해결할 수 있게 된다. 더군다나 자신이 원하는 식욕의 정도를 해결해 줄 것으로 믿고 찾았던 식당에서 자신의 취향에 맞지 않는 음식이 제공되는 경우와 같은 곤란한 상황도 피할 수 있게 된다. 즉 외부 환경에 의해서 욕구를 만족하게 하기 위해서는 리스크를 감수해야 하는 상황이 발생하는데, 이를 미연에 방지할 수 있는 것이다.

자신의 욕구에 대해서는 말과 글로 표현하지 못하는 매우 복합적인 요소가 작용을 하고 있는 호모 휴리스틱쿠스이기 때문에 자신의 욕구를 해결할 수 있는 스스로의 동기부여가 필요하다. 인간의 뇌는 크게 뇌줄기(Brain stem), 변연계(Limbic system), 대뇌 신피질(Neo cortex)로 구분이 되어 있고, 인간의 모든 감정은 두 번째 뇌인 변연계에서 처리하는데, 우리가 스스로 조절할 수 없다. 더군다나 의사소통을 담당하는 대뇌 신피질과 변연계는 서로 소통하지 않는다. 즉, 무의식 상태에서 우리가 느끼는 '흥분·공포·분노·쾌락'으로 행동하는 것이 호모 휴리스틱쿠스이기 때문에 아무리 이성적으로 생각한다고 해도 '사고 형성의 시대'에 형성된 변연계를 억누르기가 쉽지 않다. 이것이 의미하는 것은 고객 만족을 위해 서비스 직원에게 아무리 교육을 많이 시킨다고 해도, 모든 교육 내용은 대뇌 신피질에 의해 판단되고, 변연계에는 영향을 미치지 못한다. 그래서 평상시 별문제가 없는 상황에서는 교육받은 대뇌 신피질이 훌륭한 역할을 수행하지만, 예기치 못했던 돌발 상황에서는 교육받은 대뇌 신피질이 아니라 변연계가 행동을 주도하기 때문에 문제가 생기는 것이다. 이를 막기 위해서는 서비스 직원 스스로 고객을 만족시키겠다는 욕구를 만들어 내게 해야 하고, 그 욕구를 만족하기 위한 동기부여를 발생시키려면 변연계를 자극해서 스스로 동기부여 환경을 만들 수 있도록 해야 한다.

제 6 장

리더의 자격

고객의도

일반적으로 호모 휴리스틱쿠스인 고객은 자기가 원하는 서비스를 받기 위해 명확한 서비스 수준을 서비스 제공자에게 요구하지 못한다. 자기가 원하는 서비스를 구체적으로 정의하지 못하고, 막연히 구전, 다른 서비스 경험 등을 통해 추상적으로 머릿속에서 희미하게 보이는 것을 원할 뿐이다. 바꿔 이야기하면 "나는 명확하지 않지만, 분명하게 무언가 원하는 것이 있으니, 알아서 내 기분을 맞춰 봐."라는 식이다. 이것을 위해 각 기업은 고객을 만족하게 하기 위한 고객 만족 경영을 한다. 더 나아가 '고객 의도(Customer obsessed) 인식 경영'을 한다. 비슷해 보이지만 두 경영 방식은 차이가 있다.

고객 만족 경영은 고객이 원하는 것을 구체적으로 기업에 요구한다는 것을 전제로 하거나, 고객이 원하는 것을 기업이 명확하게 알고 있다는 것을 전제로 한다. 하지만 호모 휴리스틱쿠스인 고객은 진정으로 자기가 원하는 것을 명확하게 요구하지 못한다. 자기가 원하는 것이 무엇인지 명확하게 모르기 때문이다. 또 기업도 많은 활동을 통해 고객의 요구를 파악하여 고객의 마음을 사로잡고 싶어 하지만, 어떤 기업도 고객의 마음을 완전히 사로잡은 적은 없다. 게다가 이스라엘의 물리학자인 엘리야후 M. 골드랫은 저서 '더 골'에서 "가정이나 직장 그리고 사회 어디에든 성과의 흐름을 방해하는 제약요소가 있으며, 이 제약사항을 발견하여 그 요소를 해결 또는 완화함으로써 전체의 생산성을 향상시키거나 질적인 발전을 이룰 수 있다."라고 말하며, 주장한 제약자원이론(TOC : Theory Of Constraints)은 엄청난 반향을 일으켰는데, TOC의 기본 원리는 기업의 존재 이유를 명확히 하는 것이다. 기업의 존재 이유는 돈을 버는 것으로 그렇게 하기 위해서는 기업의 성과를 향상시켜야 하고, 성과를 향상시키기 위한 방법을 찾아야 하는데, 거기에는 반드시 성과를 제약하는 것이 존재하고 기업은 이런 제약 조건을 파악하고 개선해야 한다는 것이다. 즉, 돈을 벌기 위해 기업의 자원을 최적화시켜야 하고, 자원을 최적화시키려면 고객의 요구를 100% 만족하게 하기는 쉽지 않을 것이다.

반면에 '고객 의도 인식 경영'은 고객의 의도가 시시각각으로 변한다는 것을 전제로 한다. 즉 수시로 변할 수밖에 없는 고객의 요구에 대처하기 위해서는 기업과 고객 간의 상호작용(Interaction)이 반드시 필요하다는 것을 인식하고, 대응하는 것이다. 이 사례로는 칫솔의 교체 시기를 알 수 없는 고객을 위해 칫솔의 교체 시기를 알려주는 오랄비의 인디케이터 칫솔과 냉장고에 있는 콜라병을 누런 종이봉투에 담아 주었기 때문에 집으로 운반하는 도중에 종이봉투가 찢어져 콜라병이 깨지는 것을 막기 위해 운반의 편이성을 높여 준 펩시의 플라스틱 용기 등이 있다. 또 팔지도 않은 타이어를 교환해 준 노드스트롬 백화점도 있다. 모두 고객의 눈높이에서 고객과 상호작용한 고객 의도 인식 경영이라고 할 수 있다. 즉, 처음부터 서비스 수행 계획에 따라 모든 서비스가 완벽하게 수행될 수 없음을 전제로 하여, 문제가 발생하면 빨리 대응할 수 있는 채비를 갖춰 고객 의도에 집중할 수 있게 하는 것이다. 이때 서비스 품질의 문제를 감지하고, 조치를 취해 서비스 품질이 계획대로 전달될 때까지 각 상황에 맞는 절차가 수립되어 있지 못하면, 즉 '올바른 프로세스'가 정립되어 있지 못하면 서비스 품질은 서비스를 수행하는 담당자의 능력에 맞추게 된다. 이것은 서비스를 수행하는 사람에 따라 서비스 품질이 달라지는 것을 의미한다. 또 서비스 수행 중 반복되는 문제는 서비스 프로세스상의 문제이기 때문에 수행 절차를 표준화하여야 한다. 또 같은 사람의 반복된 실수가 아닌 다른 사람의 동일한 실수의 반복은 사람에게 원인이 있는 것이 아니라 조직에 원인이 있는 경우가 많다. 이런 실수들을 줄이기 위해서는 '올바른 프로세스'에 의한 일정한 제약이 필요하다. 사람들이 실수를 하고서도 교훈을 얻지 못하는 것은 호모 휴리스틱쿠스이기 때문으로 실수하기 전에 미리 일정한 제약에 의해 조정할 필요가 있다. 여기서 일정한 제약이란 리차드 탈러의 저서명 그대로 '넛지(Nudge : 넛지는 팔꿈치로 옆구리를 찌르다는 뜻으로 주의를 환기시키다라는 뜻을 갖고 있다.)'를 행할 수 있는 디폴트 옵션을 만들고 이 디폴트 옵션으로 유도를 하는 것이다. 가령 병원에서는 의사가 수술할 때 실수를 예방하게 하기 위해 수술하기 전에 환자의 수술 부위에 펜으로 표시해야 하는 규정이 생겼고, 나도 얼마 전 얼굴 골절상으로 수술을 받을 때 수술하기 전날 수술 부위에 파란색 펜으로 표시했던 기억이 있다. 이처럼 중요한 내용은 기억에 의해 수행하는 것보다는 올바른지 체크할 수 있는 체크리스트를 만들어 사용해야 한다.

체크리스트의 필요

1990년대 말은 전 세계적으로 인터넷 열풍이 몰아친 시기다. 인터넷을 통해 모든 것을 다 바꿀 수 있을 것 같았던 그 시기에는 인터넷과 연결되지 못한 모든 것은 의미가 없어 보이는 시기였다. '정보의 바다'라고 불렸던 인터넷은 엄청나게 많은 정보가 채워지기 시작했고, 채울 수 있는 콘텐츠의 양을 늘리기 위해 애쓰던 시기였다. 그러다 보니 당연히 목적이 불분명한 콘텐츠들이 난립하기 시작했고, 그럴수록 필요한 정보를 찾기는 더 어려워졌다. 이때 필요한 활동이 '탐색'이었다. 올바른 탐색을 위해서는 정보 저장 구조에 대한 정보가 필요했으나, 디지털화된 것을 모두 인터넷이란 저장고에 저장하다 보니, 각각 저장 방식이 상이하고, 용어에 대한 정의도 부족했다.

결국, 필요한 정보가 인터넷의 어딘가에는 있으나, 어디 있는지는 알 수 없는 '모호함의 세계'가 되었다. 이 시대에 필수적인 것은 검색엔진이었다. 여러 검색엔진이 등장했고 저마다의 검색엔진을 통해 원하는 정보를 찾을 때 호모 휴리스틱쿠스의 확인 편향으로 알고 있는 범위 내에서만 정보를 찾게 되는데, 앞에서 이야기한 스키마가 고정되어 있기 때문이다. 스키마가 고정되어 있으니 보고 싶거나, 보이는 것만 보게 되고, 자기에게 익숙한 것만 찾게 되는 현상이 생겼다. 자연스럽게 패턴 탐색의 오류에 빠지게 되는 것이다. 이러한 '모호함의 세계'에는 무언가 기대를 할 수 있어야 가치를 인정받는 시대였다. 모든 것이 정확하게 알려지면 더 이상 기대할 것이 없어진다고 여겨 가치가 없는 것으로 생각했다. 이 때문에 작은 인터넷 서비스 업체의 주식 가치가 전통적인 대형 제조업체의 가치를 넘어서는 일이 비일비재했었다. 이 시대에는 '노하우(Know-how)'를 알고 있는 것이 중요했다.

■ **모호함의 세계**

⇒ 경험에 의한 의사결정(귀납적)

■ **협상의 세계**

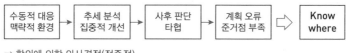

⇒ 합의에 의한 의사결정(점증적)

■ **명확함의 세계**

⇒ Maven의 역할(연역적)

하지만 2000년대 초에 이러한 '인터넷 버블'은 급속히 사라지기 시작했고, 모호함을 벗어나기 위한 노력이 있었다. 순간순간 나타나는 아이디어에 흔들리지 않고 지금까지의 트렌드를 통한 맥락을 파악하려는 시도들이 이어졌다. 트렌드를 분석하고, 점증적으로 개선을 시도하기 시작했다. 이를 위해 전체를 볼 수 있는 맥락적 접근 방법을 선호했고, 구체적이지는 않지만, 전체 맥락을 받아들여, 그 맥락에 맞게 수동적으로 대응하는 시기였다. 즉, '타협의 세계'가 온 것이다. 이 시기에는 맥락을 통해 사후 확인을 하고, 그 결과를 가지고 서로 타협하는 방식을 취하게 되었다. 그러다 보니 자연스럽게 누군가 먼저 기준을 제시하면 그 기준 내에서 타협하는 엥커링 효과에 빠지기도 하고, 계획 오류에 의해 차질도 빚게 되었다. 이런 현상을 막기 위해 미리 경험해 본 기업이나, 지식을 찾을 수 있는 '노훼어(Know-where)'의 지식이 필요했다.

이 시대를 지나 2000년대 중순 이후에는 트렌드를 통해 예측하기 시작했다. 전체 맥락에 수동적인 자세에서 벗어나 적극적으로 예측을 통해 불확실성을 제거하는 노력이 이어졌다. 이제까지 모호하거나, 트렌드에 따른 수동적 분석이 아닌 각종 규제나 리스크에 사전 대응하고 예방하는 적극적인 자세로 바뀐 것이다. 바로 '명확함의 세계'가 도래한 것이다. 이 시대에는 '올바른 프로세스'의 수립과 준수가 중요했다. 이를 관리하기 위해 각종 원칙과 그 원칙들이 제대로 지켜지고 있는지를 체크할 수 있는 체크리스트가 필요했다. 또 너무나 많은 고급 정보들이 쏟아져 나오고, 매일 신기술이 발표되는 이 시대에는 모든 것을 알 수는 없었다. 그래서 이 시대에 필요한 것은 그러한 기술과 정보를 알고 있거나, 그러한 것들이 어디에 있는지 알고 있는 사람과 연결되는 것이 중요해졌다. 즉 '노후(Know-who)'가 필요한 것이다.

Know-how

보통 특정 사건에 관해 판단을 내리기 위해 호모 휴리스틱쿠스가 가장 많이 사용하는 방법은 그 사건에 대한 데이터와 정보를 모으고, 유사한 사건에 대해 알고 있는 지식을 동원하여 그들 사이에 성립되는 일반적인 성질을 찾아내 공통의 관계를 만들어 새로운 지식으로 발전시키는 귀납법이다. 'A이기 때문에 B가 된다.'라는 실증적인 데이터를 근거로 추론하기 때문에 호모 휴리스틱쿠스는 결론이 당연히 맞는다고 인식한다. 하지만 일부분의 실증적 지식을 토대로 하여 전체로 확대해 나갈 수는 있지만, 전제가 결론의 당위성을 논리적으로 설명하지 못한다는 한계가 있다. 이것은 귀납법이 관찰과 실험을 통해 얻은 부분적인 사례를 근거로 전체를 설명하려 하기 때문이다. 때문에 귀납법을 통해 얻은 결론은 확실한 것이 아니라 일부 개연성이 있는 가설일 수 있다는 것을 명심해야 한다.

이처럼 특정 사건에 대해 구체적이고 개별적 실증들을 찾아내고, 그 실증들에서 발견되는 보편적 사실로서의 결론을 이끌어내는 방법을 귀납적 추론이라고 한다. 앞에서 이야기한 것처럼 귀납적 추론은 전제를 통해 결론이 사실일 수도 있다는 정보만 제공하지 논리적으로 명백한 근거를 제공하지는 못한다. 이렇게 전제와 결론 간에는 간격이 있을 수 있기 때문에 간격을 논리적으로 연결하는 과정이 중요하다. 호모 휴리스틱쿠스는 이 간격을 메우기 위해 어림짐작(휴리스틱)으로 자신이 알고 있는 지식을 적용하려 들기 때문에 오류가 발생한다. 이 오류에는 두 가지가 있다. 먼저 일반화하는 과정의 오류로 전제의 사례가 충분히 검증되지 않았음에도 불구하고 부분적인 사실을 전체로 확대하는 오류다. 두 번째 오류는 유추하는 과정의 오류로 유추의 대상이 되는 사례가 서로 다른 속성을 가지고 있음에도 불구하고 속성이 같다고 여기고 유추하는 오류다. 이러한 오류들을 막기 위해서는 실증적인 사례를 찾을 때 가장 전형적인 사례를 찾아야 하고, 사례가 결론과 차이가 있을 경우에는 그 차이를 설명할 수 있어야 하거나 그 차이가 별 영향을 미치지 않는다는 것을 설명할 수 있어야 한다.

호모 휴리스틱쿠스는 일반적으로 경험에 의한 의사결정을 좋아한다. 즉, 귀납적 추론을 많이 사용한다. 이 이유는 특정 사건에 대해 가용할 수 있는 시간, 보유하고 있는 자원 등 여러 가지 제약 속에서 항상 올바른 의사결정을 할 것을 강요당하는 상황에 놓이는 경우가 많아 몇 개의 실증적 사례만을 가지고 결론을 내려야 할 경우가 많기 때문이다. 그러다 보니 특정 사건에 대해 정보를 가지고 있거나, 경험이 있는 사람이 필요하게 되고, 특히 '모호함의 세계'에서는 그 사건에 대해 경험이 있다는 것은 올바른 의사결정을 할 수 있다는 의미로 받아들여졌다. 우리가 흔히 이야기하는 '노하우(Know-how)'가 그것이다. 노하우는 미국에서 처음 사용한 단어로, 국어사전을 보면 "특허받지 않은 기술로서 기술 경쟁의 유력한 수단이 될 수 있는 정보나 경험 따위의 비밀 기술 정보를 의미한다."라고 쓰여있다. 간단하게 이야기하면 어떤 일을 오래 하게 되어 자연스럽게 익힌 방법이나 요령이다. '모호함의 세계'에서 필요했던 것은 인터넷의 급속한 확산으로 인터넷 경험이 많지 않을 때 조금이라도 먼저 인터넷을 활용해 본 사람들에게서 나오는 정보가 중요했다. 가령 인터넷에서 필요한 정보를 검색하면 엄청나게 많은 정보가 검색되었으나, 그 중 필요했던 정보를 찾기는 쉽지 않았다. 자연스럽게 원하는 정보를 쉽게 찾을 수 있는 검색 방법에 대해 궁금해하기 시작했고, 검색 방법을 잘 아는 사람에게 여기저기에서 도움을 바라는 손길을 뻗쳤다. 즉, 인터넷 검색에 대한 노하우가 있어야 인터넷을 제대로 활용할 수 있었다.

그런데 인터넷에서 찾은 정보가 정확한 정보인지 알 수 있는 방법은 없었다. 단지 찾고자 하는 정보와 관련성이 있어 보이면 일단 수집을 하거나 '즐겨찾기'라는 기능을 통해 링크해 두었을 뿐이다. 그리고 이러한 정보와 행위를 통해 의사결정이 올바르다는 근거로 쓰였다. 이렇게 정확하지 않은 정보를 통해 결론을 도출하려는 귀납적 사고는 많은 문제점을 만들어 냈다. 앞에서 언급했던 것처럼 귀납적 추론은 어떤 사례들을 관찰하여, 일반적인 속성들을 찾아내서 전체에 적용하는 방법이기 때문에 전제와 결론 사이에는 격차가 있을 수 있다. 호모 휴리스틱쿠스는 이 격차를 메우기 위해 자신들의 경험에 의해 축적된 노하우를 활용하려 했기 때문에 자신들이 가지고 있던 스키마에서 벗어날 수 없었다.

Know-where

의사결정의 가장 고전적인 모형은 '합리적 모형'으로, 이 모형은 의사결정을 하기 위한 모든 조건이 합리적이고, 확실한 정보가 제공되며, 합리적 인간이 최대의 효과를 낼 수 있는 가장 이상적인 의사결정을 해야 한다는 것을 전제로 한다. 그러나 지금까지 살펴본 바와 같이 사람이나, 의사결정을 위한 모든 조건이 합리적이지 않을 때가 대부분으로, 합리적 모형은 지나치게 이상적이고 규범적이기 때문에 현실과는 맞지 않는다. 게다가 의사결정에는 여러 이해당사자가 관여하기 때문에 의사결정 내용에 대해 합의하기가 쉽지 않다. 게다가 합리적 모형을 적용하기 힘든 결정적인 이유는 의사결정을 할 사람은 호모 이코노미쿠스가 아니라 호모 휴리스틱쿠스이기 때문이다.

미래에 대한 성과 예측은 미래의 불확실성을 감안해야 하기 때문에 처음부터 정확하게 의사결정을 한다는 것은 불가능한 일이다. 이런 의사결정은 몇 번의 시행착오와 변화와 수정이 있을 것을 예상하여 그때그때의 상황에 맞게 다시 의사결정을 해 나가야 한다. 이런 방식은 의사결정을 할 당시에는 예상하지 못했던 내용도 반영할 수 있고, 점증적으로 잘못된 의사결정을 수정해 나갈 수도 있는 이점이 있다. 이처럼

"위험부담이 없는 정책결정을 위해 가장 좋은 대안을 선택할 수 있는 유일한 방법은 현재의 정책과 약간 다른 정책대안을 찾는 데 집중하는 방향으로 계속 개발해야 한다."라고 주장한 미국의 행정학자인 린드블룸과 윌다브스키가 제창한 것을 '점증적 모형'이라고 부른다. 이것은 점증적인 방법으로 의사결정을 해나가야 성과를 극대화할 수 있다는 것을 의미한다.

하지만 점증적 모형에도 단점은 있다. 의사결정이 전체를 위한 것이기보단 단계적이고 부분적으로 진행되어 현재보다 조금 더 좋은 상황을 목표로 한다. 즉, 혁신적인 최적의 의사결정을 하지 못하고, 원하는 미래의 목표를 위해 점진적이고 연속적으로 현재 상황을 변화시키면서 접근하는 방식이다. 뚜렷한 목표가 먼저 설정되기보다는 현재보다 나은 대안을 선택하기 위해 목표를 수정하기도 하고, 대안의 문제에 따라 목표가 변형되기도 한다. 즉, 대안과 목표설정이 병행하는 형태다. 언뜻 보기에는 유연한 방식이라고 할 수도 있으나, 목표가 뚜렷하지 않아 임기응변식으로 대안을 수립하여 문제가 생길 수도 있다. 더욱이 현재 트렌드에 대한 맥락적 분석 없이 트렌드 맥락에 수동적으로 대응하는 형태가 될 가능성이 크다. 어떤 이벤트 발생 후 그 이벤트가 발생하기 전에는 그 이벤트에 대해 모르거나, 신경을 쓰지 않았지만, 막상 이벤트 발생 후에는 이벤트 발생 원인의 분석 과정에서, 마치 전부터 이벤트가 발생할 것을 알고 있었다는 태도를 취하게 된다. 즉, 사후확증 편향이 발생할 가능성이 매우 높다. 사후확증 편향이란 일종의 고정관념이나 선입견이라고 말할 수 있다. 소위 명문대를 나온 신입사원이 일을 더 잘할 것으로 생각하게 된다. 그 신입사원이 정말 일을 잘하면 자기 생각이 맞았다고 생각하고, 명문대 출신은 유능하다는 믿음을 가지게 된다. 또 데이터나 정보를 해석할 때도 영향을 미쳐 자기만의 색안경을 쓰고, 자신의 관점에 맞는 것만 받아들인다.

 '타협의 세계'에서는 점증적으로 목표와 대안을 바꿔나가게 되는데, 그 이유는 일방적인 의사결정보다 다른 사람과의 커뮤니케이션을 통해 잘못된 것을 고치고, 올바른 방향으로 끊임없이 목표를 수정해나가야 하기 때문이다. 이때 필요한 것은 이미 선택한 대안이 틀릴 수도 있다는 가능성을 열어두고, 선택한 대안과 다른 방식의 대안을 찾아봐야 한다. 이것은 자기만의 노하우에서 벗어나 더 좋은 대안을 적용하고, 또 다른 사례를 찾을 수 있는 능력이 필요하다는 것을 의미한다. 즉, 내가 원하는 대안이 어디에 있는지 찾을 수 있는 '노훼어(Know-where)'가 필요하다. 노훼어는 필요한 정보가 어디에 있는지를 아는 것으로 필요한 정보를 언제든지 활용할 수 있는 능력을 일컫는다. 필요한 정보를 찾아 이해당사자들과 커뮤니케이션을 통해 현재의 대안과 목표를 수정해 나가고, 반영해야 한다. 하지만 이해당사자들과의 커뮤니케이션은 쉽지 않다. 그 이유는 서로의 입장에 따라 생각하는 것이 다르기 때문이다. 따라서 노훼어 능력으로 올바른 정보를 찾고, 검증된 정보를 바탕으로 커뮤니케이션이 이루어져야 한다. 노훼어는 내가 알고 있는 것이 전부가 아니라는 생각을 가져야 하고, 정확한 판단과 결정을 위해서는 꼭 필요한 능력으로 트렌드의 맥락에 능동적으로 대응할 수 있는 무기가 될 수 있다.

Know-who

'모호함의 세계'와 타협의 세계'를 지나면서 사람들은 뭔가 수행하기 전에 명확하게 정의되어 있지 않으면 의사결정하기를 주저하기 시작했다. 그 이유는 미래의 불확실성에 따른 리스크 관리가 필요하다는 것을 인식하게 되었고, 각종 규제에 대응해야 할 필요성을 느끼게 되었기 때문이다. 이것은 많은 정보를 필요로 했고, 이러한 정보를 통해 의사결정이 이루어지는 '명확함의 세계'가 시작했음을 이야기한다. 이때 필요한 것이 어떤 상황에 정확하게 들어맞는 정보다. 이 정보를 통해 불확실성에 따른 리스크 관리와 쏟아지는 각종 규제에 대응할 수 있는 노하우가 필요했다. 하지만 너무 많은 리스크와 규제를 모두 해결할 수 있는 노하우를 보유한다는 것은 불가능했고, 정확하게 자신이 처한 상황에 맞는 베스트 프랙티스를 찾을 수 있는 노훼어도 쉽지는 않았다. 이제는 이런 노하우와 노훼어를 알고 있는 사람을 찾을 수 있는 능력인 '노후(Know-who)'가 필요한 것이다. 즉, '커넥터(Connector)'와 '메이븐(Maven)'이 필요한 세상이다.

'커넥터'와 '메이븐'은 '티핑포인트(Tipping point)'라는 책에서 소개된 개념이다. 여기서 '티핑포인트'라는 뜻은 어떤 현상이 한순간에 균형을 깨뜨리고 엄청난 힘을 작용하는 임계점을 나타내는 말로, 전 세계적인 베스트셀러 작가로 유명한 말콤 글래드웰이 '블링크'에 이어 두 번째로 쓴 책의 제목이기도 하다. 이 책에서는 티핑이 일어나는 이유를 세 가지를 들어 이야기하고 있다. 첫째, 소수의 법칙으로 어떤 현상이 퍼져 나가는 곳에는 소수의 '커넥터'와 '메이븐'이 있다고 한다. 둘째, 고착성의 요소로 작지만, 기억에 남을 메시지가 엄청난 결과를 부른다고 한다. 셋째, 상황의 힘으로 특정한 메시지가 전파되기 위해서는 우연적인 주위의 상황이 상당한 영향력을 끼친다는 것이다. 그리고 책에서는 소수의 법칙에 의해 소수의 사람이 영향을 끼쳐 엄청난 유행을 가져오게 한다고 소개하고 있고, 이 소수의 사람은 필요한 많은 사람과 네트워크가 형성되어 있는 커넥터와 믿을 수 있는 정보를 제공하는 메이븐이라고 설명한다.

특히, 메이븐은 '모호함의 세계'에서 많이 사용되었던 귀납적 추론을 더 이상 사용하지 않는다. 그 이유는 귀납적 추론의 기본은 관찰과 실험을 통해 특수한 사례를 기본으로 해서 전체에 적용시키는 것이고, 이때 도출된 귀납적 추론의 결론은 개연성만 가지고 있기 때문이다. 여전히 명확하지 않은 '모호함'이 존재한다. 이에 반해 연역적 추론은 논리적 타당성을 갖추고 있어 전제들로부터 필연성을 가진 결론을 도출해낸다. 전제가 참일 경우 그 전제에 의해 도출된 결론도 참이 되는 것이다. 이처럼 전제와 결론의 필연적 관계가 논리적 형식과 규칙의 타당성에 근거한다. 즉, 결론이 이미 전제에 포함되어 있기 때문에 전제에 없는 새로운 사실로 확장할 수는 없지만, 전제 속에 포함된 정보를 명확하게 도출한다. 연역적 추론은 논리적 일관성을 가지고 있기 때문이다. 아리스토텔레스의 3단 논법은 이 사실을 잘 보여 준다.

모든 사람은 죽는다. (전제)

소크라테스는 사람이다. (전제)

그러므로 소크라테스는 죽는다. (결론)

그런데 연역법은 전제로부터 결론을 이끌어 내기 때문에, 전제에 해당하는 명제가 있어야 한다. 이 명제는 경험이나 관찰 등의 결과가 '명확함'을 증명해야 하는 과정을 거쳐야 한다. 이러한 경험이나 관찰은 많은 시간과 연구를 필요로 하며, 누군가 시도하지 않았던 방법을 사용하거나, 남들보다 먼저 경험하는 활동 등을 통해 선구자적으로 지식을 쌓아서 전제에 해당하는 명제를 만들어야 한다. 그래서 전제에 해당하는 가설을 검증해야 하고, 그 가설에서 실험과 관찰을 통해 몇 개의 명제를 이끌어 내야 한다. '명확함의 세계'에서는 이런 활동을 하는 메이븐이 필요하다. 그리고 말콤 글래드 웰은 책의 마지막에 "당신 주변을 둘러보라. 당신 주변이 도무지 움직일 것 같지 않은 무자비한 공간처럼 보일 수도 있다. 하지만 그렇지 않다. 힘을 실어주어야 할 바로 그 자리에 약간만 힘을 실어준다면 그곳은 점화될 수 있다."라고 하며 책을 마친다. 여기서 약간의 힘을 실어줄 사람이 메이븐이다.

메이븐의 조건

메이븐은 전문지식을 갖고 있으면서 여러 영역을 넘나들며 서로 다른 영역을 연계할 수 있는 능력을 소유한 인재로. 1987년 플로리다 대학의 린다 L 프라이스와 페익 로렌스 F가 발표한 '마켓 메이븐 : 마켓 플레이스 정보의 확산자'라는 논문에 다음과 같이 소개되어 있다.

1. 메이븐은 시장에서 유리한 흥정만을 목적으로 두지 않고, 최선의 거래 방법을 소비자와 공유하기를 원한다. 이런 정보를 필요한 사람들에게 알려주며, 알려주는 과정을 좋아한다.

2. 쇼핑을 도와주며, 더 좋은 조건으로 살 수 있는 방법을 알려주어 다른 사람들을 시장에 연결하게 해 주는 시장 내부 전문가로 시장에 관한 모든 지식을 가지고 있다.

3. 메이븐은 사물보다는 사람 자체를 좋아하기 때문에 사람들의 의사결정을 도와주려고 한다. 이런 사람들이 시장 메이븐이다.

말콤 글래드 웰은 "시장이 정보에 의존한다면 가장 많은 정보를 가진 이들이 가장 중요한 사람임이 틀림없다."라고 말하며, 다음과 같이 메이븐을 정의한다.

1. 메이븐은 자기 문제를 해결한 그 경험을 가지고 다른 사람의 문제를 풀어주고 싶어하는 사람이다.

2. 메이븐은 다른 사람의 문제를 해결함으로써 자기 자신의 문제, 즉 자신의 정서적인 요구를 해결하는 사람이다.

3. 메이븐은 입소문으로 전염시킬 만한 지식과 사회적인 기술을 가지고 있다.

4. 메이븐을 다른 사람과 구별시켜 주는 것은 그들이 알고 있는 지식보다는 오히려 그런 지식을 어떻게 전파하는가에 달여 있다.

5. 메이븐은 단지 남을 돕기 좋아하기 때문에 메이븐이 되는데, 그런 사람의 도움은 다른 사람의 주목을 집중시키는데 대단히 효과적이다.

피터 드러커는 이런 인재를 프로페셔널이라고 부르며, 프로페셔널이 되기 위한 조건으로 다섯 가지를 제시하고 있다.

1. 목표와 비전을 가져라.

2. 끊임없이 새로운 주제를 공부하고 새로운 일이 요구하는 것을 배워라.

3. 자신의 일을 정기적으로 검토하고 피드백을 해두어라.

4. 항상 신이 보고 있음을 의식하고, 자신이 누군가에게 어떤 사람으로 기억되기를 바라는가 하는 질문에 대답할 수 있어야 한다.

5. 자신의 전문 분야를 다른 사람들, 특히 고객에게 파는 능력을
   보유해야 한다.

'세계는 평평하다'의 저자 토마스 프리드만은 이 시대에 필요한 인재
상으로 다재다능한 사람이란 뜻을 가진 '버새틸리스트(Versatilist)'를 말
한다. 버새틸리스트는 적응력이 높은 사람으로 스페셜리스트와 제너
럴리스트를 합친 사람을 뜻한다. 즉, 특정 분야의 전문 지식도 보유하
고 있는 스페셜리스트이면서, 조직 내 여러 분야를 섭렵하여 광범위한
지식을 습득하고 있는 제너럴리스트이기도 한 사람으로 새로운 상황
이나 변화에 대응하고, 새로운 요구에 맞는 역할도 소화해 낼 수 있는
사람을 말한다. 적응력이 높은 인재가 필요한 이유는 지식의 수명이
매우 짧기 때문이다. 이렇게 지식수명이 짧은 시대에 요구되는 능력은
크게 두 가지를 말할 수 있다. 첫 번째 능력은 당연히 놓여있는 상황에
필요한 도메인(Domain) 지식 확보 능력이다. 도메인은 기업의 사업 영역
이나, 개인이 일하고 있는 분야를 일컫는 것으로, 이 도메인에서 일할
수 있는 전문 지식이 필요하다. 두 번째 능력은 필요한 조직과 사람들
과의 네트워크를 구성할 수 있는 네트워킹 능력이다. 앞에서도 언급했
던 것처럼 지금은 자신이 모든 해결 지식을 보유한 노하우 타입의 인간
보다는 많은 네트워크를 형성하여 협업할 수 있는 노후 타입의 인간이
더 필요한 시대다.

약한 네트워크 관계

대부분 사람은 보통 서로 자주 접촉하고 긴밀하며 끈끈한 관계인 강한 네트워크 관계가 그렇지 못한 약한 네트워크 관계보다 상호간의 이해관계자들에게 훨씬 더 영향력을 끼친다고 생각한다. 그러나 약한 네트워크의 중요성에 대해 미국의 조직 이론가로 스탠퍼드대 교수인 마크 그라노베터는 1973년 발표한 논문 '약한 네트워크의 강점'에서 일반적 상식과는 달리 "가끔 접촉하게 되는 약한 네트워크 관계가 더 중요하다."라고 주장했다. 즉, 강하게 연결된 가까운 친구나 친척보다 약한 연결 관계로 맺어진 지인들이 새로운 정보를 제공할 가능성이 높을 때가 있다고 한다. 약한 연결 관계라는 것은 특정 모임에서 한두 번 만난 사람들이나 각종 동호회 활동 등을 통해 알게 된 사람들 사이의 관계를 의미한다. 마크 그라노베터는 연구를 통해 전문직 종사자들이 취업을 할 때 개인적인 연고를 통한 경우가 60%, 시험과 스카우트가 각각 20%를 차지한다는 것을 알아냈고, 이 중 개인적인 연고로 취업한 경우 약 85%가 약한 연결 관계에 있는 지인들의 소개를 받았다는 것을 밝혀냈다.

약한 연결 관계의 힘을 가장 잘 나타내고 있는 것이 SNS와 인터넷이다. 인터넷을 통해 많은 사람과 연결되어 있으며, 이러한 연결을 통해 필요한 정보를 효율적으로 주고받고 있다. 이것이 가능한 것은 약한 연결 관계에 있는 사람들은 상호간에 수평적인 관계를 유지하고 있기 때문이다. 또한, 강한 연결 관계에서는 살아온 배경이 비슷해 정보가 한정적이나, 약한 연결 관계에 있는 사람들은 '다양한 인맥과 다양한 정보'를 접할 수 있기 때문이다. 여기서 '다양한'의 중요성은 가우스의 법칙을 통해서도 알 수 있는데, 모스크바대학 교수 G. F. 가우스가 1934년 미생물을 대상으로 실험하여 같은 생태적 지위를 차지하는 2종은 동일 장소에 공존할 수 없고, 살아가는 방식이 다른 생물들이 생태계를 구성하면 다양해진다는 가우스의 법칙을 만들었다.

'개미(Ant)' 하면 떠오르는 사람은 프랑스 소설가 베르나르 베르베르다. 하지만 '사회생물학'이란 용어를 만든 에드워드 오스본 윌슨은 미국의 생물학자로 '개미'를 저술하고 풀리처상을 받은 개미 연구가로 유명하다. 국내에서는 '통섭(Consilience): 지식의 대통합'의 저자로 더 유명하다. 통섭이란 말은 잘 쓰이지 않는 단어지만, 최근에는 학계와 기업에서 최고의 화두로 자리 잡고 있다. 통섭은 경계가 있는 서로 다른 지식을 무조건 섞고 융합시키는 것이 아니라, 경계 너머의 지식에 대해서도 관심을 갖고 배워 새로운 것을 만드는 것을 뜻한다. 경계를 넘나들기 위해서는 각 경계 안에 자리 잡고 있는 전문가들과의 이해관계에 주목할 필요가 있다. 전문가들의 스키마는 고정되어 있고, 자기 분야에 대한 자부심이 대단한 사람들이다. 이런 사람들에게 경계 밖에서 온 사람들이 자기 전문 분야에 대해 왈가왈부하면 부작용이 생긴다. 이때 힘을 발휘하는 것이 약한 네트워크에 의해 형성된 관계다. 약한 네트워크가 형성되는 것은 특정 분야에 대해 관심이 있는 사람이 그 분야 전문가를 소개받고 그 분야에 대해 조언을 구하게 될 때 생기게 된다. 즉, 특정 분야의 전문가를 인정하고, 그 전문가에게 배우는 자세를 취할 때 도움을 받을 수 있는 관계가 형성되는 것이다.

대부분의 창조적인 아이디어를 생각해 내는 사람들은 세 가지 공통적인 특징을 갖고 있다. 첫 번째, 창조적인 사고를 하는 사람들은 명확하지는 않지만, 그럴 수도 있다는 가능성을 열어두고, 그 가능성을 점진적으로 명확화한다. 두 번째 특징으로는 상당한 기간 동안 그 가능성에 대해 관심을 갖고, 여러 분야에서 다양한 방법으로 그 이유를 찾아내려고 한다. 이때 약한 네트워크로 형성된 전문가들에게 많은 도움을 요청한다. 마지막 특징은 이러한 행동들을 통해 관련된 분야에 대한 지식이 쌓이고, 오랫동안 숙성을 통해 지식 간의 상호작용에 의해 창조적인 아이디어를 만들어 낸다. 앞에서도 많은 부분을 할애하여 강조했듯이 창조적인 사고를 위해서는 여러 방면에 걸친 지식이 서로 부딪치고, 합쳐져서 새로운 지식이 나올 수 있는 환경을 만들어 주어야 하는데, 이때 약한 네트워크 관계에 의해 형성된 사람들에게 얻는 정보와 지식은 아주 중요한 역할을 한다. 이런 약한 네트워크 형성이 가능하기 위해서는 모든 지식은 수평적인 관계에 놓여 있다는 생각을 해야 하며, 나만의 스키마에서 벗어날 수 있어야 한다. 그야말로 통섭이 필요하다.

통섭의 정의

국어사전에서 통섭을 찾아보면 통섭(通涉)과 통섭(統攝)이 있다. 통섭(通涉)의 뜻은 사물에 널리 통함과 서로 사귀어 오가는 것을 뜻하고, 통섭(統攝)은 도맡아 다스림 또는 통치함을 뜻한다. 보통 통섭이라고 하면 에드워드 오스본 윌슨이 쓴 'The Unity of Knowledge'를 그의 제자인 최재천 이화여대 교수가 번역하면서 윌슨 교수가 이야기한 지식의 대통합을 설명하기 위한 개념어로 사용한 'Concilience'를 번역하기 위해 고심 끝에 사용한 통섭(統攝)을 의미한다. 최재천 교수의 말에 따르면 "통섭은 원효대사가 화엄사상을 설파하면서 많이 사용한 단어로 여러 분야의 전문가가 통섭해야 학문이 발전한다."라고 한다.

이에 대해 다른 해석도 있다. '세상을 지배할 지식인의 새 이름, 브리꼴레르'를 쓴 한양대학교 교육공학과 유영만 교수는 브리꼴레르라는 다소 생소한 단어를 "정답이 없는 상황에서도 다양한 시도 끝에 묘안을 찾아내는 맥가이버처럼, 몸으로 부딪치면서 딜레마 상황을 탈출하는 불굴의 의지와 도전정신의 화신이다. 브리꼴레르는 이질적 정보를 융합하여 새로운 지식을 창조하는 지식의 연금술사이자 색다른 도전을 즐기면서 자신의 한계가 어디까지인지 스스로 알아보는 노력을 게

을리하지 않는 실천적 지식인이다."라고 한다. 그러면서 "통섭(通涉)은 서로 소통하면서 학문적 경계를 넘나드는 것이고, 통섭(統攝)은 생물학 중심으로 모든 학문을 아우르겠다는 것이다. 하나의 학문으로 다른 학문을 아우르고 지식의 대통합을 이루려는 통섭(統攝) 이전에 열린 마음으로 서로 소통하면서 넘나들면서 자기 분야의 학문만으로는 해결하기 어려운 문제를 함께 풀어보기 위해 학문 경계를 넘나들면서 새로운 가능성을 찾아보는 통섭(通涉)이 먼저 선행돼야 할 것이다."라고 주장한다.

통섭을 어떻게 번역하던 이 시대에 통섭이란 단어가 많이 쓰이는 까닭은 한가지 전문 지식보다는 다방면에 걸친 다양한 지식이 서로 맞물릴 수 있는 융합의 시대를 살고 있기 때문이다. 따라서 통섭은 "사물에 널리 통하기 위해 서로 사귀어 모은 것을 다스린다."라는 의미로 해석하면 될 것 같다. 우리가 앞서 이야기한 약한 네트워크를 통해 경계를 넘나들며 도움을 주고받으면서 창조적인 사고를 할 수 있는 그런 환경을 만들자는 것이다. 윌슨은 책 속에서 학문의 세분화로 인해 학문 간의 업적을 한 데 어울리게 할 수 없게 된 현상을 지적하고 있다. 즉, 현대 사회에서 세분화된 전문지식으로 인한 학문 간의 단절을 깨는 방법으로 통섭을 이야기하고 있다.

이렇듯 통섭을 하기 위해서는 약한 네트워크를 통해서 어려운 문제를 풀기 위해 직접적인 전문지식을 보유하고 있는 전문가를 찾기 위한 노력보다는 비록, 뛰어난 전문가는 아닐지라도 해당 분야에서 활동하는 약한 네트워크로 연결된 지인에게 도움을 요청하는 것이 더 실질적인 도움을 받을 수 있다. 통상적으로 전문가를 직접 수배하여 도움을 받을 경우 전문가와 의견이 다르거나 미심쩍은 구석이 있을 때 분위기를 부드럽게 유지하기 위해 의견 개진을 제대로 못 하는 경우가 많다. 호모 휴리스틱쿠스는 지금까지의 경험으로 사람들과 대화를 할 때 의견 충돌 조짐을 느끼게 되면 부드러운 분위기를 위해 자기주장을 억누르게 된다. 결국, 전문가를 통해 원하는 해결책을 얻지 못하는 경우가 많이 생긴다. 물론 여기에는 전문가의 고집(?)도 한몫한다.

그러나 사람들은 자신의 의견과 충돌하거나, 다른 견해를 가진 사람들과 교류할 때 오히려 자신의 의견이 무엇이었는지를 확실하게 알게 되는 경우가 생긴다. 막연한 지식을 보유한 상태에서 내린 결론이 여러 사람의 다양한 의견을 들으면서 수정, 보완되는 것이다. 이렇게 되기 위해서는 서로 자기만의 주장을 고집하는 관계에서 벗어나야 한다. 바로 약한 네트워크 관계가 중요한 까닭이 여기 있다. 약한 네트워크 관계에서는 서로 자기만의 주장을 고집하기 힘들고, 자기 견해와 다른 상대방의 견해를 일방적으로 무시하기도 곤란하기 때문이다. 사회학자 로즈 코저는 "강한 네트워크 관계는 편안하고 익숙함을 주지만, 서로 유사한 배경을 가지고 있기 때문에 공감 이외에는 별다른 것을 주지 못한다."라는 강한 네트워크의 약점을 주장하며, "생각과 의견이 다른 사람들과 함께 있을 때 자신의 성향과 고유한 자아를 더 분명히 인식할 수 있다."라고 말한다. 결국, 현재 연결된 강한 네트워크 관계를 유지하면서 약한 네트워크 관계를 통해 다양한 세상과 교류할 수 있어야 한다.

통섭을 위한 조직

중국의 3대 고전으로 삼국지, 서유기, 수호지가 있다. 이 책을 읽는 독자들도 읽어 본 책들일 것이다. 이 세 종류의 책 중 삼국지와 수호지는 많은 등장인물이 나오고 그 인물들이 각 조직에서 각자 맡은 바 임무를 수행하고 있다. 그에 반해 서유기는 상대적으로 등장인물이 적다. 조직도 4명으로 구성된 단출한 조직이다. 조직의 리더처럼 보이는 삼장법사와 엄청난 능력을 보유한 손오공, 큰 역할 없이 조직의 분위기를 형성하는 저팔계, 있는 듯 없는 듯한 사오정으로 구성되어 있다. 이들 4명의 성격은 매우 독특하다. 서로 어울리기 힘든 성격이지만 목표를 달성하기 위해 서로 맡은 바 임무를 수행하고 있다.

먼저 리더인 삼장법사를 살펴보면, 거의 완벽주의에 가까울 정도로 일의 내용과 완성도를 중요하게 여겨 섣불리 행동하지 않고 항상 심사숙고하는 자세를 취한다. 그러다 보니 가끔 우유부단한 자세를 띠게 되고, 중요한 순간을 놓치기도 한다. 이로 인해 깊은 생각보다는 즉흥적인 행동을 먼저 하는 손오공과 자주 마찰을 빚는다. 손오공을 너무 이상적으로 이끌려고 하지 말고 큰 목표를 주되 수행 방법을 세세하게 간섭하지 말아야 한다. 매사 낙관적인 성격을 띠는 저팔계와는 성격적으로 맞지 않으나, 대화할 때 문제의 핵심을 정확하게 이야기해 주어야 효과를 낼 수 있다. 항상 조직 내에서 조용히 지내는 사오정에게는 명확한 역할을 주고, 업무 절차를 지키게 하면 좋은 결과를 얻을 수 있다.

서유기에서 가장 주인공 같은 활약을 펼치는 손오공은 뛰어난 능력을 바탕으로 조직 내 모든 문제를 즉시 해결하려는 행동주의자다. 때문에 업무 수행 중 많은 불협화음을 만들어 내는 사고 뭉치이기도 하다. 뛰어난 능력이 장점인 동시에 상대방과 협력할 줄 모르고, 남의 감정을 이해하려 들지 않는다. 이런 손오공은 삼장법사의 말을 주의 깊게 듣고, 행동하기 전에 생각하는 습관을 길러야 한다. 성격상 가장 잘 어울리는 저팔계와는 항상 유쾌한 분위기를 유지하는 것이 좋다. 저팔계와 반대로 가장 어울리기 힘든 사오정을 대할 때는 사오정의 말을 듣고, 의논하는 자세를 취하는 것이 좋다. 사오정은 강하기만 한 손오공을 항상 부담스러워 한다.

손오공만큼 강하지는 않지만, 용기가 있고, 조직의 분위기를 살리는 저팔계는 조직에서 항상 밝은 웃음을 띠고 있다. 변화에 재빨리 적응할 줄 알고, 매우 솔직하지만, 노는 것을 너무 좋아하고, 허풍이 센 것이 단점이다. 삼장법사와의 관계를 위해서는 진지하게 행동할 필요가 있는데, 삼장법사는 늘 일을 중요하게 여기기 때문이다. 정해진 목표는 반드시 이루려고 하는 손오공이 저팔계에게는 항상 부담으로 다가온다. 따라서 손오공과의 관계를 유지하기 위해서는 지킬 수 있는 말을 하고, 그 결과에 대해 정량적인 표현으로 대화할 필요가 있다. 항상 조용한 사오정을 보면 답답하기만 하지만 부드러운 대화를 통해 칭찬을 자주 하면 필요할 때 아군이 되어 준다.

묵묵히 주어진 업무를 수행하는 사오정은 조직 내에 반드시 있어야 할 존재로 조직의 안정과 원만한 인간관계를 우선시한다. 능력은 부족하지만, 자신을 나타내지 않고 조직의 일원으로 해야 할 역할을 한다. 그러다 보니 자신의 입장을 나타내지 않고 관계를 유지하기 위해 진실을 숨기기까지 한다. 완벽을 추구하는 삼장법사에게 구체적인 사실과 의견을 제시하는 것은 매우 좋은 방법이다. 행동형인 손오공에게는 업무 목표를 세우고, 업무 진행 속도를 더 빠르게 하여 손오공의 업무 스피드에 맞추기 위한 노력을 해야 한다. 새로운 아이디어를 내기 좋아하는 저팔계는 조용한 사오정보다는, 대화에 적극적으로 참여하여 자신의 의견을 적극적으로 개진하는 사오정을 좋아할 것이다.

이렇게 4명으로 구성된 조직이라도 모두 성격이 다른 구성원들로 구성되어 있다. 대부분 조직은 더 많은 인원으로 구성되어 있기 때문에 더욱 복잡한 인간관계를 가지고 있을 것이다. 복잡한 이해관계 속에서 서로를 이해하고, 서로에 대해서 알게 되면 서로를 위할 수 있게 된다. 서유기에서도 서로 역량도 다르고, 추구하는 방향도 다르지만, 뚜렷한 목표가 있었고, 그 목표를 달성하고자 하는 리더가 있었으며, 목표를 달성하기 위한 과정에서의 문제점을 해결할 수 있는 역량이 있었고, 목표 달성을 위한 긴 여정 동안 조직의 분위기를 살리고, 조직의 안정과 화합을 위해 자신을 희생할 줄 아는 조직원이 있었기 때문에 목표를 달성할 수 있었다. 이렇게 하기 위해서는 조직원들에 대한 동기 부여가 필요하다.

동기 부여

폴리 이모의 엄명에 의해 집 담장에 페인트를 칠해야 하는 톰 소여는 놀러 가는 친구들이 부럽기만 하지만 달리 방법이 없다. 이때 꾀를 내어 페인트칠이 놀이에 버금가는 것처럼 행동해서 놀러 가는 친구들의 주의를 끄는데 성공을 하고, 마침내 친구들의 보물과 '페인트칠을 할 수 있는 특권'을 맞바꾸기까지 한다. 독자들도 다 읽어 보았을 '톰 소여의 모험'에 나오는 내용이다. 톰 소여는 친구들에게 페인트칠을 강제로 시킨 것이 아니고, 친구들이 자발적으로 하고 싶도록 동기를 유발시켰다. 톰 소여가 페인트칠을 할 수밖에 없는 상태는 폴리 이모의 지시로 제시간 내에 페인트칠을 끝내고 폴리 이모에게 검사를 받아야 하고, 그 시간 동안 친구들과 놀지 못하는 개인적인 재미의 박탈 등 불만족한 환경적인 요인이 있다. 이런 불만족한 환경을 친구들에게 동기 부여를 통해 만족한 상태로 바꾼 것이다.

우리는 보통 동기 부여라는 이야기가 나오면 유명한 동기 부여 이론을 만든 프레드릭 허즈버그를 떠올린다. 이 이론에 따르면 인간은 주변 여건이 주는 고통을 회피하려는 욕구를 가지고 있기 때문에 여건에 따른 조직원의 불만족을 없애기 위해서는 위생 요인을 잘 관리해야 한다는 위생 요인과 어떤 일을 달성하기 위한 역량을 키우거나 그 일의 성취를 통해 성취감을 맛보려는 동기 요인과 같은 두 종류의 욕구를 가진다. 간단하게 이야기하면 불만 또는 고통을 피하려는 욕구와 만족을 얻으려는 욕구다. 불만족을 갖게 되는 위생 요인으로는 회사 정책, 감독, 상사와의 관계, 작업장 여건, 급여 등이 있고, 만족을 결정하는 동기 요인에는 직무상의 성취감, 인정, 일 자체, 일에 대한 책임감 등이 있다. 즉, 불만족을 주는 요인과 만족을 주는 요인은 다르다는 것을 알 수 있다. 예를 들면 급여가 오르면 불만족이 줄어들겠지만, 업무 성과가 오른다고 할 수는 없다. 따라서 불만족이 줄어드는 요인과 만족을 주는 요인을 잘 조율해야 한다.

5장에서도 언급했던 매슬로우의 욕구 5단계설은 인간의 본성에 대해 세 가지 가정을 세우고 동기 부여론을 개발한 것이다. 첫 번째, 인간은 만족할 수 없는 욕구를 가지고 있다. 두 번째, 인간의 행동은 불만족한 욕구를 만족하게 하는 것을 목표로 한다. 세 번째, 인간의 욕구는 생리적 욕구, 안전 욕구, 소속과 애정 욕구, 존경 욕구, 자아실현 욕구 등 5단계로 이루어져 있는데, 하위 욕구가 채워져야 상위 욕구에 대한 동기 부여가 된다. 허즈버그의 동기 부여 이론과 비교하면 하위 3개의 욕구는 위생 요인과 상위 2개의 욕구는 동기 요인과 같은 것이라고 할 수 있다.

또 하나의 이론으로 D. 맥그리거의 XY이론이 있다. X이론은 대부분 사람은 일하기 싫어하고, 야망이 없고, 책임감도 거의 없으며, 지시받기를 좋아하고, 조직의 문제를 해결하는데 창의력을 발휘할 만한 능력을 갖추고 있지 못하며, 조직의 목표 달성을 위해서는 엄격히 통제되어야 한다는 것이다. X이론을 바탕으로 하는 관리자가 조직을 관리한다면, 직원들의 행동을 감독 및 통제를 통해 처벌, 위협 등을 선호할 것이다. 이와 반대로 Y이론은 대부분 사람은 책임을 느끼는 목표를 달성하기 위해 스스로 자기 지시와 통제를 하고, 조직의 문제를 해결하는 데 필요한 창조적 능력은 누구에게나 있으며, 동거 부여가 되면 자율적이고 창의적으로 일한다는 것이다. 따라서 Y이론을 바탕으로 하는 관리자는 직원 개인의 목표와 조직의 목표를 잘 조율하고, 업무를 통해 욕구가 충족되고 개인이 발전할 수 있는 조직 관리를 선호할 것이다.

이런 이론들을 조직 내에 접목한 대표적인 사례로 도요타 자동차를 들 수 있다. 도요타는 생산라인의 작업자에게 최대한의 책임과 권한을 위양해서 많은 성과를 나타냈는데, 그전까지 현장 근로자는 감시의 대상, 즉 X이론에 해당하는 사람들이라고 여겨 왔었다. 이러한 현장 작업자에게 생산라인을 정지시킬 수 있는 권한을 준 것은 최초 사례로 블루칼라 계층에 Y이론을 접목한 것이라고 할 수 있다. 이를 통해 자동차 생산라인에서 문제가 발생하면 현장에서 즉시 발견하고 원인을 찾아낼 수 있는 시스템을 만든 것이다. 이것은 숙련 노동자의 중요성에 대해 경영층의 인식과 자세가 바뀐 것을 의미하며, 숙련 노동자의 조직에 대한 헌신과 공헌을 인정하는 것을 뜻한다. 도요타에서는 이런 성과를 놓고 "미국의 자동차 빅3는 노동자의 손발만 사용하지만, 도요타는 노동자의 머리까지 사용한다."라는 표현을 쓰기도 했다. 이제껏 관리자와 노동자로 구분하여 온 경영의 본질이 바뀐 것이다.

경영의 시작

경영이란 것은 일반적인 상거래와 달리 기업 활동을 의미하는데, 18세기 산업 혁명 이후 대량 생산이 가능해지면서 경영의 시작이 가능했으나, 사실적인 경영의 시작은 20세기부터 시작된 것으로 보는 것이 타당하다.

1903년 A형 자동차를 만들어 팔기 시작한 포드 자동차는 1908년 대중을 위한 자동차를 만들 것을 선언하면서 유명한 T형 자동차를 만든다. 이때 최초로 대량 생산시스템을 구축했다. 모두의 우려에도 불구하고 그 해 1만 대를 판매했고, 이 수치는 계속 상승하여 1911년에는 3만 대, 2년 후에는 10만 대를 넘어 지구 상 100대의 차 중 T형 자동차가 68대를 차지했다. 1908년은 하버드대학교에 경영대학원(HBS, Harvard Business School)이 59명의 학생을 시작으로 설립된 해이기도 하다. 그때 세우진 경영대학원은 최초의 경영전문대학원이었다. 세계 최초의 기술 및 경영컨설팅회사는 MIT 대학 화학공학과 교수인 아서 D. 리틀과 동료인 로저 그리핀에 의해 1886년에 리틀 & 그리핀이 창립됐으나, 그리핀이 사망하자 1909 리틀이 자신의 이름을 딴 ADL을 설립했다. ADL은 지금도 한국을 비롯한 해외 30여 개국에 지점 및 자회사를 보유한

다국적 기업으로 성장했다. 위의 세 가지 사례는 비슷한 시기에 경영이라는 개념이 생겨났음을 시사하고 있다. 대학교에 경영학과가 생겼고, 기업에서 대량 생산 체계라는 경영 개념이 도입되었으며, 경영에 대한 자문을 해주는 경영 전문 컨설팅 회사가 생긴 것이다. 즉, 경영의 시작을 1908년이라도 해도 무방할 것이다. 그렇다면 최초의 경영자다운 경영자는 누구일까?

프레더릭 윈슬로 테일러를 경영학의 아버지라고 부르는데, 그 이유는 1911년에 출간된 '과학적 관리법(The Principles of Scientific Management)' 때문이다. 테일러는 학자가 아니라 공장에서 일하는 기계 기사였다. 그는 철강회사에서 근무하며 노동자들의 태업과 파업을 목격하고, 주먹구구식 관리에서 벗어나 과학적인 과업관리의 필요성을 절감하여 나중에 '테일러 시스템'이라고 불리게 되는 과학적 관리법을 창안하여 경영합리화에 큰 업적을 남겼다. '과업관리'는 하루에 한 사람이 할 수 있는 일의 양을 정해 놓고 관리하는 것으로 과업을 달성하기 위한 차별적 임금을 지급한다. 여기서 기준이 되는 표준 작업량은 시간연구와 동작연구를 기본으로 한다. 그 사례로 무거운 철을 운반할 때 하루에 12.5톤을 운반하던 것에서 과업관리에 의해 47.5톤을 운반하게 된 것과 벽돌을 쌓을 때 벽돌 운반을 위한 동작을 연구하여 18번 하던 동작을 5번으로 줄여 한 명이 시간당 120개의 벽돌을 쌓던 것을 350개로 증가 시킨 것 등이 있다. 또 효율적인 삽질을 하기 위해서는 삽의 무게가 5.4kg일 때 가장 좋다는 기준도 연구를 통해 밝혀냈다.

테일러는 모든 작업에는 과학이 요구된다고 주장하면서, 그 이유로 비능률적인 요소를 제거하기 위해서는 주먹구구식 관리에서 벗어나 과학적인 관리를 적용해야 한다고 했다. 또한, 관리자와 노동자를 계획하는데 적합한 관리자와 계획을 실행하는데 적합한 노동자로 구분하고, 노동자가 스스로 알아서 작업하는 것보다는 실험과 교육 훈련을 거친 결과를 노동자에게 적용하는 것이 더 이롭다고 주장했다. 이처럼 테일러 시스템은 인간적인 면을 고려하지 않았다.

테일러 사후 인간관계가 직무 만족도와 작업 성과에 영향을 미치는 요인을 조사하기 위해 사회학자인 엘튼 메이요가 1929년 웨스턴 전기회사의 자문으로 호손 공장에서 실시한 '호손 실험(Hawthone experiment)'은 경영에서 인간관계를 고려한 인간 중심의 경영을 지향하게 되는 계기가 되었다. 이 실험은 초기에 공장 내의 조명과 작업 능률과의 관계를 조사하기 위해 진행됐으나, 실험이 진행되면서 방향이 인간관계와 성과를 중심으로 바뀌게 되었다. 이 실험을 통해 인간관계의 중요성을 인식하게 되었고, 작업 능률을 향상시키는 것은 물리적 작업 환경에 의해서만 영향을 받는 것이 아니고, 노동자의 작업 태도나 감정적인 인간관계도 상당한 영향을 미친다는 것을 밝혀냈다. 또한, 노동자들의 비공식적인 모임이 생산성 향상에 영향을 미치고 있음이 알려졌다. 호손 실험 이후 인간관계의 중요성이 대두되면서 엘튼 메이요는 반테일러 주의의 선봉에 서게 된다. 이처럼 인간 관계론이 경영의 중심이 되면서 앞에서 이야기한 동기 부여 이론, 욕구 단계설, XY이론 등이 등장하게 된 것이다. 이것은 테일러를 필두로 한 1세대 경영 원리가 지나고, 차세대 경영 원리가 필요함을 이야기하는 것이다.

경영 혁신

모든 경영학 관련 서적에 빠짐없이 등장하는 기업이 있다. 독창적인 경영으로 유명한 이 기업은 1907년 경영학을 전공한 윌리엄 맥나이트를 고용했고, 이 직원은 이 기업 최초의 사장과 회장을 지냈다. 맥나이트는 회장이 되기 1년전에 경영 원리로 다음과 같은 말을 했다.

"직원들에게 일을 맡기면 수많은 실수를 저지르겠지만, 길게 봤을 때 경영진이 모든 것을 간섭하고 강요해서 발생하는 손실에 비하면 매우 적은 수준일 것이다. 직원이 실수를 저질렀을 때 경영진이 이를 심하게 비판하는 것은 직원의 자발성을 죽이는 행위다. 기업이 계속 성장하기를 원한다면 자발적인 직원을 많이 보유하는 것이 필수적이다"

이 회사는 독자들도 알고 있는 3M이다. 3M에서는 모든 직원이 실패할 자유가 있고, 이를 통해 얻는 경험을 소중하게 여긴다. 실수는 누구라도 할 수 있는 것으로, 이 실수가 더 큰 성장의 원천이 된다고 생각한다. 이에 따라 아이디어를 사장시키는 행동을 금하고 있다. 맥나이트 회장의 경영 원리를 잘 따르고 있다고 할 수 있다. 이처럼 3M은 도전과 창의성을 매우 중요하게 여기고 있다. 또, 3M에는 월급쟁이가 한 사람도 없다고 이야기한다. 3M 직원 한 명, 한 명이 하나의 기업이라는 생각을 하고 있다. 이것은 3M이 "혁신을 통해 세계 최고가 되자(Leading through Innovation)."라는 비전을 갖게 한다. 이를 위해 직원들은 근무 시간의 15%를 아이디어를 개발하고, 그 아이디어를 구체화하는 데 활용한다. 꼭 새로운 아이디어를 위한 시간이 아니고, 다른 것을 해도 무방하다. 이를 통해 나타난 성과에 대해 보상하고, 이 성과를 동료들이 인정하는 분위기를 만든다.

2011년 9월 KBS 시사프로그램 '백년의 가게'에서 덴마크 소재의 보청기 전문회사 오티콘을 소개했다. 오티콘은 1904년 덴마크에 설립된 회사로 2012년 기준으로 약 8,000명의 종업원을 두고 매출액은 약 14.8억 달러인 다국적 기업이다. 오티콘은 하버드 경영학과 교수인 도널드 N. 설이 쓴 '기업혁신의 법칙'에도 소개되어 있다. 이 책은 기업이 성공하고 난 후 그 기업을 성공하게 한 기업의 정책 때문에 기업이 어려워지는 상황을 이야기하고 있다. 오티콘도 마찬가지로 1980년대 말 회사가 어려워지자 새로운 CEO를 물색하기 시작했고, 덴마크 국립과학연구소를 운영했던 라스 콜린드를 CEO로 선택했다. 신임 CEO는 취임 초기에 15% 인원 감축, 원가 절감 등 전형적인 '턴어라운드(Turnaround)' 전략을 추진했으나, 한계가 있음을 깨달았다. 지멘스 같은 거대 기업은 오티콘의 연간 매출액보다 더 많은 금액을 연구개발비로 투자했기 때문이다. 콜린드는 오티콘이 살아남기 위해서는 "다른 경쟁자가 도저히 모방할 수 없는 혁신적이고 빠르고 효율적인 조직을 만드는 것이다."라는 결론을 내리고, 일명 '스파게티 조직'이라고 불리는 새로운 조직 형태를 만들었다. 스파게티 조직은 기능별 조직을 프로젝트 중심(Project-based)의 수평적 조직으로 변환시킨 것을 의미한다. 이 조직을 통해 종업원의 멀티 잡(Multi-job)을 유도하기 위해 스스로 지원하는 프로젝트의 개수에 제한이 없도록 하였고, 종업원의 스킬 개발에 적극적으로 투자했다. 또한, 권한 위양과 임파워먼트를 위해 종업원 자발적으로 참여하고 싶은 프로젝트를 선정할 수 있게 하였고, 프로젝트 매니저가 원하는 방식으로 프로젝트를 운영할 수 있게 했다. 임금 협상까지도 프로젝트 매니저가 주도할 수 있게 하였다. 이를 위해 IT 기술을 활용한 정보의 접근성과 투명성을 강화하였다. 이 모든 프로그램을 만들고 주도한 라스 콜린드는 스스로 '세컨드 사이클'이라는 저서를 쓰고, 새로운 성장을 위한 2차 주기로 세컨드 사이클에 진입하라고 강조하고 있다.

지난 100년간의 성공했던 경영 원리로는 더 이상 버티기가 쉽지 않다. 2개의 회사 사례에서 보았듯이 경영에 대한 근본적인 재검토가 필요하다. 먼저, 오랫동안 당연시 하던 고정 관념을 뒤엎는 새로운 경영 원리가 필요하다. 두 번째, 원리에 맞는 '올바른 프로세스'가 돌아가는 시스템이 구축되어야 한다. 세 번째, 새로운 경영 원리가 정착하기 위해서는 단발성인 이벤트가 아닌 지속적인 프로그램임을 모든 종업원에게 교육하고 중요성을 일깨워야 한다. 마지막으로 이런 혁신을 추진할 수 있는 리더십을 갖춘 리더가 필요하다.

리더십 확보

리더십 하면 머릿속에 떠오르는 단어가 몇 개 있다. 목표, 조직, 소통, 지도자 등이다. 이러한 단어들을 꾸며주는 것으로는 책임 있는, 강력한, 믿을 수 있는, 매력 있는 등이 있다. 이런 단어들을 모두 아우르는 말이 '카리스마'다. 사람들은 보통 존경할 만한 지도자나 특정 분야의 전문가에게 느껴지는 힘과 권위를 카리스마라고 말한다. 호주 맥쿼리대학교 교수 존 포츠는 방대한 양의 저서 '카리스마의 역사'에서 "카리스마라는 말은 그리스어에서 유래되었고, 사도 바울에 의해 쓰인 서신에서 처음 등장했다."라고 소개하고 있다. 그 뜻은 하나님의 은총의 선물이라는 뜻으로 초자연적 의미로 사용되었으나, 교회의 변화로 자취를 감추었다가, 독일의 사회학자 막스 베버가 초대 교회를 연구하다가 발견하여 재등장하게 되었고, 종교적 의미보다는 리더십과 권위를 의미하는 말로 사용되기 시작했다고 한다. 막스 베버는 카리스마를 기존 권위에 도전하기 위해 혁명적이고 새로운 질서를 만들어 가는 지도자의 능력이라는 의미로 사용했다. 카리스마라는 말이 사람들에게 널리 알려지게 된 것은 존 F. 케네디가 TV 출연을 통해 개인적인 매력을 발산하면서 카리스마의 뜻이 개인적인 매력을 의미하며 대중화되었다고 한다.

리더십 하면 생각나는 사람으로는 존 맥스웰이 있다. 그는 리더십 관련하여 많은 책을 저술했고, 미국 내에서만 1,300만 부 이상 팔린 베스트셀러 저자로, 리더십에 대해서는 타의 추종을 불허할 정도이고, 잭 웰치의 멘토로도 널리 알려졌다. 이처럼 리더십 전문가인 존 맥스웰은 리더십의 법칙으로 불리는 리더십 5단계를 기반으로 전사적 변화를 위해 단순한 처세술이 아닌 지도자로서의 행동 전반에 걸쳐 의미 있는 변화를 해나가야 한다고 주장한다.

리더십의 5단계

1단계 : 직위, 권리
가장 낮은 단계로 상사이기 때문에 리더십이 발휘되는 단계로, 부하 직원이 자기 말을 믿고 따르면 리더십이 있다고 생각한다.

2단계 : 허용, 관계
상사와 부하 직원이 가까워지면 마음을 열기 시작하는 단계로, 상사와 부하 직원이 서로를 위해 일하기 시작한다.

3단계 : 성과, 결과
부하 직원이 상사이기 때문에 따르는 것이 아니고, 상사의 지위에 맞거나 그 이상의 결과를 내는 것을 보고 진심으로 따르기 시작한다.

4단계 : 인물개발, 재생산
상사가 성과를 내는 것을 보고 부하 직원이 충성심을 보이며, 상사를 따라 하려고 하며, 상사는 자신을 이을 지도자를 개발한다.

5단계 : 인격, 존중
리더십 최고의 단계로 상사가 자기 방식을 고집하지 않아도, 부하 직원이 상사의 인격과 인품을 보고 스스로 상사를 따른다.

이처럼 각 단계를 거쳐 최고의 리더십을 갖추기 위해서는 각 단계에 맞는 행동을 할 필요가 있다. 먼저 1단계에서는 조직과 그 조직이 수행할 업무에 대해 명확하게 파악하고 있어야 한다. 그리고 업무 수행 시 기대 이상의 성과를 나타내야 한다. 또한 변화를 위한 창조적인 아이디어를 제공해야 한다. 2단계에서는 자신만의 시각에서 벗어나 다른 사람의 시각을 가져야 하며, 이를 통해 같이 일하는 사람들이 성과를 낼 수 있도록 배려해야 한다. 상사와 부하 직원이 서로 신뢰할 수 있어야 한다. 3단계에서는 조직의 업무 수행 결과에 대해 책임을 질 줄 알아야 한다. 조직의 전략과 비전을 이해시키고 변화를 주도하여, 성과를 위해 시의 적절한 의사결정을 할 수 있어야 한다. 4단계에서는 사람들이 따르고 싶어하는 모델이 되기 위해 노력하고, 사람들을 계발시키는 일에 우선순위를 두어야 한다. 성장 가능성 있는 후배에게 기회를 열어 주어야 한다. 마지막으로 자신을 따르는 사람들을 훈련시키고, 그들의 성과를 지켜볼 줄 알아야 한다. 이미 훌륭한 리더로써 자리매김한 상태로 단위 조직을 초월하여 전사적으로 영향을 끼칠 수 있는 결정을 해야 한다.

메멘토 모리

로마제국 시대에는 전쟁에서 이기고 돌아오는 개선장군을 환영하는 개선식이 성대하게 열렸다. 영화를 통해서도 볼 수 있는 것처럼 거리에는 쏟아져 나온 시민들로 넘쳐나고, 전쟁해서 승리한 장군은 화려한 자주색과 황금색으로 치장하고 마차를 타고 시민들의 열렬한 환호를 받으며 시가행진한다. 지금은 고전이 된 영화인 '쿼바디스'에서도 로마의 제14군단 사령관인 마커스 비니키우스장군이 개선 행진을 하는 것으로 시작된다. 그런데 장군 바로 뒤에 월계관을 든 노예가 계속 장군의 귀에 속삭이는 장면이 나온다. 그 노예가 한 말은 "메멘토 모리(Memento Mori)"로 이 말은 "장군도 결국은 죽을 인간이다."라는 뜻을 가지고 있다. 승리의 기쁨을 누리고 있는 개선장군에게 듣기에 별로 좋게 느껴지지 않는 말을 하게끔 한 이유는 무엇일까? 아마도 승리의 기분에 들떠 경거망동을 할 수 있는 상황을 미연에 방지하는 뜻이 있을 수도 있고, 로마제국시대에 황제의 권위에 도전하지 말라는 경고의 메시지일 수도 있다.

지도력을 갖추고 있는 리더는 항상 '메멘토 모리'를 기억할 필요가 있다. 자신의 전문 분야에서 뛰어난 성과를 나타내고, 그 성과를 위해 일하는 모습과 방법이 타의 모범이 되기 때문에 일정 단위 조직을 책임지는 리더가 되는 것이 오늘날의 조직 사회의 모습이다. 기업체에서도 마찬가지로 혼자 또는 조직의 일원으로 맡은 분야의 일에서 두각을 나타내게 되면 승진이라는 인센티브를 받게 되고, 작은 조직의 관리자, 즉 리더가 된다. 이때 계속 성과를 나타내는 리더가 있는 반면, 기대에 못 미치는 경우도 많이 생기는 것이 사실이다. 후자의 경우는 리더가 되고 나서 리더로서의 역할을 못하고, 혼자 일을 했을 때 성공했던 방식을 고집하여, 단위 조직 내 조직원들에게 자신의 성공 방식을 따르도록 강요하는 경우가 많다. 즉, 호모 휴리스틱쿠스가 되어 현상 유지 편향과 확증 편향에 빠져든 것이다. 과거의 성공 방식이 현재도 통할 것이라는 생각을 하는 것 자체가 현상 유지 편향이고, 그 방식을 계속 고집하는 데 필요한 정보만 수집하고, 자신의 성공 방식에 반대되는 정보는 취하려 들지 않으려 하는 것이 확증 편향이다. 이렇게 과거의 성공 방식에 도취되어 그 방식이 최고라고 생각하는 호모 휴리스틱쿠스를 위해 로마시대의 메멘토 모리와 같은 경고의 메시지를 전달해 줄 필요가 있다.

옥스퍼드 사전에 리더라는 말은 14세기에 처음 등장한다. 어떤 조직이나 단체의 목표를 달성하기 위해 조직을 이끌어 가는 사람이 리더다. 그런데 리더가 갖추어야 할 리더십이라는 단어는 19세기에 처음 등장한다. 리더가 갖춰야 할 자질이 리더십이다. 과거의 리더는 정치, 경제 등의 분야에서 권력(Power)을 가지고 있는 경우가 대부분이었기 때문에 리더십이 필요하지 않았을 수도 있다. 앞에서 살펴보았듯이 경영이라는 개념도 20세기 초에 생겨났고, 노동자의 업무 성과를 높이는 것이 과업 관리뿐만 아니라 인간관계의 중요성에도 달려 있다는 사실이 밝혀진 것도 불과 몇십 년 전이다. 리더에게 있어 리더십은 목적이 아니라 조직의 목표를 달성하기 위해 조직의 특성 전반에 영향을 미칠 수 있게 하기 위한 필요 수단이다. 리더십을 통해 조직 내 구성원들의 사고와 행동에 적극적인 영향력을 행사할 수 있어야 하기 때문이다. 조직 내 소속되어 있는 대부분 조직원은 호모 휴리스틱쿠스이기 때문에 조직의 목표를 위해 가이드 라인, 즉 디폴트 옵션을 정해 놓아야 한다. 이 디폴트 옵션은 잘 쓰면 도움이 되지만, 자칫 잘못 활용하면 조직을 일순간에 무너뜨릴 수도 있다. 리더에게는 권력이 있기 때문에 조직원의 반감을 사기 쉽다. 리더가 권력을 가지고 있어 조직원들이 원하는 보상을 얻기 위해, 또는 싫어하는 처벌을 피하기 위해 리더를 따르는 경향이 있기 때문에 어설픈 디폴트 옵션은 조삼모사로 오인 받을 수도 있다. 디폴트 옵션은 반드시 합법적인 방법으로 적용해야 호모 휴리스틱쿠스인 조직원들이 오해를 안 한다. 여기에 몇 가지의 리더십을 덧붙인다면 훌륭한 리더가 될 수 있는 기반이 조성되었다고 볼 수 있다. 과거에는 리더십의 조건으로 외향적인 기질, 조직원들과의 인화력, 똑똑함 등을 요구했으나, 지금 선호하는 리더는 먼저, 조직 내에서 리더의 전문성이 조직원에게 인정받을 수 있는 경우와 두 번째, 조직원들이 필요로 하는 이상의 정보를 확보하고 있는 경우 리더는 조직을 확실하게 장악할 수 있다. 이런 것들을 통해 조직원들이 리더를 닮기 원하는 경우 조직원들의 사고와 행동에 막강한 영향력을 미칠 수 있다.

리더의 역할

내가 신입사원 시설 조직의 리더에 대한 교육을 받던 중 조직 내 리더의 유형을 재미있게 분류한 강사가 있었다. 그 강사는 강의 도중에 재미있는 질문을 했다. "최악의 상사는 어떤 유형일까요?"라고 하면서 네 가지의 보기를 들었다. 독자 여러분들도 생각해보기 바란다.

- 똑부 : 상사가 똑똑하면서 부지런한 유형
- 똑게 : 상사가 똑똑하면서 게으른 유형
- 멍부 : 상사가 멍청하면서 부지런한 유형
- 멍게 : 상사가 멍청하면서 게으른 유형

그 당시 강사는 3번 유형인 '멍부'가 최악의 상사라고 하면서, 그 이유는 멍청하면서 부지런하다 보니, 조직의 목표도 없이 가장 일찍 출근해서, 가장 늦게 퇴근하기 때문에 직원들을 피곤하게 만든다는 이유였었다. 신입사원 시절에는 직장인은 항상 부지런해야 한다고 생각하고 있었기 때문에, 능력이 조금 부족하면(멍청하면) 부지런하기라도 해야 하

는 것이 아닌가 하는 생각을 하고 있었던 시절이라 그 강사의 설명을
잘 이해하지 못했었다. 시간이 조금 흘러 내가 중간 간부가 되어 열심
히 일할 위치가 되어보니 강사가 3번을 선택한 이유를 알 수 있었다. 상
사가 멍청하면서 부지런하다 보니 이것저것 벌려 놓거나 관여한 일은
많은데 제대로 완료가 되거나 목표한 바를 이룬 것은 거의 없이 몸만
바쁜 조직이 되는 경우가 많았다. 여러분의 생각은 어떠한가? 지금 리
더가 된 위치에서 내가 위의 네 가지 보기에서 최악의 상사를 고른다면
1번을 고를 것이다. 똑똑한 상사를 모시고 있는 것도 부담스러운데, 그
상사가 부지런하기까지 하다면, 다른 조직원의 스트레스가 상당할 것
같다. 상사보다 업무 능력에서도 뒤처지고, 근면성에서도 뒤처진다면
항상 불편한 심정으로 회사를 출근하고, 퇴근할 때도 즐겁지 않을 것
이다. 더군다나 소신 있는 의사결정을 못하고, 항상 상사의 지시를 기
다리고 지시가 있어야만 움직이는 수동적인 조직원이 될 것이다. 우리
는 이런 조직을 많이 보아왔다. 특히 상사의 독단에 의해 조직원의 참
여율이 떨어지고, 그러다 보니 매사 소극적 및 수동적이 되어 가는 조
직 말이다.

상사는 리더로써 조직원들을 통해 조직의 목표를 달성해야 한다. 조
직이 존재하는 이유는 조직의 임무가 있기 때문이다. 그 임무는 조직
의 목표 달성에 일조해야 하고, 조직의 목표를 위해 조직원들을 목표
지향적인 방향으로 리드해야 한다. 피터 드러커는 리더의 자격 요건을
다음과 같이 네 가지로 정의했다. 먼저, 리더는 그를 따르는 추종자를
갖고 있는 사람이다. 리더는 조직을 유지하고 성과를 내기 위해서는 조
직원과 같이 움직이고, 조직원의 능력을 통해 성과를 내야 하기 때문
에 리더를 믿고 따르는 조직원이 있어야 된다. 두 번째, 리더는 조직원

으로부터 존경과 사랑을 받고, 인기 있는 사람이 아니라 성과를 창출해내는 사람이다. 조직은 친목 단체가 아니기 때문에 반드시 조직의 존재 이유인 성과를 내야 한다. 많은 리더들이 조직원과의 관계에 대해서만 신경을 써, 신상필벌이 불분명해지게 되고, 이것은 조직 체계 및 조직의 운영 규칙을 유야무야로 만드는 결과를 야기시킨다. 세 번째, 리더는 모범을 보이는 사람이다. 리더의 솔선수범하는 자세를 통해 조직원의 자발적 충성심을 이끌어 낼 필요가 있다. 존 맥스웰의 리더십의 5단계에서도 살펴보았듯이 최고의 단계는 조직원들이 리더를 닮고 싶어하는 것이다. 조직원 각자의 롤모델로 리더를 선택하게 된다면, 그 조직은 분명 스스로 알아서 움직이는 적극적이고, 능동적인 조직이 될 것이다. 네 번째, 리더는 지위, 특권, 돈을 바라는 것이 아니라 책임을 지는 사람이다. 조직의 성과에 대해 모든 책임을 지는 리더가 필요하다. 리더가 조직의 성과에 대해 책임을 질 줄 알아야 조직원들이 적극적으로 업무를 수행할 수 있다. 많은 조직에서 실패의 책임 소재를 따지다 보면, 조직원은 소심해질 수밖에 없다. 조직원들이 일에 매진할 수 있게 리더가 일의 결과의 책임을 질 줄 아는 자세가 필요하다. 결국, 리더의 역할은 일의 시작에서부터 끝까지 책임을 지고, 좋은 결과에 대해서는 조직원의 공으로 돌릴 줄 아는 사람이다. 한마디로 성과를 내기 위한 조직을 이끌면서, 책임을 지는 사람으로 정의할 수 있다.

제 **7** 장

실행에 옮기기

지식에 관한 지식

호모 휴리스틱쿠스는 어떤 행동을 하기 전에 반드시 판단한다. 판단을 위한 생각을 하는 것도 일종의 행동으로, 행동하기 위해서 생각을 한다. 이때, 아무 노력 없이도 생각하게 되는 경우가 있다. 지금까지 살펴본 것처럼 무의식적으로 제어할 수 없는 순간에 이루어진다. 이것은 전문가로서의 훈련된 지식에 의해 행해지기도 하지만, 우리의 삶을 곤란하게 만드는 편견이라고 부르는 형태로 흐르기도 한다. 두 경우 모두 자신이 굳게 믿고 있는 지식을 기반으로 판단하게 된다. 어떤 지식을 근거로 판단하는 것은 그 지식이 옳다고 생각하고 있기 때문이다. 그러나 특정 지식이 있다는 것은, 알고 있다고 생각하는 지식의 한계를 알고 있어야 하고, 그 한계는 매우 좁다는 것을 인정해야 한다. 하지만 호모 휴리스틱쿠스는 충분히 알고 있다고 생각하며, 심지어 알고 있는 것이 모두 옳다고 생각한다. 모든 일의 시작은 자신이 '알고 있느냐'와 '모르고 있느냐'의 대결에서 '알고 있느냐'가 이겨야만 시작된다. 여기에서 문제가 생긴다. 전체 분야 중 특정 분야에 대한 지식이 있다고 해서 그 지식이 호모 휴리스틱쿠스를 그 분야의 전문가로 만들어 주지는 않는다. 지식이라는 것은 단지 그 지식을 알고 있는 사람의 머릿속에 그 사람의 방식으로 저장되어 있는 단편일 뿐이다. 즉, 호모 휴리스틱쿠스가 보고, 듣고, 기록하면서 정리한 지식은 객관적인 것이 아니라 왜곡되어 있을 가능성이 매우 높다. 그 이유에 대해 영화배우 제임스 딘이 나온 영화 '에덴의 동쪽'과 그 유명한 '분노의 포도'를 쓰고, 노벨 문학상 수상자이기도 한 존 스타인벡은 두 가지 이유를 들었다. 첫째는 왜곡되는 이유가 시대와 종족의 집단적 압력과 시대적 흐름에 있고, 둘째는 각자가 가진 개별적 성향 때문이라고 했다.

또한, 어떤 문제에 봉착되었을 때 그 해결책을 쉽게 찾지 못하는 경우가 많다. 지식이 없어서 해결책을 못 찾기보다는 알고 있는 지식만을 활용하려고 하기 때문에 그런 경우가 더욱 많다. 대부분 문제가 알고 있는 지식을 기반으로 행동하다 발생한 문제이기 때문에, 알고 있는 지식이 문제임에도 불구하고, 알고 있는 지식 내에서 해결하려고 한다. 내가 강의나 컨설팅을 하면서 느끼게 되는 특정 개인이나 회사의 문제가 대부분 그렇다. 문제의 원인을 자신이 알고 있는 지식을 통해 찾으려 하고, 자신이 모르는 지식은 잘못된 것으로 생각한다. 심지어 해결책을 찾기 위해 비싼 돈을 지불하면서 컨설팅을 받을 때조차도 자신의 지식을 주장하고, 자기와 생각이 다른 컨설턴트와 충돌하는 일도 있다. 컨설팅을 받는다는 것은 자신이 보지 못했던 부분을 찾기 위해 다른 시각을 갖고 있는 컨설턴트의 도움을 받는 일임에도 불구하고 말이다. 따라서 호모 휴리스틱쿠스는 자신이 답이 아니라고 생각했던 것들에 대해서 더 많은 생각을 할 필요가 있다. 어떤 문제의 해결책은 아니라고 단정했던 것이 답이 될 수도 있기 때문이다. 실제로 답이 되는 경우가 의외로 많다. 서로 다른 지식과 시각을 갖고 있는 호모 휴리스틱쿠스는 왜곡되지 않은 지식과 시각을 통해 똑같이 보고 '똑같이 생각'

할 필요가 있다. 여기서 '똑같이 생각'한다는 것은 획일적인 생각을 말하는 것이 아니라, 올바르게 판단하기 위해 호모 휴리스틱쿠스가 올바른 목표를 지향하는 것을 말한다.

그렇다면 모든 호모 휴리스틱쿠스들이 '똑같이 생각'하게 하려면 "어떻게 해야 할까?"라는 궁금증이 생긴다. 이렇게 하기 위해서는 반드시 해야 할 것이 있다. 바로 "왜 생각을 해야 하는가?"를 인식하는 것이다. 모든 구성원의 생각은 위에서 언급했던 것처럼 다를 수밖에 없다. '다르다'는 것은 '틀리다'라는 것을 의미하는 것이 아니라, 다른 생각의 수만큼 방법이 있다는 것을 뜻한다. 이렇게 다른 생각들을 '똑같은 생각'으로 바꾸기 위해서는 5단계를 거쳐 생각할 필요가 있다. 먼저, 어떤 판단을 위한 생각을 하기 전에 그 판단이 필요한 이유를 명확하게 하는 것이다. 즉, "왜 그 일을 해야 할까?"에 대한 이유가 분명해야 한다. 둘째, 필요한 이유를 위해 지금 상황을 살펴보아야 한다. 원하는 것을 얻기 위해 현재의 상태를 분석해야 한다. 셋째, 원하는 것과 현재 상태의 간격을 줄이기 위해 해야 할 과제를 찾아내야 하고, 그 과제들의 우선순위를 파악해야 한다. 넷째, 과제를 추진할 수 있는 구체적인 방법을 찾아야 한다. 추진 조직과 일정 등의 마일스톤(Milestone)이 필요하다. 마지막으로 추진 방법이 올바른 것인지, 원했던 성과가 나올 것인지를 알 수 있도록 측정하고 평가할 수 있는 메트릭스(Metrics)가 필요하다. 그 메트릭스에 의해 계획했던 성과와 실제로 얻는 결과를 비교하며 조정해 나가야 한다. (7장부터 이 책의 결론이라고 할 수 있는데, 결론 도입부의 소제목을 '지식에 관한 지식'으로 한 것은 다이엘 카너먼에 대한 존경을 나타내기 위하여 그의 명저 '생각에 관한 생각'에서 차용한 것이다. 또한 그의 이름 'Daniel Kahneman'을 다른 사람과 구분짓기 위해 대니얼로 하지 않고 '다니엘'로 표기했다.)

지식의 본질

호모 휴리스틱쿠스가 특정 분야에 대해 알고 있는 지식에 대해 정리하기 위해, 매일 보게 되는 것 중에 하나를 상상해서 그것에 대해 아는 것을 적어 보자. 사람·자동차·휴대폰·야구·태양 등 우리 주변에서 늘 볼 수 있고, 누구나 알고 있는 것 말이다. 가령 매일 떠오르는 태양을 선정했다고 하면, 태양에 대해 알고 있는 지식 중 가장 많이 알고 있다고 여겨지는 것을 10개 정도 적으면 된다. 하지만 태양에 대해 분명히 알고 있지만, 막상 적으려고 하면 떠오르는 것 중에 적을 것이 별로 없음을 금방 알아차릴 것이다. 더욱이 몇 개 적은 것 중에서 가장 중요한 순서로 나열하라고 하면 쉽게 하지 못할 것이다. 그 이유는 한 번도 생각한 적이 없기 때문이다. 이런 상황에서도 호모 휴리스틱쿠스는 태양에 대해 모른다고 하지 않는다. 오히려 보편적이지 않고 자신만이 아는 (말로 설명할 수 없는) 지식이라고 생각되는 것을 떠올리며 누구보다 태양에 대해 많이 알고 있다고 생각한다.

이 글을 읽고 있는 여러분들 중에 혹시라도 여러 개를 적었다면 그중에서 가장 중요한 것은 무엇일까? 태양에 대해 여러 가지 알고 있는 것을 통해 태양을 설명할 수 있지만, 태양에 대해 가장 본질적인 것을 추출하고, 그것을 통해 태양을 설명하기는 매우 어려울 것이다. 나는 '뜨거운'이란 단어가 생각났지만, 그 단어를 가지고 태양을 설명할 자신은 없다. 그럼에도 불구하고 이 단어가 생각난 것은, 나 자신은 '태양이 뜨겁다'는 사실이 가장 중요하다고 생각했기 때문이다. 나와 같은 생각을 한 독자들도 있겠지만, 대부분의 독자는 태양의 가장 본질적인 것으로 다른 것을 생각했을 것이다. 이처럼 동일 사물에 대해 가장 중요하다고 생각하는 것은 천차만별이다. 그렇다면 동일 사물에 관해 설명하거나, 그 설명을 들을 때를 가정해보자. 자신이 설명한다면 설명 대상이 자기와 같은 생각을 하고 있다고 여기고 자기 생각을 전달할 것이다. 이때, 자신의 설명을 상대방이 이해하지 못하는 것을 이해하지 못한다. 상대방은 그 사물에 대해 다른 측면을 보고 있음에도 불구하고 자신이 생각하는 태양을 설명한다. 반대의 경우 누군가에게 설명을 들을 때 자신이 생각하고 있는 것과 다른 설명이 나오면 듣지 않거나 틀렸다고 생각한다. 이것은 앞에서 살펴본 인간의 기본 심리에 관한 것이다. 아무리 훈련을 해도 머리로는 이해를 하나 마음으로는 안된다. 다만 누구에게 설명할 것이며, 왜 설명하는지 이유를 분명하게 알고 있으면 본질적인 지식으로 충분히 설명할 수 있다.

지식의 본질은 매우 중요하나, 그보다 더 중요한 것은 그 지식이 필요한 이유다. 역설적으로 보이지만 '지식의 본질'은 어떤 문제를 해결하기 위해 누구나 이해할 수 있는 가장 본질적이라고 생각되는 지식을 말하는 것이 아니라, 그 지식이 필요한 이유를 명확하게 하는 것이라고 할 수 있다. 즉, 호모 휴리스틱쿠스는 필요한 지식이 부족해서 문제에 직면하는 것이 아니고, 필요한 지식이 왜 필요한지를 몰라서 문제가 생긴다. 이것은 대형 사고가 발생하면, 그 날 저녁 뉴스에서는 알고 있는 지식을 총동원해서 사고 시나리오를 말하고, 소위 전문가들을 동원하여 문제가 생긴 원인을 추측해 내지만, 다음 날 아침 뉴스에는 어김없이 "어제 사고는 막을 수 있는 인재였다."라는 제목의 기사가 꼭 나오는 이유를 잘 설명해주고 있다. 즉, 필요한 지식이 필요하다는 것은 그 지식이 적용되는 것을 말하는데, 필요한 이유를 모르기 때문에 필요한 지식이 불필요하게 된다.

결국, '지식의 본질'은 그 지식이 필요한 것에 쓰이는 것을 말한다. 필요한 곳에 쓰이기 위해서는 앞에서 이야기했던 5단계 중 첫 번째인 필요한 이유를 명확하게 하는 것이다. 이 첫 번째 단계를 반드시 거쳐야 하지만, 호모 휴리스틱쿠스는 자신이 알고 있는 지식을 통해 그 이유를 해석한다. 또 다른 호모 휴리스틱쿠스는 또 다른 지식을 통해 이유를 해석한다. 지식이 없어서가 아니고, 필요한 이유를 몰라 알고 있는 지식도 사용하지 못하는 것이다. 항상 문제가 생기면 그 문제를 해결하기 위한 지식을 찾기 위해 노력하지만 원하는 답을 쉽게 얻지 못하는 이유는 지식의 본질을 이끌어 내지 못하기 때문이다. 지식의 본질은 그 지식이 필요한 이유를 명확하게 하는 것이지, 많은 것을 알고 있는 것이 아니다. 필요한 지식이 필요한 곳에 쓰이는 것이 지식의 본질이다.

본질의 의미

:

2014년 3월 23일까지만 방송된 자동차 광고가 있다. 자동차의 본질에 관한 광고로 자동차의 본질 네 가지를 들고 있다. 그 이후에는 네 가지 본질 각각의 상세 내용을 광고하고 있다. 바로 현대자동차의 쏘나타 광고다. 자동차 광고라면 으레 멋진 자연을 배경으로 역동적으로 움직이는 자동차를 주로 보여 주는 것이 대부분이었는데, 이 광고는 특이하게 자동차의 본질에 대해 말하고 있다. 결국, 자동차라는 것은 달리고(Run), 원하는 방향으로 돌고(Turn), 위험 상황에서 서고(Stop), 외부 환경으로부터 운전자를 보호(Protect)해야 한다는 것이 자동차의 본질이라고 이야기한다. 자동차를 표현하는 많은 요소를 빼고, 또 빼면 결국 네 가지가 남는다는 것이다. 곰곰이 생각해보면 자동차를 광고할 때 어떤 기능을 강조하거나, 다른 자동차와의 차별성을 강조하는 것이 보편적이라는 생각을 바꾸게 하는 광고라고 할 수 있다. 초등학교 시절 '뱀(Snake)'을 주제로 한, 시 백일장에서 '길다(Long),'라고 쓴 사람이 일 등을 했다는 이야기를 말씀해 주신 선생님이 문득 떠올랐다. 뱀을 이야기할 때 이보다 간결하게 설명할 수 있는 단어가 또 있을까? 보통의 자동차 광고가 특수한 기능이나 디자인을 광고할 때 자동차의 본질에 관해 이야기하는 것은 매우 이례적이라는 생각이 들었다. 나는 이 광고를 통해 사물을 보는 것에 대해 다시 한 번 생각하게 되었고, 이를 통해 어떤 사물의 본질을 설명할 때 이 광고의 동영상을 자주 활용하곤 한다. 이 광고는 유튜브에서 확인할 수 있다.

본질을 다른 말로 하면 '추상화를 통한 단순화'라고 할 수 있다. 평소에 호모 휴리스틱쿠스는 추상화를 통해 모든 사물을 규정하여 생각하고, 생각한 내용을 또다시 추상화 작업을 통해 생각한 것을 말로 표현한다. 말하고 싶은 모든 것을 전부 말할 수 있는 상황이란 거의 없기 때문이다. 제한된 여건 하에서 알고 있는 지식을 추상화 작업을 통해 가장 본질적이라고 생각되는 단어를 통해 말해 보지만, 상대방도 호모 휴리스틱쿠스이기 때문에 대화자의 언어와 비언어를 포함하여 자신만의 추상화 작업을 통해 이해한다. 커뮤니케이션이 쉽지 않은 것은 여기에 문제가 있기 때문이다. 호모 휴리스틱쿠스는 현실을 무시하면서 자기만의 추상화 작업을 한다. 추상화라는 것은 전체를 대표하는 것을 찾아내는 작업이다. 전체를 나타낼 수 있는 하나를 고르는 것은 쉬운 일이 아니다. 미술에서 추상화 작품을 이해하기 어려운 것도 이것 때문이라고 생각한다. 미술 시간에 들어 보았던 추상화의 선구자인 몬드리안은 "모든 사물이 각각 모습을 달리하고 있지만, 공통적인 것만 남기면 기하학적인 모양만 남게 된다."라고 말했다. 이처럼 추상화 작품이 난해한 이유는 특정 사물을 추상화 작업을 통해 그려 낸 화가의 생각과 그 추상화 작품을 보는 호모 휴리스틱쿠스의 생각이 같을 확률은 매우 낮기 때문이다. 추상화 작업은 전체 중 일부에 해당하는 특수한 조건을 찾아내는 작업이 아니다. 전체를 대표하는 가장 근본적이고 단순한 것을 찾아내는 것이다. 즉, 전체 중에서 가장 본질적인 것만 남겨두고 모두 제거하여 전체를 가장 단순화시키는 것이다. 이것을 가능하게 하려면, 특정 사물의 추상화 작업의 결과물, 즉 그 사물의 본질을 이해하려면 그 사물의 전체를 알고 있어야 추상화 작업을 통해 단순화된 내용인 본질을 이해할 수 있다. 그래서 더 어렵다.

앞에서 지식의 본질은 첫째, 지식이 필요한 이유를 명확하게 하는 것, 둘째, 필요한 지식이 필요한 곳에 쓰이는 것이라고 정의했다. 하지만 이러한 정의는 현실 세계에서는 무용지물이 되고 만다. 그 이유를 살펴보면, 호모 휴리스틱쿠스는 다양한 문제를 만나고, 그 문제의 원인을 파악하고 해결하기 위한 해결책을 찾는데 많은 노력을 기울인다. 하지만 대부분 공들인 노력만큼 해결책을 쉽게 찾지 못하는 것이 현실이다. 이유는 문제 발생 시 그 문제의 발생 원인에 대한 본질을 찾는 방법이 원인을 보는 사람의 수만큼 다양하기 때문이다. 문제의 본질을 찾기 위한 추상화 방법이 그만큼 다양하고, 다양한 만큼의 본질을 찾아내는 것이다. 경우에 따라서는 다양한 본질을 찾아내는 것이 전체의 원인을 이해하는 데 도움이 될 수 있다고 생각할 수도 있으나, 가장 핵심적인 본질에는 접근하지 못하고 주변만 맴도는데 문제의 심각성이 있다. 그러다 보니 원인의 본질이라고 저마다 생각하는 추상화 단편들을 들고 각자의 해결책을 제시한다. 여기까지 책을 읽은 독자라면 이 상황에서 어떤 모습이 벌어질지 상상할 수 있을 것이다. 호모 휴리스틱쿠스답게 합종연횡이 시작된다. 자신이 생각한 해결책과 다른 해결책은 틀렸다고 생각하고 그 틀린 생각을 말한 사람은 적으로 인식하여 공격하고, 자신의 생각을 보강해주는 해결책을 말한 사람은 아군으로 여긴다. 결코, 본질에 접근하지 못하는 상황이 벌어지는 것이다. 원인의 본질이 다르니 진짜 원인을 해결하는 데 필요한 지식은 몰라서 못 쓰는 것이 아니라 필요한 이유를 알지 못해서 못쓰게 된다.

프로세스가 한국말로 뭘까요?

나는 강의할 때 청중들을 대상으로 항상 하는 질문이 몇 개 있다. 그 중 대표적인 질문이 "프로세스(Process)가 한국적 표현으로 무엇일까요?"라는 것이다. 이 단순한(?) 질문에 많은 청중은 의아한 표정을 짓는다. 처음에는 '우리를 뭘로 보고 저런 단순한 질문을 해'라는 표정을 짓는다. 하지만 이 순간 질문에 대답하는 사람을 아직 못 봤다. 재차 "프로세스가 한국말로 무엇일까요?"라고 질문하며 한 사람을 응시하면, 그 사람은 얼굴이 빨개지며 "과정(過程)이요."라고 자신 없는 목소리로 대답한다. 순간 다른 사람들의 눈을 쳐다보기 시작하면 대부분 눈을 마주치지 않기 위한 동작들을 취한다. 정말 프로세스가 한국말로 무엇인지 몰라서일까, 아니면 너무 시시한 질문에 어이가 없어서 그럴까? 다시 한 사람을 지적하면 역시 얼굴이 빨개지며 기어가는 듯한 목소리로 "과정"이라고 대답한다. 같은 단어 말고 다른 것을 요구하면 "절차(節次)"라고 대답한다. 이쯤 되면 모든 사람이 내 눈을 피한다. 왜 이런 일이 생길까? 한국에서 '프로세스'라는 말은 직장인이라면 하루에도 몇 번씩 본인의 입으로 말하거나 상대방에게서 듣는 단어다. 프로세스가 담고 있는 뜻을 모를 리 없다고 생각한다. 아마 독자들도 프로세스라는 단어를 알고 있을 것이다. 독자들도 프로세스를 한국말로 하면 무엇일까 생각해보기 바란다. 선뜻 생각나지 않을 것이다. 아마 과정, 절차, 공정, 지침, 순서, 업무 흐름, 플로우(Flow) 정도를 생각해 낼 것이다. 하지만 아쉽게도 여기에는 정답이 없다. 여러분이 생각해낸 단어들은 모두 '프로시저(Procedure)'를 뜻하는 단어들이기 때문이다. 경제 용어사전을 보면 프로시저를 '일반적인 어떤 행동을 수행하기 위한 일련의 작업 순서'라고 설명하고 있다. 그렇다면 "프로세스는 무엇일까?" 프로세스는 과정들의 묶음인 전체 과정을 수행할 때 각 과정의 상호 관계를 순서에 따라 정해 놓음으로써 합리적이고 효율적인 작업이 될 수 있도록 하는 것이다. 즉, 프로세스는 많은 프로시저로 구성되어 있다. 딱히 한국말 단어로 표현하기 어렵다. 프로세스는 한국적 사고방식이 아니기 때문이다. 한국에서는 어떤 문제에 대한 해결책을 찾을 때, 소위 '프로세스 표준화'라는 것을 가장 많은 해결책으로 여기고, 각종 컨설팅을 통해 표준화된 프로세스를 수립하고, 그 프로세스를 모두 지키도록 많은 비용을 써서 시스템화한다. 그런데 왜 한국에서는 프로세스 표준화를 위한 작업이 문제를 해결하려는 방법으로 그토록 많이 실행됐을까? 그리고 '프로세스 표준화 작업'을 통해 원하는 소기의 목적을 달성했을까? 나는 20년을 넘게 소위 '프로세스 표준화 작업'을 해왔고, 해 온 기업을 많이 보았지만 원하는 목적을 달성했다고 평가할만한 곳을 찾기는 쉽지 않다. 많은 기업이나 공공기관에서도 문제를 해결하기 위해 문제의 원인을 찾을 때 가장 많이 나오는 단어가 '표준화 프로세스의 부재'다. 즉 문제의 원인 중 가장 본질적인 원인으로 대표적인 것이 바로 '표준화 프로세스 부재'다. 앞에서 정의한 지식의 본질 중 첫 번째, 지식이 필요한 이유는 '표준화 프로세스의 부재' 때문이고, 필요한 지식은 '표준화 프로세스'다. 지식의 본질 두 번째 정의인 필요한 지식이 필요한 곳은 '표준화 프로세스가 부재인 곳'이다. 바로 해결책이 나왔다. 문제의 원인이 표준화 프로세스가 필요한 곳에서 표준화 프로세스가 없기 때문에 프로세스를 표준화하면 된다. 이렇게 되면 원인의 본질인 '표준화 프로세스의 부재'가 해결되는 것이다. 그리고 프로세스를 표준화하는 작업은 그리 어렵지 않다. 더구나 최근에는 각종 유력 기관에서 검증된 표준화 프로세스를 만들어 제공하고 있기 때문에 마음에 드는 프로세스를 골라 쓰면 될 정도가 됐다. 해결책이 이렇게 간단한데 문제가 해결되지 않는다. 바로 앞에서도 언급했지만 많은 비용과 인력을 투자하고도 목적을 달성하지 못한다. 그렇기 때문에 동일 작업을 반복하기도 한다. 즉, 프로세스 표준화 작업을 반복한다. 이제는 프로세스 표준화라는 말에 별로 귀를 기울이지도 않을 정도로 반복해왔다. 왜 이런 일이 생길까? 이유는 한국에서는 프로세스에 대한 개념이 없기 때문이다. 많은 곳에서 프로세스를 표준화했으면 그 프로세스가 적용되고, 반드시 지켜져야 하는데, 프로세스 표준화하는 사람 따로, 그 프로세스를 사용하는 사람 따로 움직인다. 자신의 작업을 위해 적용해야 할 프로세스가 표준화되고 있는데도 관심을 보이지 않는다. 막상 프로세스가 표준화되어 적용하려고 하면 업무와 맞지 않는다고 적용을 안 한다. 프로세스는 한 번 만들어져 적용되면 모두 지켜야 하는 과정들의 집합이기 때문에 약속된 과정이 생략되거나 변형되면 문제가 생기는 것이다. 하지만 한국에서는 프로세스를 안 지켜도 별 제재가 없다. 오히려 표준화 프로세스를 귀찮게 여긴다. 여태까지 해왔던 방식이 아니라는 이유로. 지식의 본질 첫 번째인 '필요한 이유'를 모르는 것이다.

프로세스의 정의

프로세스는 특정 조직 내에서 한번 만들어져 적용되면 그 조직이 없어질 때까지 살아서 움직이는 유기체와 같다. 살아서 움직이기 때문이 영양분이 공급되어야 하고, 그 영양분은 소위 입력물(Input)이라고 부르는 각종 데이터, 정보 등이다. 이런 영양분들은 프로세스를 구성하는, 질서 정연하게 조합된 프로시저들을 통과하여 정해진 룰에 따라 변형되어 프로세스 밖으로 나올 때에는 '양질의 산출물(Output)'이 된다. 양질의 산출물이라는 표현을 쓴 것은 입력물과 비교했을 때 더 가치가 있는 것을 뜻하기 위해서다. 산출물을 입력물과 비교했을 때 입력물보다 안 좋은 산출물이 나오는 경우는 입력물 자체에 문제가 있거나, 프로세스가 잘못 정의되었기 때문으로 산출물이 입력물보다 더 가치가 있도록 프로세스를 재구성해야 한다. 이처럼 초기의 입력물은 프로세스를 거치면서 가치 있는 산출물로 변화하게 되어 있다. 모든 새로운 프로세스들은 더욱 높은 가치를 부여하기 위해 만들어진다.

이렇게 새로운 프로세스는 조직 전체적으로 특정 작업을 할 때 도움을 주기도 하지만, 치명적인 약점도 갖고 있다. 지금까지 익숙해져 있었던 습관을 버려야 하고, 별도의 노력을 기울여서 적응해야 하는 단점이 그것이다. 호모 휴리스틱쿠스의 전형적인 특징이 경험을 중요하게 여겨 경험에서 나온 지식을 통해 일하는데, 오랜 시간을 통해 체득한 경험, 곧 '나름의 지식'을 버리고 다시 '새로운 지식'을 쌓으라는 것은 호모 휴리스틱쿠스를 매우 불편하게 만든다. 더군다나 새로운 경험을 통한 지식이 이전의 지식보다 더 가치가 있으리라는 보장도 없고, 익숙해져 있던 습관을 바꾸는 것도 쉬워 보이지 않는다. 이런 상황이다 보니 아무리 표준화 프로세스라고 해도 쉽게 '내재화'되지 않는다. 많은 비용과 인력을 투자한 경영진에게는 납득하기 어려운 일이고, 결국 이러한 일이 발생한 문제의 본질을 찾으려 든다. 문제의 본질을 찾기 위해 모든 이해 당사자들이 동원되어 저마다의 추상화 방법을 통해 저마다의 원인을 만들어 낸다. 그런데 이런 유형의 추상화 작업의 결과물은 추상화 방법의 다양성에도 불구하고 공통의 결과를 내는 경우가 많다. '구관이 명관'이 되어 기존에 적용했던 관행을 그대로 적용하게 되고, 그 결과 조직은 점점 나빠지게 된다. 아울러 표준화 프로세스라는 말에 귀를 닫는다. 더 좋은 결과를 위한 표준화 프로세스가 아이러니하게도 더 나쁜 결과를 초래하게 된다. 악순환이다.

새로운 프로세스는 여태까지 해왔던 방식을 제약할 수 있다. 그럼에도 불구하고 프로세스가 중요한 이유는 정해진 프로세스에 의해서 여태까지 문제가 되어 왔고, 앞으로도 문제가 될 소지가 많은 것들이 사라지게 되고 더 나아가 혁신을 이룰 수 있기 때문이다. 물론 새로운 프로세스를 철저히 지킨다는 전제가 있어야 하는지만! 호모 휴리스틱쿠스가 새로운 프로세스를 대하는 방식은 거의 유사하다. "나는 새로운 프로세스에 대해 잘 알아. 그리고 그 프로세스가 안 지켜질 것도 알아."라고 말한다. 프로세스는 이해하고 능동적으로 지켜지는 것이지,

수동적으로 알게 되는 지식이 아니다. 영국 소설가로 '멋진 신세계'를 쓴 올더스 헉슬리는 "아는 것은 수동적이며, 이해한다는 것은 앎에 따라 행동할 수 있다."라고 했다. 이 말뜻을 풀어 보면 새로운 프로세스, 즉 표준화 프로세스의 사상과 개념을 이해하고, 프로세스 안의 각 프로시저가 지켜지도록 역할과 책임을 명확하게 구분하여, 적극적으로 지켜나가는 것이라고 할 수 있다. 이해하기 위해서는 지식도 필요하지만, 그 지식이 필요한 이유를 알고 있어야 한다.

앞에서 프로세스가 한국에서 잘 지켜지지 않는 이유로 '한국적 개념'이 아니기 때문이라고 했다. 한 번 정해진 프로세스는 '조직의 장(長)'이라고 해도 반드시 지켜야 되는 것이다. 조직의 구성원이라고 하면 지위 고하를 막론하고 프로세스를 따라야 하지만, 한국적 조직에서는 프로세스 위에 사람이 있고, 그 사람에 의해 프로세스가 수시로 변형된다. 오히려 프로세스를 지키는 사람이 융통성이 없고 위기 상황을 돌파할 수 있는 임기응변력이 없다고 평가받는다. 이런 이유로 해서 똑같은 일을 해도 개인의 능력 차이에 의한 결과물이 나오고, 상사의 관심도에 따라 조직원의 역할이 바뀐다. 심지어 '골드버그 장치'를 만들기도 한다. 이 장치에 대해서는 바로 뒤에서 설명된다. 프로세스는 이런 일이 발생하지 못하도록 하는 것이다. 프로세스는 조직 구성원 모두가 이해하고 있어야 하며, 내재화되어야 한다. 단 한 명의 예외자도 있어서는 안 되며, 모든 작업은 프로세스에 의해 통제되어야 한다. 경영을 하기 위해서는 관리를 할 수 있어야 하고, 관리하기 위해서는 통제할 수 있어야 한다. 좋은 프로세스는 올바른 통제 수단을 제공한다.

조직 내에서 없어져야 할 장치

호모 휴리스틱쿠스가 근무하는 조직이라면 반드시 존재하는 것이 네 가지 있다. 바로 골드버그 장치와 그 장치를 만든 사람, 그 장치를 사용하는 사람과 그 장치의 문제점을 걸러 내지 못하는 프로세스다.

골드버그 장치는 간단한 목표에 도달하기까지의 과정을 다양하고 복잡하게 '창의적'으로 설계한 장치다. 여기서 '창의적'이라고 표현한 것은 어떤 일을 수행하는 다양한 방법을 만드는 것이기 때문에 쓰인 단어로 골드버그 장치 경진 대회가 열리기도 한다. 그러나 루브 골드버그는 풍자 만화가로 "세상에는 두 가지 일이 있다. 하나는 쉽고, 또 하나는 어렵다. 아이러니하게도 대부분 사람은 어려운 방법을 택한다."라고 말했으며, 이러한 세태를 풍자하기 위해 골드버그 장치 만화를 그린 것이다. 이 장치는 단순한 결과를 얻기 위해 매우 복잡한 단계를 거쳐야 하는 장치다. 골드버그 장치는 최소한의 효과를 얻기 위해 최대한의 노력을 기울이는 것을 뜻하는 의미로 쓰여진다.

내가 업무상 여러 기업이나 공공기관을 다녀보면 정말 골드버그 장치가 제법 있고, 그 장치를 잘 사용하고 있는 것을 어렵지 않게 발견할 수 있다. 애초에 그 조직에서 골드버그 장치를 만든 사람이 분명 있을 것이며, 없었던 장치를 만들었다는 것은 그 장치의 필요성을 인식하고, 장치를 만들어 사용하게끔 한 사람도 있을 것이다. 여러분들도 주위를 둘러보면 다양한 골드버그 장치를 찾을 수 있다. 잠시 책을 덮고 10분 정도 시간을 내서 찾아보기 바란다. 굉장히 다양한 형태의 장치들이 보일 것이고, 특히나 3건 이상의 장치를 발견한 사람은 '혁신가'로써의 자질을 보유하고 있는 사람이다. 장담하건대 프로세스 관리나 프로세스 혁신 부서에 근무하면 재미있게 일할 수 있다. 하지만 성격이 급한 사람은 자신의 권한이 너무 작은 것에 화가 나서 금방 부서를 바꾸기 위해 상사와 면담을 할 가능성이 높기 때문에 피하는 것이 좋다.

그렇다면 이제 해야 할 일은 정해졌다. 바로 골드버그 장치를 찾아내고, 제거하면 된다. 하지만 막상 이 작업을 해보면 골드버그 장치를 사용하는 사람과 조직으로부터 엄청난 반대에 부딪히게 된다. 심지어는 폭력을 사용하게 되는 감정 싸움으로 치닫기도 한다. 골드버그 장치가 조직에 해악을 끼치는 것이 분명하다 해도, 이미 그 장치를 사용하고 있다는 것은 그 조직과 조직 구성원들이 그 장치에 의해 역할을 부여받고 있고, 그 장치에 의한 결과물이 조직 내에서 필요한 것으로 정의되어 있기 때문이다. 이런 상황에서 골드버그 장치를 없앤다는 것은 그 장치를 사용하는 조직과 그 조직 구성원이 필요 없다는 뜻과 동일시된다. 그 조직에서는 반드시 사용하고 있는 골드버그 장치의 필요성을 찾아낼 것이고, 필요성을 강조하기 위해 새로운 프로세스, 즉 골드버그 장치를 없앨 가능성이 매우 높은 프로세스의 적용을 완강하게 반대하게 된다. 아무리 좋은 프로세스라도 잘 적용되지 않는 근본적인 이유가 여기에 있다. 따라서 새로운 프로세스를 무리 없이 적용하기 위해서는 현실적 상황을 반영할 필요가 있다. 새로운 프로세스의 장점만 강조하여 골드버그 장치를 제거만 하려고 하지 말고, 골드버그 장치의 문제점을 지적하고, 이것으로부터 야기되는 손실을 '명확'하게 밝혀 골드버그 장치를 사용하려는 조직 구성원을 깨우쳐야 한다. 명확하다는 뜻은 문제점과 손실을 계량화하여 정량적으로 표현하여 이해 당사자들이 수긍할 수 있는 것을 뜻한다.

조직 내에 골드버그 장치가 있다는 것은 잘못된 프로세스가 적용되어 있는 것을 의미하는데, 명확하게 '올바른 프로세스'를 수립하지 않았거나, 수립은 했지만 적용하지 않거나, 적용은 했지만 지키지 않아도 되는 곳이 틀림없다. 그리고 그 장치를 사용하고 있는 사람도 몰라서 그냥 쓰는 사람과 문제점을 알지만, 여건상 사용하는 사람으로 분류할 수 있다. 어떤 경우든 조직에 도움이 되지 않는 것은 마찬가지다. 조직에 도움은 고사하고, 피해를 주고 있다. '올바른 프로세스'는 골드버그 장치들을 걸러낼 수 있어야 하고, 더 나아가 골드버그 장치가 만들어지지 못하게 원천 봉쇄할 수 있어야 한다. 또 골드버그 장치를 필요로 하는 호모 휴리스틱쿠스들의 업무 방식을 개선할 수 있어야 한다. 다른 말로 표현하면 새로 적용할 프로세스의 산출물이 골드버그 장치를 통해서 나오는 것보다 조직 전체 차원에서 양질의 것이 되어야 한다. 프로세스는 조직 전체 차원의 이익을 위한 것이지, 조직 전체 차원의 이익에 반하여 조직 내 특정 조직만을 위한 것이 아니다.

사람은 듣고 잊는다

호모 휴리스틱쿠스가 정보를 얻는 방법은 대부분 누군가로부터 듣는 방법을 취하는 것으로 시작된다. 특별히 정보를 얻을 생각이 없을 때에도 타인들의 대화 중에서 관심이 있는 일부분을 선택해 자신이 알고 있던 정보를 더욱 강화하기 위한 수단으로 사용하기도 하며, 자신이 알고 있던 정보가 틀림없다는 확신을 갖기까지 이른다. 이쯤 되면 누군가로부터 들었거나, 그 정보가 맞는지 아닌지는 이제 중요하지 않게 된다. 자신이 믿고 있거나 믿고 싶은 정보에 누군가가 도움을 주었으니 진정한(?) 호모 휴리스틱쿠스가 되는 것만이 남았다. 앞에서 살펴보았던 확인 편향에 의해 모든 것을 판단하고 행동한다. 즉 호모 휴리스틱쿠스는 틀리든 맞든 자신이 알고 있어야 하고, 알아야만 행동한다. 행동한다는 의미는 육체적 행동은 물론이고, 정신적인 사고도 포함을 한다. 자신이 모르는 것에 대해서는 행동을 못 한다. 처음 겪는 상황에서는 어떠한 판단도 못 하고 주위를 둘러본다. 그리고 나서 다른 사람들이 하는 행동을 보고 따라 한다. 가령 자신이 거주하고 있던 건물에서 "불이야"라는 소리를 듣게 되면 아무런 행동도 못 취하고 주위를 살핀다. 주위의 움직임이 없으면, 자신도 가만히 있게 되고, 누군가 건물 밖으로 뛰어가면 자신도 따라 뛴다. 불이 났다는 상황에 대해 뚜렷한 정보가 없기 때문에 어찌할 바를 모르는 것이다.

자신이 모르는 상황에 대한 정보는 아무리 강조해도 모르는 정보일 뿐이다. 기업체에서 경영진이 그렇게 변화와 혁신을 강조해도 직원들이 변하지 않는 이유는 직원들의 수준이 낮아서가 아니고 '내 일'이라고 생각하는 직원이 많지 않기 때문이다. 즉 변해야 하는 이유도 정확히 모르기도 하지만, 변함으로써 자신에게 주어지는 이익을 모르기 때문이다. 이것을 무시하게 되면 경영진이 아무리 강조해도 직원들은 변하지 않는다. 설령 변화하고 싶어도 방법을 모른다. 왜냐하면, 경영진의 고뇌에 찬 외침을 대부분 듣고, 바로 잊기 때문이다. 해결책은 변화될 모습을 보여주고, 그 변화에 의해 자신에게 직접 미치는 영향을 알게 해야 한다. 많은 기업에서 이를 위해 변화된 프로세스를 만들고 적용시키려 한다. 하지만 기존의 프로세스를 없애고, 새로운 프로세스를 적용시키는 것이 그리 쉬운 일만은 아니다. 변화될 프로세스에 대한 정확한 정보를 주어야 한다. 말로 설명하는 것 이외에 보여주어야 한다. 새로운 프로세스를 바로 시스템화하여 적용하기보다는 '시범적용'을 통해 프로세스를 보여주고, 알게 해야 한다. 호모 휴리스틱쿠스는 지금까지의 경험에 의해 새로운 프로세스가 자신을 괴롭힐 것이라고 생각하고 있기 때문에 '시범적용'을 통해 실제로 보여주어야 한다. '시범적용'은 새로운 프로세스를 본격적으로 적용하기에 앞서 프로세스 위에서 움직일 모든 이해 당사자들에게 불편함과 편리함, 이로움과 해로움을 모두 밝혀 새로운 변화에 의한 단점을 최소화하고 장점을 극대화하기 위한 것이다. 나는 컨설팅 사업의 결과물로써 새로운 프로세스를 수립했을 때 바로 시스템화하지 않고 '시범적용'을 통해 새로운 프로세스의 연착륙을 유도한다. 그 결과 '시범적용'을 통해 적용된 프로세스의 성공률이 월등히 높음을 확인할 수 있었다.

"사람은 듣고 잊는다. 보고 기억한다. 행(行)하고 이해한다."라는 격언이 있다. 이 말이 가슴에 와 닿아 출처를 찾아보니, 루트번스타인 부부의 저서 '생각의 탄생'에서는 고대 중국 격언이라고 하고, 국내 서적으로 컨설팅 회사 오근호 대표가 쓴 '나를 컨설팅하다'에서는 인디언 속담이라고 되어 있는데 어느 것이 맞는지는 모르겠으나, 나는 이 격언이 의미하는 것으로 "수동적으로 듣게 되면 오래 기억하지 못하고, 직접 보게 되면 오래 기억하게 되지만, 결국 적극적으로 행동을 해야 알게 된다."라는 뜻으로 해석한다. 올더스 헉슬리의 말을 다시 한 번 음미해 볼 필요가 있다. "아는 것은 수동적이며, 이해한다는 것은 앎에 따라 행동할 수 있다."라고 했다. 즉 이해해야만 행동할 수 있다. 나는 내 개인 이메일의 마지막에 붙이는 인사말로 "아는 것이 실력이 아니고, 실천하는 것이 실력이다."라는 문구를 사용한다. 실제로 강의할 때도 아카데믹한 이야기보다는 내가 직접 경험했던 사례를 이야기하면 강의 만족도가 더 높게 나온다. 책을 통해 아는 것을 이야기해주는 것보다 실제 사례를 보여주고, 경험담을 통해 시행착오 과정을 이야기함으로써 그들로 하여금 스스로 실천할 방법을 찾도록 할 때 만족도가 높게 나오는 것이다. 새로운 프로세스를 적용할 때도 마찬가지로, '시범적용' 과정을 통해 새로운 프로세스가 적용될 때의 모습을 상상할 수 있어야 한다. 상상을 통해 프로세스를 그려볼 수 있을 때 비로소 새로운 프로세스는 하나의 문화로 자리 잡을 수 있다.

프로세스는 문화다

미하이 칙센트미하이의 유명한 저서 '몰입, 미치도록 행복한 나를 만난다'를 보면 저자가 '문화'를 정의한 내용이 나온다.

"문화는 우연적이고 임의적인 요인들이 우리 경험에 미칠 영향을 최소화하기 위해 설계된 방어 기제이다. 깃털이 새를 위한 것인 것이고 털이 동물을 위한 것인 것처럼, 문화란 적응적 기제인 것이다. 문화는 규범을 정하고, 목표를 설정하며 삶의 도전을 이겨낼 수 있도록 돕는 믿음 체계를 만든다. 이를 위해서는 어쩔 수 없이, 상당수의 대안적 목표와 믿음을 제거할 수밖에 없고, 결국은 선택의 가능성이 줄어들게 된다. 그렇지만 비록 제한된 목표와 수단을 가지고 있는 문화라고는 해도, 그 안에 있을 때는 삶이 용이하고 간편해진다."

'문화'를 '프로세스'로 바꾸면 아주 훌륭한 프로세스에 대한 정의라는 생각이 든다. 정말 프로세스에 대해 많은 부분을 아주 간결하게 표현하고 있다. 이 정의를 해석해 보자.

"프로세스는 불확실성에 의한 리스크들로부터 우리 업무가 장해를 받지 않도록 수립된 보호 수단이다. 깃털이 새를 위한 것이고 털이 동물을 위한 것인 것처럼, 프로세스란 지킬 수밖에 없는 업무 보호 수단인 것이다. 프로세스는 업무 절차를 정하고, 업무 목표를 설정하며 업무 내·외부로부터 도전을 이겨 낼 수 있는 신뢰할 수 있는 체계를 만든다. 이를 위해서는 어쩔 수 없이, 올바르지 않은 목표와 관습 및 관행을 제거할 수밖에 없고, 결국은 약속된 절차를 따라야 한다. 그렇지만 비록 이전과 다르고, 완벽하지 않은 목표와 절차를 가지고 있는 프로세스라고는 해도, 그 프로세스를 지킬 때 업무가 잘 되고 표준화된다."

정말 프로세스는 일종의 문화다. 문화는 특정 사회를 특징짓는 것으로 사회 구성원 모두 문화라고 규정된 것을 지킬 때 사회가 올바르게 움직인다. 불순한 목적이나 개인의 목적만을 위해 규정된 문화가 지켜지지 않을 때 그 사회는 '문화적 사회'라고 부를 수 있다. 또 모든 것을 다 규정해 놓을 수는 없기 때문에 그 사회의 '문화적 성숙도'에 의해 규정해 놓지 않은 목표일지라도 사회 구성원 서로의 행동을 예측할 수 있다. 즉 '문화적 사회'는 임의적인 목표와 규칙일지라도 모두 참여하고 지키는 사회인 것이다. 이때 '문화적 성숙도'가 높을수록 더 잘 지켜지는 것은 물론이다.

그렇다면 호모 휴리스틱쿠스가 사는 사회의 '문화적 성숙도'를 높이는 방법으로는 무엇이 있을까? 완벽한 목표와 규정을 한 번에 만들 수는 없다. 실제로 올바른 목표와 규정이라고 판단되는 것들을 정의해가면서 '문화적 성숙도'를 높여 나가야 한다. '문화적 성숙도'는 목표의 수준도 있지만, 더욱 중요한 것은 문화라고 규정된 것을 실천하는 행동 규칙이기도 하다. 아무리 사소한 것이라도 규정된 것이라면 지켜야 한다. 규정된 것이 틀렸다는 생각이 들어도 사회적으로 틀렸다고 결론이 나서 바뀐 목표와 규정이 나올 때까지는 지켜야 하는 것이다. 절대 임의적인 판단에 의해 규정이 어겨지면 안 된다. 규정이 지켜진다는 것은 사회 구성원 모두의 '문화적 성숙도'가 높다는 것을 의미한다. 이런 사회일수록 각 구성원의 임의적 행동을 예측할 수 있고, 불확실성을 줄일 수 있다. 여러분도 눈치챘겠지만, 여기서 바로 위의 글들을 바꾸어 보자. '사회'는 '조직'으로, '문화'는 '프로세스'로 바꾸고 나면, 바로 프로세스에 대한 이야기가 된다. 따라서 '문화적 성숙도'는 '프로세스 성숙도'가 되는데, 각 기업의 프로세스 성숙도가 높다는 것은 그만큼 예측경영이 가능하다는 결론에 이르게 된다. 조직원 모두 프로세스를 준수할 때 갖고 있는 데이터와 정보들이 모여 지식으로 변하고, 그 지식이 조직의 목표 달성을 위한 것이 된다. 서로 다른 문화권의 사람들이 쉽게 어울리지 못하고 불협화음을 내는 것은 당연하다. 서로의 문화를 이해하지 못하고 자기만의 문화를 고집하기 때문이다. 프로세스도 이와 다를 바 없다. 익숙하지 않은 프로세스에 거부감이 생기는 것은 당연하나, 새로운 프로세스가 나왔다는 것은 기존의 프로세스에 문제가 있음을 뜻한다. 따라서 내가 속한 조직의 문화적 성숙도, 즉 프로세스 성숙도를 높이기 위해서는 새로운 프로세스를 받아들여야 한다.

말 안 해도 무슨 뜻인지 알지?

호모 휴리스틱쿠스는 자신이 알고 있는 것을 상대방도 알고 있을 것이라고 생각한다. 그 결과 "말 안 해도 무슨 뜻인지 알지?"라는 대화가 많다. 특히 가까운 사이라고 인정되는 사이일수록 더 심하다. 만약에 상사의 그 심오한(?) 뜻을 헤아리지 못하는 부하 직원이 있다면 능력 없는 직원으로 여긴다. 자신의 상사가 그렇게 생각한다는 것을 풍부한 경험을 통해 알고 있는 부하 직원은 몰라도 안다는 표현을 한다. 조직에서는 그렇게 하는 것이 편하다는 것을 알기 때문이다. 그리고는 상사의 뜻이라고 생각되는 대로 행동한다. 그 결과는 두 가지로 나타난다. 먼저, 상사가 기대했던 것 이상의 결과물을 만들어 내거나, 상사의 기대에 못 미치는 결과물을 만들어 낸다. 첫 번째 경우에는 정말로 능력 있는 부하 직원으로 인정받는다. 이제부터 상사는 그 부하 직원을 자기 수족과 같이 생각하며 수시로 일을 맡기고 그럴수록 부하 직원은 더욱더 열심히 일한다. 상사와 부하 직원 모두 만족해한다. 두 번째 경우, 정반대의 상황이 벌어진다.

그렇다면 첫 번째 경우가 좋은 것일까? 단언하건대 결코 좋은 것이 아니다. 우연히 상사의 뜻과 그 뜻을 해석한 부하 직원의 생각이 맞을 수 있겠지만, 항상 맞을 수는 없다. 상사의 업무 지시에 배경, 중요성, 원하는 결과물의 정량성이 설명되지 않는다면 전혀 기대하지 않은 엉뚱한 방향으로 흐를 가능성이 매우 높다. 결국, 비효율적인 업무 지시로 인해 모두 피해를 보게 된다. 어떻게 말을 안 했는데 뜻을 알 수 있다고 생각할까? 정답은 상사가 호모 휴리스틱쿠스이기 때문이다. 또 명확하게 뜻을 이야기하지 않았는데 어떻게 그 뜻을 헤아릴까? 역시 부하 직원도 호모 휴리스틱쿠스이기 때문이다. 앞에서 호모 휴리스틱쿠스의 여러 특성을 이야기했는데 이처럼 "내가 알고 있기 때문에 상대방도 알고 있을 것이다."라고 생각하는 것은 호모 휴리스틱쿠스를 특징짓는 중요한 특성 중에 하나다.

내가 아는 것을 상대방도 알고 있을 것으로 생각하고 업무 지시를 한다는 것은 명확한 업무 지시가 이루어지지 않는 것을 의미한다. 더 나아가 일이 잘못될 가능성을 포함하고 있다. 이런 일이 벌어지는 것은 '프로세스 성숙도'가 매우 낮은 조직이기 때문이다. 부하 직원에게 업무를 부여하고 지시하는 것은 조직에서 매우 중요한 일이다. 그리고 업무 지시에서 가장 중요한 것은 명확하게 지시하는 것이다. 지시한 업무 내용이 명확할수록 업무의 효율성을 높일 수 있음에도 불구하고, "말 안 해도 알지?"와 같은 업무 지시가 나오는 이유는 그 업무를 지시하는 상사도 명확한 내용을 모르기 때문일 확률이 매우 높다. 자신도 모르는 것을 부하 직원이 알아서 하라고 지시하는 것과 같다. 그 말은 부하 직원이 생각한 대로 하라는 것과 동일하다. 그러면서 결과가 만족스러운 경우 칭찬이 쏟아지고, 반대의 경우 부하 직원의 능력 없음을 탓하게 된다. 특히 조직 내에서 지켜야 할 프로세스를 지키지 않는 상사일수록 더욱 심하다. 부하 직원도 마냥 상사만 탓할 자격이 있는 것은 아니다. 상사로부터 업무 지시를 받게 되면, 비록 그 업무 지시가 불명확하더라고 해도 질문을 통해 명확하게 할 책임이 있다. 상사의 눈 밖에 나지 않기 위해 불명확한 업무 지시를 수행한다는 것은 더 큰 문제를 야기한다.

하지만 중요한 것은 상사와 부하 직원 모두 호모 휴리스틱쿠스인 것이 아니라, 그런 불명확한 지시에 의해서 업무가 이루어지고 있는데 있다. 즉 이런 일이 가능하게 되어 있는 조직의 프로세스가 근본 원인이다. '올바른 프로세스'가 있다는 것은 불명확한 업무 지시가 나올 여지를 없앴다는 말과 일맥상통한다. 업무 지시와 관련된 조사 결과에 의하면 업무 지시에서 개선되어야 할 가장 중요한 것으로 '업무 지시와 관련된 정보 자료의 불충분'과 '명확하지 않은 결과물'이 뽑혔다(조직 내 소통에 관한 설문조사, 2011, 삼성경제연구소). 조사 결과에서도 나타났듯이 "말 안 해도 알지?"에 대한 답은 "말 안 하면 알 수 없다."이다. 업무의 시작은 업무를 해야 하는 이유를 명확하게 하는 것이다. 명확하지 않은 업무의 시작은 빠른 수행이 아니라 '업무의 명확화'를 위한 소통이다. 다양한 소통 방법을 통한 업무의 명확화가 우선 될 때 업무의 효율성을 높일 수 있다. 업무의 명확화를 위해 이 장의 처음에 언급했던 '똑같은 생각'을 업무 이해관계자들이 모두 해야 하는 것이다. 이제 '똑같은 생각'을 하기 위한 방법에 대해 알아야 될 때가 된 것이다. '똑같은 생각'을 위해서는 5단계를 걸칠 필요가 있다.

첫째, 어떤 판단을 위한 생각을 하기 전에 그 판단이 필요한 이유 (Why?)를 명확하게 해야 한다.
둘째, 필요한 이유를 위해 지금 상황(As-is)을 살펴보아야 한다.

셋째, 원하는 것과 현재 상태의 간격을 줄이기 위해 해야 할 과제 (What?)를 찾아내야 한다.
넷째, 과제를 추진할 수 있는 구체적인 방법(How-to?)을 찾아야 한다.
다섯째, 측정하고 평가할 수 있는 매트릭스(Metrics)가 필요하다.

1단계 : Why?

대부분 조직에서는 조직의 목적(Goal)을 가지고 있다. 그리고 목적에 도달할 수 있도록 마일스톤 같은 여러 개의 목표(Object)를 수립한다. 보통은 목적과 목표를 구분하지 않고 사용하는 경우가 많다. 여기서 굳이 목적과 목표의 의미를 구분하려는 이유는 일반적으로 조직은 반드시 조직의 비전(Vision)과 임무(Mission)를 가지고 있고, 조직구성원은 이것을 이해해야 한다. 하지만 비전과 임무를 구분하지 못하는 경우가 많다. 비전은 조직이 달성하고자 하는 바람으로 광범위하고 추상적인 뜻을 가진 것으로 목적과 같은 의미다. 임무는 비전을 달성하기 위해 구체적인 수단을 통해 달성하려는 것으로 목표와 같은 의미다. 즉 조직의 궁극적 목적에 도달하고자 연관된 일련의 목표들을 수립하게 된다. 이것이 명확하게 구분되지 않으니 목표를 달성하기 위한 구체적인 행동이 뒤따르지 않는다. 그저 막연히 바라는 희망 사항이 목적 또는 목표로 표현되고, 그러다 보니 누구도 그것을 달성하려는 적극적인 행동을 하지 않는다. 호모 휴리스틱쿠스답게 그저 남들 눈치만 살피고 만다. 목표는 달성하고자 하는 수준과 그 수준에 다다를 수 있는 구체적 방법이기 때문에 구체적 방법이 없으면 원하는 수준을 얻을 수 없고, 결국 목적을 이루지 못하게 된다. 구체적 방법은 업무로 표현되기 때문에 기본적인 업무조차 제대로 되지 않을 가능성이 높다. 목표를 명확하게 해야 업무에 의미를 부여할 수 있고 통제할 수 있기 때문이다.

업무에 의미를 부여하는 목표 지향적인 행동을 위해 업무의 명확성을 유지하는 것은 매우 중요한 것으로 모든 업무를 의미 있게 규정하는 것이야말로 하나의 궁극적 목적과 그에 관련된 목표들을 달성하게 된다. 하지만 목적 달성을 위한 올바른 목표를 세우기는 쉽지 않은 일로, 요즘같이 빠른 변화를 보이는 세상에 어울리는 계획을 세우기란 좀처럼 쉽지 않다. 특히 IT 시스템를 활용하여 업무를 하는 곳이라면 더더욱 어렵다. 사용 중인 IT 시스템과 새로운 IT 시스템을 경쟁자와 차별화시켜야만 살아남을 수 있는 세상에서 목표를 섣불리 세우기 힘들다. 이럴 때 많이 사용하는 방법이 벤치마킹이다. 벤치마킹은 경쟁 조직을 포함한 다른 조직에서 이미 시행하여 성공적으로 운영하고 있는 프로세스를 본받는 것으로 경험이 없는 새로운 분야의 업무를 할 때 매우 유용하다. 그러나 소위 선진 사례라는 이유로 다른 대안은 검토도 없이 그대로 받아들이는 경우가 많다. 이 방법은 쉬운 만큼 리스크를 안고 있다. 알고 싶은 수준의 프로세스가 적용되는 곳을 찾기도 어렵거니와 그런 수준의 프로세스를 운영하고 있는 조직의 문화에 대한 이해가 필요하다. 벤치마킹한 곳과 문화가 다른 곳에서 같은 프로세스를 적용하게 되면 대부분 실패를 경험하게 된다. 설령, 찾았다 해도 벤치마킹 하고자 하는 프로세스는 이미 몇 년 전의 개념으로 그것을 흉내 낸다는 것은 경쟁자와의 차별화는 고사하고 경쟁자의 뒤꽁무니만 쫓아가는 꼴이다.

가장 기본적인 방법은 "왜(Why) 하는 것이지?"라는 물음에 모든 조직구성원이 답할 수 있을 때까지 질문하는 것이다. 조직의 목적과 목표에 대해 '똑같은 생각'을 갖게 해야 한다. 목적에 도달하기 위해 세운 목표를 달성하기 어려워질 때 호모 휴리스틱쿠스는 목표를 달성하기 위해 쉬운 수준으로 수정하게 되고, 그럴수록 많은 목표에 도달해야만 달성할 수 있는 목적은 점점 의미가 희석된다. 목표를 달성하기 위한 노력이 충분해야만 목표에 도달할 수 있는데, '충분한 노력'은 조직구성원들이 적극적인 행동을 할 때 나타나고, 충분한 노력이 수반될 때 목표는 정당성을 부여받아 그 목표에 대해 '똑같은 생각'을 하게 된다. 목표를 세울 때 염두에 두어야 할 것은, 경영진이 조직 구성원들에게 조직이 달성할 수 있는 수준 이상의 것을 원하게 되며, 그럴 수 있다고 믿고 목표를 정한다는 사실이다. 이것 역시 목적과 목표를 혼동하는 것이다. 비전과 같은 뜻인 목적은 희망 사항이지만 목표는 반드시 달성해야만 할 필수 사항이다. 조직 구성원들이 수행해야 할 업무는 할 수 있는 범위를 넘어서거나 규정이 느슨해지면 집중력이 떨어지고, 반대로 선택할 수 있는 경우가 제한되고, 명확해지면 목표를 위한 규칙들에 전념하기가 쉽다. 목적을 위해서는 반드시 프로세스적인 접근 방법으로 업무를 수행해야 하는 이유를 알아야 하고, 그에 따른 명확한 업무 지시가 있어야 한다. 호모 휴리스틱쿠스의 주변에는 "알아서 하겠지."라는 막연한 업무 지시가 너무 많은데, 자신이 "왜 하는 것이지?"라는 물음에 답할 수 없으면 상대방도 답을 하지 못한다. 업무를 하기 전에 이 물음에 답을 명확하게 하는 것이 필요하다. 즉, 조직이 원하는 목적과 목표를 정해야 한다.

2 단계 : As-is

　　임진왜란이 일어나기 60년 전인 1532년에 잉카제국의 황제 아타우알파는 8만 대군의 보호를 받고 있는 자기 제국 내에서 168명(기마병 62명, 보병 106명)만을 거느리고 스페인에서 온 프란시스코 피사로에게 사로잡히는 포로 신세로 전락한다. 이후 8개월 동안 역사상 가장 많은 몸값(약 83.6 m³ 크기의 방을 채우는 황금)을 지불하고도 처형당한다. 어떻게 이런 일이 일어날 수 있었는지 언뜻 이해가 되지 않는 상황이 벌어진 것이다. 그 이유에 대해서는 스페인의 총과 칼, 갑옷 같은 쇠로 된 무기와 기마병을 꼽는다. 잉카제국에는 아직 이러한 것들이 없었고, 말은 처음 보는 동물이었다. 그래도 500배나 차이 나는 군대를 가지고, 지금과 같이 잘 훈련되었을 리 없는 168명을 상대하지 못한 것은 도무지 이해가 가지 않는다. 더군다나 그 당시 총이라고 해봐야 독자들도 알고 있는 임진왜란 때 왜군들이 사용했던 화승총으로 장전하고 발사하는 것이 용이하지 않은 무기이며 그 수도 몇 자루 안됐다. 아타우알파는 자기 이복형제를 제압하고 제위에 오른 인물임을 생각하면 더더욱 이해가 안 된다.

　　위 이야기는 역사적 사실로 그런 일이 벌어진 데에는 많은 이유가 있었겠지만, 대표적인 이유를 꼽으라고 하면 두 가지를 들 수 있다. 첫째는 내부 분열이다. 2006년 개봉된 영화로 영화배우 멜 깁슨이 감독한 것으로 유명한 '아포칼립토'에서는 잉카제국이 멸망하기 직전의 상황을 암시하는 자막 "거대 문명은 외세에 정복당하기 전 이미 내부로부터 붕괴되었다."라는 '문명 이야기'를 쓴 윌 듀런트의 말을 보여주며 끝이 난다. 잉카제국은 피사로에게 정복당하기 직전까지 여러 이유로 분열이 있었다. 둘째는 빈약한 정보로 가장 강력한 이유라고 생각된다. 아타우알파는 스페인에서 온 168명에 대해 아는 바가 하나도 없었다. 군사력은 고사하고 의도조차 몰랐다. 막연히 상대적으로 적은 수의 무리가 오고 있고, 위협의 대상은 아니라는 말만 전해 듣는다. 정보랄 것도 없다. 그 적은 수의 무리가 잉카제국을 정복한 자신을 공격할 것으로 예측하는 황제는 아마 없을 것이다. 빈약한 정보로 인해 체포돼서 죽을 때까지 자신은 곧 석방될 것으로 알고 있었다고 한다. 일어나고 있는 현황에 대한 분석이 전혀 없었고, 분석을 위한 정보도 없었다.

기업이나 공공부문에서는 새로운 프로세스의 적용이 필요하다고 판단될 때 컨설팅을 받고 새로운 프로세스를 만든다. 이 과정에서 제일 먼저 수행되는 것이 현황 분석이다. 현황 분석을 위해 'As-is'라는 용어를 쓰며 지금까지 조직의 문제점을 찾아내고 원인을 분석한다. 곧 현재 상황에 대해 진단을 하는 것이다. 이를 위해 많은 설문 조사와 인터뷰의 실행, 분석을 위한 전용 도구도 활용된다. 진단 결과에 대해서는 조직구성원 모두가 알아야 하고, 다양한 방법을 통해 진단하는 것은 현황의 문제와 문제의 발생 원인을 알아야 목적을 달성하기 위한 목표를 만들어 낼 수 있기 때문이다. 곧이어 향후의 모습을 만들어 내는데 'To-be'라는 용어를 써서 기존과 다른 발전된 프로세스를 설계한다.

목적을 달성하기 위한 프로세스를 만드는 작업이다. 최근에는 '표준화 프로세스' 또는 '선진 사례'라는 것을 이용해 진단 결과와 접목하여 설계하는 추세다. 과거에는 진단을 통해 분석된 문제와 원인을 제거하기 위해 검증되지 않은 방법을 만들며 갑론을박하는 경우가 많았으나, 근래에는 검증된 표준화 프로세스를 도입하여 해결한다.

분석된 현재의 모습인 As-is는 조직이 원하는 목적을 달성하기 위한 To-be와 비교했을 때 많은 프로세스의 변화를 요구한다. As-is에서 To-be로 가기 위한 '전제 조건' 또는 'CSF(Critical Success Factor)'를 찾아내야 한다. 전제 조건이 충족되어야만 새로 정의할 프로세스가 지켜지기 때문이다. 이를 위해 변화될 프로세스를 명확하게 정의하는 것이 필요하다. 프로세스를 명확하게 정의할 수 있어야 필요한 전제 조건들을 쉽게 찾을 수 있기 때문이다. 프로세스가 새로 만들어지면 새로운 프로세스의 이름을 정하고, 그 프로세스의 정의를 내리는 것이 중요하다. 호모 휴리스틱쿠스가 많은 조직에서는 많은 뜻을 포함한 함축된 단어를 많이 사용하게 되는데, 함축된 단어는 여러 가지로 해석될 수 있기 때문에 특히 주의해야 한다. 프로세스의 본질을 나타내는 단어를 선정해서 프로세스 정의를 한 문장으로 표현할 수 있어야 하며, 주어와 동사 그리고 목적어가 있어야 한다. 그 문장을 읽는 모든 조직구성원이 '똑같이 생각'할 수 있도록 해야 된다. 절대로 "이 정도면 다 알겠지."라는 생각은 안 된다.

3 단계 : What?

호모 휴리스틱쿠스는 창업보다는 직장을 많이 선택한다. 창업했을 때의 장점을 충분히 알고 있지만, 직장을 선택하는 이유는 창업의 불확실성을 이겨낼 자신이 없기 때문이다. 창업한다는 것은 아주 먼 옛날 인간의 조상이 농경 생활을 하기 전에 수렵 채집을 통해 배고픔을 달래왔던 것과 일맥상통한다고 할 수 있다. 수렵 채집은 일정한 먹거리를 얻는 활동이 아니라 큰 동물을 포획했을 때는 먹을 것이 넘치지만, 그 반대의 경우에는 굶는 것을 의미한다. 결국, 수렵 채집을 했던 조상들은 농경을 시작한 신인류의 조상들에게 자리를 내주고 사라져 갔다. 즉, 호모 휴리스틱쿠스는 모두 농경 문화에 적응된 조상의 후손이다. 결과가 불확실한 것보다는 비록 결과가 마음에 안 들어도 변화가 없는 생활에 익숙하다. 창업이 아무리 좋아 보여도 결국 선택하는 것은, 늘 불만이 있어도 안정적인(?) 직장을 선택한다. 이처럼 To-be 프로세스가 아무리 좋다고 해도 지금껏 안정적으로 적응해온 프로세스를 포기하기는 쉽지 않다.

원하는 목적과 현황 분석 결과 사이에는 많은 갭이 존재한다. 이 단계에서는 갭을 줄이려고 생각할 차례다. 앞 단계에서 향후 나아갈

To-be프로세스를 설계했기 때문에 호모 휴리스틱쿠스는 설계된 내용을 바로 적용하려고 한다. To-be프로세스가 As-is 프로세스와 비교했을 때 당연히 As-is 프로세스의 문제점을 해결하기 위한 것이기 때문에 무조건 좋을 것이라는 생각을 한다. 그리고 적용을 위해 대부분 IT 시스템을 구축한다. 하지만 새로운 프로세스가 조직 전체적으로 좋을 수는 있으나, 조직 내 특정 부서나 특정인 모두에게 좋은 것만은 아니다. 호모 휴리스틱쿠스인 누군가에게는 새로운 프로세스에 의해 업무가 늘어나거나, 새로운 방법을 익히기 위해 노력을 요구한다. 게다가 새로운 프로세스에 의해 대체될 업무 기술이나 노하우가 자신이 지금까지 해왔고, 그 기술에 의해 전문가 대접을 받는 상황일 수도 있다. 당연히 반발이 나올 수 있는 상황이다. 그래도 새로운 프로세스를 적용시키려 한다. 지난 30여 년을 이런 식으로 해왔다. 그 결과 IT 시스템에 대한 무용론(無用論)까지 나오는 것이 요즘 추세다. 조직의 경쟁력을 강화하고, 경쟁자와 차별화시키기 위해서는 반드시 필요한 IT 시스템이 오히려 조직에 부담을 주거나 막대한 비용을 투자했음에도 불구하고 눈에 보이는 효과가 없는 애물단지 취급을 받고 있는 실정이다. IT 시스템이 이런 취급을 받는 것도 무리는 아니다. 현황 분석 결과로 나오는 To-be는 아직 형체를 들어내지 않은 가상의 프로세스다. 그 프로세스가 조직의 목적을 위한 프로세스인지 시뮬레이션을 해봐야 비로소 적용해도 좋은지 알 수 있다. 시뮬레이션을 해보지 않은 To-be의 모습으로 선정된 프로세스는 반드시 기존의 As-is 프로세스보다 좋은 것만은 아니다. 어떤 경우에는 더 안 좋은 모습을 나타낼 수도 있다.

새로운 프로세스인 To-be는 목적을 달성할 방법이 전혀 없는 상태에서 모두의 필요에 의해 만들어진 것이 아니다. 기존에도 목적을 달성할 수 있다고 여겨지는 방법이 존재했었고, 더욱이 기존 조직구성원들은 그 방식에 충분히 익숙해져 있는 호모 휴리스틱쿠스라는 것을 잊으면 안 된다. 아무리 좋게 보이는 To-be프로세스도 기존 프로세스를 철저히 외면하고 밀어붙이는 방식으로 적용하면 안 된다. 이미 이러한 방식은 많은 곳에서 실패를 불러왔고, 새로운 프로세스가 안 지켜지는 결정적인 이유가 됐다. 따라서 새로운 방법을 찾아야 하고, 이 방법으로 새로운 프로세스가 기존의 방식과 경쟁하는 '대안적 방안'을 찾아야 한다. 즉, 새로운 프로세스를 적용하면서 예외적 상황(매우 시급하거나 시간이 부족한 경우)에 따라서는 기존 방식도 쓸 수 있도록 하되, 결국 새로운 프로세스를 적용할 수밖에 없다는 것을 반복적으로 노출시켜야 한다. 조직 내에서 프로세스가 바뀐다는 것은 조직의 문화가 바뀌는 것을 의미한다. 문화란 것은 하루아침에 형성되는 것이 아니라 '아주 느리지만, 꾸준하게 옛것을 새것으로 대체하는 과정'을 통해 전환된다. 이렇게 느리게 진행되는 이유는 새로운 방법에 적응하기 위해서는 기존에 필요 없었던 시간과 노력을 투자해야 하기 때문이기도 하지만, 결정적인 이유는 옛것과 새것의 차이를 비교하기 위해 많은 판단의 순간들이 차곡차곡 쌓여야 발전하기 때문이다. 호모 휴리스틱쿠스는 새로운 프로세스를 위해 필요한 노력에 대해 무의식중에 끊임없이 우선순위를 매기고, 그 결과에 따라 판단한다. 따라서 앞 단계에서 나온 '전제 조건'을 충족시키기 위해 조직이 변화해야만 되는 '변화 사항'을 찾아내야 한다.

4 단계 : How to?

지금까지 단계를 밟아 변화해야 하는 이유와 변화할 것에 대해 알게 됐다. 이제부터는 변화하기 위해 추진해야 할 '중점 추진 과제'를 찾을 시간이다. 격언이나 유명인을 통해서도 이야기되는 "아는 것보다 행동해야 이해된다."라는 것을 위해 '구체적'으로 행동해야 할 과제들을 선정하고, 그 과제들의 우선순위를 정해야 한다. 추진할 과제를 선정하는 과정을 지켜보면 대부분 나 또는 자신이 몸담은 조직을 염두에 두고 생각하게 된다. 이런 선정 과정을 거치다 보면 조직 전체 차원이 아닌 '부분 최적화'를 지향하게 되기 때문에 특정 조직의 업무는 개선이 있어 보이나, 전체를 엮어서 보면 오히려 나빠지는 경우가 생긴다. 이것을 방지하기 위해서는 먼저, 추진해야 할 것으로 판단되는 모든 과제를 나열하고 서로 비교 한다. 비교하기 쉬운 방법으로는 AHP(Analytic Hierachy Process, 쌍대비교법)가 있다. 추진 과제는 매우 다양한 기준들을 갖고 있어 우선순위를 정하기가 쉽지 않다. 이럴 때 쌍대비교법은 모든 기준을 동시에 비교하는 것이 아니라 쌍(Pair)으로 두 개의 추진 과제만을 비교하여 우선순위를 정하는 것으로 쉽게 과제를 정리할 수 있다. 이때 기준이 되는 것은 2단계 작업의 결과물인 '전제 조건'을 기준으로 해야 한다. '전제 조건'은 무엇보다 우선순위가 높은 것으로 프로세스가 적용되기 위해 반드시 필요한 것이기 때문에 전제 조건에 부합하는 것을 최우선의 기준으로 삼아야 한다.

추진 과제들의 우선순위가 정해지면 각각 추진 과제들에 대해 '구체적'인 추진 방법을 정해야 한다. '구체적'이라는 것은 소위 이야기하는 '육하원칙'을 지키는 것을 의미한다. 육하원칙은 '누가, 언제, 어디서, 무엇을, 어떻게, 왜'라는 질문에 대한 답을 하는 것이다. 많은 컨설팅 사업을 통해 알게 된 육하원칙 중에서 가장 중요한 것은 '누가'다. 많은 조직에서 추진 과제를 선정하는 단계까지는 잘 진행하지만 '누가'할 것인지에 대해서는 명확하게 하지 않는 경향이 있다. 심지어 가장 적합한 추진 담당자를 찾는 과정 없이 그냥 그 자리에 있는 사람을 지목하는 경우가 비일비재하다. 이런 점을 적극 활용하여 눈치 빠른 사람들은 담당자가 정해질 시간이 되면 그 자리를 벗어나기도 한다. 다시 한번 '구체적'으로 해야 한다는 것을 강조하면 그저 적당한 사람을 정하는 행위가 아니라, 선정된 추진 과제에 최적한 인물을 고르는 작업이 '누가'다. 추진 과제의 책임을 지는 사람을 선정한다는 뜻이다. 이렇게 되기 위해서는 추진 과제를 명확히 정의할 수 있는 사람이거나, 선정된 추진 과제에 대해 명확한 이해를 할 수 있는 사람이어야 된다. 육하원칙의 나머지 다섯 가지도 마찬가지다.

이렇게 해서 새로운 프로세스가 만들어지면 바로 적용하는 것이 아니라 새로운 프로세스가 조직에 맞는지 점검하는 과정이 필요하다. 요즘에는 양복을 살 때 대부분 만들어져 있는 기성복을 골라 사지만, 30년 전만 해도 일일이 몸 치수를 재고, 옷감을 재단하여 시제품을 먼저 만들고, 그 시제품을 입어보고 제대로 됐는지 확인하는 과정(흔히 '가봉'

이라고 표현)을 거쳤다. 최종적으로 완성된 옷이 나오기 전에 미완성된 옷을 착용해 봄으로써, 이후에는 수정할 수 없는 단계인 최종 옷을 만드는 과정으로 넘어갔다. 이렇게 함으로써 혹시 모를 실수(또는 리스크)를 미연에 방지했다. 양복과 마찬가지로 새로운 프로세스가 만들어지면 바로 적용하는 것이 아니라 그 프로세스가 적용될 조직에 최적화된 것인지 미리 점검하는 과정을 거쳐야 한다. 기존 프로세스에 적응되어 있고, 새로운 프로세스에 대해 크게 관심이 없었던 조직 구성원들은 새로운 프로세스에 대해 생각보다 훨씬 무지하다. 그 이유는 변화하기 싫어하는 호모 휴리스틱쿠스적인 성향도 있지만, 새로운 프로세스를 적용한다는 것이 무엇을 의미하는지 정확히 이해하지 못하는 것이 대부분이기 때문에 새로운 프로세스 수립 시에 자신들의 의견을 명확하게 밝히지 않는다. 따라서 새로운 프로세스 적용을 위해서는 무엇보다 신구(新舊) 프로세스가 상당 기간 병행되어야 한다. 옛 프로세스에서 벗어나는 데도 시간이 필요하지만, 새로운 프로세스에 익숙해지는 데도 시간이 걸리기 때문이다. 나는 이런 방식을 앞에서도 언급했듯이 '시범적용'이라고 표현한다. 새로운 프로세스를 바로 적용시키는 것이 아니고, 조직 내 모든 조직구성원에게 새로운 프로세스가 적용되리라는 것을 몸으로 익힐 시간을 주어 자연스럽게 '반복적 노출'을 시키는 것이다. 그리고 새로운 프로세스에 의해 나오는 산출물을 보면서 의식적으로 새로운 프로세스를 따르게 한다. 이 과정을 거치게 되면 생각하지 못했던 수확물을 얻을 수 있다. 새로운 프로세스를 받아들이는 순간 새로운 프로세스의 장단점이 속속들이 밝혀지게 되어 앞 단계에서 만들어진 To-be 프로세스에 영향을 미쳐 조직에 적합한 프로세스로 조정된다.

5단계 : Metrics

나는 엔지니어 출신으로 보통의 엔지니어들이 그러하듯이 인문학에 대해 별로 아는 것이 없었다. 아니 관심이 없었다는 표현이 더 맞는다. 이런 나에게 인문학에 눈을 뜨게 해준 책이 하나 있는데, 캘리포니아 주립대 의과대학의 생리학 교수로 있는 재레드 다이아몬드가 쓴 '제3의 침팬지'가 바로 그 책이다. 이 책을 읽고 인간과 침팬지의 유전자가 거의 같다는 사실을 알게 된 나는 적지 않게 충격을 받았었다. 그때 이후로 이와 관련된 책을 많이 읽게 됐다. 그 책을 쓴 재레드 다이아몬드가 '총, 균, 쇠'라는 희한한 제목의 책을 내고 1998년 퓰리처상을 수상했다. '총, 균, 쇠' 내용 중에 '안나 카레리나 법칙'에 대한 내용이 나온다. 톨스토이의 소설 '안나 카레니나'의 첫 문장이기도 한 이 법칙은 "행복한 가정은 모두 엇비슷하고 불행한 가정은 불행한 이유가 제각기 다르다."라는 것으로, 재레드 다이아몬드는 "우리는 흔히 성공에 대해 한 가지 요소만으로 할 수 있는 간단한 설명을 찾으려 한다. 그러나 실제로 어떤 중요한 일에서 성공을 거두려면 수많은 실패 원인을 피할 수 있어야 한다."라고 설명한다. 나는 이 말에 적극 공감한다.

호모 휴리스틱쿠스는 새로운 기술, 방법 등에 대해 명확한 의미를 찾기보다는 새로운 것을 보거나 느꼈을 때 떠오른 특정 이미지만을 의식하고, 그것이 마치 새로운 것에 대한 전부인 것처럼 여기고 행동한다. 이미 다 알고 있다고 생각을 하기 때문에 다른 시각에 대해서는 철저하게 무시한다. 특히 남들 앞에서 자랑하기 좋아하는 유형일수록 더욱 그렇다. 추진 과제가 정해지고 실제로 수행을 하는 단계에서 이런 유형이 많을수록 일이 잘못될 가능성은 점점 높아진다. 이런 유형들은 "그건 다 알고 있으니까, 뭐만 하며 되는지 알려줘요."라는 이야기를 입에 달고 다닌다. 정말로 '다 알고' 있다면, 알고 있는 대로 행하면 될 것을 아무것도 하지 못하면서 쓸데없는 자존심만 내세운다. 강의하거나 컨설팅 사업을 할 때 제일 피곤한 유형들이다. 그리고 실제로 아는 것은 거의 없고 어디서 주워들은 이야기가 전부일 뿐이다.

　새로운 프로세스가 성공하는 조직의 공통점은 이런 유형이 거의 없거나 있다고 해도 전면에 나서지 못하는 조직이다. 또는 그렇게 만드는 리더가 반드시 있다. 이런 조직의 또 다른 공통점은 배우려고 한다는 점이다. 새로운 기술과 방법에 대해 어설픈 지식 자랑을 하지 않고 배우려고 한다. 새로운 것을 적용하기 위해 현재의 모습에 만족해하지 않는다. 그리고 새로운 것에 대해 끊임없이 실험하려고 든다. 새로 정해진 프로세스도 끊임없이 검토하면서 개선점을 찾아낸다. 즉 검토할 수 있는 '측정 장치'를 확보하려고 한다. 새로 만든 프로세스에 만족하는 것이 아니고, 새로운 프로세스가 정말 기대한 효과와 효율을 나타내는지 알고 싶어한다. 이러한 일련의 활동을 위해 측정 대상·측정 방법·결과 분석 등의 기술을 익힌다. 결론적으로 '성과 평가체계(Metrics)'를 구축한다.

　'성과 평가체계'는 새로운 프로세스를 적용했을 때, 적용 전과 적용

후에 대해 기대와 실적을 측정 및 분석하여 '똑같은 생각'을 가지고 평가할 수 있는 것을 의미한다. 새로운 프로세스가 목표대로 가고 있는지, 혹은 갈 것인지를 끊임없이 측정하고 평가하여 목표를 향해 갈 수 있도록 하기 위한 것이다. 성공적인 프로세스를 운영하는 조직의 공통점 중 대표적인 것이 바로 성과 평가체계다. 목표를 향해 갈 수 있는 방법만 찾는 것이 아니고, 목표를 향해 갈 수 있다고 여겨진 프로세스도 지속적으로 측정하고 평가함으로써 잘못될 가능성을 제거한다. 흔히 이야기하는 대시보드를 만들고, 대시보드를 보고 판단한다. 하지만 실패하는 조직의 공통점은 이러한 대시보드가 없다는 것이다. 그러다 보니 모든 조직 구성원들이 저마다의 성과 평가체계를 가지고 있고, 보는 데이터와 측정하는 방식이 다르다. 당연히 평가하는 방식도 서로 상이하다. 이 때문에 어떤 문제가 발생했을 때 저마다의 분석 결과와 처리 방법이 나오는 상황을 만드는 결과를 가져온다. 성과 평가체계는 난방시스템의 바이메탈과 같다. 원하는 적정 실내 온도(기준)를 설정하고 나면, 난방시스템은 현재 실내의 온도(현재 상황)를 지속적으로 체크하여 기준과 비교하고, 차이가 생기면 발생한 차이를 조절하기 위해 난방시스템의 온도를 올리거나 낮출 수 있도록 끊임없는 시정조치를 취한다. 새로운 프로세스를 적용할 때도 난방시스템의 바이메탈과 같이 지속적인 비교를 통해 원하는 목표를 향해 나아가고 있는지 확인할 수 있어야 한다. 프로세스를 효과적으로 관리하기 위해서는 관리되어야 할 활동과 위험을 인식할 수 있어야 하고, 이를 통제할 수 있어야 한다. 성공한 조직에는 있고, 실패한 조직에는 없는 것이 바로 '성과 평가체계'다.

프로세스 접근 방식

매슬로우의 5단계 욕구 중 인간 생활의 기본인 생리와 안정에 대한 욕구를 지나면 3단계인 소속에 대한 욕구가 생긴다. 혼자 있기보다는 특정 집단에 소속되어 있기를 원하는 것이다. 집단에 소속되어 있는 것이 개별적인 행동을 하는 것보다 우위를 점한다고 여기기 때문에 생기는 기본적 욕구다. 집단에 속한다는 것은 개인의 자유보다 집단의 이익을 우선시 하기 때문에 자신이 원하는 것을 하지 못하는 경우가 발생할 수도 있다. 그것을 알면서도 집단에 소속되기를 원하는 이유는 무엇일까? 아마도 모든 상황을 혼자 판단하고 행동하는 것보다 집단 속에서 정해진 룰 또는 프로세스에 의해 행동하는 것이 훨씬 안전하고 편하다는 것을 알고 있기 때문이 아닐까 생각한다. 세상을 살면서 맞이하게 되는 온갖 것들에 대해 자체적인 정보 수집과 분석 능력을 갖추지 못한 인간이 정확히 판단하고 행동하기란 쉬운 일이 아니다. 이것을 해결하기 위해 자연스럽게 자신의 개별적 판단이 맞는 것인지 의지할 곳을 찾거나 그 상황에 잘 대처할 것 같은 타인의 행동을 흉내 내게 된다. 집단이란 것은 이미 그것을 갖추고 있는 곳이기 때문에 자신의 자유를 스스로 억압하면서까지 그 집단에 소속되기를 바란다. 즉 인간은 기본적으로 이미 특정 프로세스가 적용되어 있는 집단을 선택하고, 특정 프로세스에 맞춰 행동하게 된다. 이 프로세스를 통해 4단계, 5단계 욕구를 실현하기 위해 전력을 다한다. 호모 휴리스틱쿠스도 예외는 아니다.

이처럼 호모 휴리스틱쿠스는 기존 프로세스든 새로운 프로세스든 프로세스에 적응하는 것에 대해서는 별문제가 없다. 더군다나 특정 소속에 속한다는 것은 기존의 프로세스를 버리고 새로운 프로세스에 적응해야 한다는 것을 의미한다고 할 수 있다. 자신이 알던 기존 프로세스를 통해 얻게 된 노하우와 결과물을 스스로 벗어 던질 줄 아는 것이다. 따라서 새로운 프로세스가 적용된다고 문제가 생길 것은 없다. 다만 새로운 프로세스가 성공하지 못하는 이유에는 두 가지가 있다. 새로운 프로세스가 기존 프로세스보다 좋다는 것이 정량적으로 증명되지 않고, 기존 프로세스로도 문제가 없다는 생각하고 있다면 선뜻 새로운 프로세스에 적응하기를 꺼릴 것이다. 그렇다면 새로운 프로세스를 연착륙시키기 위해 위에서 언급한 두 가지를 해결하면 된다. 먼저, 새로운 프로세스가 좋다는 것을 정량적으로 표현해야 한다. 정량적 표현을 위해서는 앞에서 살펴본 5단계에 의해 명확한 프로세스를 정의할 수 있어야 한다. 이를 위해 신구 프로세스의 비교를 통해 정성적 성과지표와 정량적 성과지표를 만들어야 한다. 성과지표를 만들 때 주의할 점은 프로세스 사용자 입장에서 만들어져야 한다는 것이다. 컨설턴트나 사용자 관리부서에서 주관해서 만드는 경우를 주의해야 한다. 사용자 스스로 만들어진 성과지표가 의미를 갖기 때문이다. 이렇게 사용자 입장에서 정량적 성과지표가 나오게 되면 두 번째 문제는 자연스럽게 해결된다.

아래 그림은 지금까지의 과정을 도식화한 것이다. 호모 휴리스틱쿠스는 프로세스 접근 방식(Process approach)에 기본적인 자질을 갖고 있기 때문에, 그림과 같이 각 단계를 거쳐서 완성된 새로운 프로세스에 적응하는 데 별문제가 없다.

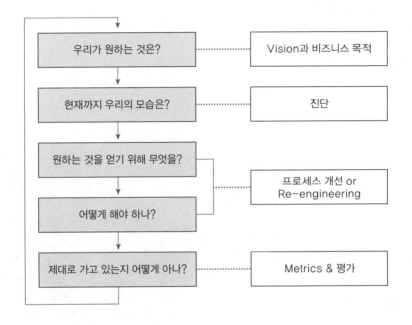

제 **8** 장

성과 평가하기

호모 휴리스틱쿠스의 삶

지금까지 살펴본 것을 한마디로 요약하면 "인간은 합리적이지 못하기 때문에 원하는 것을 얻기 위해서는 지금까지 해왔던 방식(편견, 습관 등)을 과감히 버리고 원하는 것을 얻을 수 있다고 검증된 방식(프로세스)을 적용해야만 된다."라고 이야기할 수 있다. 위 문장을 이해해야만 올바른 행동을 할 수 있다. 대부분의 경영 서적과 자기 계발 서적, 그리고 처세술 관련 서적들은 조직 내에서 이미 권력을 가진 사람들의 잘잘못을 지적하고 있다. 그 이유는 조직 내 권력자들은 자기만의 방식에 의해 권력을 갖게 된 경우로 관리자의 위치에 있음에도 불구하고 자기만의 방식을 고집하며 강요하기 일쑤이기 때문이다. 지금의 관리자가 될 수 있었던 그 방식은 더 이상 유효하다고 할 수 없다. 이미 지나간 과거에는 적합했을지 모르겠으나 오늘날에도 적합할 가능성은 거의 없다. 모든 주변 상황이 바뀌었기 때문이다.

요약한 문장 속에는 다섯 가지 뜻이 포함되어 있다. 그 뜻을 살펴보면 먼저, '인간은 합리적이지 못하기 때문에'라는 것은 다니엘 카너먼과 리차드 탈러 등이 증명해 낸 인간의 기본 심리를 통해 알 수 있는 내용이다. 즉, 우리는 모두 호모 휴리스틱쿠스이기 때문 우리 자신이 우리가 생각하는 것만큼 합리적이지 못하다.

둘째, '원하는 것을 얻기 위해서'에는 우리가 원하는 것을 우리 자신도 명확히 모르기 때문에 얻기 힘들다는 것이다. 호모 휴리스틱쿠스는 청바지를 사러 백화점에 갔다가 운동화를 사는 그런 부류다. 나도 얼마 전에 정말로 청바지를 사러 갔다가 생각하지도 않았던 운동화만 사서 온 적이 있다. 지금 이 글도 그 운동화를 신은 상태로 쓰고 있다(진짜로 그렇다). 곰곰이 따져보면 물건을 살 때뿐만이 아니라 어떤 선택을 할 때도 정말 원하는 것과 명백히 일치해서 선택했던 적은 한 번도 없었던 것 같다. 물론 원하는 것과 100% 일치하는 것을 고르기란 쉽지 않고, 100% 일치하는 것도 없기 때문에 그 와 유사한 것을 고르는 경우가 훨씬 많다. 하지만 대부분의 경우에는 자신이 원하는 것이 명확하지 않고, 더 나아가 명확하게 표현하지도 못하는 경우가 다반사다. 왜 자신이 원하는 것인데 명확하지 않을까? 원하는 모든 것에 대한 조건을 일일이 다 나열하기보다는 특징적인 것들로 원하는 것을 추상화시키기는 쪽이 쉽고 편하기 때문이다. 그래서 호모 휴리스틱쿠스의 일상적인 대화 중에는 "말 안 해도 무슨 뜻인지 알지?"와 같은 의미가 많이 있다. 자신은 대충 이야기하지만, 나머지 내용은 상대방이 알아서 해석하되 반드시 자기 뜻대로 해석해서 원하는 것을 가져오라는 의미가 강조될 때 이런 표현을 많이 사용한다.

셋째, '지금까지 해왔던 방식을 과감히 버리고'는 이 책의 주제이기도 하다. 합리적이지 못한 상태에서 명확하게 원하는 것도 정의하지 못하는 방식은 더 이상 쓸모가 없기 때문에 원하는 것을 얻기 위해서는 '과감히' 버려야 한다. 정말 '과감히' 버려야 한다. '과감히'는 국어사전에 '과단성(일을 딱 잘라서 결정하는 성질)이 있고 용감하게'라고 설명하고 있다. 의도를 가지고 의식이 있는 상태에서 의사 결정하여 행동해야 됨을 뜻한다고 할 수 있다.

넷째, '원하는 것을 얻을 수 있다고 검증된 방식'이라는 말은 이 방식대로 하면 원하는 것을 얻을 수 있는 확률이 매우 높은 것을 의미한다. 여기서 '검증된'이 의미하는 뜻을 정확히 이해할 필요가 있다. '검증된'은 검사를 받아 증명된 경우를 나타낸다. 즉, 누군가의 일방적 주장 또는 강요가 아니고, 우연히 어떤 결과를 나타낸 것도 아닌 것으로, 어떤 결과를 나타내는 방법에 대해 검사하여 증명된 경우로 과학적인 접근법을 의미한다. IT 서비스 비즈니스에서는 표준 프로세스로 'Cobit, ITIL, CMMi, PMBOK' 프로세스 등이 그것이다. 그러나 이런 프로세스를 적용하기 위해서는 많은 노력과 시간이 필요하다.

다섯째, '적용해야만 된다'는 영어적 표현으로는 'must be applied'로 'should be applied'와 반드시 구분해야 한다. '반드시(must)' 적용해야 할 사항이지 선택적인 사항이 아니다. 즉 프로세스를 적용하기로 하였으면, 그 프로세스 이해당사자들은 모두 프로세스를 지켜야 한다. 단 한 사람도 예외 없이 말이다. 이 상황에 사소한 것으로 여겨지는 것이라도 예외사항이 생기면 프로세스는 적용되지 않는 것을 의미한다. 앞에서도 언급했던 것처럼 프로세스는 살아서 움직이는 유기체와 같기 때문에 일관되게 유지되어야 한다. 그렇기 때문에 이제부터는 자신이 호모 휴리스틱쿠스임을 인정하고, 호모 휴리스틱쿠스에 맞는 삶을 살아가야 한다.

호모 휴리스틱쿠스의 기술

한마디로 이야기해서 '합리적이지 않은데도 합리적인 것처럼 행동해야 하는 것'이 호모 휴리스틱쿠스의 삶이다. 과거와 달리, 특히 다니엘 카너먼 이후 인간의 사고방식이 결코 합리적이지 못하고, 더 나아가 많은 편향을 가지고 있다는 것이 과학적으로 증명되었고, 최근에는 뇌과학의 눈부신 발전에 힘입어 더욱 구체적으로 밝혀지고 있다. 이제 이 의미는 우리 실생활과 밀접하게 연관되어 있을 뿐 아니라 바로 생활 자체가 되어버렸다. 대부분의 마케팅 정책은 호모 휴리스틱쿠스의 이런 점을 적극적으로 활용하여 점점 더 인간을 호모 휴리스틱쿠스처럼 만든다. 이 같은 예는 우리 주변에서 쉽게 찾을 수 있다. 우리 주변에는 많은 대형 마트가 있다. 그런데 각기 다른 대형 마트 입구에 진열된 상품은 항상 같다. 무슨 상품일까? 궁금하다면 시간을 내서 한 번씩 대형 마트에 들러 보기 바란다. 마트 입구에 있는 상품은 '제철 과일'이다. 그렇다면 제철 과일을 진열하는 이유는 무엇일까? 답은 이 글 마지막에 있다. 서로 문화와 사업적 성격이 상이한 마트들이 이처럼 같은 모습을 보이는 이유는 대형 마트를 찾아오는 대부분 고객이 호모 휴리스틱쿠스이기 때문이다. 우리는 아무리 이성적으로 생각하려 애쓰고 노력해도 호모 휴리스틱쿠스의 삶을 벗어날 수 없다. 지구 상에 존재하는 모든 인간은 그렇게 진화해왔고 앞으로도 상당 기간을 그렇게 살 것이다. 그렇게 살아왔기 때문에 지구를 정복할 수 있었고, 계속 정복자로 군림하기 위해서도 필요한 삶이기도 하다.

호모 휴리스틱쿠스는 어느 날 갑자기 나타난 것이 아니다. 아주 먼 옛날(인간의 조상 화석이 아프리카에서 발견된 750만 년 전보다 훨씬 오래전)부터 진화를 거듭하면서 누적된 결과물이다. 어떤 필요에 의해 또는 어떤 목적을 갖고 있었던 것이 아니라 구분할 수 없는 순간들이 모여서 지금의 호모 휴리스틱쿠스가 된 것이고 지금 이 순간에도 느낄 수 없는 순간만큼 진화를 거듭하는 중이다. 이런 호모 휴리스틱쿠스의 삶은 호모 휴리스틱쿠스가 살아남기 위한 '삶의 기술'을 끊임없이 요구한다. 예를 들면 '불'의 발견에서 그치는 것이 아니라 불을 이용하여 삶에 도움이 될 수 있도록 기술을 개발하게 한다. 그런데 불을 이용하는 기술은 인간의 조상 중 어느 특정인의 뛰어난 아이디어나 노력으로 이루어낸 결과물이 결코 아니다. 특히 어떤 목적을 가지고 불을 이용하는 기술을 개발한 것이 아니라 불을 발견하고 매우 오랫동안(수백 년에서 수 만 년 이상) 관찰하면서, 많은 시행착오를 거쳐 얻어낸 것이다. 이처럼 호모 휴리스틱쿠스의 삶에 필요한 많은 기술은 대부분 어떤 사용 목적을 통해 개발된 것이 아니라 발견된 이후 관찰에 의해 그 용도가 정해진다.

삶에 도움이 되는 많은 발명품도 마찬가지다. 처음부터 정해진 목적을 갖고 발명된 것이 아니라 발명되고 나서 끊임없이 용도가 변하면서 마침내 삶의 도움이 되는 발명품으로 재탄생 되는 것이다. 대표적인 것으로 증기기관이 있다. 대부분의 독자는 '증기기관' 하면 떠오르는 연관 단어가 최소한 두 가지가 있을 것이다. '증기기관'을 발명한 제임스 와트와 이것을 통해 야기된 산업혁명이 그것이다.

주전자에서 김이 솟아나는 것을 보고 영감을 얻어 만들었다는 '제임스 와트의 증기기관'이라는 제목의 글과 사진을 초등학교 시절 교과서에서 본 기억이 난다. 이것을 조사하기 위해 인터넷을 살펴보니 이미 기원전 250년경 아르키메데스가 증기압력을 이용한 대포를 제작했고, 프랑스의 드니 파팽은 1680년경 이 원리를 응용해 피스톤을 움직이는 장치를 고안해 분당 27kg의 물을 퍼 올렸으며, 토머스 세이버리는 1698년 이 원리를 정리해서 증기 관련 특허를 냈고, 특허를 연구한 토머스 뉴커먼은 1705년 더욱 발전시켜 광산에 고인 물을 퍼내는 양수장치를 개발해 상업적으로 성공한 최초의 증기기관을 만들었고, 1765년 제임스 와트는 이 장비를 고치다가 아이디어를 얻어 지금과 유사한 증기기관을 발명한 것이다. 이 같은 사례는 에디슨의 백열전구, 라이트형제의 비행기, 새뮤얼 모스의 전신기 등 수없이 많다. 이처럼 처음부터 호모 휴리스틱쿠스의 삶에 직접적인 도움을 주는 기술이나 발명품은 없다. 처음에는 부족한 채로 세상에 나오지만, 그 기술과 발명품들이 실제 삶에 적용되면서 진가를 발휘하기 시작한다. 즉 만들어지고, 사용된 이후에 그 용도가 발견되는 것이다. 이 말을 다르게 표현하면 "프로세스는 적용해 보아야만 기대 효과가 나온다, 따라서 프로세스는 만드는 과정보다 적용하는 과정이 더욱 중요하다."라고 할 수 있을 것이다.

답 : '제철 과일'은 먹으면 몸에 좋다는 선입견이 있기 때문에 마트에 들어서는 순간 '제철 과일'의 향을 맡고 신선한 색을 보게 되면 건강해지기 위해 '제철 과일'을 살 생각을 하게 된다. 그러나 바로 사지 않고 지금 막 입장했으므로 '제철 과일'을 사 먹을 것이라는 생각을 하게 되고,

그 생각이 들면 마트 안에서 본격적으로 물건을 고를 때 건강에 좋지 않다고 알려진 인스턴트 식품을 먹어도 '제철 과일'이 충분히 보상해 줄 것이라는 생각을 하게 되어 인스턴트 식품을 고르게 된다. 이처럼 의도하지 않더라도 항상 호모 휴리스틱쿠스적인 삶에 놓여 있게 된다.

호모 휴리스틱쿠스의 도구

5장에서 언급했었던 QWERTY 자판에 대해서 조금 더 이야기하겠다. 이 자판기는 IT 기기를 사용하고 있다면 거의 100% 사용하게 되는 자판기다. 그럼에도 불구하고 지금 현재 전 세계의 IT 기술 및 시장을 이끌고 있는 미국 표준협회(ANSI)의 표준으로 채택된 자판은 드보락 자판이다. 드보락 자판의 원리는 가장 빈번하게 사용하는 글자를 가장 강한 손가락을 이용하도록 중앙에 배열하여 QWERTY 자판과 비교했을 때 입력 오류의 감소와 속도의 향상 등을 꾀하고 배우기 쉽도록 만든 자판이다. 드보락 자판이 QWERTY 자판보다 속도가 빠른 것은 QWERTY 자판은 애초에 만들어진 목적이 타이핑 속도를 최대한 늦추기 위해 고의적으로 만든 자판으로, 오늘날은 거의 사용하지 않는 타자기용 자판이며, 처음 만들어진 1873년 당시의 타자기는 타이핑 속도가 빠를수록 인접해 있는 글쇠들이 엉켜버리는 구조였기 때문이다. QWERTY 자판은 이를 방지하기 위해 많이 사용하는 글자를 사용하기 어려운 왼손으로 사용하도록 왼쪽에 집중적으로 배치했다. 이렇게 원시적인 방법으로 그 당시 타자기의 글쇠 엉킴 현상을 피해 보려 했던 것이다. 그러나 지금은 글쇠가 엉키는 세상이 아님에도 불구하고 아직도 QWERTY 자판을 사용하고 있다. 미국 표준협회의 표준도 아닌데 말이다. 그 이유는 여러분들도 익히 알고 있는 것으로 이미 컴퓨터와 관련 이해당사자들의 기득권을 넘어서기 힘들어졌고, 더 중요한 이유는 수억 명의 자판 사용자가 QWERTY 자판에 익숙해져 있기 때문이다. 이미 익숙해져 있는 상황에서 새로운 것을 배워야 하는 상황은 호모 휴리스틱쿠스가 매우 싫어하는 상황이다.

그렇다면 호모 휴리스틱쿠스를 위해 만들어진 도구로, 실제로 사용해 보면 너무 좋은 도구이지만, 사용을 위해서는 기존의 도구 사용법을 버리고 새로운 사용법을 익혀야 한다고 하면 싫어하는 것일까? 위사례들을 보면 대부분 호모 휴리스틱쿠스는 싫어할 것 같다. 하지만 이렇게 단순하게 판단할 사항이 아니다. 조금 다른 의미의 사례를 살펴보자. 불과 20여 년 전과 비교했을 때 오늘날의 사회 상황이 변한 것은 무수히 많지만, 그중에서도 몇천 년간 이어져 왔던 문화 자체가 바뀐 대표적인 것으로 여성의 지위 향상을 꼽을 수 있다. 여러분들도 바뀐 시대상을 많이 느꼈을 것이다. 이처럼 여성의 지위가 향상된 데에는 많은 이유가 있겠으나, 그중에서도 20세기 최고의 발명품이라고 불리는 '피임약'을 꼽을 수 있다. 포춘지와 AFP 통신 등은 피임약을 20세기 최고의 발명품 1위로 선정했을 정도다. 1956년 최초의 피임약이 나오고, 4년 뒤 상품으로서의 경구피임약이 나오자 2년 만에 120만 명, 5년 만에 500만 명, 14년 뒤에는 약 1,000만 명의 여성이 복용하게 됐다. 원치 않는 임신의 공포로부터 스스로 벗어날 수 있는 '힘'을 가지게 됐고, 여성 스스로 가족계획을 세우고, 사회 활동에 참여할 수 있는 권리를 가지게 됐다. 하지만 처음부터 모든 여성에게 피임약이 보급됐던 것은 아니다. 피임약에 대한 인식의 문제로 기혼 여성에게만 판매할 수 있었다. 일본 같은 경우에는 1999년에 경구피임약이 허용됐다. 이처럼 피임약의 등장으로 사회 문화가 바뀌는 현상이 일어남에도 불구하고, 피임약을 처음 접하는 기존의 사회에서는 그 효과를 알 수 없었다.

이번에는 스마트폰의 사례를 보자. 스마트폰은 기존의 셀룰러폰을 대체하는 것으로 끝난 것이 아니라, 거의 모든 IT 기기를 통합했다. 기존의 폰 기능에 디지털카메라·자동차용 블랙박스·내비게이션·MP3 기계·PMP·게임기 등 이루 헤아릴 수 없을 정도고, 절대 범접할 수 없을 것만 같았던 마이크로소프트의 독주에도 아주 강력한 제동을 걸었다. 거기서 그치지 않고 스마트폰과 크게 관련이 없어 보이는 신문과 지하철역에서 나눠주던 무가지·지도책·만화책 등 IT와 비교적 관련이 없을 것 같은 오프라인 산업마저 잠식했다. 하지만 스마트폰이 바꿔놓은 가장 큰 것은 SNS 세상이다. 웹을 통한 인터넷 중심의 SNS 영역을 거의 무한대로 넓혀 놓았고, 넓어진 영역에 의해 한나라의 정치 판도를 바꾸어 버린다. 이것 역시 스마트폰이 처음 나왔을 때는 알지 못했던 변화 내용이다. 스마트폰이 사용되면서 상상 이상의 것들을 변화시킨 결과다.

지금까지 세 가지 도구의 사용을 통해 변하는 양상을 살펴봤다. QWERTY 자판은 많은 문제점을 안고 있고 더 좋은 도구도 나와 있지만, 습관과 이해당사자들의 기득권 때문에 아직도 사용되는 도구로 자리매김하고 있다. 경구피임약은 초기 불편했던 인식을 넘어서자 당초의 피임 목적뿐만 아니라 여성의 지위 향상이라는 결과물을 만들어 냈다. 스마트폰은 세상을 바꿔 놓았다. 도구는 만들어질 때의 목적을 넘어 예기치 못했던 결과를 만들어 낸다. 이제 호모 휴리스틱쿠스는 새로운 도구를 접했을 때 그 도구들이 앞으로 미칠 영향과 그 요인들에 대해서도 숙고해야 하는 세상이다.

호모 휴리스틱쿠스의 도구 사용

요즘(2015년 초) 내 고민은 특허 출원에 대한 것으로, 굳이 내가 알고 있는 기술(내가 발명했다고 스스로 생각하는 기술)의 출원을 크게 원하지는 않지만, 내가 갖고 있는 기술을 통해 창업하고 성과를 내기 위해서는 필수적인 조건으로 여겨지고 있는 것이 사실이기 때문이다(그래서 2건의 특허출원을 했다). 특허를 출원하는 데는 많은 시간과 비용이 수반된다. 그럼에도 불구하고 특허를 출원하는 것은 보유 기술의 우수성을 나타내는 가장 손쉬운 방법임과 동시에 특허권의 소유 여부가 정부나 벤처 캐피탈 등을 통해 투자금을 유치하는 데 필수 사항이라고 할 수 있기 때문이다. 특허는 발명품에 대한 권리라고 할 수 있다. 기존에 없던 것을 발명하고, 발명하는데 든 노력을 보상받는 것이다. 이를 통해 더 많은 발명품이 나올 수 있도록 한 제도다. 발명품은 그 발명품이 나오게 된 그 앞 단계를 거치지 않고 만들어진 것이다. 그전부터 존재하지 않고 있다가 하늘에서 뚝 떨어지거나 땅에서 불쑥 솟아오른 것이 발명품이다. 하지만 내가 특허 출원을 하면서 본 것은 앞에서 이야기한 발명품다운 발명품도 있지만, 대부분은 남의 아이디어나 기존의 발명품들을 활용하여 남들이 미처 생각하지 않았거나 간과한 것을 찾아내어 약간의 자기 아이디어를 더하여 특허 출원을 하는 경우가 많다. 처음에 어떤 목적을 갖고 세상에 나온 발명품이 성공하는 것보다는 나중에 용도가 생김으로써 더욱더 훌륭한 발명품으로 진화한 경우가 이를 증명한다. 바로 앞에서 살펴본 증기기관의 경우가 대표적이다. 이 같은 사례는 매우 많다. 토머스 에디슨이 발명한 것으로 알려진 백열전구, 스티브 잡스가 매킨토시 컴퓨터를 만들면서 발명했을 것으로 생각되는 '마우스'도 이미 다른 발명가(1968년 미국의 더글러스 엘겔바트가 개발, 제록스 컴퓨터에 처음 사용)에 의해 특허가 이루어진 것이 개량된 것이다. 이런 발명품들의 특징은 처음 만들어진 목적보다는 앞으로 여러 아이디어나 용도가 더해져서 유명해진 것이 대부분이다

발명가들이 발명품을 만들게 된 동기는 필요에 의해서다. 필요하지만 없거나 부족하기 때문에 그 필요성을 충족하기 위해 발명을 하게 된다. 이렇게 되면 발명품의 목적이나 용도가 극히 제한적이 될 수 있다. 하지만 유명한 발명가나 발명품들은 단독으로 유명해졌기보다는 그 주변에 많은 선후배 발명가들이 있었고, 유사한 또는 원천기술들이 있었다. 더군다나 그 발명품을 필요로 하는 환경이 만들어져 있었다. 즉 기존 발명품을 필요에 의해 개량하여 사용했던 것이다. 명확한 용도가 있었기 때문에 가능한 일이다. 경영학이나 MBA 교육 시 '파괴적 혁신' 사례로 자주 인용되는 하드디스크 사례가 대표적이다. 하드디스크가 개량되어 소형화된 발명품들이 처음 나왔을 때는 주목받지 못했으나, 용도가 생기면서 기존 발명품들을 대체하는 수단으로 쓰였고, 지금도 계속 개량된 발명품으로 대체되고 있으면서 관련 산업이나 사회의 문화를 바꾸고 있다. 이처럼 특정 발명품이 명확한 용도를 만나게 되면 발명품이 만들어진 의도 외에 더 큰 부가가치가 더해진다. 홀

룽한 발명품은 특정인의 역량에 의해 만들어진다기보다는 그 발명품의 명확한 용도가 생길 때까지 끊임없이 개량되고 기술이 누적되면서 발명된다. 대부분 발명품은 그대로 사용되는 것보다 발명된 이후 용도가 생기면서 새로 발명되는 것이다.

호모 휴리스틱쿠스 조직 내에서 움직이는 프로세스도 마찬가지다. 처음 만들어진 프로세스는 적용하기 이전에는 명확한 용도를 알지 못하거나, 적용 의도를 분명히 알고 있는 호모 휴리스틱쿠스가 많지 않기 때문에 많은 문제를 발생시킨다. 따라서 발명품과 같이 명확한 용도를 찾아야 한다. 프로세스의 용도가 명확해지려면 처음 '발명'된 프로세스를 반드시 적용하면서 관찰을 해야 한다. 적용을 통해 발생하는 많은 시행착오를 수정해 나가면 자연스럽게 그 프로세스의 명확한 용도가 나오게 되어 있고, 용도가 명확해지면 그 용도에 걸맞은 프로세스가 '발명'되는 것이다. 프로세스는 살아서 움직이는 '유기체'와 같기 때문에 명확한 용도만 정해지면 스스로 진화하게 되어 있다. 이때 호모 휴리스틱쿠스는 프로세스 '발명가'가 되는 것이다. 대부분의 프로세스 표준화 작업이 컨설턴트나 특정인에 의해 수행된다. 이것은 발명품으로 이야기하면 원천기술에 해당한다. 아무리 목적을 위해 만들어진 프로세스라고 해도 용도가 명확하지 않은 이상 그대로 적용하기는 쉽지 않다. 그렇기 때문에 완벽한 프로세스가 아닐 가능성이 높다. 하지만 그런 프로세스도 적용해야만 개량이 되고 용도가 명확해진다. 처음부터 훌륭한 발명품이 나온 적은 없다. 부족해도 그 발명품을 사용하면서 관찰하고, 시행착오를 겪어 나가게 되면 반드시 그 발명품과 어울리는 용도를 만나게 된다.

프로세스의 명확한 용도

2014년 11월 23일 서울월드컵경기장에서 좀처럼 보기 힘든 장면이 연출됐다. 그 경기를 보는 모든 선수와 관중들에게 감독의 작전이 읽혔고, 상대팀은 그 작전을 막는 데 성공했다. 하지만 경기 결과는 작전에 실패한 팀이 이겼다. 서울과 성남과의 FA컵 결승전이 벌어진 이 날 연장전 종료 직전까지 양팀 모두 득점 없이 승부차기가 예상됐다. 연장 후반 12분 최용수 서울 감독은 선발 김용대 골키퍼를 빼고, 승부차기에 강한 유상훈을 투입했다. 김학범 성남 감독도 연장 후반 종료 1분 전 박준혁 골키퍼 대신 승부차기에 강한 전상욱을 투입하기 위한 준비를 하고 선수들에게 볼을 경기장 밖으로 내보내라고 소리쳤다. 그러나 이를 눈치챈 서울의 최용수 감독은 백패스를 지시하며 경기를 지연시켰고 마침내 경기의 휘슬이 울렸다. 성남의 작전 실패였고 이를 막은 서울 선수들은 웃음을 보였다. 교체를 준비하고 있던 전상욱은 멋쩍은 표정을 보이며 벤치로 돌아섰고, 순간 김학범 감독은 전상욱 선수에게 다가가 어깨를 두드리며 위로했다. 서울이 승부차기를 준비하고 있을 때 박준혁과 전상욱이 마주 앉아 손으로 잔디에 그림을 그리며 작전을 짜는 듯한 모습이 중계화면에 비쳤다. 드디어 승부차기가 시작됐다. 첫 번째 키커는 서울의 오스마르였다. 왼쪽으로 몸을 날린 박준혁은 오스마르의 골을 막았다. 세 번째 키커인 몰리나의 슛도 막아냈다. 박준혁이 선방을 펼치는 사이 성남 키커들은 모두 성공하여 4-2로 성남이 우승했다. 경기 후 MVP에 뽑힌 박준혁은 승부차기 직전 전상욱이 자신에게 알려준 비법이 큰 힘이 되었다고 털어놨다. 그 비법에는 "오스마르가 도움 닫기를 짧게 서면 왼쪽으로 슛팅을 하고 멀리 서면 오른쪽으로 날린다."라는 말이 있었고, 오스마르는 이날 도움 닫기를 짧게 했다.

이 글은 축구 경기가 있었던 다음 날 쓰고 있다. 신문을 보니 축구에 관한 기사가 많았다. 대부분의 신문 제목은 "작전 실패가 '신의 한수'였다"와 유사한 제목이었다. 나는 축구 중계방송을 보면서 순간 세 가지를 깨달을 수 있었다. 첫 번째, '전화위복'이라는 고사에 대해 다시 한 번 생각하게 되었다. 보통 알고 있는 내용은 지금의 불행이 행복의 씨앗이 될 수도 있고, 지금의 행복이 불행의 근원이 될 수 있으니 일희일비하지 말라는 뜻일 것이다. 나 역시 같은 내용으로 알고, 사용했었으나 이제부터 바꿔야 할 것 같다. 지금의 불행이 행복의 씨앗이 되기 위해서는 그렇게 될 수 있도록 반드시 '조치'를 취해야 하고, 지금의 행복이 불행의 근원이 되지 않게 하기 위해서는 적절한 방법으로 반드시 '조치'를 취해야 한다. 김학범 감독은 작전이 실패로 돌아갔을 때 실망하지 않고 전상욱 선수를 위로하고, 위로받은 전상욱 선수는 후배이면서 경쟁자이기도 한 박준혁 선수에게 자신만이 알고 있는 비법을 알려준 것이 '조치'라고 할 수 있다.

두 번째는 '학범슨'이라고 불리는 김학범 감독의 리더십이다. '학범슨'은 영국 명문구단 맨체스터 유나이티드의 전성기를 이끈 명장 퍼거슨에 빗대어 붙여진 별명이다. 김학범 감독은 국내 대표적인 학구파 지도

자로도 유명하다. 김학범 감독은 성남의 지휘봉을 잡고 두 게임만을 치렀다. 최고 강팀인 전북, 서울과 연거푸, 그것도 적진에서 꺾고 정상에 오른 것이다. 지휘봉을 잡았을 때 성남은 정규리그 강등권(11위)에 위치한 상태였다. 이번 우승은 철저하게 준비한 전술로 상대한 것이다. 김학범 감독은 "내가 서울을 어떻게 잡는지 보여주겠다."라며 "내가 선수들을 믿고 선수들이 나를 믿고 있다는 것이 오늘의 결과를 만들었다."라고 했다. 역시 리더십은 강하게 끌고 가는 것이 아니고 스스로 나아갈 수 있게 하는 것임을 다시 한 번 깨달았다.

세 번째, 조직에 관련된 것이다. 성남은 정식 프로구단이 아니다. 재정난을 겪고 있는 시민 구단이다. 게다가 2014년 한 해에만 감독의 선수 폭행과 두 명의 감독 대행이 3개월 2주 만에 물러나는 등 수뇌부의 행정력도 엉망이었다. 당연히 성적도 좋을 리 없었다. 강등권까지 추락하며 네 명의 사령탑이 바뀌었다. 아주 절박한 상황에 놓여 있어 선수들의 사기도 저하될 대로 저하된 팀이었다. 하지만 새로운 사령탑인 김학범 감독은 성남을 문제의 팀으로 보지 않았다. "우리가 (정규리그 하위권에) 내려와 있을 팀은 아니라고 생각한다. 우리 선수들이 (최근) 경기에서 못 이겼지만, 내용은 굉장히 좋았다."라고 평가하며 선수들에게 자신감을 심어주었다. 훌륭한 지도자를 만난 선수들은 다시 뭉쳤고 결과는 우승이었다. 그것도 굉장히 중요한 시점에 의미 있는 우승이었다. 훌륭한 지도자가 나오기 위해서는 지도자 혼자 잘해서 되는 것이 아니다. 지도자를 믿고 따를 수 있는 조직 내의 실천이 있어야 한다. 즉 아무리 좋은 리더십이나 발명품이라 해도 바로 받아들여지는 것은 결코 아니다. 그것이 받아들여질 수 있는 분위기가 성숙되어 있어야 한다. 이런 분위기를 만들기 위해 '올바른 프로세스'를 적용하는 것이다.

프로세스가 적용되기 위해서는

　　새로운 프로세스가 만들어졌다면 조직에서는 프로세스가 적용될 수 있도록 반대하는 많은 호모 휴리스틱쿠스를 설득하는 과정이 필요하다. 이 과정이 중요한 것은 프로세스가 나빠서 적용 안 하는 것보다 좋은 줄 알면서도 적용하지 못하는 것을 막아야 하기 때문이다. QWERTY 자판의 사례에서 보았듯이 더 좋은 것이 있다는 것을 알면서도 사용하지 않는 경우는 너무나 많다. 그렇다면 좋은 프로세스를 잘 적용할 수 있는 요인들에는 어떤 것들이 있을까? 크게 네 가지로 분류해 볼 수 있는데, 그 중 50% 이상의 비중을 차지하는 것은 당연히 프로세스 적용의 결과로 경제적 효과를 꼽을 수 있다. 자본주의 경제 체계 아래에서 경제적 효과를 최우선시해야 하는 것은 부정할 수 없는 현실이다. 그럼 네 가지를 살펴보자.

　　첫째, 새로운 프로세스는 반드시 경제적 효과를 나타내야 한다. 비즈니스를 하는 조직에서 이것은 그 어떤 것보다 우선시 되어야 한다. 프로세스는 비즈니스를 위한 것이고, 비즈니스는 경제적 효과를 얻기 위한 것이다. 따라서 프로세스 적용 과정과 결과는 반드시 경제적 이점을 확보해야 한다. 너무 기본적인 것으로 더 이상 설명할 필요가 없을 것 같다.

둘째, 기존 프로세스를 완전하게 대체하는 '킬러 프로세스(킬러 어플리케이션에서 응용)'이어야 한다. 새로운 프로세스를 적용할 때 '시범적용' 기간을 제외하고 어떤 경우든 기존 프로세스와 양립해서는 안 된다. 새로운 프로세스가 적용되었음에도 기존 프로세스가 존재한다는 것은 호모 휴리스틱쿠스에게 새로운 프로세스를 굳이 안 지켜도 된다는 것을 알려주는 것과 같다. 앞에서 프로세스를 정의했던 것처럼 프로세스는 지켜져야만 하는 것이 필수 조건이지 선택할 수 있는 것이 아니다. 내 경험을 보면 여하한 경우라도 기존 프로세스가 존재할 경우 새로운 프로세스는 100% 실패했다. 호모 휴리스틱쿠스가 그렇게 만든다. 반대로 새로운 프로세스의 적용을 통해 성공한 조직은 '시범적용'을 통해 새로운 프로세스를 적용했다는 공통점을 갖고 있다.

셋째, 새로운 프로세스의 장점을 쉽고, 빠르게 보여 줄 수 있어야 한다. 이것은 새로운 프로세스를 적용하기 위한 기본 조건이다. 호모 휴리스틱쿠스는 참을성이 많지 않다. 새로운 프로세스에 대한 장점을 자신만의 방식으로 빨리 확인하지 못하면 그 프로세스에 부정적인 입장을 취하는 경향이 있기 때문에 다양한 방법을 동원하여 모든 프로세스 이해당사자들에게 프로세스의 장점을 확인시켜 주어야 한다. 일반적으로 프로세스 컨설팅 작업을 할 때 소위 '키맨(Key man)'이라는 사람을 중심으로 한다. 그러다 보니 키맨만이 이해할 수 있는 방식으로 진행되는 경우가 많다. 새로운 프로세스를 만드는 책임을 진 키맨들은 프로세스의 적용보다는 만드는 데 집중할 수밖에 없으므로 호모 휴리스틱쿠스의 입장이 아닌 '이상적' 상황을 가정하게 되고, 결국 호모 휴리스틱쿠스는 그렇게 만들어진 프로세스에서 자신에게 유리한 장점을 찾아내지 못하는 경우가 발생한다. 그렇기 때문에 프로세스 이해당사자들 각각의 경우에 맞게 장점을 납득시킬 수 있어야 한다.

마지막으로, 새로운 프로세스에 의해 효과를 본 조직구성원을 통해 홍보가 되어야 한다. 셋째 요인을 통해 장점을 알게 되거나 경험한 조직구성원을 반드시 확보하여 새로운 프로세스의 장점을 전파하는 전달자의 역할을 부여해야 한다. 호모 휴리스틱쿠스는 스스로 판단하는 것보다는 남의 행동을 보고 판단하는 습성이 있다. 앞에서 언급했듯이 처음 가보는 곳에서 밥을 먹어야 할 때 식당을 선택하는 요령을 보면, 손님이 많은 경우 음식이 맛있을 확률이 높다는 것은 경험을 통해 알고 있기 때문에 손님이 없는 곳보다는 꽉 찬 곳을 찾아가게 된다. 같은 이치로 새로운 프로세스의 적용을 통해 효과를 보았다는 조직구성원들이 많아질수록 호모 휴리스틱쿠스는 새로운 프로세스를 적용하려고 한다. 장점을 이야기하는 조직구성원이 많아질수록 자신에게는 장점이 없는 프로세스라고 확신했던 호모 휴리스틱쿠스도 남의 시선을 의식해 새로운 프로세스에 적응하기 위한 노력을 스스로 한다. 그리고 이런 경우 호모 휴리스틱쿠스는 새로운 프로세스의 열렬한 팬이 되는 경우가 많다. '백문 불여일견(百聞 不如一見, 중국에서는 백문 불여일행 百聞 不如一行이 더 많이 쓰인다고 한다)'이란 고사성어가 딱 들어맞는다. 새로운 프로세스의 장점을 설명하는 것보다는 장점을 경험한 사람을 통하게 되면 기대 이상의 효과를 거둘 수 있다.

프로세스 적용 조건

정성적 분석이란 수치가 아닌 문자로 분석 결과를 표현하는 것이고, 정량적 분석은 문자보다는 수치로 측정하고 분석하는 방법이다. 통상적으로 정성적 분석은 명확하지 않고, 정량적 분석은 수치로 표현되다 보니 분석 결과에 대한 신뢰가 높은 것으로 생각하기 쉽다. 쉬운 예로 주식 투자의 경우를 살펴보면 정성적 분석에 의한 데이터는 공시된 기업의 보고서, 뉴스, 소문 등 서술형 자료가 주를 이루고, 정보의 제공 과정도 투명하다고 보기 어려운 경우도 많아 그렇게 신뢰하지 않는 경우가 많다. 대부분 특정 사건이 발생된 이후에 사건의 원인으로 여겨지는 정도라고 할 수 있다. 반면에 정량적 분석은 정성적 분석과 달리 수치로 나타내기 때문에 모든 정보에 신뢰가 쌓이게 된다. 그러다 보니 호모 휴리스틱쿠스는 정성적 분석의 결과물보다는 정량적 분석의 결과물을 선호하게 되는 경향이 있다.

여기에 함정이 있을 수 있다. 정량적 분석은 수치가 보여주는 명확함에 가려져 있는 정보의 질적인 부분을 소홀히 하게 된다. 정보가 수치로 표현된다는 것은 이미 발생한 과거와 발생하고 있는 현재에 대한 정보를 취급한다는 것이다. 여기에는 미래에 대한 정보가 없다. 물론 앞으로의 기대 사항을 수치로 표현하면서 정량적 분석의 결과물인 것처럼 하지만 이 기대 수치는 단지 희망하는 기대 사항을 수치를 사용하여 서술적으로 표현한 것이다. 결코, 정량적 분석 정보가 아니다. 이에 반해 정성적 분석은 미래에 대한 정보를 서술하는 것이다. 불확실한 미래에 대한 정보를 서술하는 것이기 때문에 올바른 분석을 위해서는 정성적, 정량적 분석이 둘 다 필요하다.

똑같은 프로세스라고 해도 적용이 잘 되는 조직이 있고, 쉽지 않은 조직이 있다. 이처럼 똑같은 프로세스의 적용성에 차이가 생기는 이유는 다양하겠지만 주요한 원인을 위에서 살펴본 정성적 관점과 정량적 관점으로 나누어 간단하게 접근해 보자. 먼저 과거와 현재 관점인 정량적 관점으로 보면 새로운 프로세스를 적용했을 때 보상을 얻었던 적이 과거에 별로 없었다는 것이다. 도입 초기에는 모든 것을 뒤바꿀 것처럼 선전되고 각광을 받지만, 막상 적용했을 때 기대만큼의 보상을 받았던 적이 거의 없다. 오히려 새로운 프로세스에 의해 방해받다가 다시 제자리로 돌아간 적이 한두 번이 아니었다. 호모 휴리스틱쿠스는 손실에 매우 민감하게 반응(손실 회피)하기 때문에 이것을 항상 기억하고 있다. 게다가 새로운 프로세스의 적용 후에 대한 보상도 그리 명확하지 않게 느껴진다. 그런데도 새로운 프로세스를 적용시키려는 의도를 가진 곳에서는 정성적인 방법으로만 새로운 프로세스의 기대 사항을 광고한다. 정량적인 방식이라고는 새로운 프로세스를 적용했을 때의 명확하지 않은 기대 효과를 수치를 동원하여 서술(정성적인 내용에 상상력을 가미하여 수치로 표현)하는 정도다.

또 혁신에 대한 태도도 중요한 영향을 미친다. 정성적 관점에서 혁신이라는 것은 매우 힘든 과정을 거쳐야 함을 의미한다. 혁신(革新)이라는 단어는 가죽을 뜻하는 '혁'과 새로움을 뜻하는 '신'으로 구성되어 있다. 즉 가죽을 새롭게 하는 것이 혁신이다. 강의할 때 내가 혁신을 강조하기 위해 하는 농담을 해보겠다. 혁신한다는 것은 내 몸의 가죽을 새롭게 하는 것으로 얼마나 고통이 따르겠는지 상상하기도 싫을 것이다. 여기에 정량적 관점으로 새롭게 할 가죽의 양을 정해야 하니 어떻게 해서라도 새롭게 할 양을 줄여야 그만큼 고통이 덜 따른다. 혁신이 힘든 이유가 여기에 있다. 그러므로 새로운 프로세스의 적용을 통해 혁신을 쉽게 하기 위해서는 새로운 프로세스의 적용으로 인한 막연한 정성적 아픔을 치유해줄 필요가 있다. 호모 휴리스틱쿠스는 기존의 것을 버리고 새로운 변화를 선택하는 데 익숙하지 않다(현상 유지 편향). 새로운 프로세스를 선택하는 혁신이 생각만큼 큰 고통을 수반하지 않는다는 것을 일깨워 주어야 한다. 덧붙여서 새로운 프로세스에 의해 혁신되는 모습을 정량적 관점으로 계속 보여줄 필요가 있다. 새로운 프로세스에 대한 기대감은 아주 잠깐 나타났다가 사라지기 쉽기 때문에 이때를 놓쳐서는 안 된다. 반드시 수치로 표현된 효과를 지속적으로 보여주고 점점 좋아지고 있는 상황을 스스로 인식(패턴 탐색)할 수 있도록 도와주어야 한다. 이 상황이 지속한다면 호모 휴리스틱쿠스는 새로운 프로세스의 지지자가 되고, 이후 발생하는 모든 상황에 대한 정보를 스스로 분류(확인 편향)하여 새로운 프로세스가 조직 내 적용되는 데 적극적으로 동참할 것이다.

프로세스의 확산

새로운 프로세스가 성공적으로 적용되었다고 판단되면, 이제부터는 확산에 신경 써야 한다. 프로세스는 '유기체'와 같기 때문에 적용되었을 때의 모습이 일정 기간 유지되면 더 이상 성장하지 못하고 정체되어 혁신의 매개체의 역할을 못 하게 된다. 정상적인 상태의 새로운 프로세스는 대개 두 가지 방식으로 확산하는데, 조직 내 다른 부문에서 새로운 프로세스의 효과를 알게 되면 따라 하게 되고 결국 새로운 프로세스는 조직 내 전 부문으로 확산하게 된다. 또 다른 경우는 새로운 프로세스에 적응하지 못하는 조직 내 부문은 자연스럽게 도태되거나 지탄의 대상이 되어 피동적으로 새로운 프로세스가 받아들여져 확산되는 경우다. 어느 경우든 새로운 프로세스는 확산되는 것이 정상이다. 새로운 것이 처음 나왔을 때부터 폐기될 때까지의 라이프 사이클(도입기-적응기-활용기-성숙기-쇠퇴기) 중에서 적응기를 지나 활용기에 도달하는 과정이 확산이다.

이 과정을 통해 새로운 프로세스는 '동질적' 변형과 '이질적' 변형을 하게 된다. 동질적 변형은 새로운 프로세스가 확산하는 과정에서 새로운 프로세스의 목적은 그대로 반영되면서 그 목적을 달성하기 위한 목표들이 바뀌는 것을 의미한다. 새로운 프로세스의 목적은 변함이 없지만, 프로세스가 처음 만들어졌을 때와 상황이 달라져 목표가 수정되는 것을 뜻한다. 이질적 변형은 새로운 프로세스에 새로운 목적이 추가되거나, 새로운 목표가 만들어지면서 목적이 변하는 것을 의미한다. 새로운 프로세스가 확산하면서 프로세스의 목적이 확대 또는 축소되면서 새로운 프로세스의 목적 자체가 변하는 것과 목적 달성을 위해 목표가 수정되는 것에 의해 새로운 목적을 갖게 되는 것이다.

먼저 '동질적' 변형을 살펴보자. 이것은 매우 자연스러운 현상으로 새로운 프로세스를 만들 당시와 적용할 때의 상황은 변하기 마련이기 때문에 변화된 상황이 반영되는 자연스러운 현상이다. 상황이 변한만큼 그 상황이 반영된다는 것은 새로운 프로세스가 매우 유연하다는 것으로 바람직하다고 할 수 있다. 이때 주의할 점은 목표가 변하면서 프로세스의 근본을 흔들 수도 있다는 점이다. 호모 휴리스틱쿠스는 바로 눈에 보이는 목표에만 집중할 가능성(앵커링 효과)과 자신의 경험을 중시(휴리스틱)할 가능성이 매우 높기 때문에 목표가 변화하는 과정을 새로운 프로세스의 책임자가 총괄해야 한다. 프로세스는 아무나 바꿀 수 있는 것이 아니기 때문이다. 이 점을 잊지 않는다면 동질적 변형은 자주 일어나도록 장려하는 것이 좋다. 새로운 프로세스는 동질적 변형을 통해 그 조직의 문화로 완전하게 정착할 수 있다. 선진 기업의 특징 중에 하나가 유연한 프로세스인 이유가 바로 여기에 있다.

이질적 변형은 두 가지를 구분하여 볼 수 있다. 첫째, 적용 중인 새로운 프로세스가 만들 당시에는 생각하지 못했거나, 그 당시 상황에서는 기술 수준이나 조직 내 문화 등의 이유로 반영할 수 없었던 내용이 현재 시점에서는 반영할 수 있게 된 경우다. 먼저 새로운 프로세스를 만들 때 생각하지 못했던 아이디어나 신기술이 추가됨으로써 프로세스의 목적이 변할 수 있다. 이 경우에는 동질적 변형과 달리 프로세스의 목적이 변화함으로써 변화의 폭이 커진다. 프로세스의 목적이 변한다는 것은 또 다른 새로운 프로세스를 만드는 것과 같다고 할 수 있다. 둘째, 밑으로부터의 변화로 야기되는 전체의 변화다. 새로운 프로세스의 적용 중 동질적 변형과 같이 프로세스의 목표가 변할 수 있다. 목표가 변하고 이를 반영시키는 과정에서 목적이 수정되거나 보완되는 경우가 발생한다. 가령 신기술의 도입을 통해 목표를 달성하는 방법이나 일정이 변하는 경우 목적이 바뀐다. 이 경우에는 목적이 첫째 경우보다 크게 바뀌지는 않는다.

이처럼 새로운 프로세스는 확산을 통해 끊임없이 변형되고 진화한다. 이러한 변화는 바람직한 것으로 조직 내 새로운 프로세스를 적용하는 프로세스, 즉 문화가 있기 때문이다. 새로운 프로세스는 적용하는 것으로 끝나는 것이 아니라 끊임없이 관리해야 한다. 프로세스가 확산하는 중에 문제가 발생할 수도 있고, 변화된 것이 기존보다 안 좋은 결과를 나타낼 수도 있지만, 이런 시행착오를 거칠 때 목적이 명확한 프로세스가 조직 전체적으로 확산되고, 그 조직의 문화가 된다. 새로운 프로세스의 확산이 이루어지지 않는 조직은 새로운 아이디어나 신기술을 받아들이지 않는 조직으로 점점 정체될 수밖에 없다. 새로운 프로세스는 만들고 적용하는 것도 중요하지만, 확산 과정을 통해 더욱 발전할 수 있어야 한다. 확산이 가능할 때 비로소 새로운 프로세스의 기본 목적 및 미처 발견하지 못했던 양질의 목적까지 달성할 수 있다.

프로세스의 확산 방법

초등학교 시절 중 가장 즐거운 방학을 맞이하게 되면 반드시 해야 하는 숙제가 하나 있었다. 바로 생활계획표를 만드는 것이다. 내 기억으로는 초등학교 6년 동안 기상 시간이 매일 아침 6시로 정해져 있었다. 6시에 기상해서 30분 동안 아침 체조를 하고, 7시까지 세수를 한다. 그 이후 아침밥을 먹는 것으로 정해진 8시까지는 아침 독서를 한다. 아침 식사 후 약 10분 정도 가벼운 산책을 하고, 오전 공부를 점심 시간 전까지 하는 것으로 계획을 세웠다. 오후와 저녁 이후 시간의 계획도 오전과 별다를 게 없었다. 이런 생활계획표는 누구나 세워 봤을 것이다. 하지만 이 생활계획표는 절대 지켜지지 않았다. 그럼에도 불구하고 초등학교 6년 내내 비슷한 생활계획표를 작성했다. 이 글을 읽고 있는 독자 여러분도 나와 크게 다르지 않았을 것이다. 성인이 되어서도 이와 유사한 계획을 세우는 경우가 많다. 잘 지키지도 못하면서 반복적으로 이런 계획을 세우는 까닭은 어디에 있을까? 이제 이런 류의 질문에 대한 답은 독자들도 쉽게 답할 수 있을 것이다. 바로 우리가 호모 휴리스틱쿠스이기 때문이다. 앞에서 살펴 본 호모 휴리스틱쿠스의 공통 특징(29페이지 참조) 중 하나가 계획 수립 시 가장 이상적인 상황을 가정하여 계획을 세우는 것이다(계획 오류).

새로운 프로세스를 신속하게 확산시키는 것은 중요하다. 신속하게 확산시키기 위해서는 위에서 이야기한 호모 휴리스틱쿠스의 특성을 적절히 이용해야 한다. 호모 휴리스틱쿠스는 새로운 도전이나 변화를 시도할 때 반드시 '의도적'으로 전략을 세운다. 여태까지 하지 않았던 행동을 위한 실천 전략을 세우는 것이기 때문에 한 번도 겪어보지 않은 상황을 가정한다. 이 상황에서 호모 휴리스틱쿠스는 자신을 합리적 인간이라고 여기며, 주어지는 모든 상황은 가장 바람직한 상황을 가정하게 된다. 바로 계획 오류에 빠지게 된다. 새로운 프로세스를 신속하게 확산시키기 위한 계획도 마찬가지다. 누군가가 확산을 위한 계획을 세우게 되는데 이런 류의 계획을 세워 본 경험이 없기 때문에 '의도적'으로 이상적인 상황을 가정하여 계획을 세운다. 그 계획에 맞춰 행동할 사람들은 대부분 호모 휴리스틱쿠스임에도 불구하고 계획을 세울 때만큼은 합리적인 사람으로 가정한다.

그렇다면 새로운 프로세스를 신속하게 확산시키기 위한 계획은 어떻게 만들어야 될까? 방법은 다음 그림과 같다. 6단계를 거치는 이 방법은 먼저, 호모 휴리스틱쿠스의 공통 특징을 반영하여 새로운 프로세스를 통해 받을 수 있는 서비스를 정의하는 것이다. 두 번째 단계는 정의된 서비스에 의한 성과를 나타내기 위한 성과지표와 측정지표를 만드는 것이다. 세 번째 단계는 서비스가 실제로 적용되는 과정을 모델링하는 것이다. 네 번째 단계는 각 지표의 기준을 정하는 단계로 많은 시간을 필요로 하기 때문에 이 단계는 다른 단계와 병행해서 하는 편이 좋다. 다섯 번째 단계는 이렇게 정의된 것들을 의도적으로 연습시켜야 한다. 세 번째 단계부터 이 단계는 주기적으로 검토하여 조정되어야 한다. '시범 적용'은 매우 유용한 방법이다. 마지막 단계는 지금까지의 과정을 조직 내 모든 조직구성원에게 반복적 노출시키는 것이다. 각 단계의 상세 내용을 이제부터 살펴보자

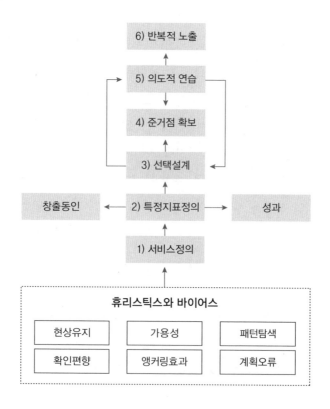

서비스 정의

오늘날 필요로 하는 서비스는 매우 구체적으로 정의할 수 있어야 한다. 과거와 달리 과학적인 접근을 통해 고객의 기대수준과 서비스 제공자의 역량간 격차를 해결하고자 하는 노력을 필요로 한다. 기업을 상대로 하는 고객사에 "가장 가치가 있다고 생각되는 기업은 어떤 기업인가?"라는 질문을 했을 때 "나만을 위해 연구 개발하고, 나만을 위한 디자인을 만들어 주는 기업과 제품을 판매한 후에도 지속적인 서비스가 있는 기업이다."라는 답이 1위를 차지했다(하버드 비즈니스 리뷰). 이런 고객의 마음을 사로잡기 위해 단일 제품만을 판매하는 기업 활동에서 서비스를 판매하는 기업으로 탈바꿈하면서 제품에 가치를 포함하기 위한 노력을 한다. 이제 서비스는 제품에 부속되어 있는 무형의 재화가 아니라 제품을 부속적으로 갖고 있는 상품이 되었다. IBM의 'Business on Demand'라는 브랜드는 이런 현상을 잘 나타내고 있다. 즉 IBM은 컴퓨터를 판매하는 회사에서 비즈니스 서비스를 판매하는 회사로 변화하면서, 지금까지의 제품이었던 컴퓨터는 서비스를 판매하기 위한 부속품이 되었다. 유명한 컴퓨터 제조회사인 선마이크로시스템즈를 인수한 것은 또 다른 컴퓨터회사가 아닌 소프트웨어만을 취급해왔던

오라클이었다. 오라클도 데이터베이스로 대표되는 소프트웨어만을 제품으로 하는 것은 경쟁력이 없다고 판단하고 종합적인 서비스를 제품으로 하기 위해 컴퓨터 하드웨어 제조회사를 인수한 것이다. 서비스가 제품으로 구색을 갖추기 위해서는 하드웨어와 소프트웨어 모두 필요하기 때문이다.

여기에 더하여 지금까지 살펴본 바와 같이 호모 휴리스틱쿠스의 대표적 휴리스틱스와 바이어스인 현상 유지 편향, 가용성 휴리스틱, 패턴 탐색, 확인 편향, 앵커링 효과, 계획 오류를 감안하여 서비스를 정의할 수 있어야 한다. 서비스를 정의할 때 주관적인 관점의 서비스에 대한 기대치가 정해지면 서비스에 대한 성과를 정확하게 측정하고 평가하기 어렵기 때문에 서비스가 개선될 수 있는 기회가 원천 봉쇄된다. 서비스를 정의할 때는 무엇보다 "서비스가 조직 전체적으로 비즈니스에 무슨 의미가 있는가?"라는 물음에 답할 수 있어야 한다. 서비스는 철저하게 비즈니스에 종속적이어야 하며, 비즈니스의 필요에 의해서 파생되지 않은 '작위적' 서비스는 불요불급한 서비스일 가능성이 높다. 이런 서비스가 존재한다는 것은 유의미한 서비스에 투입되어야 할 자원이 분산되어 효과적으로 지원되지 않는 것을 의미한다. 또 서비스가 좋아졌다는 것을 나타내기 위해서는 정성적인 표현이 아니라 정량적으로 표현할 수 있어야 한다. 서비스가 좋아진 것은 이미 과거의 서비스를 평가한 것이기 때문에 수치로 나타나야 한다. 정량적 분석은 과거와 지금까지를 측정하여 분석한 것이고, 정성적 분석은 앞으로 좋아질 서비스를 나타내는 것이기 때문이다.

이렇게 서비스의 개념이 변화함에 따라 서비스를 관리하는 방법에도 많은 변화가 있었다. 얼마 전까지만 해도 서비스는 눈으로 볼 수도 없었고, 손으로 만질 수도 없는 무형적인 것으로 취급되었다. 게다가 서비스 생산과 동시에 소비가 되기 때문에 더더욱 관리하기가 어려웠다. 하지만 오늘날에는 '서비스 사이언스(Service science)'라는 학문으로까지 발전했다. 즉 서비스를 과학적인 방법으로 관리함으로써 서비스를 통해 발생하는 생산성, 품질, 혁신 등을 관리할 수 있게 되었다. 그렇다면 '서비스 무형성'에서 '서비스 사이언스'로 변화하기 위한 과정이 필요하다. 이 과정에는 반드시 세 가지 작업이 필요하다. 첫째, 서비스 사용자와 제공자 간의 명확한 합의로 서비스를 정의할 수 있어야 한다. 서비스 수준에 대한 일방적인 기준이 정해지는 것이 아니라 합리적 비용에 최적화 된 서비스 수준을 정해 상호 합의 하에 서비스 수준 계약(SLA : Service Level Agreement)을 해야 한다. 둘째, 이렇게 정의된 서비스 수준은 조직 내 적용된 프로세스에 의해 반영되어야 한다. 즉 정의된 서비스 수준이 달성될 수 있도록 서비스 프로세스를 모델링할 수 있어야 한다. 많은 기업의 경우 합의된 서비스 수준과 상관없이 프로세스를 적용하고 있어 쌍방이 합의한 서비스 수준이 무용지물로 전락한 경우가 많다. 셋째, 합의된 서비스 수준의 달성도에 대해 측정할 수 있는 수단이 정해져서 제공된 서비스에 의해 달성한 서비스 수준을 효율적으로 측정할 수 있어야 한다. 측정 방법 역시 서비스 수준과 마찬가지로 서비스 사용자와 제공자가 상호 합의한 방법을 준수해야 한다. 서비스가 좋다는 것은 반드시 기준을 가지고 "무엇에 좋은 것인가?"라는 질문에 대해 수치로 표현할 수 있을 때 유의미하다고 할 수 있다.

측정지표 정의

최근에 내가 다녀 본 곳 중에서 사람이 가장 많이 모이는 곳이 어디냐고 물어본다면 서슴지 않고 "월요일의 대형 병원이다."라고 이야기할 것이다. 최근 몇 년 동안 자주 병원 신세를 지게 된 나는 어쩔 수 없이 월요일에 병원을 가게 될 일을 가급적 만들지 않는다. 환자를 포함하여 환자의 가족까지 너무 많은 사람이 북적거린다. 아마 토요일과 일요일에는 진료하지 않기 때문에 그럴 것이라고 어렴풋이 짐작하고 있다. 그때마다 "왜 월요일에 많이 올까?"라는 생각을 한다. 그 이유를 밝힐 좋은(?) 기회가 생겼다. 폐렴으로 대형 병원에 입원하게 된 것이다. 10일 동안 입원해 있으면서 크게 치료받을 일 없이 여러 개의 링거 주사액만 꼽은 채로 병원을 어슬렁거렸다. 정말 월요일에는 사람들이 많았다. 반면에 금요일은 평상시와 크게 다를 것이 없어 보였고, 심지어는 사람들이 더 적게 느껴지기까지 했다. 비록 짧은 기간의 관찰 데이터로 전체를 파악할 수 없겠지만, 평소 병원에 다니면서 느꼈던 것을 직접 눈으로 확인할 수 있었다. 이때 내가 수집하고 활용했던 데이터는 점심시간 식당 앞에 서 있는 대기인 수, 진료 및 수납 처리를 위한 대기 번호표, 채혈실 대기 번호표, 1층 로비에 있는 카페의 대기인 수, 환자와 같이 움직이는 가족의 수, 그리고 병원 건물 앞에 임시 주차하는 차량의 수 등이었다. 정확한 데이터 수집 방법이라고 할 수는 없으나 평일과 비교한 월요일의 사람 수는 확실히 많았다. 또 다른 특징으로는 외형적인 상처로 오는 환자보다는 비교적 거동이 자유로운 환자가 많았고, 같이 온 환자 가족들로 보이는 사람들의 수가 많아 보였다. 이때 문득 또 다른 궁금증이 생겼다. 거동이 크게 불편하지 않은 환자들이 왜 평상시보다 많은 가족과 같이 월요일에 병원에 올까?

세상에는 두 가지 병이 있다고 한다. 바로 '안 아픈데 죽는 병'과 '아파 죽겠는데 안 죽는 병'이다. '안 아픈데 죽는 병'은 암, 동맥경화, 고혈압 등 죽기 직전에 갑자기 나타나는 병들이다. 이 병은 주로 남성에게서 많이 나타난다고 한다. 반면에 '아파 죽겠는데 안 죽는 병'은 주로 여성과 청소년에게 많이 나타나며, 검사해보면 이상이 없는 것으로 나타나는 특징이 있다고 한다. 월요일에 오는 환자들은 주말을 이용하여 오래간만에 가족들이 모였을 것이고, 그 자리에서 평소 느끼지 못한 환자의 행동이나 대화 중에 이상함을 느끼고 모든 가족의 근심이 모인 결과, 병원에 가서 진료를 받을 필요가 있다고 생각되어 왔을 것이다. 이 경우는 대부분 '안 아픈데 죽는 병'일 가능성이 높다. 뚜렷한 병세를 잘 모르기 때문에 딱히 병이라고 이야기하기도 애매하고, 그 결과 누적되어 큰 병이 되는 것이다. 왜 죽는 병인데 안 아팠을까? 의학적으로는 '기질적 질환'이라고 하는 '안 아픈데 죽는 병'의 특징은 각종 장기에 직접적인 이상이 발생하는 것으로 증세가 거의 없거나 있더라도 심하지 않다고 한다. 그래서 고칠 수 없는 상태가 되어야 병의 특징들이 나타나기 때문에 큰 병이 된다. 하지만 '아파 죽겠는데 안 죽는 병'은 대부분 장기에 직접적인 이상은 없으나 신체적 기능에 이상이 생겨 아프다고 한다. 예를 들면 신경성 두통, 기능성 위장장애 등이 그렇다.

죽을 수도 있는 위험한 병에 대해서는 미리 감지할 수 있는 마땅한 측정지표가 없다는 것은 우리에게 좋지 않은 것임이 틀림없다. 게다가 그리 큰 병이 아님에도 불구하고 지나치게 우리 몸을 괴롭히는 것 또한 좋지 않은 것이다. 먼저 후자의 경우에는 불안할 때 발생하는 것으로 매사 불확실성에 노출되어 있기 때문에 스트레스가 생기고 이 때문에 불안한 증세가 생기고 이것이 아픈 것처럼 느껴지는 것이다. 이에 대한 대처 방법으로는 불안한 원인을 제거하는 것이다. 불안한 원인을 확실하게 알면 불확실성을 극복할 수 있기 때문이다. 따라서 불안한 원인을 밝혀내는 노력이 필요하다. 먼저 불안함을 느끼게 되는 정도를 측정할 수 있는 자신만의 측정지표를 개발해야 한다. 불안함이 일정 수준 이상으로 측정되면 그 불안함을 회피하거나 과감히 수용해서 완화시킬 수 있는 방법을 찾아야 한다. 전자의 경우에는 정기적인 몸의 상태를 측정할 수 있는 자신만의 측정지표를 만들어야 한다. 예를 들면 매일 몸무게를 측정하고, 측정된 몸무게의 변동량에 따라 원인을 찾아내고 조절하는 것이다. 몸무게의 이상이 발생한 데 따른 원인으로 식사량과 운동량을 측정하고 평가하는 것은 손쉬운 방법이다. 단순히 몸무게의 변화만 살피는 것이 아니라 몸무게의 변화를 유발한 원인을 찾아내게 되면 정상적인 몸무게를 조절하는 데 상당히 용이하다. 몸무게라는 성과가 나오게 된 이유는 식사량과 운동량이라는 몸무게 성과 창출 동인이 있었기 때문이다. 즉 성과와 성과창출 동인과의 연계에 의해 특정한 성과의 결과에 대한 원인을 파악해야 한다.

선택 설계

호모 휴리스틱쿠스는 타인의 시선을 매우 의식한다. 자신의 선호도와 상관없이 현재 처한 상황에 따라 평소와는 다른 모습을 보이곤 한다. 이를 잘 보여주는 실험으로 앞에서도 언급한 멜리사 베이트슨이 행한 무인 음료수 판매대 실험이 있다. 가격표와 함께 첫째와 셋째 주에는 꽃 사진을 붙여 두었고, 둘째 주에는 수줍어하는 여자 눈 사진을, 넷째 주에는 매서운 남자 눈 사진을 붙여두었다. 예상대로 넷째 주에 걷힌 돈이 꽃 사진을 붙였을 때의 돈보다 몇 배 이상이었다. 비록 사진상의 눈이었으나 타인의 시선을 의식하는 호모 휴리스틱쿠스의 단면을 잘 보여주는 실험이라고 할 수 있다. 반대로 해석하면 타인의 시선이 없을 때는 불법도 저지를 수 있다는 것을 나타낸다고 할 수도 있다. 이런 실험의 예는 너무나 많이 있다. 대표적으로 온라인상의 '익명성 효과'가 있다. 미국 로체스터대학교 라이언 맥데비트 교수의 실험으로 온라인상에서 피자를 주문할 때는 직접 피자 판매원을 보고 주문할 때보다 훨씬 높은 칼로리의 토핑과 베이컨을 주문한다고 한다. 직접적인 타인의 시선을 피할 수 있기 때문에 주변의 눈치를 살피지 않는 것이다. 아마 피자 주문에 대한 이력이 공개된다면 자신이 절대로 과도

한 칼로리의 음식을 주문했다는 이력을 남기지 않도록 할 것이다. 최근 국내에서도 세금을 미납한 탈세자들의 이름을 공개한 것도 이런 맥락이다.

딸기잼의 종류가 적을 때보다 많은 종류의 딸기잼에서 하나의 딸기잼을 고르기 어렵다는 '선택의 역설'처럼 호모 휴리스틱쿠스는 올바른 선택을 하는 것에 대해 그렇게 현명한 기술도 없고 흥미도 못 느끼는 듯하다. 호모 휴리스틱쿠스는 혼자서 판단하고 선택하는 것보다는 타인이 선택한 것을 참조하여 선택하는 것을 좋아한다. 주변으로부터 아무 강요 없이 선택한다는 것은 많은 뇌의 활동이 필요하고, 이것은 극히 피곤한 일이다. 직장에 출근 후 점심시간 때 사내 식당에서 주는 점심과 날마다 골라서 사 먹어야 하는 점심은 개인 취향에 따라 다르겠지만, 나는 전자의 경우를 더 좋아한다. 점심때마다 먹을 것을 선택하는 것도 일종의 고역이다. 날마다 집에서 먹는 아침과 저녁 메뉴를 정하고 준비하는 아내의 수고에 대해 음식물의 결과인 '맛'을 논하면 안된다. 아내의 엄청난 뇌 활동의 결과이기 때문에 차려주는 대로 맛있게 먹는 것이 여러 가지 이유로 좋다. 이처럼 선택되어 있지 않은 상황에서 무언가를 선택한다는 것은 힘들기 때문에 호모 휴리스틱쿠스는 '주어진 선택사항(원하면 자신이 바꿀 수 있는 조건)'이 있고, 그 '주어진 선택사항'이 크게 문제가 된다고 생각하지 않는 이상 그 '주어진 선택사항'을 받아들이게 된다. 즉 누군가 '의도'를 가지고 설계한 선택사항을 받아들임으로써 자신에게 유리한 상황을 선택해야 되는 수고를 줄인다. 이렇게 '의도'를 가지고 설계된 선택사항을 선택한 호모 휴리스틱쿠스에게 호모 휴리스틱쿠스의 의사와 상관없이 설계자의 의도를 반영할 수 있게 된다. 즉 호모 휴리스틱쿠스를 의도한 대로 행동하게 하기

위해서는 미리 준비된 기본 조건을 갖춘 '선택 설계(Default option)'를 하면 된다

이렇듯 의도한 기본 조건을 갖춘 선택 설계를 하면, 자유를 제한하지 않고도 호모 휴리스틱쿠스의 행동에 큰 영향을 미칠 수 있다. 이것은 조직 내에서 새로운 프로세스에 의해 의도한 성과를 얻기 위해서는 성과를 나타내는 데에 영향을 미치는 성과창출 동인들을 발굴하여 성과지표와 성과창출 동인(측정지표)을 연계시키고, 측정지표를 측정할 수 있도록 선택 설계를 하는 것이다. 성과지표가 일정한 값을 나타내는 데는 반드시 측정지표 간의 정해진 가중치에 의해 결정할 수 있도록 성과지표와 측정지표에 연관된 이해당사자들 간의 합의가 선행되어야 함은 물론이다. 이런 과정을 거쳐서 나온 성과지표와 측정지표만이 의미를 갖는다. 결국 선택 설계는 불확실한 상황에서 좋다고 확실하게 말할 수 없는 선택을 강요받아 온 호모 휴리스틱쿠스에게 매우 유용한 방법이다. 선택할 수밖에 없는 상황에서 좋은 의도를 가지고 호모 휴리스틱쿠스에게 크게 나쁘지 않은 선택사항을 미리 설계하여 제공하는 접근법은 성공할 확률이 매우 높다. 따라서 새로운 프로세스를 설계할 때는 미리 선택 설계 내용을 만들어 반영시키면 변화를 싫어하는 호모 휴리스틱쿠스를 의도한 대로 이끌기 쉽다. 내가 자주 간다는 선술집 메뉴를 다시 한 번 생각하기 바란다. 두 개의 메뉴보다는 많이 팔기 위한 메뉴를 중간에 넣어 세 개의 메뉴를 만들게 되면 대부분 호모 휴리스틱쿠스는 중간에 있는 메뉴를 선택하게 되어 있다. 좋은 것만 강요하여 선택을 고집할 것이 아니라 호모 휴리스틱쿠스의 별 수고 없이 좋은 것이 선택되도록 하는 것이 현명한 방법이다.

준거점 확보

최근 매스컴에서 속칭 '해외 직구'라는 단어를 사용하는 경우가 많아졌다. '해외 직구'는 해외의 유명상표 또는 국내에서는 비싼 물건을 고객이 해외 온라인을 통해 직접 구매하는 것을 말한다. 이 '해외 직구'를 통한 물량이 엄청나게 많아 미국에서 한국으로 물건을 배송하는 미국의 한 배송회사의 규모가 몇십 배 커졌다는 뉴스가 나오기도 했다. 이쯤 되면 보통의 대화에서 '해외 직구'에 대한 이야기가 자연스럽게 나올 것이고, '해외 직구'의 경험이 없으면 시대에 뒤떨어진다는 생각에 한번쯤 '해외 직구'를 할 생각을 하게 된다. 이미 젊은 주부들 사이에서는 가계 경제에 보탬을 주는 구매 활동으로 정평이 나 있다. 나도 요즘 강의에 도움이 될까 싶어 '해외 직구'를 통해 살 물건을 고르고 있다. 아마 이 책을 다 완성했을 때쯤이면 '해외 직구' 전문가가 되어 있을 가능성이 매우 높다. 이처럼 호모 휴리스틱쿠스는 자신을 제외하고 모든 사람이 다 하고 있다는 생각이 들기 시작하면 자신과 상관없어 보이는 것들조차 따라 하게 된다. 자신이 속해 있다고 생각되는 조직으로부터 '왕따'를 당하지 않기 위해서다. 심지어 '등골 브레이커'라는 별명을 들은 모 유명브랜드의 점퍼는 가격이 매우 비쌌음에도 불구하고 자신의 자식이 또래 집단으로부터 '왕따'를 당할까 두려워하는 모든 부모의 지갑을 열게 한 사례도 있다. 흔히 패셔니스트(Fashionist)라고 하면 남들과는 다른 개성을 가지고 자기만의 특징을 살리는 사람들을 일컫는 말일 텐데, 요즘은 유행에 맞춰 옷을 입는 것을 뜻할 때가 많아 보인다. 자기 정체성을 찾기 위해 남과 비교되는 것을 싫어하는 청소년들조차 또래 집단의 시선을 의식해 '몰개성화'를 추구한다는 것은 언뜻 이해하기 어렵다.

유명한 솔로몬 애쉬의 실험은 이런 호모 휴리스틱쿠스의 집단적 사고나 동조 성향을 잘 나타낸다. 애쉬의 실험을 보다 더 과학적으로 증명하기 위해 미국 에모리대학교의 그레고리 번스는 fMRI를 이용했다. 그 결과 애쉬의 실험과 같은 결과가 나왔으며, 그런 결과가 나오게 된 이유는 fMRI 분석 결과, 판단이나 행동을 통제하는 전두엽이 아닌 시각과 공간 지각을 통제하는 후두엽이 왜곡되게 지각하는 것으로 밝혀졌다. 그리고 타인의 압력에서 벗어나서 자신의 주장을 지킨 사람들에게서는 편도체의 활동이 증가했다. 편도체는 두려움을 통제하는 뇌이다. 이 같은 실험 결과는 조직 내에서 받는 무언의 압력은 공포의 대상으로 다가오고 이를 통제하기 위해서는 이성적인 판단을 할 수 있는 전두엽이 아닌 두려움을 통제하는 편도체가 담당하기 때문에 올바른 판단이나 행동을 못 하게 된다. 더욱이 판단이나 행동을 위한 기준이 없는 상황에서는 문제가 심각해질 수 있다. 호모 휴리스틱쿠스의 뇌는 45억 년 전 지구 탄생이래 진화를 거듭하면서 지금과 같은 모습과 기능을 하고 있다. 이제 막 밝혀지기 시작하는 뇌과학을 통해 불합리한 뇌를 통제할 수는 없다. 무언가 도구가 필요하다.

즉 호모 휴리스틱쿠스가 특정 사물이나 대상을 평가할 때 적절한 평가 방법을 제공해야 한다. 집단적 사고나 동조 성향으로부터 올바른 판단 및 행동을 유도하기 위해서 비교할 수 있는 기준값을 제시하고, 평가 대상을 기준값과 비교할 수 있게 해야 한다. 무엇을 어떻게 가치 평가할 것인가는, 그것이 무엇과 비교하는가에 따라 가치가 달라진다. 그리고 이것을 측정하는 가치는 절대적인 값이 아니라 상황에 따라 변할 수 있는 상대적인 것이다. 따라서 선택 설계에 의한 결과를 올바르게 평가하기 위해 각각의 성과지표와 측정지표들의 기준값을 정해 놓아야 한다. 특정 항목의 기준값은 보통 평균값으로 오해하는 경우가 많은데, 기준값이란 것은 조직의 비즈니스를 위해 반드시 달성해야 하는 성과의 정량적 표현을 의미한다. 이 기준값은 목표값과 최소값으로 구분할 수 있다. 목표값이란 것은 비즈니스를 위해 가장 바람직한 성과를 의미하고, 최소값은 비즈니스를 위해 반드시 지켜야 하는 가장 적은 성과를 의미한다. 이런 기준값이 있다는 것은 조직 내 많은 호모 휴리스틱쿠스가 성과를 평가할 때 조직 내 집단적 성향으로부터 자유롭게 판단할 수 있고, 평가 결과를 프로세스 개선에 반영하기 쉽게 한다. 이때 주의해야 할 것은 프로세스는 정의된 성과지표와 측정지표를 끊임없이 측정하고, 기준값과 비교하여 정의된 산출식에 의해 평가하기 때문에 기준값은 계속 조정을 거쳐 비즈니스에 가장 합리적인 값이 프로세스에 반영되도록 해야 한다. 이를 무시하고 의욕만 가지고 조직과 비즈니스에 맞지 않는 기준값을 정하게 되면 프로세스에 의해 일을 하는 호모 휴리스틱쿠스의 편도체 활동이 활발해질 것이다.

의도적 연습

혹시 여러분들은 '스타벅스 스티커'라는 말을 들어 본 적이 있는가? 9시 정규 뉴스에도 나올 정도로 특히 젊은 여성들이 많이 쓰는 단어로 스타벅스 음료를 마신 후 받는 스티커를 말한다. 이 글을 쓰고 있는 지금은 2014년 연말로 젊은 여성들이 갖고 싶어하는 스타벅스 다이어리를 받을 수 있는 기간이다. 물론 '스타벅스 스티커'를 충분히 모아야 한다. 프로모션 음료 3잔을 포함하여 17잔의 음료를 먹고 하얀색과 빨간색 스티커를 확보해야 2015년 다이어리(스타벅스 매장에 직접 가서 주황색과 검은색 두 종류를 봤는데 갖고 싶도록 만들었다.)를 받을 수 있기 때문이다. 짧은 기간에 많은 스티커를 모으기는 쉽지 않기 때문에 '스타벅스 스티커'를 온라인상에서 거래하기도 한다. 그렇게 해서 받은 스타벅스 다이어리를 한 달 이상 사용하는 사람들은 얼마나 될까? 궁금해서 인터넷상의 블로그들을 살펴보니 어렵게 구한 스타벅스 다이어리를 제대로 사용하는 내용보다는 고생해서 스티커를 모은 것에 대해 후회하는 내용이 많았다.

이처럼 많이 사용하지도 않을 다이어리를 얻기 위해 노력하는 데에는 어떤 이유가 있을까? 연말이라는 시점이 새로운 시작을 의미하기 때문에 예쁜 다이어리를 통해 새해에는 원하는 바람을 성취하기 위한 '계획 오류'에 빠진 것은 아닐까?

반대로 스타벅스의 이런 마케팅을 기획한 설계자의 의도를 살펴보자. 이투데이 2014년 12월 2일 자 인터넷 뉴스에 따르면 2004년부터 시작된 다이어리 마케팅은 이 기간에 20% 이상의 연말 매출 효과가 있고, 이벤트를 시작한 지 20일 만에 10만 권의 다이어리가 나갔다고 한다. 총 38만 부를 제작했는데 지난해 대비 두 배 이상의 속도로 소진되고 있다고 스타벅스가 밝혔다고 한다. 스타벅스 입장에서는 당연히 매출이 많아지기를 바랄 것이고, 다이어리를 이용한 프로모션은 좋은 성과를 내고 있는 것으로 보인다. 거기에 덧붙여 고객에 대한 서비스의 일환으로 고급 다이어리(유명 예술가들이 썼다는 프랑스 노트 브랜드 몰스킨과 공동 제작)를 선물하고, 그에 따른 광고 효과도 볼 수 있다. 이 이벤트를 자세히 살펴보면, 우선 17장의 스티커에 포함된 3장의 스티커는 프로모션 중인 음료를 마셔야 주는 스티커로 신상품이나 재고 소진 등 많은 용도로 활용할 수 있을 것이다. 거기에 '더블 플래너 이벤트 기간 (10월 30일부터 11월 5일)'을 설정해 두 권의 다이어리를 주면서 이 다이어리 이벤트 자체를 홍보하는 효과를 보고 있다. 주변에 스타벅스 다이어리를 받은 사람들이 많아질수록 호모 휴리스틱쿠스의 집단적 사고 성향을 더욱 자극할 수 있기 때문이다. 마케팅 전략에 대해 모르는 사람들도 스타벅스의 다이어리 이벤트 마케팅은 매우 세련된 전략이라는 것을 눈치챌 수 있다. 철저한 의도로 매우 정교하게 설계된 마케팅 전략이다.

다음 그림은 의도적인 연습을 위한 프로세스 모형도다. 이처럼 호모 휴리스틱쿠스를 의도한 대로 움직이게 하기 위해서는 호모 휴리스틱쿠스가 경험적인 시스템에 익숙해질 수 있도록 자발적인 연습을 시켜야한다.

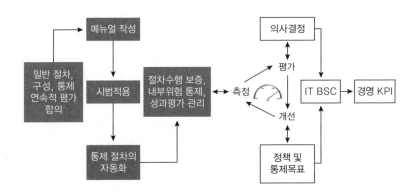

스타벅스 다이어리를 갖기 위해서는 평소보다 더 많은 음료를 마시게 하고, 특정 음료도 마시게 연습을 시킴으로써 의도한 매출 확대의목표를 달성할 수 있다. 호모 휴리스틱쿠스는 이를 알면서도 다른 경쟁사 카페에 가지 않고 17장의 목표를 채우기 위해 스타벅스 매장을 방문하게 됨으로써 보다 더 스타벅스 전문가가 되는 것이다. 새로운 프로세스도 스타벅스와 같은 방법을 동원해 호모 휴리스틱쿠스 스스로 의도를 갖고 연습하게 시키면 그 프로세스에 전문가가 될 수 있다. 전문가(다이어리를 받는 것)가 되기 위해서는 스스로 문제를 인식(다이어리를소유하기 위해 평소보다 많은 양의 음료를 먹어야 함)해야 하고, 올바른 방향을 제시해주는 프로세스(프로모션 음료 스티커 3장 포함한 17장의 스티커 수집)를 통해 자발적인 연습(일정 기간 내 17장의 스티커 확보)을 해야 한다.의도적인 연습은 프로세스에 적응하기 위한 행동을 지향하기 위해 설

계되어야 하고, 반복적 과제를 통해 바로 피드백을 받을 수 있어야 하며, 이를 위해서는 익숙하지 않은 행동도 해야 한다. 따라서 변화를 싫어하는 호모 휴리스틱쿠스에게 변화를 유도하기 위해서는 반드시 필요한 훈련이다.

반복적 노출

TV 속의 광고 대부분은 익숙한 음악이 흐르면서 널리 알려진 유명인이 제품을 광고하는 모습을 보여 준다. 이렇게 익숙한 음악이나 유명인이 등장하는 이유는 소비자로 하여금 전달하고자 하는 제품 정보를 쉽게 받아들이게 하기 위함이다. 익숙한 음악이나 유명인에 대한 정보를 해독하는데 드는 소비자의 노력을 줄임으로써 의도한 제품 정보를 전달하기 위해서다. 즉 익숙한 정보일수록 이해하기 쉽기 때문에 가급적 힘든 일을 싫어하는 호모 휴리스틱쿠스의 뇌를 위한 친절한(?) 배려다. 뇌는 예측 불가능하거나 힘든 결정에 필요한 에너지 소모를 회피하도록 진화했기 때문에 익숙한 것을 좋아하고 받아들이는 데 별문제가 없다. 익숙한 것에 거부 반응이 없기 때문에 익숙한 것을 긍정적이라고 여긴다. 마케팅 전문가들은 이런 뇌의 특성을 이용한 전략을 구사한다.

법정에 가보면 판사는 제복을 입고 있다. 제복을 입지 않고 있는 판사의 모습은 쉽게 상상이 가지 않는다. 이 제복은 판사의 말에 권위를 더해 법정에 있는 모든 사람에게 믿음을 주게 한다. 제복이 판사를 전문가로 만들어주는 역할을 한다. 이렇게 판사복에 노출되면 판사의 말을 따르게 된다. 이것 또한 판사복에 익숙해져 있기 때문이다. 통상적으로 익숙하다는 것은 그것의 사실 여부와 상관없이 긍정적인 효과를 가져온다. 로버트 자이언스의 실험(191페이지 참조)은 그것을 잘 보여주고 있다. 즉 자주 반복해서 보게 되면 특별한 정보처리 과정이 없어도 호의적인 감정이 형성된다. 파리에 있는 에펠탑을 대하는 파리 시민들의 감정이 대표적인 반복적 노출 효과에 해당한다고 할 수 있다. 처음에는 에펠탑을 세우는 것에 반대했으나 지속적으로 에펠탑에 노출됨으로써 에펠탑에 호의적인 감정이 생기게 된 것이다. 이렇듯 어떤 일정한 정보에 반복해서 노출될 경우에 호모 휴리스틱쿠스는 그것을 사실로 받아들이는 경향이 아주 많다.

이런 호모 휴리스틱쿠스의 성향을 이용하여 조직 내에 새로운 프로세스가 적용되고 있는 상황과 성공적인 사례를 발굴해서 반복적으로 노출시키게 되면, 적용 초기에는 일부 저항이 있을 수 있으나 시간이 지남에 따라 반복적으로 노출된 정도에 의해 호의적 반응이 나올 것이다. 새로운 프로세스의 적용은 단순하게 일하는 절차를 변화시키는 정도가 아니라 조직의 혁신을 유도하는 것이기 때문에 매우 신중하게 접근해야 한다. 국내에서 새로운 프로세스가 제대로 적용되지 않은 이유 중에 하나는 프로세스에 대한 이해와 훈련 없이 조건 없는 강요에 의해 적용하려고 했기 때문에 실패한 경험을 잊지 말아야 한다. 프로세스를 적용하고, 적용된 프로세스에 의해 성과를 나타내는 것들 모두 호모 휴리스틱쿠스에 의해 이루어지기 때문에 호모 휴리스틱쿠스의 특징을 잊어서는 안 된다.

따라서 프로세스의 반복적 노출은 매우 훌륭한 전략이 될 수 있다. 노출되는 것에는 성공 사례와 실패 사례 모두를 포함하는 것이 좋다. 간혹 성공 사례만 강조하다 보니 새로운 프로세스에 적응하지 못한 호모 휴리스틱쿠스의 반감을 사는 일이 종종 발생하는데, 대부분 호모 휴리스틱쿠스는 적응하지 못한 이유에 대해 나름대로 고충이 다 있다. 이 고충을 들어주고, 그들의 말에 고개를 끄떡거림으로써 새로운 프로세스의 열렬한 전도사로 활동하는 모습을 볼 수 있을 것이다. 또 실패 사례를 백서화하는 것도 좋은 방법이 될 수 있다. 이때 주의할 점은 백서를 만드는 데 중점을 두지 말고, 실패 사례를 통해 배울 수 있는 교훈(Lessons learned)을 포함해야 한다. 많은 조직에서 실패 사례 백서를 만들지만, 만드는 목적이 보여주기 위한 전시 행정성(?)으로 만드는 경우가 많다. 아이러니하게도 이런 전시 행정에 많이 노출되어 있기 때문에 실패 사례를 눈여겨보지 않게 된다. 또 반드시 지켜야 할 것으로는 반복적 노출이 일회성이나 이벤트성으로 일어나서는 안 된다. 반복적 노출은 그 결과의 피드백이 정기적 평가와 보고에 의해 이루어져야 하며, 이러한 내용이 일반적인 절차로 수립되어 있어야 한다. 즉 프로세스로 정립되어 있어 모든 조직 내에 내재화되어야 한다. 다시 한 번 강조하지만 프로세스화 되었다는 것은 조직 내 지위 고하를 막론하고 모든 조직원이 반드시 지켜야 하는 것을 뜻한다. 아울러 반복적 노출을 통해 전해지는 정보는 이해하기 쉽고, 이행하기 쉽게 표현되어야 한다. 이 정보를 보고, 정보에 의해 변화하기를 바라는 호모 휴리스틱쿠스를 위해 지금까지 이 책을 통해 배워왔던 모든 것을 활용해야 한다.

"말 안 해도 무슨 뜻인지 알지?"라는 질문에 대한 답은 "말해도 잘 모르는데, 안 하면 더 모르지!"가 아닐까 싶다. 우리는 평상시 이런 식의 대화를 자주 한다. 그런데 이상한 것은 이런 식의 대화가 우리 주변에는 너무 흔해서 전혀 어색하지도 않고, 신기하기까지 한 것은 그 심오한(?) 뜻을 대부분 알고 있는 것처럼 행동하는 사람들이 많다는 것이다. 어떻게 말을 안 하는데 그 뜻을 알 수 있을까? 이런 일이 가능한 것은 우리 모두 호모 휴리스틱쿠스이기 때문이다. 호모 휴리스틱쿠스는 대충 분위기를 파악하고, 평소 이야기 하는 사람에 대해 잘 알고 있다고 생각하고 있기 때문에 어떤 특징, 즉 패턴을 찾아내는 데는 전문가로, 이야기가 시작되는 분위기만 느껴도 그 심오한 뜻을 헤아릴 수 있는 전지전능한 뇌를 가지고 있다. 그리고 여태까지 그 뇌를 활용해서 뜻을 파악하는 데 별문제도 없었다. 여기에 심각한 문제가 도사리고 있다. 지금까지 문제가 없었던 이유는 그 사안이 별로 중요하지 않았거나, 대부분 알 수 있는 수준의 것이 많았기 때문이다.

하지만 특정 조직에 속해서 살아가는 대부분 호모 휴리스틱쿠스는 이런 식의 대화와 업무로 이해 많은 어려움을 겪고 있다. 직장을 그만두는 가장 큰 이유가 사람들과의 관계 때문이라고 한다. 이것을 막기 위해서는 서로 원하는 바를 명확하게 하고, 그것에 대한 피드백을 명확하게 주면 서로 간의 불만이나 불신이 사라질 것이다. 즉 모든 업무가 정의된 프로세스에 의해 움직이면 이런 일은 저절로 없어진다. '올바른 프로세스'는 반드시 지켜지는 것으로, 불명확한 것이 존재하는 것을 용납하지 않는다. 우리 주변에는 온갖 프로세스로 가득 차있고 우리는 프로세스 위에서 살고 있다. 다만 프로세스가 정확히 무엇인지 알지 못할 뿐이다. 그래서 프로세스를 잘 만들어 놓고도 지키지 않는 것이다. '올바른 프로세스'란 잘 만들어진 프로세스를 말하는 것이 아니라 잘 지켜질 수 있는 프로세스를 의미한다. 이제 우리는 우리 자신이 합리적이지 않다는 것을 배웠다. 나와 내 주위 모든 사람이 호모 휴리스틱쿠스이기 때문에 호모 휴리스틱쿠스적인 특징을 반영해야 한다.

지금까지 프로세스를 정의하고 확산하는 방법에 대해 알아보았다. 먼저 호모 휴리스틱쿠스의 성향을 기반으로 서비스를 정의하고, 서비스의 성과를 측정하고 평가하기 위해 성과지표와 측정지표를 연계하여 개발했다. 이렇게 만들어진 각종 지표가 제대로 적용되게 하기 위해 선택 설계를 하고, 기준값을 정했다. 선정된 지표와 기준값들의 올바른 반영을 위해 의도적인 연습을 하게 하고, 이를 반복적으로 노출시켜 익숙하게 하는 방법을 살펴보았다. 마지막으로 아래 그림은 지금까지 논의한 내용을 정리하는 데 유용한 양식이다. 명확하게 정의된 프로세스와 그 프로세스가 적용될 수 있는 기본조건을 명시하고, 기본조건을 충족시키는 변화사항을 발굴해서, 변화를 위한 중점 추진사항을 정해야 한다. 또한 현상(As-is)과 혁신(To-be)을 비교하면 자연스럽게 정성적인 기대효과와 정량적으로 표현할 수 있는 기대효과가 나오게 된다. 여기서 발굴된 정량적 기대효과는 성과지표와 측정지표로 사용되고, 정성적인 기대효과는 수준이 올라감에 따라 정량적인 기대효과로 바뀌게 된다.

프로세스 명 :

기 본 조 건		기 대 효 과	정성적 지표	정량적 지표
변 화 사 항		추 진 과 제		
현 상		혁 신		

　이 책 마지막에 있는 부록에 지금까지 이야기한 내용을 기반으로 한 논문을 덧붙였다. 내가 2011년에 작성하여 발표한 논문으로 전문 연구가가 아니기 때문에 논문으로써 가치가 있는 것은 아니지만, 호모 휴리스틱쿠스적인 특징을 반영하여 프로세스를 만들어 보겠다는 신념(?)으로 연구한 것이다. 여러분이 지금까지 공부한 내용을 요약한 것으로 참고하기 바란다.

권상국

The Study of Development of Metrics based on Heuristics

and Biases for Judgment under Uncertainty

Kwon, Sang Kook

E-mail : sangkookkwon@naver.com

요약

해결이 어려운 문제는 대부분 똑같은 방식 또는 알고 있는 방식으로 그 문제를 풀려고 하기 때문에 해결하지 못한 경우가 많다. 따라서 본 연구에서는 미래의 불확실성에 따른 많은 문제에 유연하게 대응하기 위해 인간의 심리를 이용한 측정지표 개발 방안에 대해 논의하고자 한다. 이 방안은 기본적으로 비즈니스를 위한 서비스에 대한 정의가 명확해야 한다. 이 서비스의 명확화를 위해 먼저 서비스 성과와 그 성과에 대한 성과창출 동인을 같이 관리할 수 있는 지표가 필요하다. 이 지표를 개발하기 위해 디폴트 옵션을 그대로 사용하는 인간의 심리와 어떤 대상에 대해 견해를 물어보면 의식적으로 알고 있는 것을 말하는 인간 심리를 이용하여 개발하는 방안에 대해 논의한다.

1. 서론

인간은 대개 복잡한 문제를 단순한 방법으로 해결하려고 한다. 여기서 단순한 방법이라는 것은 합리적이지 못한 의사 결정을 내릴 때 근거로 삼는 간편한 수단이 되는 방법, 휴리스틱스(heuristics)를 말하고, 이로 인해 바이어스(Biases)가 생긴다[1]. 인간은 어떤 방법을 선택할 때 최고의 방법을 찾기보다는 현재 상황에서 할 수 있는 방법을 선택한다[2]. 그리고 주어진 상황을 바꿀 만큼의 필요성을 느끼지 못하면 그 환경(디폴트 옵션, default option)에 쉽게 적응한다[3]. 이러한 인간의 심리로 인하여 문제가 발생하면 과거의 모습이 현재까지 유지되고 있을 가능성이 거의 없음에도 불구하고 과거에 썼던 방법을 현재의 문제에 그대로 사용하려 든다[4]. 미래를 예측하는 시장분석 결과가 자꾸 틀리는 것도 이 때문이다[5]. 이것은 지금까지의 흐름에 대한 데이터만 가지고 있을 뿐 미래의 발전 방향에 대해서는 추측만이 가능하기 때문이다[6]. 게다가 인간은 미래 예측을 할 때 미처 생각하지 못했던 것에 대해 그것이 실제로도 일어나지 않을 것처럼 생각한다[7].

또한, 인간은 언제나 어떤 대상의 패턴을 찾기 위해 통계를 산출하여 양적 또는 수적으로 나타내려고 노력한다[8]. 그러나 지금의 환경과 미래의 환경이 똑같지 않다고 가정한다면 정확한 통계를 내는 것은 무의미할 수밖에 없다. 미래로 갈수록 양적으로 나타낼 수 있는 부분은 적어지고 질적 묘사가 필요한 부분이 나타나기 때문이다. 시간이 흐를수록 불확실성은 급격하게 증가하기 때문에 장기적 관찰을 하려면 질적 연구가 필요하다[9]. 미래는 현재 기술로는 이해할 수 없는 전혀 새로운 개념이라고 생각할 수 있다[10]. 이러한 상황에서 새로운 흐름을 현재 운영 중인 각각의 사일로 시스템(silo system)으로 파악할 수는 없다[11]. 게다가 해결이 어려운 문제는 대부분 똑같은 방식 또는 알고 있는 방식으로 그 문제를 풀려고 하기 때문에 해결하지 못한 경우가 많다[12].

따라서 본 연구에서는 미래의 불확실성에 따른 많은 리스크에 올바르게 대응하고 있는지의 여부를 평가할 수 있는 측정지표를 휴리스틱과 바이어스 기반으로 만드는 방안에 대해 논의하고자 한다. 이것을 위해 첫 번째 단계로 증명된 휴리스틱와 바이어스로 인한 일반적인 대안 선택 과정과 불완전 정보의 사용 사례들을 살펴볼 것이다. 두 번째 단계는 문제를 인식하고, 거기에 어떤 위험이 있는지, 올바른 판단을 위해 필요한 도구는 무엇인지를 알아볼 것이다. 특히 올바른 판단을 하는 데 가장 기본인 각 측정지표 간 연계의 중요성에 대해 살펴볼 것이다. 세 번째 단계는 측정지표를 개발함에 있어 인간 심리, 특히 이미 알려진 휴리스틱와 바이어스를 통해 측정지표를 개발하는 방안에 대해 논의할 것이다.

2. 본론

사람들의 뇌는 본능적, 습관적 작동방식을 지니고 있고, 이것은 매우 편하기도 하지만 이로 인해 많은 편향이 생겨난다[1][2][3][4].

-일반적인 대안 선택 과정

사람들은 어떤 대안을 고르거나 결정을 내리려면 그 선택 대안을 선택한 납득할 만한 이유나 스토리가 필요하며, 합당한 이유가 있고 선택을 합리화할 수 있으면 설령 모순되더라도 상관하지 않는다[13]. 또한, 조건이 전반적으로 변하지 않는 상태이고, 피드백이 분명하며, 인과관계가 단일 선상에 있는 안정된 상황에서는 직관이 잘 통한다[14]는 사실을 경험을 통해 알고 있다. 그리고 변화보다는 지금 하고 있는 일이 계속 유지되기를 바라고, 또 그럴 것으로 믿는 경향이 있고(현상 유지 편향)[15], 알고 있는 것이 항상 옳은 것은 아님에도 불구하고 알고 있는 것을 바탕으로 판단하려 한다(가용성 휴리스틱)[1]. 또한, 실제 일어나는 많은 일은 우연에 가까울 때가 많지만, 인간은 그 안에서 패턴을 탐색하려고 한다(패턴 탐색)[8].

-불완전 정보의 사용

사람들은 어떤 대안의 효능을 진심으로 믿는 경우, 즉 성공 사례가 있거나 이론적 근거가 있다는 이유를 들며 자신의 믿음이 옳다고 고집하는 경우에 믿고자 하는 의지가 작용하고, 자신의 희망을 뒷받침하는 정보는 더 관대하게, 희망과 어긋나는 정보는 더 비판적으로 받아들일 가능성이 있다. 즉, 주어진 정보를 이미 갖고 있는 의견을 보강하는 방향으로 해석하려는 경향이 있다(확인 편향) [8]. 또한, 불확실한 것에 대해 예측할 때 처음에 어떤 기준점을 설정하고, 조정을 통해 최종적인 예측치를 확정한다. 그러나 조정 단계에서 최종적인 예측치가 맨 처음 설정한 가치에 휘말려 충분한 조정을 할 수 없게 됨으로써 편향이 발생한다. (앵커링 효과)[1]. 게다가 어떤 프로젝트를 완수하는 데 걸리는 시간을 예측할 때 비현실적인 최적의 상황을 가정하는 경향이 있다(계획 오류)[3].

이것은 우리에게 주어지는 정보가 불완전하기 때문이다.

가. 발생하는 문제

1) 전체론적(holistic) 관점

어떤 방법의 효과, 혹은 문제에 대해 어떤 총체적인 관점의 효과를 신뢰하는 사람들은 문제 해결 실패의 탓을 조직 자체의 문제뿐 아니라 방법을 적용하는 수행자의 능력 부족으로 돌림으로써 자신의 믿음을 지키기도 한다. 그 방법 자체는 효과가 있는데 수행자의 능력 부족으로 제대로 수행하지 못했다고 믿는다. 그런 사람들은 본인의 경험만이 유일한 해결책의 기준이라고 여긴다. 자신이 선호하는 방법이라면 효과가 있을 가능성을 시사하는 정도의 증거라도 결정적 증거로 치부하며, 그와 반대되는 정보는 어떻게든 결함을 찾아내어 무시해버린다[16].

2) 정보 평가의 오류

사람들은 자기의 전략이 유효했던 사례들은 지나치게 중시하고 전략이 실패한 사례는 대수롭지 않게 여기는 경향이 있다. 간헐적인 성공을 지나치게 중시하는 경향은 우리가 성공과 실패를 평가하는 방식에서 보이는 비대칭성 즉 편향 때문에 더욱 강화된다. 사람은 한 번의 성공을 보고 그 전략의 효과가 입증되었다고 받아들이는 경우는 많아도, 한 번의 실패를 보고 효과가 부정되었다고 생각하는 경우는 별로 없다. 실제로 사람들은 성공이 곧 전략의 유효성을 입증하는 명백한 증거라고 여기는 경향이 있다[8].

3) 평균으로의 회귀 오해

조직은 스스로 고치기 힘든 문제를 안고 있다고 해도 보통은 계속 나빠지지는 않는다. 한동안 악화되다가 잠깐씩 좋아지기를 반복하며 불규칙한 경과를 보인다. 바로 평균으로의 회귀 현상 때문이다. 대부분 문제가 진행과정에서 기복을 보인다는 사실을 알지 못할 때에는 일시적으로 조금만 나아져도 어떤 조치에 의한 효과로 생각하기 쉽다. 좋아지지 않고 그 상태를 유지해도 그 조치 덕으로 치부될 수 있다[8].

나. 지표 선정 시 고려 사항

불완전하고 대표성 없는 증거로부터 결론을 이끌어내는 행위가 얼마나 어리석은지를 올바로 인식하는 것이다. 이런 인식이 자리 잡으면 우리가 일상의 경험에서 얼마나 편향된 정보를 접하는지도 자연히 깨닫게 된다. 우리는 어떤 일에 대해 최종적 결론을 내리기에 앞서 혹시 보지 못하고 빠뜨린 정보는 없는지 스스로 파악할 수 있어야 한다.

1) 계획 오류
비현실적인 최적의 상황을 고려하여 지키기 어려운 서비스 수준이 책정되고, 이를 위해 비즈니스를 위한 서비스가 아닌 서비스 자체를 위한 서비스가 실행된다.

2) 가용성 휴리스틱
하나의 서비스를 위한 성과지표는 많은 측정지표로 구성되는데, 가용성, 재인 휴리스틱 때문에 익숙하거나 알고 있는 것만을 기준으로 구성하려 한다.

3) 패턴 탐색
우연에 의한 패턴이 아닌 원인에 의한 결과, 즉 나타난 성과와 성과창출 동인의 관계를 형성해야 한다. 우연한 자료들로부터 패턴을 찾아낼 수 있지만, 그것은 사건 이후의 분석이며, 이를 가지고 그 사건이 시스템을 갖춘 현상이라고 단정할 수는 없다[17].

4) 확인 편향
데이터에 대한 이해관계자들의 이해가 복잡해 새로운 정보를 기존의 의견 보강으로만 인식하여 데이터 수집에 제한을 둔다.

5) 앵커링 효과
특정한 기준이 없이 기존의 값이나, 우월한 위치에 있는 이해관계자의 기대치가 제시되고, 합의되지 않은 일방적 기준의 제시로 현실적인 기준점을 정하기 어렵다.

6) 현상 유지
지나치게 표준에 얽매여, 현실에 맞지 않는 각종 규격을 모방하려 하고, 현재 상태가 유지될 것으로 생각하여 미래를 현재 기준으로 인식한다.

7) 서비스 인사이트
서비스 사용자가 하는 말에는 모순이 많기 때문에 사용자의 목소리에 귀를 기울일 것이 아니라 냉철한 서비스 인사이트(insight)를 손에 넣어야 한다. '인사이트'.는 심리학 용어로 왜 그렇게 생각하고, 왜 그런 행동을 하는가, 그 동기를 탐색한다는 의미다[18]. 이러한 서비스 인사이트를 바탕으로 〈표 1〉과 같이 서비스 지표를 정의해야 한다.

〈표 1〉 지표의 정의

측정 지표	주요 전제	속성	관련 휴리 스틱스와 바이어스
비즈니스 지향	서비스에 대한 정의?	비즈니스를 위한 서비 스의 집합	계획오류 (Planning Fallacy)
통합	서비스 구성 요소?	A service를 위한 성과 지표	가용성 휴리스틱
정합	데이터 집합의 신뢰성?	성과창출 동인(측정지 표)들의 집합	패턴탐색
안정	각 데이터 추출 방법?	데이터에 대한 이해관 계자들의 이해도	확인편향
정량	판단의 근거?	Rule set 관리	앵커링 효과
표준	표준의 근거?	국제표준을 기반으로, 비즈니스 특성 반영	현상유지 편향

8) 적정한 정보의 양

더 많은 정보가 추가될수록 각각의 추가 데이터값의 가치는 점점 더 작아지는 반면, 그 모든 정보를 이해해야 하는 부담은 계속해서 증가한다. 결국, 추가 정보가 방해 요소로 작용하는 지점까지 도달하게 된다[19]. 〈그림 1〉은 정보의 양과 정보 이용 스킬의 관계를 나타낸다.

〈그림 1〉 정보의 양과 스킬의 관계(출처:[19])

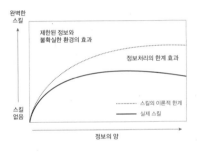

다. 지표 개발

사람들은 측정지표를 잘 활용하지 못한다. 측정지표의 적용 가능성은 대체로 한 분야의 안정성에 좌우된다. 인과관계가 상당히 분명하며 많은 것이 바뀌지 않는 안정된 환경에서는 측정지표가 훌륭하게 기능한다. 반면, 변화가 심한 환경에서 측정지표를 만드는 것은 훨씬 더 어렵다. 그러나 그런 환경에서의 측정지표는 판단의 특정 측면을 도울 수 있다. 좋은 측정지표는 두 가지의 반대되는 목표에 균형을 맞춘다. 그것은 다양한 조건을 충분히 허용하면서도 동시에 특정 활동을 끌어낼 만큼 구체적이어야 한다[14].

1) 서비스 정의

무엇보다 먼저 해야 할 일은 "그것이 비즈니스에 무슨 의미가 있는가?"에 대한 답을 구하는 것이고, 무언가를 좋다고 말하기 위해서는 "그것이 무엇을 위해 좋은가?"를 말해야 한다[7].

2) 성과창출 동인과 성과의 연계

서비스 성과지표와 측정지표, 즉 성과창출 동인과의 연계에 의해 특정한 서비스 성과의 결과에 대한 원인을 파악해야 한다[20].

3) 선택 설계

기본 조건을 바꾸면 자유를 제한하지 않고도 사람들의 행동에 큰 영향을 미칠 수 있다[3][21].

4) 준거점 확보

무엇을 어떻게 가치 평가하는가는, 그것이 무엇과 비교하는가에 달려있다. 이것을 측정하는 가치는 절대적인 값이 아니다[1].

5) 의도적 연습

사람들은 경험적인 시스템에 익숙해

지기 위해 의도적으로 연습함으로써 전문가가 될 수 있다[14]. 즉 전문가는 스스로 문제를 인식해야 하고, 올바른 방향을 제시해주는 코치(시스템)를 통해 심층적인 연습을 해야만 한다[22]. 의도적인 연습은 행동을 향상시키기 위해 고안되며, 반복적 과제를 해야 하고, 고품격의 피드백을 받아들여야 하며, 익숙하지 않은 행동도 해야 한다[14]. 〈그림 2〉는 의도적 연습을 위한 기본 절차를 나타낸다.

〈그림 2〉 의도적 연습의 기본 절차

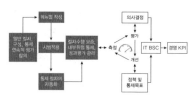

6) 반복적 노출
어떤 일정한 정보에 반복해서 노출될 경우에 사람들은 그것을 사실로 받아들이는 경향이 아주 많다[23].

7) 측정지표 개발 절차
이상과 같이 측정지표를 개발하는 절차를 〈그림 3〉에 나타냈다. 그림 중앙 좌측의 창출 동인은 성과창출동인지표를, 우측의 성과는 성과창출 동인에 의해 나타나게 된 성과지표를 말한다. 많은 부분의 상호작용을 고려해야 하

는 판단에서는 인과 관계가 불분명하게 연결되는 일이 빈번하다. 또한, 복잡계를 실제보다 단순하게 다루려는 유혹에 저항해야 한다. 즉 성과가 나타나기까지는 반드시 그 성과가 나타날 수밖에 없는 성과창출 동인이 있기 때문에 이 둘의 연관 관계를 잘 맞어어야 한다.

〈그림 3〉 측정지표 개발 절차

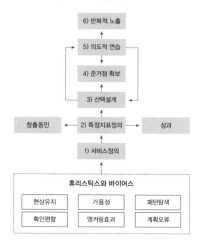

또한, 측정지표를 개발하는 핵심 이유는 피드백에 있다. 대부분 결과 피드백은 어떻게 하면 더 잘할 수 있는지를 파악하는 데 도움을 주지 못하기 때문에, 기능을 향상하기 위해서는 행동방식에 대한 과정 피드백이 필요하다. 그리고 피드백을 빠르게 전달해주는 방법은 사람들이 표준 지침에서 벗어날 때 알려주는 것이다[19]. 이것을 위해

의도적 연습(또는 시범적용)을 통한 선택설계와 준 거점의 조정이 반드시 필요하다.

3. 결론

사람들에게 자신들의 견해를 물어보면, 사람들은 의식적으로 알고 있는 것을 말한다[24]. 자신이 선택한 전략의 효과에 관한 정보가 종종 편향되어 있고, 대안적인 전략의 효과에 관한 정보는 대개 구하기가 어렵거나 불가능하다. 그 대표적인 이유는 전략에 대한 피드백이 불충분하기 때문이다.

이런 결점을 보완하기 위해 매우 다양한 지표들을 선정하고 운영해야 한다. 이런 지표들에 의해 의심스러운 결론을 성급하게 받아들일 위험이 줄어들 뿐 아니라 믿음의 타당성을 제대로 검증하는 데 필요한 증거가 무엇인지 찾아내려고 노력하게 된다.

본 연구는 불확실성 하에서 올바른 판단을 위해 측정지표를 사용할 때 가장 기본적인 심리요소라고 할 수 있는 6개의 휴리스틱과 바이어스(현상 유지, 가용성, 패턴 탐색, 확인 편향, 앵커링 효과, 계획 오류)를 근간으로 한다. 이 외에도 많은 휴리스틱과 바이어스들이 있지만, 많은 행동경제학과 인지심리학 서적에서 가장 기본으로 다루는 것을 근간으로 했다. 하지만 가장 기본적인 심리요소인 손실 회피는 제외하였는데, 노력해서 고쳐질 수 있는 것이 아니라고 판단했기 때문이다. 또한, 문헌을 중심으로 연구했기 때문에 아직 보완할 점이 많다. 하지만 서비스 측면에서 인간 심리를 기반으로 보다 비즈니스 지향적인 서비스 시스템을 설계할 때 많은 도움이 될 것으로 믿는다.

/ 참고문헌 /

[1] Judgment under uncertainty : D. Kahneman·A. Tversky : Heuristics and Biases. Science, 1974
[2] 클루지 : 개리 매커스 : 갤리온, 2008
[3] 넛지 : 리처드 탈러·캐스 선스타인 : 리더스북, 2009
[4] 행동경제학 : 도모노 노리오 : 지형, 2008
[5] 미래를 읽는 기술 : 피터 슈워츠 : 비즈니스북스, 2009
[6] 시나리오 플래닝 : 마츠 린드그렌·한스 반드홀드 : 필맥, 2006
[7] 행복에 걸려 비틀거리다 : 대니얼 길버트 : 김영사, 2009
[8] 인간 그 속기 쉬운 동물 : 토머스 길로비

치 : 모멘토, 2008

[9] 블랙스완 : 나심 니콜라스 탈레브 : 동녘
사이언스, 2008

[10] 트렌드와 시나리오 : 울프 필칸 : 리더
스북, 2009

[11] SAP Readership Forum 08 : 2008

[12] 와이어드 : 데브 팻나이크 : 이상, 2010

[13] Reason-Based Choice : Shafir E.·I.
Simonson and A. Tversky : Cognition
vol.49, 1993

[14] 왜 똑똑한 사람이 어리석은 결정을 내
릴까? : 마이클 모부신 : 청림출판, 2010

[15] Status Quo Bias in Decision Making
: W.Samuelson, R. Zeckhauser : Journal
of Risk and Uncertainty 1, 1988

[16] 욕망의 경제학 : 피터우벨 : 김영사,
2009

[17] 충동의 경제학 : 하노 벡 : 비즈니스맵,
2009

[18] 불안한 원숭이는 왜 물건을 사지 않는
가 : 루디 가즈코 : 마고북스, 2010

[19] 이기는 결정의 제1원칙 : 게리 클라인 :
21세기북스, 2011

[20] 비즈니스 KPI와 연계된 SLA 성과지표
선정을 위한 프레임 워크 모형 개발에 관
한 연구 : 권상국 : 한국정보과학회, 2005

[21] Do Defaults save Lives? : E. J.
Johnson, D. Goldstein : Science 302,
2003

[22] 탤런트 코드 : 대니얼 코일 : 웅진지식
하우스, 2009

[23] 소문이 나는 이유들 : 파라드 만주 : 뉴
욕타임즈, 2008

[24] 히든 브레인 : 샹커 베단텀 : 초록물고
기, 2010